AF617477

VERBUM TEATRO

TEATRO Y MEDICINA EN EL PRIMER CUARTO DEL SIGLO XXI

colección **Teatro**

Dirigida por: José Romera Castillo

Textos dramáticos de autores universales, hispanoamericanos y españoles, así como estudios sobre el teatro como género. Entre las figuras más significativas que se han publicado en la colección, destacan: Tirso de Molina, Miguel de Cervantes, Pedro Calderón de la Barca, Félix Lope de Vega, José Triana, León Febres-Cordero, José Abreu Felippe, Ricardo Lobato, José Rodríguez Richart, Elba Andrade, Hilde Cramsie, Jesús González Maestro, Choi In-Hun, Federico García Lorca, Enrique Jardiel Poncela, entre otros.

JOSÉ ROMERA CASTILLO (ED.)

TEATRO Y MEDICINA EN EL PRIMER CUARTO DEL SIGLO XXI

ESTE VOLUMEN SE HA PUBLICADO CON LAS AYUDAS DEL DEPARTAMENTO DE LITERATURA ESPAÑOLA Y TEORÍA DE LA LITERATURA DE LA UNED Y DEL LEGADO DEL PROFESOR JOSÉ ROMERA CASTILLO

Imagen de portada: *La extracción de la piedra de la locura*, de El Bosco (1475-1480). Museo Nacional del Prado.

Tr.ª Sierra de Gata, 5
La Poveda (Arganda del Rey)
28500 - Madrid
Teléf.: (+34) 910 46 54 33
e-mail: info@editorialverbum.es
https://editorialverbum.es

I.S.B.N.: 978-84-1136-833-9
Depósito Legal: M-17074-2024

Diseño de colección: Origen Gráfico, S. L.
Preimpresión: Adrians Esquivel Romero
Printed in Spain / Impreso en España

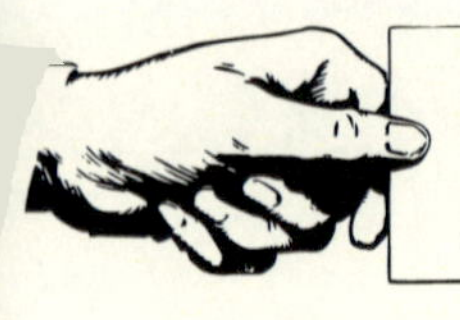

Este libro ha sido impreso con papel ecológico procedente de bosques sostenibles.

ÍNDICE

ASPECTOS GENERALES

TEATRO Y COVID-19

TEATRO Y SALUD CORPORAL

TEATRO Y SALUD MENTAL

PRESENTACIÓN DE LIBROS

UN AÑO MÁS… Y VAN 33… EN LA TRAYECTORIA DEL CENTRO DE INVESTIGACIÓN DE SEMIÓTICA LITERARIA, TEATRAL Y NUEVAS TECNOLOGÍAS (SELITEN@T)

ONE MORE YEAR… AND THERE ARE 33… IN THE HISTORY OF THE RESEARCH CENTER FOR LITERARY, THEATER SEMIOTICS AND NEW TECHNOLOGIES (SELITEN@T)

JOSÉ ROMERA CASTILLO
Academia de las Artes Escénicas de España
Director del SELITEN@T
jromera@flog.uned.es

Resumen: Del 25 al 27 de septiembre de 2024 se celebró en la sede de la UNED, en Madrid, el XXXIII Seminario internacional del Centro de Semiótica Literaria, Teatral y Nuevas Tecnologías sobre *Teatro y medicina en el primer cuarto del siglo XXI,* bajo la dirección de José Romera Castillo, con el fin de investigar sobre las relaciones del teatro y el COVID-19, el teatro y la salud corporal, así como el teatro y la salud mental, cuyos resultados se recogen en esta publicación. El volumen que ahora se publica, constituye, en suma, un eslabón más de la rica y extensa cadena de la trayectoria de investigaciones teatrales, especialmente, del SELITEN@T -como se expone a continuación-, así como un buen caladero al que acudir con el fin de reflexionar en los aspectos dramatúrgicos y en los reflejos simbólicos, sociales y culturales que el tema aporta.

Palabras clave: SELITEN@T. Líneas de investigación. Teoría. Literatura. Teatro. Siglo XXI.

Abstract: From September 25 to 27, 2024, the XXXIII International Seminar of the Center for Literary, Theatrical Semiotics and New Technologies on Theater and Medicine in the first quarter of the 21st century was held at the UNED headquarters in Madrid, under the direction of José Romera Castillo, in order to investigate the relationships between theater and COVID-19, theater and bodily health, as well as theater and mental health, the results of which are collected in this publication. The volume that is now published constitutes, in short, one more link in the rich and extensive chain of the trajectory of theatrical research, especially that of SELITEN@T, as well as a good fishing ground to which to go. in order to reflect on the dramaturgical aspects and the symbolic, social and cultural reflections that the theme provides.

Keywords: SELITEN@T. Research lines. Theory. Literature. Theater. 21st century.

El encuentro, sobre *Teatro y medicina en el primer cuarto del siglo XXI,* tuvo lugar en la UNED de Madrid, del 25 al 27 de septiembre de 2024, en colaboración con la Asociación Internacional de Teatro del Siglo XXI, la Academia de las Artes Escénicas de España, el Instituto del Teatro de Madrid y la Asociación Española de Semiótica, con el objetivo de estudiar lo publicado/representado en el ámbito teatral desde el año 2000 al 2024, tanto en España como en Iberoamérica y otros ámbitos internacionales. El encuentro contó además con el patrocinio del Departamento de Literatura Española y Teoría de la Literaria, la Facultad de Filología de la UNED y del legado del profesor José Romera. Se llevó a cabo bajo la dirección de José Romera Castillo, con la ayuda de Francisco Gutiérrez Carbajo (vicedirector),

Raquel García-Pascual (coordinadora), Carmen López López (secretaría) y Maria Angelica Giordano Paredes (colaboradora), a quienes agradezco su colaboración[1].

1. GÉNESIS: AES

Nada surge *ex nihilo*, sino que todo es resultado de actuaciones anteriores. En efecto, por iniciativa mía, el 23 de junio de 1983, se creaba la Asociación Española de Semiótica (AES)[2] -https://www.aesemiotica.es-, en el magno congreso sobre *Semiótica e Hispanismo*, celebrado en Madrid, que se ha constituido, a lo largo de los años, en el núcleo aglutinador más importante de los estudiosos del tema en España, habiendo pertenecido a la Comisión gestora (1983-1984) y a la Junta Directiva como

[1] Una grabación completa del Seminario puede verse en https://canal.uned.es/series/66f26cdae0ec7039260c8d23; así como un resumen introductoria en https://canal.uned.es/video/670691b2faecf50104008124. Todos los enlaces que aparecen en este trabajo han sido (re)consultados el 20/08/2024.

[2] Como figura en el libro de actas de la Asociación. Tanto el acta de fundación y los estatutos de la AES aparecen en los Apéndices I y IV de mi libro, *Semiótica literaria y teatral en España* (Kassel: Reichenberger, 1988, págs. 167-168 y 180-189, respectivamente). Me he referido a la creación de AES en otros trabajos: "Semiótica literaria en España (Del letargo a la erupción)", en AES (ed.), *Investigaciones Semióticas I (Actas del I Simposio Internacional)* (Madrid: CSIC, 1986, págs. 473-488); "La Asociación Española de Semiótica: información y balance", en *Da Semiótica (Actas do I Colóquio Luso-Espanhol e do II Colóquio Luso-Brasileiro, Porto)* (Lisboa: Vega / Universidade, 1988, págs. 153-164), etc. *Vid*. de José María Pozuelo Yvancos, "La Asociación Española de Semiótica (AES): crónica de una evolución científica", *Signa* 8 (1999), págs. 53-68 (también en https://www.cervantesvirtual.com/obra-visor/signa-revista-de-la-asociacion-espanola-de-semiotica--3/html/); así como los artículos en el apartado introductorio, "Conmemoración: treinta años de la Asociación Española de Semiótica", de José Romera Castillo, "La Asociación Española de Semiótica impulsora de la modernización del panorama científico español", *Signa* 24 (2015), págs. 13-22 (también en http://e-spacio.uned.es/fez/eserv/bibliuned:signa-2015-24-5000/Asociacion_semiotica_impulsora.pdf) y de Félix J. Ríos, "La Asociación Española de Semiótica (AES): treinta años de investigaciones semióticas en España", *Signa* 24 (2015), págs. 23-36, respectivamente (también en http://e-spacio.uned.es/fez/eserv/bibliuned:signa-2015-24-5005/Asociacion_semiotica_treinta.pdf).

Secretario-Tesorero (1984-1988) y Presidente (1990-1994), habiendo sido nombrado Presidente de honor -el único hasta el momento- en el XII congreso de Vigo (2007).

Dos son las actividades más importantes llevadas a cabo por la Asociación Española de Semiótica: la realización, desde 1984 y cada dos años, de congresos internacionales (como puede verse en https://www.aesemiotica.es/); así como la publicación, desde 1992, de *Signa. Revista de la Asociación Española de Semiótica*, que también fundé y que se sigue publicando (el número 33, correspondiente a 2024, acaba de editarse), a lo que me referiré después.

2. EL SELITEN@T

Pero, además de lo anteriormente reseñado, hemos añadido un eslabón más a la cadena de las actividades semióticas en España. En 1989 pensé que era preciso crear un Centro Superior de Estudios Semióticos que sirviese para profundizar más en ellos y que, unido a lo ya existente y a lo que en otros lugares se estaba haciendo en la esfera semiótica, sirviese como un punto de referencia más en el desarrollo de la misma. Y así nació bajo mi dirección, en 1991 -aunque pergeñado con anterioridad- el Instituto de Semiótica Literaria y Teatral, inserto en el Departamento de Literatura Española y Teoría de la Literatura, de la Facultad de Filología de la Universidad Nacional de Educación a Distancia (UNED). Posteriormente -por el radio de acción de sus investigaciones- recibiría, desde 1996, la denominación de Instituto de Semiótica Literaria, Teatral y Nuevas Tecnologías. Asimismo, cuando se creó en 2001 el Instituto Universitario de Investigación de la UNED, se integró en el mismo con el nombre de Centro de Investigación de Semiótica Literaria, Teatral y Nuevas Tecnologías, cuyas actividades pueden verse en la página electrónica: https://www2.uned.es/centro-investigacion-SELITEN@T/index2.html[3].

Como he indicado en otros lugares, en el centro de investigación se cultivan varias líneas de investigación (https://www2.uned.es/centro-investigacion-SELITEN@T/ambitos.html*)*, desde 1991, bajo mi dirección[4]:

a) El estudio de la literatura española de los siglos XX y XXI (https://www2.uned.es/centro-investigacion-SELITEN@T/Sobre_literatura_sXX-XXI.html).
b) El examen de la escritura autobiográfica en España (https://www2.uned.es/centro-investigacion-SELITEN@T/escritura_autobio.html), sobre la que el centro ocupa un lugar pionero y puntero en España, como puede verse en

---

[3] Para las actividades del SELITEN@T, véase https://www2.uned.es/centro-investigacion-SELITEN@T/index2.html. Más información en mis trabajos: "El Centro de Investigación de Semiótica Literaria, Teatral y Nuevas Tecnologías" y "El Centro de Investigación y el teatro", en José Romera Castillo, *Pautas para la investigación del teatro español y sus puestas en escena* (Madrid: UNED, 2011, págs. 21-45 y 47-101, respectivamente) y "Teatro en escena: un centro de investigación sobre la vida teatral en España", *Teatro de Palabras* (Université de Québec a Trois-Rivières) 6 (2012), págs. 175-201 (en línea: http://www.uqtr.ca/teatro/teapal/TeaPalNum06Rep/TeaPal06Romera.pdf). Cf. además, entre otras fuentes de información la "Entrevista a José Romera Castillo", en *Anagnórisis. Revista de Investigación Teatral* 12 (diciembre, 2015), págs. 305-312 (http://www.anagnorisis.es/pdfs/n12/JoséRomeraCastillo(305-312).pdf). Así como de Olivia Nieto Yusta, "El profesor José Romera y el Centro de Investigación de Semiótica Literaria, Teatral y Nuevas Tecnologías", en G. Laín Corona y R. Santiago Nogales (eds.), *Teatro, (auto)biografía y autoficción (2000-2018) en homenaje al profesor José Romera Castillo* (Madrid: Visor Libros, 2019, págs. 33-63).

[4] Evangelina Rodríguez Cuadros, en "*Amiticia vera iilluminat. Laudatio* del profesor José Romera Castillo", en G. Laín Corona y R. Santiago Nogales (eds.), *Cartografía literaria en homenaje al profesor José Romera Castillo* (Madrid: Visor Libros, 2018, págs. 67-78), realiza un panorama de mi actividad científica. El volumen completo puede leerse en https://www2.uned.es/centro-investigacion-SELITEN@T/pdf/cartografria_literaria_homenaje_romera_v1.pdf.

el trabajo de José Romera Castillo, "La escritura (auto) biográfica y el SELITEN@T: Guía bibliográfica", *Signa* 19 (2010), págs. 333-369 (que puede leerse también en http://www.cervantesvirtual.com/obra/la-escritura-autobiografica-y-el-selitent-guia-bibliografica--0/).

c) Las investigaciones sobre literatura y teatro en sus relaciones con el cine, la televisión y la prensa (http://www.uned.es/centro-investigacion-SELITEN@T/literatura-teatrocine.html), como ha estudiado uno de mis alumnos, Michel-Yves Essissima, en "Literatura y cine: estudios en el SELITEN@T", *Epos* XXVII (2011), págs. 333-352 (también en http://e-spacio.uned.es/revistasuned/index.php/EPOS/article/view/10684).

d) Los estudios sobre las relaciones de la literatura y el teatro con las nuevas herramientas(*http://www.uned.es/centro-investigacion-SELITEN@T/nuevas_tecnologias.html*), según ha estudiado José Romera Castillo, en "Literatura, teatro y nuevas tecnologías: investigaciones en el SELITEN@T (España)", *Epos* XXVI (2010), págs. 409-420 (que también puede leerse en http://e-spacio.uned.es/fez/eserv/bibliuned:Epos-2010-26-5200/Documento.pdf).

e) Las investigaciones sobre teoría de la literatura (como veremos después).

f) Los trabajos sobre la enseñanza de la lengua y la literatura (https://www2.uned.es/centro-investigacion-SELITEN@T/enselengualiteratura.html).

g) Más una de ellas, la más vigorosa, sin duda, por los granados frutos que ha generado, se centra en el estudio de lo teatral, tanto desde el punto de vista textual (literario) como, especialmente, desde la óptica espectacular, que tanta luz van aportando a la historia del teatro representado en España y a la presencia del teatro español en Europa y América, fundamentalmente, según puede verse en "Estudios sobre teatro" (https://www2.uned.es/centro-investigacion-SELITEN@T/estudios_sobre_teatro.html). A esta línea de trabajo me referiré más ampliamente después.

h) Además de editar una prestigiosa publicación, *Signa. Revista de la Asociación Española de Semiótica*, bajo mi dirección, que ha llegado al número 33 (2024)[5].

Como se puede constatar, el SELITEN@T -en el siglo de las siglas-, a través de estas variadas, novedosas y ricas líneas de investigación, ha conseguido ya unos muy granados frutos.

3. SEMINARIOS INTERNACIONALES

Como he señalado en anteriores ocasiones, el centro de investigación organiza, anualmente, desde 1991 hasta la actualidad, un seminario internacional, en el que destacados investigadores de España y del extranjero tuviesen la oportunidad de reunirse para exponer y discutir propuestas de trabajo sobre la literatura, el teatro y las nuevas tecnologías[6]. Para ello, hemos

---

[5] Con motivo del aniversario de la publicación, José Romera Castillo, como director, en "La revista *Signa:* 25 años de andadura científica" -que se ha publicado en el n.° 25 (2016), págs.13-76-, ha recogido una relación, por secciones temáticas, de todo lo publicado en ella desde 1992 a 2016 (también en http://www.cervantesvirtual.com/obra/revista-signa/; http://www2.uned.es/centro-investigacion-SELITEN@T/pdf/signa/SIGNA_25_NUMEROS.pdf y https://dialnet.unirioja.es/ejemplar/426140).

[6] *Vid*. de José Romera Castillo, "25 años de los Seminarios Internacionales del Centro de Investigación de Semiótica Literaria, Teatral y Nuevas Tecnologías: una vigorosa andadura científica", en José Romera Castillo (ed.), *El teatro como documento artístico, histórico y cultural en los inicios del siglo XXI* (Madrid: Verbum, 2017, págs. 11-20); así como del Equipo del SELITEN@T, "Los Seminarios internacionales del Centro de investigación (SELITEN@T), dirigidos por el profesor José Romera", en G. Laín Corona y R. Santiago Nogales (eds.), *Teatro, (auto)biografía*

elegido siempre un tema monográfico -y de actualidad- que no hubiese sido estudiado en España con la profundización debida, con el fin de que prestigiosos investigadores, con invitación expresa, impartiesen las sesiones plenarias y los interesados en el tema pudiesen presentar comunicaciones, seleccionadas antes de su exposición y publicación. A cada uno de los seminarios internacionales han asistido un grupo de investigadores (no más de 60-70), con el fin de poder discutir amplia y profundamente los temas propuestos. Todas las actas han sido editas por José Romera Castillo: la mayoría en Visor Libros y también en Verbum[7].

Han sido, pues, treinta y tres (hasta 2024) los seminarios internacionales, dedicados al examen de varios aspectos novedosos, en general, que van desde la teoría, a la práctica analítica y valorativa en los ámbitos indicados posteriormente, además de los centrados en el examen de lo teatral.

3.1. Seminarios internacionales sobre diversos temas

A continuación, constataré los encuentros científicos llevados a cabo hasta el momento, a través de dos apartados, basados en las líneas de investigación tratadas, recogiendo lo que he publicado en trabajos anteriores[8].

3.1.1. Teóricos

Tres han sido los seminarios internacionales dedicados a eminentes teóricos en el plano semiótico.

---

y autoficción (2000-2018) en homenaje al profesor José Romera Castillo (Madrid: Visor Libros, 2019, págs. 65-89).

[7] Los índices de todos los volúmenes pueden consultarse en "Publicaciones" de nuestra web: https://www2.uned.es/centro-investigacion-SELITEN@T/publiact.html.

[8] Trabajos que pueden verse en mi *curriculum vitae*.

El primero, realizado en la sede de la UNED de Segovia, del 3 al 5 de julio de 1991, ofreció unos resultados publicados en el número monográfico, que inició la andadura de una nueva revista, bajo la batuta de José Romera, Alicia Yllera y Rosa Calvet (eds.), *Ch. S. Peirce y la literatura, Signa. Revista de la Asociación Española de Semiótica* 1 (1992), 242 págs. -que puede leerse también en http://bib.cervantesvirtual.com/servlet/SirveObras/06929511933558539732268/index.html, con presentación de José Romera y Alicia Yllera (UNED), contiene las sesiones plenarias de Dinda L. Gorlée (Research Center for Language and Semiotic Studies, Indiana University, Bloomington), M.ª Lucia Santaella Braga (Pontifícia Universidade Católica de São Paulo), Floyd Merrell (Purdue University) y Robert Marty (Université de Perpignan), además de seis comunicaciones y tres estados de la cuestión.

El tercero, se llevó a cabo en la capital de España, en colaboración y en la sede del Institut Français de Madrid, del 26 al 28 de abril de 1993, y sus resultados están compendiados en José Romera, Alicia Yllera y Mario García-Page (eds.), *Semiótica(s). Homenaje a Greimas* (Madrid: Visor Libros, 1994, 326 págs.)[9], con presentación de José Romera (UNED), donde se recogen las sesiones plenarias de Eric Landowski (C.N.R.S. de París), Laimonas Tapinas -entrevista-, Denis Bertrand (BELC-CIEP de París), Eduardo Peñuela Cañizal (Universidade de São Paulo), Jean-Marie Floch (Institut d'Études Politiques de París), Estalisnao Ramón Trives (Universidad de Murcia), José María Nadal (Universidad de El País Vasco), Helena Usandizaga (Universidad Autónoma de Barcelona) y Fernando Poyatos (University

---

[9] Con reseña de Emilia Cortés Ibáñez, en *Signa* 4 (1995), págs. 265-269 (también en http://www.cervantesvirtual.com/obra-visor/signa-revista-de-la-asociacion-espanola-de-semiotica--14/html/dcd92bb4-2dc6-11e2-b417-000475f5bda5_34.html#I_56_).

of New Brunswick, Canadá) -además de Jorge Lozano (Universidad Complutense de Madrid), cuyo trabajo no aparece en las Actas por voluntad expresa del autor-, así como diecinueve comunicaciones, previamente seleccionadas.

Y el cuarto, que tuvo lugar en la sede de la UNED de Madrid, del 4 al 6 de julio de 1994, cuyas actas fueron publicadas por José Romera Castillo, Mario García-Page y Francisco Gutiérrez Carbajo (eds.), *Bajtín y la literatura* (Madrid: Visor Libros, 1995, 459 págs.)[10]. Tras la presentación de José Romera (UNED), contienen sus Actas las sesiones plenarias de Iris M. Zavala (Universidad de Utrech, Holanda) y Augusto Ponzio (Università de Bari, Italia), las treinta y cuatro comunicaciones, seleccionadas antes de su publicación, y un apéndice bibliográfico de José Romera Castillo (UNED).

3.1.2. Escritura (auto) biográfica

El centro, gracias a mi iniciativa, se ha convertido, a su vez, en una pionera referencia sobre el tema, al haber sido yo uno de los pioneros en España en su estudio.

El séptimo seminario, que tuvo lugar en la Casa de Velázquez de Madrid, del 26 al 29 de mayo de 1997, cuyas actas fueron publicadas por José Romera Castillo y Francisco Gutiérrez Carbajo (eds.), *Biografías literarias (1975-1997)* (Madrid: Visor Libros, 1998, 647 págs.)[11], contiene, tras la presentación de José

[10] Con reseñas de Darío Villanueva, *ABC Cultural* 201, 8 de septiembre (1995), pág. 13; Laura Serrano de Santos, en *Signa* 5 (1996), págs. 361-364 (también en http://www.cervantesvirtual.com/obra-visor/signa-revista-de-la-asociacion-espanola-de-semiotica--13/html/dcd92ce0-2dc6-11e2-417)*000475f5bda5_38.html#I_64_*) y José Manuel Pérez Carrera, en *Epos* XII (1996), págs. 626-628 (también en http://e-spacio.uned.es/fez/eserv.php?pid=bibliuned:Epos-1996-12-5150&dsID=Documento.pdf).

[11] Con reseñas de Dolores Romero López, en *Epos* XIV (1998), págs. 713-716 (también en http://e-spacio.uned.es/fez/eserv.php?pid=bibliuned:Epos-1998-14-5180&dsID=Documento.pdf); Emilia Cortés Ibáñez, en *Signa* 8 (1999), págs.

Romera (UNED), las sesiones plenarias de Daniel Madelénat (Université Blaise-Pascal, Francia), Ricardo Senabre (Universidad de Salamanca), Miguel Ángel Pérez Priego (UNED), José Montero Reguera (Universidade de Vigo), Francisco Aguilar Piñal (CSIC), Leonardo Romero Tobar (Universidad de Zaragoza), Rafael Alarcón Sierra (Universidad de Zaragoza), Andrés Soria Olmedo (Universidad de Granada), José Romera Castillo (UNED) y Marcos Ricardo Barnatán (Escritor y crítico) -además de la intervención del escritor Juan Manuel de Prada que no aparece publicada por no haber enviado su texto el autor-; además de treinta y dos comunicaciones, seleccionadas previamente.

El segundo, celebrado en la sede de la UNED en Madrid, del 1 al 3 de julio de 1992, dio unos resultados que se publicaron por José Romera, Alicia Yllera, Mario García-Page y Rosa Calvet (eds.), *Escritura autobiográfica* (Madrid: Visor Libros, 1993, 505 págs.)[12], con presentación de José Romera (UNED), con las sesiones plenarias de Darío Villanueva (Universidad de Santiago de Compostela), Ángel G. Loureiro (University of Massachusetts, Amherst, Estados Unidos) y Francisco Hernández (Universidad de Valladolid), cuarenta y seis comunicaciones -publicadas tras previa selección- y un apéndice bibliográfico de José Romera Castillo (UNED).

367-371 (también en http://www.cervantesvirtual.com/obra-visor/signa-revista-de-la-asociacion-espanola-de-semiotica--3/html/dcd93078-2dc6-11e2-b417-000475f5bda5_40.html#I_70_); Ricardo Fernández Romero (1999), "Reconstruir vidas: la biografía literaria", *Boletín de la Unidad de Estudios Biográficos* (Barcelona) 4 (1999), págs. 157-159; y Guy H. Wood, en *Anales de la Literatura Española Contemporánea / Annals of Contemporary Spanish Literature* 25.2 (2000), págs. 648-651.

[12] Con reseñas de Agustina Torres Lara, en *Signa* 3 (1994), págs. 285-289 (también en http://www.cervantesvirtual.com/obra-visor/signa-revista-de-la-asociacion-espanola-de-semiotica--11/html/dcd92a92-2dc6-11e2-b417-000475f5bda5_28.html#I_39_) y Virgilio Tortosa Garrigós, en *Diablotexto* (Universidad de Valencia) 2 (1995), págs. 230-233.

El noveno, que tuvo lugar en la UNED de Madrid, del 21 al 23 de junio de 1999, dio unos resultados publicados por José Romera Castillo y Francisco Gutiérrez Carbajo (eds.), *Poesía histórica y (auto)biográfica (1975-1999)* (Madrid: Visor Libros, 2000, 591 págs.)[13], recoge, después de la presentación de José Romera, las sesiones plenarias de los poetas Antonio Colinas, Luis García Montero y Julio Martínez Mesanza -además de la de Jaime Siles que no aparece publicada en las Actas-; las intervenciones de los críticos Rafael Núñez Ramos (Universidad de Oviedo), José Romera Castillo (UNED) y Túa Blesa (Universidad de Zaragoza); además de cuarenta y cuatro comunicaciones, publicadas tras previa selección.

El duodécimo, *Teatro y memoria en la segunda mitad del siglo XX* (Madrid: Visor Libros, 2003). al que me referiré en el apartado sobre el teatro.

El vigésimo séptimo, *Teatro, (auto)biografía y autoficción (2000-2018). Homenaje al profesor José Romera Castillo* (Madrid: Visor Libros, 2019), editado por G. Laín Corona y R. Santiago Nogales, al que me referiré en el apartado sobre el teatro.

3.1.3. Discursos históricos

La literatura y el teatro históricos -dos de las vías muy significativas y mayoritarias por donde discurre la creación artísti-

[13] Con reseñas de José Luis García Martín, en *El Mundo* (*El Cultural*), 1 de noviembre (2000), pág. 14; Antonio Puente, "El poeta es un fingidor", *La Razón* ("Caballo Verde") 9 de marzo (2001), pág. 39; José Enrique Martínez, "Poesía, autobiografía e historia", *Diario de León*, domingo 18-3 (2001); Emilia Cortés Ibáñez, en *Signa* 10 (2001), págs. 509-513 (también en http://www.cervantesvirtual.com/obra-visor/signa-revista-de-la-asociacion-espanola-de-semiotica-4/html/02598914-82b2-11df-acc7-002185ce6064_48.html#I_107_); J[osé] M[iguel] S[errano], en *Analecta Malacitana* XXV.1 (2002), págs. 357-358 y Dolores Romero López, en *Campo de Agramante. Revista de Literatura* (Fundación Caballero Bonald, Jerez) 2 (2002), págs. 135-137.

ca actual- han sido atendidos también a través de tres seminarios internacionales.

El quinto, celebrado en la sede de la Universidad Internacional Menéndez Pelayo de Cuenca, del 3 al 6 de julio de 1995, cuyos resultados pueden leerse en José Romera Castillo y Francisco Gutiérrez Carbajo (eds.), *La novela histórica a finales del siglo XX* (Madrid: Visor Libros, 1996, 439 págs.)[14], con presentación de José Romera (UNED), recoge las sesiones plenarias de Maryse Bertrand de Muñoz (Université de Montreal, Canadá), M.ª del Carmen Bobes (Universidad de Oviedo), Carlos García Gual (Universidad Complutense), Germán Gullón (Universitëit van Amsterdam, Holanda), Joan Oleza y Miguel Herráez (Universidad de Valencia) y José M.ª Pozuelo Yvancos (Universidad de Murcia); además de treinta y cuatro comunicaciones -seleccionadas previamente- y dos apéndices bibliográficos de Alfredo Caunedo (de nuestro Grupo de Investigación) y José Romera Castillo (UNED).

El octavo, sobre *Teatro histórico (1975-1998): textos y representaciones* (Madrid: Visor Libros, 1999), al que me referiré en el apartado sobre el teatro.

---

[14] Con reseñas de José Enrique Martínez, en el Suplemento cultural de *El Mundo*, octubre (1996); Emilia Cortés Ibáñez, en *Signa* 6 (1997), págs. 439-445 (también en http://www.cervantesvirtual.com/obra-visor/signa-revista-de-la-asociacion-espanola-de semiotica--4/html/dcd92e0c-2dc6-11e2-b417-000475f5bda5_48.html#I_79_); Manuel Crespillo, en *Analecta Malacitana* XX.2 (1997), págs. 791-792; Ramón Espejo-Saavedra, en *Hispanic Review* 67 (1999), págs. 277-279 e Ignacio Corona, "Mercado, posmodernismo y literatura: aproximaciones a la novela histórica", *España Contemporánea. Revista de Literatura y Cultura* (The Ohio State University), XIII.2 (2000), págs. 109-114 (Artículo-reseña). Cf. además la Memoria de Investigación de Alfredo Caunedo Álvarez, *La novela histórica en España durante la última década (1980-1991)*, defendida en la UNED en 1992, bajo mi dirección.

Y el noveno, sobre *Poesía histórica y (auto)biográfica (1975-1999)* (Madrid: Visor Libros, 2000), al que me referido en el apartado anterior.

3.1.4. Novela y relato breve

Al examen del relato, en dos de sus ámbitos, hemos dedicado sendos seminarios:

El décimo, que se celebró en la UNED de Madrid, del 31 de mayo al 2 de junio de 2000, cuyas aportaciones pueden leerse en José Romera Castillo y Francisco Gutiérrez Carbajo (eds.), *El cuento en la década de los noventa* (Madrid: Visor Libros, 2001, 743 págs.)[15], incluye, tras la presentación de José Romera Castillo (UNED), las sesiones plenarias de Ángeles Encinar (Saint Louis University, Campus de Madrid), Fernando Valls (Universidad Autónoma de Barcelona), José Luis Martín Noga-

[15] Con reseñas de Francisco E. Puertas Moya, en *Epos* XVII (2001), págs. 491-194 (también en *http://e-spacio.uned.es/fez/eserv.php?pid=bibliuned:Epos-2001-17-5060&dsID=Documento.pdf)* y Olga Elwes Aguilar, en *Epos* XVIII (2002), págs. 558-560 (también en http://e-spacio.uned.es/fez/eserv.php?pid=bibliuned:Epos-2002-18-5110&dsID=Documento.pdf); Irene Aragón González, en *Signa* 11 (2002), págs. 335-340 (también en http://www.cervantesvirtual.com/obra-visor/signa-revista-de-la-asociacion-espanola-de-semiotica-5/html/025dabac-82b2-11df-acc7-002185ce6064_35.html#I_63_); Mercedes Carballo-Abengózar, en *Bulletin of Hispanic Studies* 80.2 (2003), págs. 282-283 y Felipe Díaz Pardo, en *Anales de la Literatura Española Contemporánea* 29.1 (2004), págs. 353-356. Las actas se completan con los dos trabajos de los investigadores, pertenecientes a nuestro Centro de Investigación (expuestos en el Seminario Internacional), Felipe Díaz Pardo, "Reseñas de cuentos aparecidas en los diarios *ABC* (*ABC Cultural*) y *El País* (*Babelia*) 1991-1995" y Francisco Linares Valcárcel y Dolores Romero López, "Reseñas de cuentos aparecidas en los diarios *ABC* (*ABC Cultural*) y *El País* (*Babelia*) 1996-1999", *Signa* 11 (2002),, págs. 71-111 y 113-161, respectivamente (también en http://www.cervantesvirtual.com/obra-visor/signa-revista-de-la-asociacion-espanola-de-semiotica-5/html/025dabac-82b2-11df-acc7-002185ce6064_18.html#I_10_ y http://www.cervantesvirtual.com/obra-visor/signa-revista-de-la-asociacion-espanola-de-semiotica-5/html/025dabac-82b2-11df-acc7-002185ce6064_19.html#I_13_).

les (director de *Lucanor* y del Centro Asociado a la UNED de Navarra), Nuria Carrillo (Universidad de Burgos), Luis Beltrán Almería (Universidad de Zaragoza), la escritora Clara Sánchez, etc. además de más de cincuenta comunicaciones, seleccionadas previamente[16].

Y el decimoséptimo, *Teatro, novela y cine en los inicios del siglo XXI* (Madrid: Visor Libros, 2008), al que referiré en el apartado sobre el teatro.

3.1.5. Nuevas tecnologías

La relación de las nuevas tecnologías con la literatura y el teatro la hemos atendido en tres seminarios.

El sexto, que se realizó en la Universidad Internacional Menéndez Pelayo de Cuenca, del 1 al 4 de julio de 1996, fue publicado por José Romera Castillo, Francisco Gutiérrez Carbajo y Mario García-Page (eds.), *Literatura y multimedia* (Madrid: Visor Libros, 1997, 386 págs.)[17], con presentación de José Romera (UNED), donde aparecen las sesiones plenarias de José Romera Castillo (UNED), Antonio R. de las Heras (Universidad

[16] La obra se estructura en dos grandes apartados. El primero, "Sobre el cuento" (págs. 31-635), se haya fraccionado en diferentes secciones: sobre el cuento (en) español (estudios panorámicos, mujeres y cuentos, análisis de autores y obras y cuentos de cine y cine de cuentos), relatos breves en diversas lenguas y aspectos teóricos; y el segundo, "Sobre el microrrelato" (págs. 637-742), se divide, a su vez, en varios apartados: Panoramas y análisis de obras, así como aspectos teóricos.

[17] Con reseñas de Mar Cruz Piñol, en *Signa* 7 (1998), págs. 397-403 -en versión impresa (también en http://www.cervantesvirtual.com/obra-visor/signa-revista-de-la-asociacion-espanola-de-semiotica--10/html/dcd92f4c-2dc6-11e2-b417-000475f5bda5_43.html#I_84_) y en la revista electrónica *Espéculo* 6, julio (1997): http://www.ucm.es/OTROS/especulo/numero6/lit_mult.htm; José Antonio Millán, "Los nuevos soportes del texto", *El País* (*Babelia* 360), 3 de octubre (1998), pág. 13; Alfredo Rodríguez López-Vázquez, en *Lenguaje y Textos* 10 (1997), págs. 375-376; Emilia Cortés Ibáñez, en *Epos* XIV (1998), págs. 711-712 (también en http://e-spacio.uned.es/fez/eserv.php?pid=bibliuned:Epos-1998-14-5170&dsID=Documento.pdf) y Josep A. Feustle, Jr., en *Hispania* (USA) 82.1 (march, 1999), págs. 108-109 (en inglés).

Carlos III de Madrid), Francisco A. Marcos Marín (Universidad Autónoma de Madrid), Germán Ruipérez (UNED), Enric Bou (Brown University, Estados Unidos), Joaquín M.ª Aguirre (Universidad Complutense de Madrid) y Francisco Gutiérrez Carbajo (UNED) -además de las de Jenaro Talens (Universidad de Valencia), Javier Blasco (Universidad de Valladolid), Orlando Carreño y Jorge Urrutia (Universidad Carlos III) que no aparecieron publicadas por voluntad expresa de sus autores-; además de trece comunicaciones sobre "Literatura y multimedia" y otras seis sobre "Enseñanza de la literatura", todas previamente seleccionadas.

El decimotercero, *Teatro, prensa y nuevas tecnologías (1990-2003)* (Madrid: Visor Libros, 2004), al que me referiré en el apartado sobre el teatro.

Y el vigésimo segundo, *Teatro e Internet en la primera década del siglo XXI* (Madrid: Verbum, 2013), al que me referiré en el apartado sobre el teatro.

3.2. Seminarios internacionales sobre teatro

Como señalaba anteriormente, una de estas líneas de investigación, la más vigorosa, sin duda alguna, por los granados frutos que ha generado, se centra en el estudio de lo teatral tanto desde el punto de vista textual (literario) como, especialmente, desde la óptica espectacular. Sus resultados van aportando intensa luz a la historia del teatro representado en España y a la presencia del teatro español en Europa y América, fundamentalmente[18]. Son ya numerosas las investigaciones, que ahora no puedo

[18] *Vid*. el testimonio del dramaturgo José Luis Alonso de Santos, en G. Laín Corona y R. Santiago Nogales (eds.), *Cartografía literaria en homenaje al profesor José Romera Castillo* (Madrid: Visor Libros, 2018, págs. 79-80); así como de César Oliva, "José Romera en los escenarios", en Guillermo Laín Corona y Rocío Santiago

pormenorizar, publicadas en formato impreso y/o en la web de nuestro centro (según puede verse en "Estudios sobre teatro": *https://www2.uned.es/centro-investigacion-SELITEN@T/estudios_sobre_teatro.html*).

De los treinta y tres Seminarios, celebrados hasta 2024, han sido veinticinco (con este) los centrados en el estudio de lo teatral (textos y representaciones). A continuación, constataré los llevados a cabo hasta el momento, en dos apartados: uno temático y otro cronológico. Veamos.

3.2.1. Panoramas y formatos

Se inicia este apartado con los diferentes seminarios internacionales que han tratado de diversos y variados aspectos.

El decimoquinto, seminario, cuyos resultados pueden leerse en José Romera Castillo (ed.), *Tendencias escénicas al inicio del siglo XXI* (Madrid: Visor Libros, 2006, 835 págs.)[19], se realizó en la UNED de Madrid, del 27 al 29 de junio de 2005, organizado en colaboración con el INAEM (Centro de Documentación Teatral). Las actas, tras la presentación de José Romera Castillo (UNED), recogen las intervenciones en las sesiones plenarias de José Luis Alonso de Santos (Dramaturgo), Guillermo Heras (Dramaturgo y director escénico), Juan A. Hormigón (RESAD), Jerónimo López Mozo (Dramaturgo), Alfonso Vallejo (Dramaturgo), Ignacio García May (Dramaturgo / RESAD), Íñigo

---

Nogales (eds.), *Cartografía teatral en homenaje al profesor José Romera Castillo* (Madrid: Visor Libros, 2019, págs. 97-104).

[19] Con reseñas de Ingrid Beaumond, en *Signa* 16 (2007), págs. 581-585 (también en http://bib.cervantesvirtual.com/FichaObra.html?Ref=026036); Antonina Fratale, en *Epos* XXIII (2007), págs. 379-382 (también en http://e-spacio.uned.es/fez/eserv.php?pid=bibliuned:Epos-2007-73FB4BAE-74D7-D716-5A5D-061E5B714324&dsID=re_tendencias_escenicas.pdf); Kepa Iruña, en *Fiesta Cultura* (Comunidad Valenciana) 35 (2008), pág. 66 y David Smith, en *Anales de la Literatura Española Contemporánea* 34.2 (2009), págs. 284/670-288/674.

Ramírez de Haro (Dramaturgo), José Romera Castillo (UNED), Wilfried Floeck, Ana García Martínez y Susanne Hartwing (Universidad de Giessen, Alemania), César Oliva (Universidad de Murcia), José M.ª Paz Gago (Universidad de La Coruña), Ángel Berenguer (Universidad de Alcalá), Francisco Gutiérrez Carbajo (UNED), Eduardo Pérez-Rasilla (Universidad Carlos III de Madrid), Julio Huélamo (Centro de Documentación Teatral), Javier Huerta Calvo (Universidad Complutense) y Eduardo Vasco (Compañía Nacional de Teatro Clásico). Además de treinta y cinco comunicaciones, previamente seleccionadas.

El decimosexto, cuyas actas fueron publicadas por José Romera Castillo (ed.), *Análisis de espectáculos teatrales (2000-2006)* (Madrid: Visor Libros, 2007, 567 págs.)[20], se celebró en la sede de la UNED de Madrid, en colaboración con el Centro de Documentación Teatral (INAEM del Ministerio de Cultura), del 26 al 28 de junio de 2006. En el volumen, tras la presentación de José Romera Castillo (UNED), se publican las intervenciones de los dramaturgos José Luis Alonso de Santos, Jerónimo López Mozo, Gracia Morales y Pilar Campos; así como las de los investigadores César Oliva (Universidad de Murcia), José Romera Castillo (UNED), Francisco Gutiérrez Carbajo (UNED), Óscar Cornago (CSIC), Fernando Doménech (RESAD), Mariano de Paco (Universidad de Murcia), Luciano García Lorenzo (CSIC) y Pablo Peinado Céspe-

[20] Con reseñas de Juan Carlos Romero Medina, en *Epos* XXIII (2007), págs. 382-384 (también en http://e-spacio.uned.es/fez/eserv.php?pid=bibliuned:Epos-2007-58C2A0F7-EA59-134A-DD8F-AAE9AD995A46&dsID=re_analisis_espectaculos.pdf); Susana M.ª Teruel Martínez, "Los espectáculos teatrales en los inicios del siglo XXI", *Monteagudo* 13 (2008), págs. 281-284 e Ingrid Beaumond, en *Signa* 18 (2009), págs. 439-443 (también en https://www.cervantesvirtual.com/obra/anlisis-de-espectculos-teatrales-resea--20002006-jos-romera-castillo-ed-madrid-visor-libros-2007-567-pgs-0/). Cf. además el vídeo de José Romera Castillo, "Las narraciones del siglo XXI": https://canal.uned.es/mmobj/index/id/12502.

des (Director del Festival Gay de Teatro), etc. Además de veintiséis comunicaciones, seleccionadas previamente.

El vigésimo tercero, cuyos resultados se publicaron por José Romera Castillo (ed.), *Creadores jóvenes en el ámbito teatral (20+13=33)* (Madrid: Verbum, 2014, 363 págs.)[21], se celebró en la sede la UNED de Madrid, en colaboración con el Instituto del Teatro de Madrid, del 26 al 28 de junio de 2013, con las intervenciones de los dramaturgos Paco Bezerra, Itziar Pascual, Diana I. Luque, Lola Blasco, Jerónimo López Mozo y Pablo Iglesias Simón, así como de diversos investigadores. Además de diecinueve comunicaciones, publicadas tras previa selección. Puede verse una grabación del seminario en http://www.canal.uned.es/serial/index/id/664.

---

[21] Con crónica del seminario de Ana Prieto Nadal, en *Anagnórisis* 8 (diciembre, 2013), págs. 175-182 (en línea: https://www.anagnorisis.es/pdfs/n8/Resena.AnaPrieto.(175-182)n8.pdf). Pueden verse las reseñas de Laeticia Rovecchio, en *Anagnórisis* 9, junio (2014), págs. 158-164 (en línea: https://www.anagnorisis.es/pdfs/n9/LaeticiaRovecchio(158-164)n9.pdf); Laura Arroyo Martínez, en *Castilla. Estudios de Literatura* (Universidad de Valladolid) 5 (2014), págs. LIV-LVI (en línea: https://revistas.uva.es/index.php/castilla/article/view/245/247); Manuel F. Vieites, en *ADE-Teatro* 151 (2014), págs. 189-190; Greta Trautmann, "Navegando los novísimos: guía a nuevas voces en la producción teatral de España", *El kiosco teatral* ("Leer teatro") 5 (octubre de 2014), en línea: http://www.aat.es/elkioscoteatral/leer-teatro/leer-teatro-5-sumario/n-o-5-mejor-pensarlo-dos-veces-6-5-ensayo/; Berta Muñoz Cáliz, en *Signa* 24, págs. 593-199 (también en http://www.uned.es/centro-investigacion-SELITEN@T/pdf/signa/SIGNA_24.pdf); Coral García Rodríguez, en *Don Galán. Revista de Investigación Teatral* 5 (2015), en línea: http://teatro.es/contenidos/donGalan/donGalanNum5/pagina.php?vol=5&doc=7_10&romera-castillo-jose-creadores-jovenes-en-el-ambito-teatral-20-13-33&coral-garcia-rodriguez; José Elías Gutiérrez Meza, en *Rilce* 32.1 (2016), págs. 283-286; Miguel Ángel Jiménez Aguilar, en *Crítica Bibliográphica* (Vigo: Academia del Hispanismo): https://docplayer.es/37437320-Critica-bibliographica.html; Olivia Nieto Yusta, en *Estreno* 42.1 (2016), en línea: https://www.academia.edu/29105590/RESENA_CREADORES_JOVENES_AMBITO_TEATRAL_33_pdf y Julio Vélez Sainz, en *Dicenda. Cuadernos de Filología* 34 (2016), págs. 419-421 (*https://revistas.ucm.es/index.php/DICE/article/view/53620/49134*).

El vigésimo, cuyas actas han sido publicadas por José Romera Castillo (ed.), *El teatro breve en los inicios del siglo XXI* (Madrid: Visor Libros, 2011, 525 págs.)[22], se celebró en la sede de la UNED de Madrid, en colaboración con el Centro de Documentación Teatral (INAEM del Ministerio de Cultura) y del Instituto del Teatro de Madrid, del 28 al 30 de junio de 2010, con las intervenciones de los dramaturgos José Luis Alonso de Santos, Jerónimo López Mozo, Jesús Campos, José Ramón Fernández, Eduardo Quiles, José Moreno Arenas, Antonia Bueno, Roberto García de Mesa y Gustavo Montes, y de los críticos Mariano de Paco y Virtudes Serrano (Universidad de Murcia), José Romera Castillo y Francisco Gutiérrez Carbajo (UNED) y Juan Carlos de Miguel (Universidad de Valencia). Además de veintidós comunicaciones, publicadas tras previa selección.

El decimonoveno, cuyos resultados se han publicado por José Romera Castillo (ed.), *El teatro de humor en los inicios del siglo XXI* (Madrid: Visor Libros, 2010, 448 págs.)[23], tuvo lugar

[22] Con reseñas de Manuel F. Vieites, en *ADE-Teatro* 137 (2011), pág. 316; Laura Rivero, en *Signa* 21 (2012), págs. 771-775 (que también puede leerse en https://www.cervantesvirtual.com/obra/el-teatro-breve-en-los-inicios-del-siglo-xxi-madrid-visor-libros-2011-525-pags-resena/); Laeticia Rovecchio, en *Anagnórisis* 5 (2012), págs. 155-162 (http://www.anagnorisis.es/pdfs/n5/rovecchio_anton(**155-162**)resena_n5.pdf); Coral García Rodríguez, en *Don Galán. Revista de Investigación Teatral* (Ministerio de Educación, Cultura y Deporte) 2 (2012), en línea: http://teatro.es/contenidos/donGalan/donGalanNum2/pagina.php?vol=2&doc=7_3; Susana M.ª Teruel Martínez, "La dramaturgia breve en los albores del siglo XXI", *Monteagudo* (Universidad de Murcia) 17 (2012, 3.ª época), págs. 251-254; Raquel García Pascual, en *Anales de la Literatura Española Contemporánea* 38.3 (2013), págs. 434-440 y José Elías Gutiérrez Meza, en *Rilce. Revista de Filología Hispánica* 30.1 (2014), págs. 314-318 (también en http://www.academia.edu/5108915/Jose_Romera_Castillo_ed._El_teatro_breve_en_los_inicios_del_siglo_XXI?login=&email_was_taken=true).

[23] Con reseñas de Susana M.ª Teruel Martínez, en *Epos* XXVI (2010), págs. 517-520 (también en http://e-spacio.uned.es/fez/eserv.php?pid=bibliuned:Epos-2010-26-5340&dsID=Documento.pdf); Laura Demonte, en *Signa* 20 (2011), págs. 641-643 (también en http://bib.cervantesvirtual.com/FichaObra.html?Ref=041097);

en la sede de la UNED de Madrid, en colaboración con el Centro de Documentación Teatral (INAEM del Ministerio de Cultura) y del Instituto del Teatro de Madrid, del 29-30 de junio al 1 de julio de 2009. El volumen, tras la presentación de José Romera Castillo ("El estudio del teatro en el SELITEN@T", págs. 9-48), reúne las intervenciones de los dramaturgos Jerónimo López Mozo, Paloma Pedrero y José Moreno Arenas, y las de los investigadores José Romera Castillo (UNED), Juan A. Ríos Carratalá (Universidad de Alicante), Francisco Gutiérrez Carbajo (UNED) y Marina Sanfilippo (UNED). Además de diecinueve comunicaciones, previamente seleccionadas.

El vigésimo primero, cuyas actas han sido publicadas por José Romera Castillo (ed.), *Erotismo y teatro en la primera década del siglo XXI* (Madrid: Visor Libros, 2012, 386 págs.)[24], se

---

José Antonio Llera, en *Don Galán. Revista de Investigación Teatral* 1 (2011), en línea: https://www.teatro.es/contenidos/donGalan/pagina.php?vol=1&doc=7_2; Emeterio Diez Puertas, en *Anales de la Literatura Española Contemporánea* 38.3 (2013), págs. 432-434 y Olivia Nieto Yusta, en *Las Puertas del Drama* 50 (2018), en línea: http://www.aat.es/elkioscoteatral/las-puertas-del-drama/drama-50/libro-recomendado-el-teatro-de-humor-en-los-inicios-del-siglo-xxi/. *Vid.* de José Romera Castillo, "Sobre el teatro de humor y sus alrededores en el siglo XXI", incluido en el volumen (págs. 51-66).

[24] Con reseñas de Manuel F. Vieites, en *ADE-Teatro* 143 (diciembre, 2012), pág. 195; Sara Boo Tomás, en *Anagnórisis. Revista de Investigación Teatral* 6 (2012), págs. 152-159 (en línea: http://www.anagnorisis.es/pdfs/n6/boo-tomas(152-159)resena_n6.pdf); Eduardo Pérez-Rasilla, en *Signa* 22 (2013), págs. 801-806 (también en http://www.cervantesvirtual.com/obra/jose-romera-castillo-erotismo-y-teatro-en-la-primera-decada-del-siglo-xix-madrid-visor-libros-2012-386-pags-resena/ y en http://dialnet.unirioja.es/servlet/articulo?codigo=4148638); Julio Enrique Checa Puerta, en *Don Galán. Revista de Investigación Teatral* 3 (2013), en línea: http://teatro.es/contenidos/donGalan/donGalanNum3/pagina.php?vol=3&doc=7_18; Cristina Ferradás Carballo, en *Epos* XXIX (2013), págs. 542-545 (http://revistas.uned.es/index.php/EPOS/article/view/15206/13331); Emeterio Diez Puertas, en *Anales de la Literatura Española Contemporánea* 39.2 (2014), págs. 530-531; Ana Prieto Nadal, en *Revista de Literatura* LXXVII.154 (2015), págs. 656-658 (http://revistadeliteratura.revistas.csic.es/index.php/revistadeliteratura/article/view/377/392) y Miguel Ángel Jimé-

celebró en la sede la UNED de Madrid, en colaboración con el Centro de Documentación Teatral (INAEM del Ministerio de Cultura) y el Instituto del Teatro de Madrid, del 27 al 29 de junio de 2011, con las intervenciones de los dramaturgos Laila Ripoll y Raúl Hernández Garrido; los directores teatrales Eduardo Vasco y Mariano de Paco Serrano, la actriz Pepa Pedroche; además de los críticos María-José Ragué-Arias (Universidad de Barcelona), Manuel Vieites y Roberto Pascual (Escola Superior de Arte Dramática de Galicia), Julio Huélamo (Centro de Documentación Teatral), Rosa de Diego (Universidad del País Vasco), José Romera Castillo y Francisco Gutiérrez Carbajo (UNED). Además de diecinueve comunicaciones, publicadas tras previa selección.

El vigésimoquinto, publicado por José Romera Castillo (ed.), *El teatro como documento artístico, histórico y cultural en los inicios del siglo XXI* (Madrid: Verbum, 2017)[25], tuvo lugar en la UNED de Madrid, del 28 al 30 de junio de 2016, realizado en colaboración con la Academia de las Artes Escénicas de España, la Asociación Internacional de Teatro del siglo XXI, la Asociación Española de Semiótica, el Proyecto de investigación TEAMAD y el Instituto del Teatro de Madrid. Con las intervenciones de los dramaturgos Jerónimo López Mozo, Jesús

---

nez Aguilar, en *Crítica Bibliográphica* (Vigo: Editorial Academia del Hispanismo), 08/01/2016 (http://www.academiaeditorial.com/web/erotismo-y-teatro-en-la-primera-decada-del-siglo-xxi/).

[25] Con reseñas de Miguel Á. Jiménez Aguilar, en *Signa* 27 (2018), págs. 1267-1271 (también en http://revistas.uned.es/index.php/signa/article/view/19044/17899) y Olivia Nieto Yusta, en *Revista de Literatura* LXXX.160 (2018), págs. 654-656 (en línea: https://revistadeliteratura.revistas.csic.es/index.php/revistadeliteratura/article/view/464/47). Una grabación completa del seminario puede verse en *https://canal.uned.es/serial/index/id/4695*. Y un resumen en el programa de TVE-2 (18-XI, 2016): *https://canal.uned.es/mmobj/index/id/53114*, http://www.rtve.es/alacarta/videos/uned/uned-3-18112016-teatro/3805993/ y https://www.youtube.com/watch?v=FqmT2kErAD8.

Campos, José Luis Alonso de Santos, Paloma Pedrero, Alberto Conejero, Fernando J. López y Eva Guillamón. Además de 36 comunicaciones, editadas tras previa selección. Puede verse una grabación en *https://canal.uned.es/serial/index/id/4695* y un resumen en el programa de TVE y *https://www.youtube.com/watch?v=FqmT2kErAD8*.

El vigésimo sexto, editado por José Romera Castillo (ed.), *El teatro y marginalismo(s) por sexo, raza e ideología en los inicios del siglo XXI* (Madrid: Verbum, 2017)[26], celebrado en la UNED de Madrid, del 28 al 30 de junio de 2017, en colaboración con la Academia de las Artes Escénicas de España, la Asociación Internacional de Teatro del siglo XXI, la Asociación Española de Semiótica, el Proyecto de investigación TEAMAD y el Instituto del Teatro de Madrid. Con las intervenciones de los dramaturgos Jerónimo López Mozo, Carmen Resino, Borja Ortiz de Gondra, Fernando J. López, Juana Escabias, Juan Carlos Pérez de la Fuente; así como diversos investigadores. Puede verse una grabación en *https://canal.uned.es/serial/index/id/5812* y https://canal.uned.es/mmobj/index/id/58115, así como unos resúmenes: https://canal.uned.es/video/5a6f5f2bb1111f930c8b4572 y https://canal.uned.es/video/5aab88eeb1111f5a318b4568.

---

[26] Con reseñas de la revista, en *Artescénicas. Revista de investigación teatral* 9 (mayo, 2018), pág. 72 (también en http://academiadelasartesescenicas.es//archivos/files/publicaciones/Artescenicas_9_Revista_Academia.pdf); Angelo Alejandro de Marzo, en *Anagnórisis. Revista de investigación teatral* 17 (2018), págs, 139-143 (en línea: http://anagnorisis.es/pdfs/n17/AngeloAlejandroDeMarzo(139-143)n17.pdf); Olivia Nieto Yusta, en *Don Galán* 8 (2018), en línea: http://teatro.es/contenidos/donGalan/donGalanNum8/pagina.php?vol=8&doc=7_10 y Zoe Martín Lago, en *Anales de la literatura española contemporánea* 44.2, 249-255. Una grabación completa del seminario puede verse en https://canal.uned.es/serial/index/id/5812 y un resumen en https://canal.uned.es/video/5a6f5f2bb1111f930c8b4572.

TEATRO E HISTORIA[27]

El octavo, se llevó a cabo en la Universidad Internacional Menéndez Pelayo de Cuenca, del 25 al 28 de junio de 1998, y cuyas aportaciones pueden leerse en José Romera Castillo y Francisco Gutiérrez Carbajo (eds.), *Teatro histórico (1975-1998): textos y representaciones* (Madrid: Visor Libros, 1999, 753 págs.)[28]. Tras la presentación de José Romera Castillo (UNED), aparecen las "Confesiones de dramaturgos" (en las que José María Rodríguez Méndez y Eduardo Galán reflexionan sobre su producción teatral). En la segunda parte, se editan las sesiones plenarias de César Oliva (Universidad de Murcia), M.ª Francisca Vilches de Frutos (CSIC), Beatriz Hernanz Angulo (Escritora y crítica), Ángel Berenguer (Universidad de Alcalá), Mariano de Paco (Universidad de Murcia), José Romera Castillo (UNED), Virtudes Serrano (Universidad de Murcia), Ángel-Raimundo Fernández (Universidad de Navarra), Juan Antonio Ríos Carratalá (Universidad de Alicante), María-José Ragué-

---

[27] La literatura y el teatro históricos -dos de las vías muy significativas y mayoritarias por donde discurre la creación artística actual- han sido atendidos también a través de otros seminarios internacionales: el quinto, *La novela histórica a finales del siglo XX* (Madrid: Visor Libros, 1996) y el noveno, *Poesía histórica y (auto)biográfica (1975-1999)* (Madrid: Visor Libros, 2000).

[28] Con reseñas de Francisco Fernández Ferreiro, en *Theatralia (Universidade de Vigo) III* (2000), págs. 483-488; Dolores Romero López, en *Gestos* 29 (2000), págs. 197-200; Emilia Cortés Ibáñez, en *Signa* 9 (2000), págs. 643-648 (también en http://www.cervantesvirtual.com/obra-visor/signa-revista-de-la-asociacion-espanola-de-semiotica--8/html/dcd931cc-2dc6-11e2-b417-000475f5bda5_45.html#I_84_); M.ª Isabel Aboal Sanjurjo, en *Monteagudo* (Murcia) 5 (2000, 3.ª época), págs. 209-213; Francisco Gullón de Haro, en *Epos* XVI (2000), págs. 566-568 (también en http://e-spacio.uned.es/fez/eserv.php?pid=bibliuned:Epos-2000-16-5070&dsID=Documento.pdf); Coral García, en *Rassegna Iberistica* 71 (2001), págs. 58-60; Wilfried Floeck, en *Iberoamericana* 1.2 (2001), págs. 250-254; Karl Kohut, en *Iberoamericana* 1.3 (2001), págs. 271-273 y Nancy J. Membrez, en *Anales de la Literatura Española Contemporánea* 27.1 (2002), págs. 248-251.

Arias (Universidad de Barcelona y dramaturga), Josep Lluís Sirera (Universidad de Valencia), Juan Villegas (University of California, Irvine), Nel Diago (Universidad de Valencia) y Francisco Gutiérrez Carbajo (UNED). Y en la tercera parte, se publican treinta y siete comunicaciones, seleccionadas previamente.

TEATRO AUTO (BIO)GRÁFICO[29]

El duodécimo, publicadas sus aportaciones por José Romera Castillo (ed.), *Teatro y memoria en la segunda mitad del siglo XX* (Madrid: Visor Libros, 2003, 582 págs.)[30], tuvo lugar en la sede Central de la UNED (Madrid), del 26 al 28 de junio de 2002, subvencionado por la Subdirección General de Teatro (INAEM) del Ministerio de Educación, Cultura y Deporte. Las Actas, tras la presentación de José Romera Castillo (UNED), recogen las sesiones plenarias de Ignacio Amestoy (Dramaturgo y profesor

[29] Han sido varios los seminarios dedicados al tema, por ser su director pionero en las investigaciones de este ámbito en España: el séptimo, *Biografías literarias (1975-1997)* (Madrid: Visor Libros, 1998); el segundo, *Escritura autobiográfica* (Madrid: Visor Libros, 1993) y el noveno, *Poesía histórica y (auto)biográfica (1975-1999)* (Madrid: Visor Libros, 2000). *Vid*. de José M.ª Pozuelo Yvancos, "José Romera Castillo: la semiótica y los estudios autobiográficos en España", en G. Laín Corona y R. Santiago Nogales (eds.), *Cartografía literaria en homenaje al profesor José Romera Castillo* (Madrid: Visor Libros, 2018, págs. 165-180).

[30] Cf. la noticia-reseña del Seminario de Olga Elwes Aguilar, "Teatro y memoria en la segunda mitad del siglo XX o las máscaras del yo en los textos dramáticos", *ADE-Teatro* 93 (2002), pág. 222; así como las reseñas de Francisco Javier Díez de Revenga, en *Las Puertas del Drama* 15 (2003), págs. 40-42 (también en http://www.aat.es/pdfs/drama15.pdf); Francisco Gullón de Haro, en *Signa* 13 (2004), págs. 593-595 (también en http://www.cervantesvirtual.com/obra/jos-romera-castillo-ed-resea--teatro-y-memoria-en-la-segunda-mitad-del-siglo-xx-madrid-visor-libros-2003-0/); Sandra Álvarez de Toledo, en *Epos* XX/XXI (2004-2005), págs. 478-480 (también en http://e-spacio.uned.es/fez/eserv.php?pid=bibliuned:Epos-200405-2021-3151&dsID=Documento.pdf); Luis Miguel Fernández, en *Moenia* (Universidad de Santiago de Compostela) 10 (2005); Candelaria Siles Reches, en *Anales de la Literatura Española Contemporánea* 31.2 (2006), págs. 317 / 703-321 / 707 y L. Pascual Molina, en *Analecta Malacitana* XXIX.1 (2006), págs. 330-335.

de la RESAD) y Paloma Pedrero (Dramaturga); así como las de los críticos Juan Antonio Hormigón (Profesor de la RESAD y director de escena), Juan Antonio Ríos Carratalá (Universidad de Alicante), Samuel Amell (Ohio State University, Estados Unidos), Josep Lluís Sirera (Universidad de Valencia), Ángel Berenguer (Universidad de Alcalá), Jesús Rubio (Universidad de Zaragoza), Mariano de Paco (Universidad de Murcia), Virtudes Serrano (Universidad de Murcia), José Antonio Pérez Bowie (Universidad de Salamanca), Margarita Piñero (RESAD), Anna Caballé (Universidad de Barcelona), Alberto Romero Ferrer (Universidad de Cádiz) y Francisco Gutiérrez Carbajo (UNED). Se dedicó una Mesa Redonda a establecer un "Estado de la cuestión: escritura autobiográfica teatral (1950-2002)", sobre lo producido en este ámbito por dramaturgos, directores, actores y actrices, llevado a cabo por miembros del SELITEN@T (José Romera Castillo, Olga Elwes, Irene Aragón, Dolores Romero, Rosa A. Escalonilla y Francisco E. Puertas Moya). Finalmente, aparecen veintidós comunicaciones, tras previa selección, sobre diversos aspectos relacionados con el tema.

El vigésimo séptimo, publicado por Guillermo Laín Corona y Rocío Santiago Nogales (eds.), sobre *Teatro, (auto)biografía y autoficción (2000-2018). Homenaje al profesor José Romera Castillo* (Madrid: Visor Libros, 2019)[31], se celebró en la UNED

[31] Con reseñas de Laeticia Rovecchio Antón, en *Anagnórisis* 20, diciembre (2019), 431-439, en línea: http://anagnorisis.es/pdfs/n20/RovecchioAnton_num20(431-439).pdf; Eduardo Pérez-Rasilla, en *Don Galán* 9 (2019), en línea: http://teatro.es/contenidos/donGalan/donGalanNum9/resenas/02/; Olivia Nieto Yusta, en *Las Puertas del Drama* 53 (2020), en línea: http://www.aat.es/elkioscoteatral/las-puertas-del-drama/drama-53/resena-teatro-autobiografia-y-autoficcion-2000-2018-en-homenaje-al-profesor-jose-romera-castillo/; Zoe Martín Lago, en *Talía. Revista de Estudios Teatrales* (Universidad Complutense) 2 (2020), págs. 119-121, en línea: https://revistas.ucm.es/index.php/TRET/article/view/70184; José Luis González Subías, *Acotaciones* 45 (2020), págs. 617-619, en línea: https://www.resad.com/

de Madrid, del 20 al 22 de junio de 2018, en colaboración con la Academia de las Artes Escénicas de España, la Asociación Internacional de Teatro del siglo XXI, la Asociación Española de Semiótica, el Proyecto de investigación TEAMAD y el Instituto del Teatro de Madrid. Con las intervenciones de los dramaturgos José Luis Alonso de Santos, Jerónimo López Mozo, Borja Ortiz de Gondra, Pablo Iglesias Simón, Lola Blasco y otros (Luis García Montero, Clara Sánchez y Jesús *Visor*) y otros investigadores. Puede leerse el volumen completo en https://www2.uned.es/centro-investigacion-SELITEN@T/pdf/teatro_autobiografia_homenaje_romera_v3.pdf; así como puede verse una grabación en https://canal.uned.es/series/5b2a5c2eb1111f937b8b4569 y un resumen en el audio, emitido por RNE-3: https://canal.uned.es/video/5bb70d47b1111fdc218b456a.

DRAMATURGIAS FEMENINAS / LA MUJER EN LAS DRAMATURGIAS MASCULINAS

El decimocuarto, cuyas actas fueron publicadas por José Romera Castillo (ed.), *Dramaturgias femeninas en la segunda mitad del siglo XX: espacio y tiempo* (Madrid: Visor Libros, 2005, 604 págs.)[32], tuvo lugar en la UNED de Madrid, del 27 al

---

Acotaciones.new/index.php/ACT/article/view/445/623 y Pilar Jódar Peinado, en *Signa* 30 (2021), págs. 783-789, en línea: http://revistas.uned.es/index.php/signa/article/view/29321/22706.

[32] Con reseñas de Estela Barreiros Novoa, en *Signa* 15 (2006), págs. 621-623 (también en http://bib.cervantesvirtual.com/FichaObra.html?Ref=030386); Julia López Durán, en *Epos* XXII (2006), págs. 459-461 (también en http://e-spacio.uned.es/fez/eserv.php?pid=bibliuned:Epos-2006-DC8B6F1F-E7A8-315F-68F0-9FFD365780F0&dsID=re_dramaturgias.pdf) y Margherita Bernard, en *Anales de la Literatura Española Contemporánea* 34.2 (2009), págs. 288 / 674-294/680 (también en https://itunes.apple.com/fr/book/jose-romera-castillo-ed.-dramaturgias/id485308214?mt=11). Cf. además el trabajo de José Romera Castillo, “Estudio de las dramaturgas en los Seminarios Internacionales del SELITEN@T y en la revista *Signa*. Una guía bibliográfica”, en Manuel F. Vieites y Carlos Rodríguez (eds.), *Tea-*

30 de junio de 2004, subvencionado por la Subdirección General de Teatro (INAEM) del Ministerio de Educación, Cultura y Deporte -como primera actividad de un proyecto europeo conjunto con la Université de Toulouse-Le Mirail[33] y la Universidad de Giessen (Alemania)[34], constituido por iniciativa mía-. Tras la presentación de José Romera Castillo, aparecen en el volumen las sesiones plenarias de Celia Amorós (Universidad Complutense), José Luis García Barrientos (CSIC), Angélica Liddell (Dramaturga), Itziar Pascual (Dramaturga), Carmen Resino (Dramaturga), Virtudes Serrano (Universidad de Murcia) y José R. Valles Calatrava (Universidad de Almería). Le siguen las intervenciones en las dos Mesas Redondas: la primera, realizada por la Asociación de Mujeres de las Artes Escénicas en Madrid, *Marías Guerreras* (Nieves Mateo, Antonia Bueno, Alicia Casado Vegas, Esperanza López, Victoria Paniagua García-Calderón e Itziar Pascual); y la segunda, por el Equipo de Investigación

---

trología. Nuevas perspectivas. Homenaje a Juan Antonio Hormigón (Ciudad Real: Ñaque, 2010, págs. 338-357) -incluido como "Las dramaturgas y el SELITEN@T", en mi libro, *Pautas para la investigación del teatro español y sus puestas en escena* (Madrid: UNED, 2011, págs. 381-411)-.

[33] En el Coloquio *Septièmes Recontres de Théâtre Hispanique Contemporaine: Transgresión y locura en las dramaturgias femeninas hispánicas contemporáneas* (Toulouse, Francia, 7-8 de abril de 2006). Publicado por *Roswita* / Emmanuel Garnier (eds.), *Transgression et folie dans les dramaturgies féminines hispaniques contemporaines* (Carnières-Morlanwelz, Bélgica: Lansman Éditeur, 2007), el que se incluye mi trabajo, "A tantas y a locas… de amar (Algunos ejemplos en la dramaturgia femenina actual)" (págs. 21-36) -también en mi libro, *Teatro español entre dos siglos a examen* (Madrid: Verbum, 2011, págs. 233-249)-.

[34] En el encuentro celebrado en Giessen, Alemania (del 26 al 30 de septiembre de 2007) y publicado por Wilfried Floeck *et alii* (eds.), *Dramaturgias femeninas en el teatro español contemporáneo: entre pasado y presente* (Hildesheim, Alemania: Olms, 2008), en el que se inserta mi trabajo, "De la historia a la memoria: recursos mitológicos y autobiográficos en algunas dramaturgas del exilio" (págs. 123-137) -también en mi libro, *Teatro español entre dos siglos a examen* (Madrid: Verbum, 2011, págs. 218-232)-.

en teatro Hispánico Contemporáneo, *Roswita*, de la Université de Toulouse-Le Mirail (Agnès Surbezy, Antonia Amo Sánchez, Carole Nabet Egger, Emmanuel Garnier, Monique Martinez Thomas y, de nuevo, A. Surbezy). Finalmente, se publican, tras previa selección, treinta y tres comunicaciones de diferentes investigadores de España y del extranjero.

El decimoctavo, cuyas actas fueron publicadas por José Romera Castillo (ed.), *El personaje teatral: la mujer en las dramaturgias masculinas en los inicios del siglo XXI* (Madrid: Visor Libros, 2009, 312 págs.)[35], se celebró en la sede de la UNED de Madrid, en colaboración con el Centro de Documentación Teatral (INAEM del Ministerio de Cultura), del 14 al 16 de julio de 2008. El volumen, tras la presentación de José Romera Castillo (UNED), recoge las intervenciones de los dramaturgos Ignacio Amestoy, Itziar Pascual y Juan A. Hormigón (además de la de Pedro Víllora, que no llegó a publicarse), y las de los investigadores Juan A. Ríos Carratalá (Universidad de Alicante), Javier Huerta Calvo (Universidad Complutense), José Romera Castillo (UNED), Francisco Gutiérrez Carbajo (UNED), José M.ª Paz Gago (Universidad de La Coruña) y Marina Sanfilippo (UNED). Además de diez comunicaciones, seleccionadas previamente.

TEATRO Y OTROS DOMINIOS DEL SABER

El vigésimo octavo, cuyos resultados pueden leerse en José Romera Castillo (ed,), *Teatro y Filosofía en los inicios del siglo XXI* (Madrid: Verbum, 2019)[36], se celebró en la UNED de

---

[35] Con reseñas de Susana M.ª Teruel Martínez, en *Epos XXV* (2009), págs. 408-411 (también en http://e-spacio.uned.es/fez/eserv.php?pid=bibliuned:Epos-2009-25-5270&dsID=Documento.pdf) y Federico Gaimari, en *Signa* 19 (2010), págs. 447-451 (también en http://bib.cervantesvirtual.com/FichaObra.html?Ref=035533).

[36] Con reseñas de José Luis González Subías, en *Anagnórisis. Revista de investigación teatral* 21 (junio, 2020), págs. 406-420, en línea: http://anagnorisis.es/pdfs/

Madrid, del 24 al 26 de junio de 2019, en colaboración con la Academia de las Artes Escénicas de España, la Asociación Internacional de Teatro del siglo XXI, la Asociación Española de Semiótica y el Instituto del Teatro de Madrid. Con las intervenciones de los dramaturgos e investigadores José Luis Alonso de Santos, Jerónimo López Mozo, Raúl Hernández Garrido, Jorge Eines, Jorge Dubatti, Diego Sánchez Meca, José Gabriel López Antuñano y otros (UNED, Madrid, 24-26 de junio). Puede verse una grabación en https://canal.uned.es/series/5cc828b1a3eeb0027b8b4569.

El trigésimo primero, publicado por José Romera Castillo, *Teatro, ciencias y ciencia ficción en las dos primeras décadas del siglo XXI* (Madrid: Verbum, 2023)[37], realizado en colabora-

---

n21/GonzalezSubias_num21(406-410).pdf.; Carmen Márquez-Montes, en *Don Galán* 20 (2020), en línea: http://www.teatro.es/contenidos/donGalan/donGalanNum10/resenas/teatro-y-filosofia/index.html; Clara Cobos Guijarro, en *Creneida. Anuario de Literaturas Hispánicas* 8 (2020), págs. 464-471, en línea: file:///C:/Users/Pepr/Downloads/CRENEIDA8%2034%20R%20COBO.pdf; Simone Trecca, en *Estreno: Cuadernos de teatro español contemporáneo* 2 (2020), págs.133-134 (https://dialnet.unirioja.es/servlet/articulo?codigo=7610270); Mario de la Torre-Espinosa, en *Signa* 30 (2021), págs. 807-811, en línea: http://revistas.uned.es/index.php/signa/article/view/29325/22710: José Corrales Díaz-Pavón, en *Tropelías: Revista de Teoría de la Literatura y Literatura Comparada* 35 (2021), págs. 407-410, en línea: file:///C:/Users/Pepe/Downloads/4829-Texto%20del%20art%C3%ADculo-16846-1-10-20210130.pdf; Berta Muñoz Cáliz, en *Anales de la Literatura española contemporánea* 46.2 (2021), págs. 253-259 / 571-577; Susana M. Teruel Martínez, "La filosofía en las artes escénicas del siglo XXI", en *Monteagudo*, 3.ª época, 26 (2021), págs. 313-316, en línea: https://revistas.um.es/monteagudo/article/view/472991/302421.

[37] Con reseñas de Berta Muñoz Cáliz, *Estreno. Cuadernos del teatro español contemporáneo* 49 (2023), págs.143-144; Maria Angelica Giordano Paredes, en *Epos. Revista de Filología* 39 (2023), págs. 424-428 (disponible en https://revistas.uned.es/index.php/EPOS/article/view/39259/28527); Gloria Arteaga Ortiz, en *ADE-Teatro* 194 (octubre, 2023), págs, 196-197; Bienvenido Martín Fons, en *Revista de Literatura* LXXXV.170 (2023), págs. 717-719 (disponible en https://revistadeliteratura.revistas.csic.es/index.php/revistadeliteratura/article/view/1423/646; Francesca Leonetti, en *Signa* 33 (2024), págs. 821-824 -disponible en Vista de José ROMERA CASTILLO (ed.).- TEATRO, CIENCIA Y CIENCIA FICCIÓN EN LAS DOS PRIMERAS

ción con la Academia de las Artes Escénicas de España, la Asociación Internacional de Teatro del siglo XXI, la Asociación Española de Semiótica y el Instituto del Teatro de Madrid. Con las intervenciones de los dramaturgos e investigadores: José Ramón Fernández, Blanca Doménech, José Romera, Eduardo Pérez-Rasilla, y otros 20 más (presencial: Madrid, UNED y en línea, 28-30 de junio). Grabación completa en https://canal.uned.es/series/6285d80a6f3c004dd63e59a1.

El trigésimo segundo,, cuyos resultados pueden leerse en José Romera Castillo, *Teatro, ecología y gastronomía en las dos primeras décadas del siglo XXI* (Madrid: Verbum, 2023)[38], realizado en colaboración con la Academia de las Artes Escénicas de España, la Asociación Internacional de Teatro del siglo XXI, la Asociación Española de Semiótica y el Instituto del Teatro de

DÉCADAS DEL SIGLO XXI (uned.es)-; Mario de la Torre Espinosa, en *Anales de la Literatura Española Contemporánea* 49.2 (2024), págs. 224-227 / 526-529.

[38] Con reseñas de Manuel F. Vieites, *ADE-Teatro* 195 (diciembre, 2023), págs. 190-191; Inmaculada Plaza-Agudo, *Iberoamericana* (editada por el Ibero-Amerikanisches Institut Preußischer Kulturbesitz de Berlín, en cooperación con el GIGA Institute for Latin American Studies de Hamburgo y la Editorial Vervuert / Iberoamericana, Frankfurt am Main / Madrid) 85 (2024), págs. 312-316 (disponible en https://journals.iai.spk-berlin.de/index.php/iberoamericana/article/view/3097/2637); Izan García Baumbach, en *Anales de la Literatura Española Contemporánea* 49.2 (2024), págs. 227-230 / 529-532; Gloria Arteaga Ortiz, en *Artescénicas* 33 (junio, 2024), págs. 88 (disponible en Uniwersytet Warszawski,https://academiadelasartesescenicas.es/revista/68/artescenicas-33/); Juan Carlos Elijas, en *Las Puertas del Drama* 60 (diciembre, 2024) -disponible en https://aat.es/las-puertas-del-drama/teatro-ecologia-y-gastronomia-en-las-dos-primeras-decadas-del-siglo-xxi/-; Elena Cano Sánchez, en *Talía. Revista de Estudios Teatrales* 6 (2024), págs. 129-130 (disponible en Vista de José Romera Castillo ed. Teatro, ecología y gastronomía en las dos primeras décadas del siglo XXI. Madrid: Verbum. 2023. ISBN.: 978-84-1136-055-5. 512 pp. (ucm.es); Kamil Seruga, en *Itinerarios* (Uniwersytet Warszawski, Polonia) 39 (20249, págs. 284-287 (disponible en José Romera Castillo (ed.), "Teatro, ecología y gastronomía en las dos prim (uw.edu.pl); Francesca Leonetti, *Orillas. Rivista d'ispanistica* (Università di Padova) 12 (2024), págs 975-978 (disponible en https://www.orillas.net/orillas/index.php/orillas/article/view/638/637).

Madrid. Con las intervenciones de los dramaturgos e investigadores: José Luis Alonso de Santos, Ignacio Amestoy, Itziar Pascual, Gracia Morales, Julio Fer, José Romera, Eduardo Pérez-Rasilla y otros más (presencial). Madrid, UNED, 28-30 de junio. Grabación completa del seminario en https://canal.uned.es/series/63cfa63961d0d278bf2e7455.

El trigésimo tercero, sobre *Teatro y medicina en el primer cuarto del siglo XXI* (cuyos resultados se publican en este volumen), realizado en colaboración con la Academia de las Artes Escénicas de España, la Asociación Internacional de Teatro del siglo XXI, la Asociación Española de Semiótica y el Instituto del Teatro de Madrid, se llevó a cabo en Madrid, UNED, 23-25 de septiembre. Grabación completa del seminario en https://canal.uned.es/series/66f26cdae0ec7039260c8d23. Además: https://www2.uned.es/centro-investigacion-SELITEN@T/congreprox.html; Teatro y Medicina en el primer cuarto del siglo XXI, a debate en la UNED; https://x.com/UNED/status/1838211861134671996.

TEATRO Y OTRAS ÁREAS ARTÍSTICAS Y DEPORTIVAS

El decimoséptimo, cuyos resultados pueden leerse en José Romera Castillo (ed.), *Teatro, novela y cine en los inicios del siglo XXI* (Madrid: Visor Libros, 2008, 586 págs.)[39], tuvo lugar en la sede de la UNED de Madrid, en colaboración con el Centro de Documentación Teatral (INAEM del Ministerio de Cultura),

[39] Con reseñas de Ingrid Beaumond, en *Epos* XXIV (2008), págs. 446-448 (también en http://e-spacio.uned.es/fez/eserv.php?pid=bibliuned:Epos-2008-24-5270&dsID=Documento.pdf); William Smith, en *Signa* 18 (2009), págs. 445-448 (también en http://bib.cervantesvirtual.com/FichaObra.html?Ref=033042); Susana M.ª Teruel Martínez, en *Monteagudo* 14 (3.ª época, 2009), págs. 205-208 y Emeterio Diez Puertas, en *Anales de la Literatura Española Contemporánea* 35.2 (2010), págs. 309-311 / 689-693. Cf. además el trabajo de José Romera Castillo, "Teatro, cine y narratividad en España en los inicios del siglo XXI", *ADE-Teatro* 122 (2008), págs. 215-222.

del 13 al 15 de diciembre de 2007. Las actas, tras la presentación de José Romera Castillo (UNED), recogen las intervenciones de los dramaturgos José Luis Alonso de Santos y Jerónimo López Mozo, de la novelista Clara Sánchez, del cineasta Antonio Jiménez Rico y de los investigadores César Oliva (Universidad de Murcia), Emilio de Miguel (Universidad de Salamanca), José Romera Castillo (UNED), Francisco Gutiérrez Carbajo (UNED) y Carmen Peña Ardid (Universidad de Zaragoza). Además de veintinueve comunicaciones, publicadas tras previa selección.

El trigésimo, cuyas actas se publicaron por Rocío Santiago Nogales y Mario de la Torre-Espinosa (eds.), *Teatro y poesía en los inicios del siglo XXI. En reconocimiento a la labor del profesor José Romera Castillo* (Madrid: Verbum, 2022, 557 págs.)[40], se celebró en la UNED, presencial y en línea, del 28 al 30 de septiembre de 2021, con el patrocinio de la Asociación Internacional de Teatro del Siglo XXI, la Academia de las Artes Escénicas de España, la Asociación Española de Semiótica y el Instituto del Teatro de Madrid (ITEM), con las intervenciones de los creadores Luis García Montero, Alberto Conejero, Lola Blas, Laura Rubio Galletero, Eva Hibernia, enrique Bazo Varela y Álvaro Tato; de los investigadores Eduardo Pérez-Rasilla, Jorge Dubatti, Francisco J. Díez de Revenga, Javier Huerta Calvo, Julio Vélez, Emilio Peral Vega, César Oliva, entre otros, más las diversas contribuciones institucionales. "*In honorem* José Romera Castillo" (págs. 11-72). En total se publican 41 contribuciones, tras previa selección[41]. Puede verse una grabación completa en https://canal.uned.es/video/61716654b6092303fb7ed694; y dos resúme-

[40] Reseñado por Simone Trecca, en *Signa* 32 (2023), págs. 721-725, que puede leerse en https://dialnet.unirioja.es/servlet/articulo?codigo=8739888.

[41] En la primera sección del volumen, "*In honorem* José Romera Castillo", aparecen diversas aportaciones (págs. 9-71).

nes enTVE-2 (29 y 30 de octubre, 2021): https://canal.uned.es/video/61716654b6092303fb7ed694 y en RNE-3 (23 de octubre, 2021): https://canal.uned.es/video/61693aa2b6092314fa6a5ec8.

El vigésimo cuarto, cuyas actas se publicaron por José Romera Castillo (ed.), *Teatro y música en los inicios del siglo XXI* (Madrid: Verbum, 2016, 558 págs.)[42], que tuvo lugar en la UNED de Madrid, en colaboración con el Instituto del Teatro de Madrid, del 24 al 26 de junio de 2015, con las intervenciones de los dramaturgos José Luis Alonso de Santos, José Ramón Fernández, Itziar Pascual, Lola Blasco y Pablo Iglesias Simón. Además de 36 comunicaciones publicadas tras previa selección. Una grabación completa del Seminario Internacional puede verse en la siguiente dirección: https://canal.uned.es/serial/index/id/2041.

El vigésimo noveno, cuyos resultados fueron publicados por José Romera Castillo (ed.), *Teatro y deportes en los ini-*

---

[42] Con reseñas de Xoán M. Carreira, en *Mundoclásico.com*, 11 de abril (2016), en línea: https://www.mundoclasico.com/articulo/26415/Teatro-y-m%C3%BAsica-en-los-inicios-del-siglo-XXI; Manuel F. Vieites, en *ADE-Teatro* 161 (2016), págs. 202-203); Guillermo Laín Corona, en *Castilla. Estudios de Literatura* (Universidad de Valladolid) 7 (2026), en https://revistas.uva.es/index.php/castilla/article/view/362/364 y https://revistas.uva.es/index.php/castilla/article/view/362); Coral García Rodríguez, en *Don Galán* 6 (2016), en línea: http://teatro.es/contenidos/donGalan/donGalanNum6/pagina.php?vol=6&doc=7_13&teatro-y-musica-jose-romera-castillo-coral-garcia-rodriguez; Albert Ferrer Flamarich, en Catclàssics (2016), en http://www.classics.cat/novetats/detall?Id=668 -así como otra en *codalario.com. La Revista de Música Clásica*, 9 de octubre (2017), en línea: https://www.codalario.com/libro/apartado-para-rotacion-de-informaciones-en-la-cabecera/libro-teatro-y-musica-en-los-inicios-del-siglo-xxi-editorial-verbum_6072_34_18117_0_1_in.html- y Miguel Ángel Jiménez Aguilar, *Anagnórisis. Revista de investigación teatral* 15 (1 de junio de 2017), págs. 685-690 (en línea: http://www.anagnorisis.es/pdfs/n15/MiguelAngelJimenez(685-690)n15.pdf) y otra reseña en *Signa* 26 (2017), págs. 637-640 (*http://e-spacio.uned.es/fez/eserv/bibliuned:signa-2017-26-5165/Resena_ROMERA.pdf*).

cios del siglo XXI (Madrid: Verbum, 2021)[43], celebrado en la UNED de Madrid, del 24 al 26 de junio de 2020, con las intervenciones de dramaturgos como Jerónimo López Mozo, Itziar Pascual, José Ramón Fernández y Eva Hibernia, más destacados investigadores como Jorge Dubatti, Jorge Eines, Eduardo Pérez-Rasilla, entre otros. En total se publican 20 contribuciones, tras previa selección. Puede verse una grabación completa del seminario en https://canal.uned.es/series/5fd1f9620c651a6bc2054213 y en dos resúmenes en TVE-2 (5 y 7 de febrero, 2021): https://www.rtve.es/alacarta/videos/uned/uned-2-05022021-teatro/5780354/; Canal UNED: https://canal.uned.es/video/6009be45b60923087d5f3f22 y en RNE-3 (29 de enero, 2021): https://canal.uned.es/video/600ebdd9b6092341042ef14e.

TEATRO, CINE, TELEVISIÓN Y PRENSA

El undécimo seminario, cuyas actas pueden leerse en José Romera Castillo (ed.), *Del teatro al cine y la televisión en la segunda mitad del siglo XX* (Madrid: Visor Libros, 2002, 627 págs.)[44], se celebró, con la colaboración de Casa de América, en

[43] Con reseñas de Ángel Arcega Morales, en *Anagnórisis. Revista de investigación teatral* 23 (junio, 2021), págs. 302-309 (en línea: http:/anagnorisis.es/pdfs/n23/ArcegaMorales_num23(302-309.pdf); Susana Inés Pérez Alonso, en *Las Puertas del Drama* 55, (2021), en línea: Teatro y deportes en los inicios del siglo XXI « El Kiosco Teatral (aat.es); Gloria Arteaga Ortiz, en *ADE-Teatro* 186 (octubre, 2021), pág. 194; Veronica Orazi, en *Signa. Revista de la Asociación Española de Semiótica* 31 (2022), págs. 885-889 (en http:/revistas.uned.es/index.php/signa/article/view/32254/24758); Abel Rogelio Terrazas, en *Investigación Teatral. Revista de artes escénicas y performatividad* (Universidad Veracruzana, México) 13.21 (2022), págs. 180-185 (en https://investigacionteatral.uv.mx/index.php/investigacionteatral/article/view/2707/4684 y 263.) y Santiago Díaz Lage, en *Anales de la Literatura Española Contemporánea* 47.2 (2022), págs. 258/446-266/454.

[44] *Vid*. la crónica sobre el citado seminario de José Romera Castillo en *ADE-Teatro* 88 (2001), págs. 233-234; así como las reseñas de la redacción de

Madrid, del 27 al 29 de junio de 2001, subvencionado por la Subdirección General de Teatro (INAEM) del Ministerio de Educación, Cultura y Deporte. El seminario fue inaugurado por el Ministro de Cultura de Argentina, el Secretario de Estado para la Cooperación Internacional y para Iberoamérica de España (Miguel Ángel Cortés) y el Director General del INAEM (Andrés Amorós). El volumen recoge, tras la presentación de José Romera Castillo (UNED), las intervenciones de José Luis Alonso de Santos (Dramaturgo, director y profesor de la RESAD), Fermín Cabal (Dramaturgo), Jerónimo López Mozo (Dramaturgo), Roberto Cossa (Dramaturgo, Argentina), Román Gubern (Universidad Autónoma de Barcelona), Guillermo Heras (Director y crítico), Juan Antonio Hormigón (Director y RESAD), César Oliva (Universidad de Murcia), Patricia Trapero (Universidad de las Islas Baleares), Carla Matteini (Crítica, Argentina), Ángel Berenguer (Universidad de Alcalá), M.ª Francisca Vilches de Frutos (CSIC), Manuel Ángel Vázquez Medel (Universidad de Sevilla), Juan Antonio Ríos Carratalá (Universidad de Alicante), Rafael Utrera (Universidad de Sevilla), Mariano de Paco (Universidad de Murcia), Virtudes Serrano (Universidad de Murcia), José M.ª Paz Gago (Universidad de La Coruña) y Francisco Gutiérrez Carbajo (UNED) -más las del director de cine Ventura Pons y Luciano García Lorenzo (CSIC) que no aparecen publicadas en las Actas por voluntad expresa de los mismos-; además

Cuadernos Escénicos 3 (2001), págs. 52-54; Olga Elwes Aguilar, en *Signa* 12 (2003), págs. 709-711 (también en https://www.cervantesvirtual.com/obra-visor/signa-revista-de-la-asociacion-espanola-de-semiotica--1/html/027e2832-82b2-11df-acc7-002185ce6064_62.html#I_126_); Paola Valentini (2003), *Drammaturgia* (Italia): https://drammaturgia.fupress.net/recensioni/elenco.php?id=4; Irene Aragón González, en *Epos* XIX (2003), págs. 404-407 (también en https://revistas.uned.es/index.php/EPOS/article/view/10382); Francisco Ernesto Puertas Moya, en *Anales de la Literatura Española Contemporánea* 29.2 (2004), págs. 178/548-181/551 y Emeterio Diez, en *Libros (Mesa de Redacción)* (2004), págs. 190-195.

de treinta y seis comunicaciones, publicadas tras previa selección. Puede verse un resumen del programa emitido por TVE-2 en https://canal.uned.es/mmobj/index/id/9499.

Además del decimoséptimo, ya citado: *Teatro, novela y cine en los inicios del siglo XXI* (Madrid: Visor Libros, 2008).

El decimotercero, cuyos resultados pueden leerse en José Romera Castillo (ed.), *Teatro, prensa y nuevas tecnologías (1990-2003)* (Madrid: Visor Libros, 2004, 478 págs.)[45], se celebró conjuntamente en la UNED y en Casa de América (Madrid), del 25 al 27 de junio de 2003, subvencionado por la Subdirección General de Teatro (INAEM) del Ministerio de Educación, Cultura y Deporte. Tras la presentación de José Romera Castillo (UNED), por lo que respecta a las relaciones del teatro con la prensa escrita (diaria) y revistas, además de las intervenciones en sesiones plenarias de Andrés Amorós (Universidad Complutense), Felipe B. Pedraza (Universidad de Castilla-La Mancha), Ángel Berenguer y Manuel Pérez Jiménez (Universidad de Alcalá) y José Romera Castillo (UNED), el volumen de actas recoge las intervenciones en las dos Mesas Redondas[46], llevadas a cabo

---

[45] Con reseñas de Mar Rebollo Calzada, en *Las Puertas del Drama* 19 (2004), págs. 36-38 (también en http://www.aat.es/pdfs/drama19.pdf); Irene Aragón González, en *Epos* XX/XXI (2004-2005), págs. 481-483 (también en http://e-spacio.uned.es/fez/eserv.php?pid=bibliuned:Epos-200405-2021-3161&dsID=Documento.pdf); Francisco Gullón de Haro, en *Signa* 14 (2005), págs. 401-405 (también en htttp://bib.cervantesvirtual.com/FichaObra.html?Ref=029229) y Petra García Cerro, en *Anales de la Literatura Española Contemporánea* 31.2 (2006), págs. 313 / 699-317 / 703. Cf. además de José Romera Castillo, "Sobre teatro, prensa y nuevas tecnologías", en Fidel López Criado (ed.), *Literatura y periodismo. Estudios de Literatura Española Contemporánea* (A Coruña: Artabria -Grupo de Investigación de la Universidad de A Coruña- / Diputación Provincial, 2006, págs. 323-336) -incluido en dos capítulos, "Sobre teatro y prensa" y "Sobre teatro y nuevas tecnologías", en mi libro, *Teatro español entre dos siglos a examen* (Madrid: Verbum, 2011, 337-352 y 388-409, respectivamente).

[46] El día anterior (el 24 de junio), se celebró una Mesa Redonda, sobre "Universidad y Cartelera", bajo mi coordinación, en la que intervinieron, por España, Án-

en Casa de América, sobre: a) "Crítica de Revistas y Cartelera", en la que participaron, bajo la coordinación de Guillermo Heras, Juan Antonio Hormigón (RESAD), Liz Perales (*El Cultural*), Eduardo Quiles (*Art Teatral*), Javier Vallejo (*Babelia-El País*) y Javier Villán (*El Mundo*) y b) "Crítica de Periódicos y Cartelera", en la que intervinieron, bajo la coordinación de Íñigo Ramírez de Haro, Jerónimo López Mozo (Dramaturgo), Jorge Dubatti (Universidad de Buenos Aires y crítico teatral), así como los críticos teatrales españoles Juan Ignacio García Garzón (*ABC*), Juan Antonio Vizcaíno (*La Razón*) y Eduardo Haro Tecglen (*El País*). La segunda parte del Seminario, dedicada a las relaciones del teatro con las nuevas tecnologías en el espacio cronológico marcado, contó con las intervenciones del dramaturgo Jesús Campos y de los críticos Monique Martinez (Université de Toulouse-Le Mirail) y Sanda Golopentia Eretescu (Brown University), Antonio Tordera (Universidad de Valencia), Francisco Gutiérrez Carbajo (UNED), Patricia Trapero (Universidad de Les Illes Balears), José M.ª Paz Gago (Universidad de La Coruña) y Francisca Martínez (Biblioteca Virtual Miguel de Cervantes, de la Universidad de Alicante). Se publican, además, tras previa selección, quince comunicaciones sobre los dos aspectos.

---

gel Berenguer (Universidad de Alcalá), Ignacio García May (Dramaturgo / RESAD), César Oliva (Universidad de Murcia), Juan Vicente Martínez Luciano (Universidad de Valencia), Eduardo Pérez-Rasilla (Universidad Carlos III) y José Romera Castillo (UNED) y por algunas universidades extranjeras Jorge Dubatti (Universidad de Buenos Aires), Miguel Ángel Giella (Carleton University, Canadá) y Monique Martinez (Université de Toulouse-Le Mirail). El texto de las intervenciones está recogido en la revista de la Casa de América, *Cuadernos Escénicos* 5 (2003), págs. 65-80. Las tres Mesas Redondas constituyeron un foro sobre *¿Abismo entre Universidad, Crítica y Cartelera?* al que asistieron, durante los dos días, numerosas personas.

TEATRO Y NUEVAS TECNOLOGÍAS[47]

El vigésimo segundo, cuyas actas se publicaron por José Romera Castillo (ed.), *Teatro e Internet en la primera década del siglo XXI* (Madrid: Verbum, 2013, 556 págs.)[48], tuvo lugar en la sede la UNED de Madrid, en colaboración con el Centro de Documentación Teatral (INAEM del Ministerio de Educación, Cultura y Deporte) y del Instituto del Teatro de Madrid, del 25 al 27 de junio de 2012, con las intervenciones de los dramaturgos Luis Araújo, Diana de Paco Serrano y Jerónimo López Mozo; y de los críticos Juan Ignacio García Garzón (*ABC*), Emmanuelle Garnier (Univesité de Toulouse-Le Mirail), José Romera Castillo (UNED), Berta Muñoz Cáliz (CDT), Miguel Á. Pérez Priego (UNED), Germán Vega Gar-

[47] Cf. además el sexto, *Literatura y multimedia* (Madrid: Visor Libros, 1997).

[48] Con crónica-reseña de Nerea Aburto González, en *Anagnórisis. Revista de Investigación Teatral* 6, diciembre (2012), págs. 185-191 (http://www.anagnorisis.es/pdfs/n6/aburto_gonzalez(185-191)resena_n6.pdf); además de las reseñas de Sara Boo Tomás, en *Anagnórisis 8*, diciembre (2013), págs. 165-169 (en línea: http://www.anagnorisis.es/pdfs/n8/Resena.SaraBoo(165-169).n8.pdf); Miguel Ángel Jiménez Aguilar, en *Epos* XXIX (2013), págs. 546-547; Manuel F. Vieites, en *ADE-Teatro* 148 (diciembre, 2013), págs. 187-188; Laura Arroyo Martínez, en *Cálamo FASPE* 62 (julio-diciembre, 2013), págs. 101-102; Jesús G. Maestro, en *Crítica Biblioprâhica* (Vigo: Academia del Hispanismo), 01/08/2013*:* http://www.academiaeditorial.com/web/teatro-e-internet/; Ana Prieto Nadal, en *Signa* 23 (2014), págs. 929-933 (también en http://www.cervantesvirtual.com/portales/signa/obra/jose-romera-castillo-ed--teatro-e-internet-en-la-primera-decada-del-siglo-xxi-madrid-editorial-verbum-2013-556-pags-resena/); Gabriela Cordone, en *Don Galán. Revista de Investigación Teatral* 4 (2014), en línea: http://teatro.es/contenidos/donGalan/donGalanNum4/pagina.php?vol=4&doc=7_15&romera-castillo-jose-teatro-e-internet-en-la-primera-decada-del-siglo-xxi&gabriela-cordone; Roberto García de Mesa, en *Revista de Literatura* LXXVII.154 (2015), págs. 658-660 (http://revistadeliteratura.revistas.csic.es/index.php/revistadeliteratura/article/view/377/392) y Wilfried Floeck, en Estreno. Cuadernos del Teatro Español Contemporáneo (Austin College) 41.2, otoño, [Reseñas, 7-10], en línea: https://l.facebook.com/l.php?u=http%3A%2F%2Fartemis.austincollege.edu%2Facad%2Fcml%2Flbueno%2Festreno%2Festrenopagina%2Freviews.pdf&h=iAQH0d50c.

cía-Luengos (Universidad de Valladolid), Ana M.ª Freire y M.ª Pilar Espín Templado (UNED), entre otros. Además de veinticinco comunicaciones, publicadas tras previa selección. Puede verse una grabación en http://teleuned.uned.es/teleuned2001/directo.asp?ID=6116&Tipo=C y http://teleuned.uned.es/teleuned2001/directo.asp?ID=6117&Tipo=C.

Además del decimotercero, ya citado, *Teatro, prensa y nuevas tecnologías (1990-2003)* (Madrid: Visor Libros, 2004).

2.2. Cronología

Por lo que respecta a los periodos de tiempo estudiados, figuran del modo siguiente:

SIGLO XX (SEGUNDA MITAD)

Cuatro seminarios internacionales han tratado sobre la segunda mitad del siglo XX:

- El octavo, *Teatro histórico (1975-1998): textos y representaciones* (Madrid: Visor Libros, 1999).
- El undécimo, *Del teatro al cine y la televisión en la segunda mitad del siglo XX* (Madrid: Visor Libros, 2002).
- El duodécimo, *Teatro y memoria en la segunda mitad del siglo XX* (Madrid: Visor Libros, 2003).
- Y el decimocuarto, *Dramaturgias femeninas en la segunda mitad del siglo XX: espacio y tiempo* (Madrid: Visor Libros, 2005) -como primera actividad de un proyecto europeo conjunto con la Université de Toulouse-Le Mirail y la Universidad de Giessen (Alemania), constituido por iniciativa mía-.

ENTRE SIGLOS (XX-XXI)

Un encuentro se dedicó al teatro entre los siglos XX y el XXI:

- *Teatro, prensa y nuevas tecnologías (1990-2003)* (Madrid: Visor Libros, 2004).

SIGLO XXI

El teatro en este siglo ha ocupado la atención prioritaria del centro de investigación, en los últimos años, a través de numerosos seminarios internacionales, convirtiéndose el SELITEN@T en el mayor centro, en el hispanismo internacional, que ha dedicado su atención al estudio del teatro en estos años que llevamos de centuria:

- El decimoquinto, *Tendencias escénicas al inicio del siglo XXI* (Madrid: Visor Libros, 2006).
- El decimosexto, *Análisis de espectáculos teatrales (2000-2006)* (Madrid: Visor Libros, 2007).
- El decimoséptimo, *Teatro, novela y cine en los inicios del siglo XXI* (Madrid: Visor Libros, 2008).
- El decimoctavo, *El personaje teatral: la mujer en las dramaturgias masculinas en los inicios del siglo XXI* (Madrid: Visor Libros, 2009).
- El decimonoveno, *El teatro de humor en los inicios del siglo XXI* (Madrid: Visor Libros, 2010).
- El vigésimo, *El teatro breve en los inicios del siglo XXI* (Madrid: Visor Libros, 2011).
- El vigésimo primero, *Erotismo y teatro en la primera década del siglo XXI* (Madrid: Visor Libros, 2012).
- El vigésimo segundo, *Teatro e Internet en la primera década del siglo XXI* (Madrid: Verbum, 2013). Puede verse una grabación en http://teleuned.uned.es/teleuned2001/

directo.asp?ID=6116&Tipo=C y http://teleuned.uned.es/teleuned2001/directo.asp?ID=6117&Tipo=C.

- El vigésimo tercero, *Creadores jóvenes en el ámbito teatral (20+13=33)* (Madrid: Verbum, 2014). Puede verse una grabación en *http://www.canal.uned.es/serial/index/id/664*.
- El vigésimo cuarto, *Teatro y música en los inicios del siglo XXI* (Madrid: Verbum, 2015). Puede verse una grabación en https://canal.uned.es/serial/index/id/2041.
- El vigésimo quinto, *El teatro como documento artístico, histórico y cultural en los inicios del siglo XXI* (Madrid: Verbum, 2016). Puede verse una grabación en https://canal.uned.es/serial/index/id/4695 y un resumen en el programa de TVE-2: https://canal.uned.es/mmobj/index/id/53114, http://www.rtve.es/alacarta/videos/uned/uned-3-18112016-teatro/3805993/ y https://www.youtube.com/watch?v=FqmT2kErAD8.
- El vigésimo sexto, *Teatro y marginalismo(s) por sexo, raza e ideología en los inicios del siglo XXI* (Madrid: Verbum, 2017). Puede verse una grabación en https://canal.uned.es/serial/index/id/5812 y https://canal.uned.es/mmobj/index/id/58115, así como unos resúmenes: https://canal.uned.es/video/5a6f5f2bb1111f930c8b4572 y . https://canal.uned.es/video/5aab88eeb1111f5a318b4568
- El vigésimo séptimo, *Teatro, (auto)biografía y autoficción (2000-2018) en homenaje al profesor José Romera Castillo* (Madrid: Visor Libros, 2019). Editado por Guillermo Laín Corona y Rocío Santiago Nogales. Puede verse una grabación en https://canal.uned.es/series/5b2a5c2eb1111f937b8b4569 y un resumen

en el audio, emitido en RNE-3: https://canal.uned.es/video/5bb70d47b1111fdc218b456a.

- El vigésimo octavo, *Teatro y Filosofía en los inicios del siglo XXI* (Madrid: Verbum, 2019). Puede verse una grabación en https://canal.uned.es/series/5cc828b1a3eeb0027b8b4569.
- El vigésimo noveno, *Teatro y deportes en los inicios del siglo XXI* (cuyos resultados se recogen en este volumen). Puede verse una grabación completa del Seminario en https://canal.uned.es/series/5fd1f9620c651a6bc2054213.
- El trigésimo, *Teatro y poesía en los inicios del siglo XXI. En reconocimiento a la labor del profesor José Romera Castillo* (Madrid: Verbum, 2022). Puede verse una grabación completa del Seminario en https://canal.uned.es/series/magic/9jtr922yox8o0sw44wwo88swkgws00s y un resumen en https://canal.uned.es/video/61716654b6092303fb7ed694.
- El trigésimo primero, *Teatro, ciencias y ciencia ficción en las dos primeras décadas del siglo XX* (Madrid: Verbum, 2023). Puede verse una grabación completa del Seminario en https://canal.uned.es/series/6285d80a6f3c004dd63e59a1.
- El trigésimo segundo, *Teatro, ecología y gastronomía en las dos primeras décadas del siglo XXI* (Madrid: Verbum, 2023).
- El trigésimo tercero, *Teatro y medicina en el primer cuarto del siglo XXI* (que se publica en este volumen).

Estamos por la tanto ante un extenso y novedoso ramillete de estudios que nos hace figurar, creo, en el primer centro de estudios dentro del hispanismo internacional que más atención ha prestado al teatro, de estos últimos años, especialmente en sus diversas ramificaciones del siglo XXI.

3.2.3. Para concluir este apartado

En síntesis, han sido de interés estos seminarios internacionales, llevados a cabo hasta el momento, por dedicar numerosos estudios al examen de varios aspectos novedosos, en general, que van desde la teoría, a la práctica analítica y valorativa en los ámbitos indicados en el sintagma de la nomenclatura del centro y, muy especialmente, en los centrados en el examen de lo teatral en la actualidad.

4. OTROS CONGRESOS

Además de los 32 seminarios internacionales (contando con el de 2023), el centro de investigación ha patrocinado/colaborado en la organización / celebración de otros encuentros científicos.

Ante todo, constataré el magno proyecto europeo *DRAMATURGAE,* constituido por iniciativa mía, en mi año sabático, en Toulouse, con tres universidades, cuyos resultados han sido publicados: el primero, por José Romera Castillo (ed.), *Dramaturgias femeninas en la segunda mitad del siglo XX: espacio y tiempo* (Madrid: Visor Libros, 2005), que tuvo lugar en la UNED de Madrid, del 27 al 30 de junio de 2004, subvencionado por la Subdirección General de Teatro (INAEM) del Ministerio de Educación, Cultura y Deporte. El segundo, por *Roswita* / Emmanuel Garnier (ed.), *Transgression et folie dans les dramaturgies féminines hispaniques contemporaines* (Carnières-Morlanwelz,

Bélgica: Lansman Éditeur, 2007)[49], celebrado en la Université de Toulouse-Le Mirail, 7-8 de abril de 2006, en el Coloquio *Septièmes Recontres de Théâtre Hispanique Contemporaine: Transgresión y locura en las dramaturgias femeninas hispánicas contemporáneas*. Y el tercero, por Wilfried Floeck *et alii* (eds.), *Dramaturgias femeninas en el teatro español contemporáneo: entre pasado y presente* (Hildesheim, Alemania: Olms, 2008)[50], realizado en la Universidad de Giessen (Alemania), del 26 al 30 de septiembre de 2007.

Como otra actividad internacional más, se celebró el III Simposio internacional sobre *El teatro español como objeto de estudios*, bajo el rótulo monográfico de *El teatro como espejo del teatro*, organizado conjuntamente por el Instituto de Estudios Ibéricos e Iberoamericanos de la Universidad de Varsovia y nuestro Centro de Investigación de Semiótica Literaria, Teatral y Nuevas Tecnologías, en Varsovia (Polonia), los días 7 y 8 de abril de 2017, publicado por Urszula Aszyk, José Romera Castillo *et alii* (eds.), *Teatro como espejo del teatro* (Madrid: Verbum, 2017)[51].

---

[49] En el que se incluye -como ya he señalado- mi trabajo, "A tantas y a locas... de amar (Algunos ejemplos en la dramaturgia femenina actual)" (págs. 21-36) -incluido también en mi libro, *Teatro español entre dos siglos a examen* (Madrid: Verbum, 2011, págs. 233-249)-.

[50] Con reseñas de Pilar Jódar Peinado, en *Signa* 27 (2018), págs. 1207-1211 (también en http://revistas.uned.es/index.php/signa/article/view/21860/17922) y Angelo Alejandro de Marzo, en *Don Galán* 8 (2018), en línea: http://teatro.es/contenidos/donGalan/donGalanNum8/pagina.php?vol=8&doc=7_1, en el que se inserta mi contribución, como señalé anteriormente, "De la historia a la memoria: recursos mitológicos y autobiográficos en algunas dramaturgas del exilio" (págs. 123-137) -incluido también en mi libro, *Teatro español entre dos siglos a examen* (Madrid: Verbum, 2011, págs. 218-232)-

[51] En el que se publican mis dos participaciones: "Prefacio" y "El teatro y sus dobles: algunos moldes metateatrales en el teatro actual", en Urszula Aszyk, José Romera Castillo *et alii* (eds.), *Teatro como espejo del teatro* (Madrid: Verbum, 2017, págs. 11-13 y 269-287, respectivamente) -incluido este último trabajo en mi libro,

Así como en España, destacaré el Congreso internacional *Circuitos Teatrales Siglo XXI*, en el marco del desarrollo del proyecto "TEAMAD. Plataforma digital para la investigación y divulgación del teatro contemporáneo en Madrid" (H-2015 / HUM-3366), organizado por el Instituto del Teatro de Madrid de la Universidad Complutense, el Centro de Investigación de Semiótica Literaria, Teatral y Nuevas Tecnologías y otras entidades (Madrid, 2-4 de octubre de 2017)[52].

El SELITEN@T, patrocinó, junto a otras entidades, el seminario internacional "Semiótica y relatos de la actualidad", organizado por la Asociación Española de Semiótica, con la coordinación de Charo Lacalle (presidenta de AES), José Romera Castillo (presidente de honor de AES) y Mario de la Torre (secretario de AES) (en línea, 2, 9 y 16 de diciembre de 2020), cuyos resultados se publicaron en *Signa* 31 (2022), págs. 21-93 (también en https://www2.uned.es/centro-investigacion-SELITEN@T/pdf/signa/SIGNA_31.pdf)[53].

Asimismo, me tengo que referir al volumen segundo de la serie, compuesta por tres entregas, publicado por Guillermo Laín Corona y Rocío Santiago Nogales (eds.), *Cartografía teatral en homenaje al profesor José Romera Castillo* (Madrid: Visor Libros, 2019), que puede leerse completo en https://www2.

Calas en el teatro español del siglo XXI (Salobreña, Granada: Alhulia / Academia de Buenas Letras de Granada,2020, págs. 75-102)-.

[52] Donde aparece mi trabajo, "Teatro (auto)biográfico en la escena española actual (con un añadido: el caso de García Lorca", en Javier Huerta Calvo y Julio Vélez Sainz (dirs.), *Circuitos teatrales del siglo XXI* (Madrid: Ediciones Antígona, 2018, págs. 213-234) -incluido en mi libro, *Calas en el teatro español del siglo XXI* (Salobreña, Granada: Alhulia / Academia de Buenas Letras de Granada, 2020, págs. 43-74)-.

[53] Se incluye mi artículo, "Semiótica, pandemias, COVID-19 y teatro", *Signa. Revista de la Asociación Española de Semiótica* 31 (2022), págs. 27-37 (también en http://revistas.uned.es/index.php/signa/article/view/32184/24686).

uned.es/centro-investigacion-SELITEN@T/pdf/cartografria_literaria_homenaje_romera_v2.pdf.

El IV Congreso Internacional de la Asociación Internacional de Teatro del Siglo XXI: *Histoire, Patrimoine et Identité(s) dans le théâtre du XXIe siècle. En hommage au Professeur José Romera Castillo et en l'honneur de 30ème anniversaire du SELITEN@T / Historia, patrimonio e identidad(es) en el teatro del siglo XXI. En homenaje al profesor José Romera Castillo, presidente de honor de la AITS21, y en reconocimiento a la labor del SELITEN@T en su 30 aniversario* , que se celebró en Pau, Francia, Université de Pau et des Pays de l'Adour, 12-14 de octubre de 2022: https://mediakiosque.univ-pau.fr/iv-congres-international-aits21/video/13150-discours-douverture-et-hommage-au-professeur-jose-romera-castillo/. Sus resultados se publicaron por Beatrice Bottin (ed.), *Las artes escénicas como patrimonio del ámbito hispánico. Siglo XXI* (Berlin: Peter Lang Group AG, 2023, 370 págs.).

Todo un ramillete de estudios que servirán de guía a los investigadores interesados en los temas propuestos. Puedo afirmar, con gran complacencia -como vengo sosteniendo-, que nuestros Seminarios Internacionales, tanto los numerosos realizados en España, como los llevados a cabo con otras universidades europeas (Toulouse, Giessen, Varsovia), ocupan un lugar destacado -creo- en el panorama de la investigación semiótica literaria y teatral tanto en España como fuera de ella, según ha sido reconocido por la crítica.

5. *SIGNA*. REVISTA DE LA ASOCIACIÓN ESPAÑOLA DE SEMIÓTICA

Desde que creara la Asociación Española de Semiótica siempre tuve en mente la necesidad de que la AES publicase una revista que sirviese para dar cauce a investigaciones semióticas tanto de España como del extranjero. Con tal fin, en 1992, siendo Presidente de AES, impulsé la creación de *Signa. Revista de la Asociación Española de Semiótica* -cuyo nombre fue de mi invención-, habiéndose publicado, hasta el momento (2023), treinta y dos números. El n.° 1 (1992) de la revista, de carácter monográfico, recogió las Actas del I Seminario internacional de nuestro centro, sobre *Charles Sanders Peirce y la literatura*, como hemos visto. La dirección de los tres primeros números la llevó a cabo la destacada semiótica Alicia Yllera, correspondiéndome a mí los números siguientes, aunque siempre he estado muy vinculado a ella al haber pertenecido a su Consejo de Redacción[54]. La revista figura indexada en varias bases de datos e índices de citación tanto internacionales, como se constata en su número 32 (2023):

> *Signa* tiene el Sello de Calidad FECYT y está en el primer cuartil (C1) en el ranking de las categorías Lingüística y Literatura. En Dialnet Métricas, está en el C1 en la categoría Filologías. En CIRC, está clasificada con categoría A. Ocupa el segundo cuartil (Q2) en la categoría Literature and Literary Theory de Scimago Journal & Country Rank (SJR). Y cuenta con Journal Citation Indicator (JCI) en Journal Ci-

[54] Para más datos, cf. de Alicia Yllera, "*Signa. Revista de la Asociación Española de Semiótica*" y José Romera Castillo, "Índices de *Signa. Revista de la Asociación Española de Semiótica*", *Signa* 8 (1999), págs. 69-72 (también en https://www.cervantesvirtual.com/portales/signa/obra-visor/signa-revista-de-la-asociacion-espanola-de-semiotica--3/html/dcd93078-2dc6-11e2-b417-000475f5bda5_21.html#I_13_) y págs. 73-86 (también en https://www.cervantesvirtual.com/portales/signa/obra-visor/signa-revista-de-la-asociacion-espanola-de-semiotica--3/html/dcd93078-2dc6-11e2-b417-000475f5bda5_22.html#I_16), respectivamente. Mi trabajo también apareció bajo el título, "Contents of *Signa. Revista de la Asociación Española de Semiótica*", en *S. European Journal for Semiotic Studies* 10.4 (1998), págs. 675-685.

tation Reports (JCR); en la última edición de este ranking (2021), la revista está situada en el tercer cuartil (Q3) de la categoría Humanities, Multidisciplinary. Además, figura en las siguientes bases de datos e índices de citación internacionales: Arts & Humanities Citation Index (ISI Web of Knowledge), Latindex, EBSCO, MIAR, MLA, Scopus, SCImago, Ulrich's, CiteFator, ProQuest, REDIB. Y nacionales: Dialnet, Dulcinea, FECYT, ISOC, SUMARIS CBUC, CIRC.

La revista se ha editado y edita, anualmente, en formato impreso (por Ediciones de la UNED), electrónico y CD. Se encuentra alojada en cuatro repositorios:

- http://www.cervantesvirtual.com/portales/signa/
- http://dialnet.unirioja.es/servlet/revista?codigo=1349;
- http://e-spacio.uned.es/revistasuned/index.php/signa/issue/archive
- https://www2.uned.es/centro-investigacion-SELITEN@T/publisigna.html[55].

---

[55] Cf. de José Romera Castillo, "El teatro contemporáneo en la revista *Signa* dentro de las actividades del SELITEN@T", en José Romera Castillo (ed.), *Teatro, prensa y nuevas tecnologías (1990-2003)* (Madrid: Visor Libros, 2004, págs. 123-141) -con última actualización, que llega hasta el número 20, "El teatro en la revista *Signa*", en su obra, *Pautas para la investigación del teatro español y sus puestas en escena* (Madrid: UNED, 2011, págs. 84-98)- y "La revista *SIGNA* y la teoría teatral", *Gestos* 55 (2013), págs. 129-135; además de "Sobre teatro, prensa y nuevas tecnologías", en Fidel López Criado (ed.), *Literatura y periodismo. Estudios de Literatura Española Contemporánea* (A Coruña: Artabria -Grupo de Investigación de la Universidad de A Coruña- / Diputación Provincial, 2006, págs. 323-336). *Vid*. además de Clara Isabel Martínez Cantón y Guillermo Laín Corona, "Una revista *SIGNA*ficativa para los estudios de semiótica en España", en G. Laín Corona y R. Santiago Nogales (eds.), *Teatro, (auto)biografía y autoficción (2000-2018) en homenaje al profesor José Romera Castillo* (Madrid: Visor Libros, 2019, págs. 91-107) -que volvió a publicarse en la nota editorial, "Treinta años de andadura *SIGNA*ficativa con José

Añadiré, que con motivo del aniversario de la revista, José Romera Castillo, como director, en "La revista *Signa:* 25 años de andadura científica" -que se ha publicado en el n.° 25 (2016), págs. 13-76-, ha recogido una relación, por secciones temáticas, de todo lo publicado en ella desde 1992 a 2016 (también en http://www.cervantesvirtual.com/obra/revista-signa/; http://www2.uned.es/centro-investigacion-SELITEN@T/pdf/signa/SIGNA_25_NUMEROS.pdf y https://dialnet.unirioja.es/ejemplar/426140).

Asimismo, la revista ha dedicado dos números en mi honor, donde se alude a la labor llevada a cabo, relacionada con el teatro, tanto por mí como en el SELITEN@T:

Signa. Revista de la Asociación Española de Semiótica 28 (2019). Dedicado todo el número en homenaje al prof. José Romera Castillo: http://revistas.uned.es/index.php/signa/issue/view/1329 y https://revistas.uned.es/index.php/signa/issue/view/1329.

Signa. Revista de la Asociación Española de Semiótica, 31 (2022). Contiene: a) Nota editorial: "Treinta años de andadura SIGNAficativa con José Romera Castillo" (págs. 13-20): https://revistas.uned.es/index.php/signa/article/view/32234/24718; y b) Sección monográfica I, Charo Lacalle Zalduendo y Mario de la Torre Espinosa (eds.): "Semiótica y relatos de actualidad. En reconocimiento a la labor del Centro de Investigación de Semiótica Literaria, Teatral y Nuevas Tecnologías, y de su director el prof. José Romera Castillo" (págs. 21-94). Puede leerse en https://revistas.uned.es/index.php/signa/issue/view/1523/471.

Romera Castillo", en el número 31 (2022), págs. 13-20 de *Signa* (https://www2.uned.es/centro-investigacion-SELITEN@T/pdf/signa/SIGNA_31.pdf).

6. OTRAS LÍNEAS DE INVESTIGACIÓN

Además de las publicaciones de los miembros del equipo[56], hay otras investigaciones teatrales más del centro de investigación[57]. En primer lugar, me referiré a los proyectos de investigación subvencionados por entidades públicas (https://www2.uned.es/centro-investigacion-SELITEN@T/proyectos.html)[58]. Frutos de ellos han sido las numerosas tesis de doctorado, Me-

[56] Como, por ejemplo, mis últimas publicaciones: *Pautas para la investigación del teatro español y sus puestas en escena* (Madrid: UNED, 2011, 462 págs.); *Teatro español: siglos XVIII-XXI* (Madrid: UNED, 2013, 367 págs.); *Teatro español entre dos siglos a examen* (Madrid: Verbum, 2011, 409 págs.) -referido al teatro de finales del siglo XX e inicios del XXI- ; *Teatro español: siglos XVIII-XXI* (Madrid: UNED, 2013, 367 págs.) y *Calas en el teatro español del siglo XXI* (Salobreña, Granada: Alhulia / Academia de Buenas Letras de Granada, 2020, 148 págs.).

[57] Citaré solamente, entre otras muchas publicaciones, de José Romera Castillo, "El Centro de Investigación y el teatro", en su obra, *Pautas para la investigación del teatro español y sus puestas en escena* (Madrid: UNED, 2011, págs. 247-101). Además de la grabación de José Romera Castillo. "Nuestro Centro de investigación y el teatro", en http://www.canal.uned.es/mmobj/index/id/14464.

[58] *La vida escénica española en la segunda mitad del siglo XIX* (I) (PS90-0104, 1991-1993); *La vida escénica española en la segunda mitad del siglo XIX (II)* (PB96-0002, 1997-2000); *La vida escénica española a finales del siglo XIX y principios del siglo XX (III)* (BFF2000-0081, 2000-2003); *La vida escénica española en la primera mitad del siglo XX (IV)* (BFF2003-07342, 2003-2006); *La vida escénica española en la segunda mitad del siglo XX (V)* (HUM2006-02641, 2006-2009) y *La vida escénica española en los inicios del siglo XXI (VI) (*FFI2009-09090, 2009-2012); todos bajo la dirección de José Romera Castillo. Así como otros, en los que hemos participado: Ópera, drama lírico y zarzuela grande entre 1868 y 1925. Textos y música en la creación del teatro lírico nacional, encabezado por M.ª Pilar Espín Templado, otorgado por el Ministerio de Economía y Competitividad (HAR2012-39820-C03-02, 2013-2015); *La literatura española en Europa, 1850-1914*, dirigido por Ana M.ª Freire López, otorgado por el Ministerio de Economía y Competitividad, dentro del programa Estatal de Investigación en la vertiente de Innovación orientada a los retos de la sociedad (FFI-2013-46558-R, 2013-2016) y *Plataforma digital para la investigación y divulgación del teatro contemporáneo en Madrid (TEAMAD)*, otorgado por la Comunidad de Madrid, a varios grupos de investigación, siendo el investigador principal del SELITEN@T su director, José Romera Castillo (H-2015 / HUM 3366, 2016-2018).

morias de investigación y Trabajo fin de máster sobre la vida escénica (n las carteleras día por día) en numerosos puntos geográficos de España y la presencia del teatro español en Europa y América, preferentemente durante los siglos XIX (segunda mitad) y siglos XX y XXI, como puede verse en "Estudios sobre teatro" de nuestra web (https://www2.uned.es/centro-investigacion-SELITEN@T/estudios_sobre_teatro.html). Nuestras aportaciones, diseñadas con rigor y minuciosidad, se caracterizan por estar insertas en un amplio grupo de trabajo, sobre la semiosis de todos los componentes que articulan la representación teatral.

Además hemos relacionado el teatro con otras áreas artísticas como el cine (https://www2.uned.es/centro-investigacion-SELITEN@T/literaturateatrocine.html), los media y las nuevas tecnologías (https://www2.uned.es/centro-investigacion-SELITEN@T/nuevas_tecnologias.html).

Todo un quehacer fructífero tanto para la investigación humanística, en general, como para la literatura y el teatro, en particular, en el que se inserta este volumen[59].

---

[59] Se toman en cuenta los resultados del SELITEN@T, publicados en el pórtico de mi libro *Teselas literarias actuales* (Madrid: Verbum, 2023, págs. 9-60).

ASPECTOS GENERALES

LA SOMBRA DE ASCLEPIO
THE SHADOW OF ASCLEPIUS

ERNESTO CABALLERO
Dramaturgo y director de escena
ec@ernestocaballero.es

Resumen: La ponencia explora la relación entre teatro y medicina a través del dios Asclepio, destacando el papel terapéutico del teatro en la Antigua Grecia. Se analiza cómo el teatro, especialmente en el santuario de Epidauro, funcionaba como un espacio de sanación emocional mediante la catarsis, un concepto desarrollado por Aristóteles. A lo largo de la historia, diversas obras teatrales han abordado la enfermedad y la curación como metáforas de problemas sociales, destacando su capacidad de purificar tanto al individuo como a la sociedad.

Palabras clave: Teatro. Medicina. Asclepio. Dramaturgia griega. Catarsis. Liberación / sanación emocional.

Abstract: The presentation explores the relationship between theater and medicine through the figure of Asclepius, emphasizing the therapeutic role of theater in Ancient Greece. It highlights how theater, especially at the sanctuary of Epidaurus, functioned as a space for emotional healing through catharsis, a concept developed by Aristotle. Throughout history, various plays have addressed illness and healing as metaphors for social issues, underscoring their capacity to purify both individuals and society.

Keywords: Theater. Medicine. Asclepius. Greek dramaturgy. Catharsis. Emotional release / healing.

En una ocasión oí decir al maestro Boadella que el teatro debía estar subvencionado por el Ministerio de Sanidad. Más allá del ingenio vitriólico del dramaturgo catalán, sus palabras señalaban una idea originaria en el mundo de la escena: el hecho teatral tanto desde el punto de vista individual como social es fundamentalmente terapéutico.

Los antiguos griegos fueron los primeros en advertirlo y en aplicarlo. El gran teatro de Epidauro estaba en el santuario de Asclepio, dios de la medicina y la curación. Su templo servía como un santuario donde los enfermos acudían en busca de alivio y sanación, a menudo a través de rituales que incluían el sueño (*incubatio*) en el santuario. El teatro, por su parte, proporcionaba una forma de catarsis emocional y psicológica para el público, una especie de sanación a través de la experiencia emocional intensa. Tanto los rituales en el templo de Asclepio como las representaciones teatrales eran experiencias comunitarias que involucraban a la ciudadanía y reforzaban los lazos sociales, contribuyendo al bienestar colectivo.

En la Antigua Grecia, la medicina y la religión no solo coexistían, sino que estaban profundamente entrelazadas, reflejando una visión holística del mundo en la que los aspectos físicos y espirituales de la vida humana eran inseparables. Los primeros médicos griegos, como refiere Homero, eran tanto sanadores como sacerdotes. El papel del sanador estaba estrechamente vinculado con lo divino, y la salud se consideraba un don de los dioses. La medicina primitiva se basaba en gran medida en rituales y prácticas religiosas, como el uso de oraciones, sacrificios y encantamientos para curar enfermedades. Y, también, el teatro.

En algunos casos, los rituales de purificación y sanación en el templo de Asclepio podían incluir elementos teatrales o ceremonias simbólicas. Del mismo modo, las tragedias y otras obras teatrales a menudo abordaban temas de enfermedad, curación y la intervención de los dioses, reflejando las preocupaciones del culto a Asclepio.

Así, por ejemplo, en *Prometeo encadenado*, de Esquilo. Asclepio es mencionado por Prometeo como uno de los benefactores de la humanidad, enseñando a los humanos las artes de la sanación. De igual modo, en *Filóctetes*, de Sófocles, el hijo de Asclepio, Macaón, un famoso médico, es mencionado en relación con la sanación. Filóctetes, herido y sufriendo, se encuentra en una situación donde la intervención médica, y por lo tanto la influencia de Asclepio, es relevante. También en *Alcestis*, de Eurípides, donde Apolo nos recuerda cómo Zeus mató a Asclepio con un rayo después de que éste hubiera comenzado a resucitar a los muertos, lo cual iba en contra del orden natural.

Pero volvamos al teatro de Epidauro, en el Peloponeso. Se trataba de un conjunto monumental, el Asclepeion de Epidauro, que era en la Antigüedad un santuario que se utilizaba, además, como centro terapéutico, quizás el centro terapéutico más importante del mundo occidental. El teatro se levantó en el siglo IV a.C. por Policleto el Joven, quien lo diseñó para una capacidad de 6.200 espectadores. Como decimos, se trataba de un centro curativo, donde Asclepios, dios de la medicina y de la salud, hijo de Apolo y de Coronis, llevaba a cabo las terapias. La terapia se efectuaba con serpientes, lo cual siempre tiene que ver con la sabiduría, porque dependiendo del modo en el que se aplique el veneno, puede traer la curación o la muerte. La serpiente, representaba tanto la curación como la renovación, por los efectos benefactores de una adecuada administración de su veneno, y por la muda de su piel. De ahí el caduceo, símbolo moderno de la medicina.

Aunque la medicina griega evolucionó hacia un enfoque más racional con figuras como Hipócrates, que buscaban explicaciones naturales para las enfermedades, el vínculo con lo sagrado nunca se rompió del todo. La medicina y la religión estaban intrínsecamente vinculadas, con la curación vista tanto como un acto físico como espiritual. Esta confluencia reflejaba una visión integrada de la vida, en la que la salud del cuerpo y el alma eran consideradas interdependientes y, a menudo, inseparables.

En cualquier caso, los hipocráticos cuidaban mucho la relación de los médicos con los enfermos; consideraban que la buena disposición anímica del paciente ayudaba a su pronta curación. La salud del alma era uno de los aspectos más importantes de la medicina por la forma en la que el alma, inmortal e ilimitada, siempre afecta al cuerpo terrenal y mortal.

Según esta perspectiva, el contenido emocional de una obra influye directamente en las emociones del espectador u oyente, quien se ve atrapado por las emociones expresadas en la obra. Para Platón, esto es problemático, ya que lo considera una "infección" dañina. Sin embargo, Aristóteles lo ve como algo altamente terapéutico. En su Poética, afirma que la imitación es innata en el ser humano, desde la niñez, y que este rasgo lo diferencia de los animales. Además, sostiene que el placer derivado de la mímesis está ligado al deseo universal de conocimiento. Aunque reconoce que las obras de arte generan una respuesta emocional, Aristóteles aclara que las emociones provocadas no siempre coinciden con las representadas en la obra. El espectador no asimila las emociones de la tragedia, sino que responde con sus propias emociones a la estructura total de la ficción.

La célebre catarsis, concepto que vincula el teatro con la medicina, se refiere a la purificación que experimenta el espectador cuando se identifica con los personajes y atraviesa las mismas emociones que ellos viven en escena. La catarsis, por tanto, presenta al teatro como una forma de terapia. Este fenómeno psicológico (o espiritual, dependiendo de las creencias de cada persona) consiste en la capacidad del ser humano de empatizar con los sentimientos y situaciones de un personaje, "viviéndolos" sin enfrentar realmente las consecuencias.

Por ejemplo, cuando vemos una película de miedo, elegimos cuánto "sufrimiento" queremos experimentar, acercándonos emocionalmente a la historia hasta el punto en que podemos o queremos soportarlo. Así, algunos espectadores se tapan los ojos o miran de reojo la pantalla, atrapados por el deseo de participar en el terror, pero manteniendo la opción de distanciarse si la intensidad se vuelve abrumadora. En este sentido, el teatro es similar a una vacuna: nos exponemos a una pequeña dosis de emoción, solo la que podemos aprender a manejar en cada ocasión, y así nos fortalecemos. Esto ocurre con todas las emociones, permitiéndonos aprender a amar al participar del enamoramiento de un personaje, o a odiar, enfadarnos, o llorar.

Este fenómeno es de gran importancia para quienes nos dedicamos al teatro, especialmente para actores y actrices. Por un lado, somos los principales beneficiarios de la catarsis: en escena, experimentamos intensamente emociones que en nuestra vida cotidiana pueden ser menos presentes o difíciles de manejar. Aprendemos a expresar nuestro amor, odio, miedo, envidia y otras emociones que surgen en el teatro. Esto es, por un lado, tremendamente terapéutico, y por otro, nos ofrece una visión ampliada y hermosa de las emociones, libre de las valoraciones morales que la sociedad suele imponer.

Según Aristóteles, la catarsis se refiere a la purificación o purga de las emociones, especialmente de la “phobos” (miedo) y la “eleos” (compasión), que los espectadores experimentan al ver representaciones dramáticas de sufrimiento y conflicto humano. Esta liberación emocional era considerada terapéutica, proporcionando un alivio a las tensiones acumuladas en la vida cotidiana.

La representación del dolor extremo y la inevitable caída del protagonista funcionan como un ritual dramático que permite a los espectadores exorcizar sus propias ansiedades y temores. La tragedia, al exponer de manera cruda y directa la fragilidad humana, actúa como un espejo en el que la audiencia se refleja y, al mismo tiempo, se purifica emocionalmente. Los ritos de purificación mediante la catarsis no solo se practicaban en el contexto de la medicina para limpiar el cuerpo y el espíritu de impurezas, sino que también eran fundamentales en los rituales religiosos para preparar a los individuos antes de entrar en contacto con lo sagrado.

El sentido médico de la catarsis se refiere a la purgación de las sustancias dañinas del cuerpo, un proceso necesario para curar ciertas enfermedades al eliminar lo que sobra, la “katherma”. De manera similar, la idea de crisis en la medicina griega, como señala el filósofo italiano Agamben, implicaba un momento crucial de juicio y decisión, donde el médico debía determinar si el paciente viviría o moriría. Esta crisis, que originalmente significaba juicio y separación, nos invita a reflexionar sobre la necesidad constante de discernir y depurar, identificando y eliminando lo que es dañino o superfluo, tanto en lo personal como en lo social. Así como la catarsis purifica el cuerpo, la crisis nos obliga a juzgar y separar lo verdadero de lo falso, lo vivo de lo muerto en nuestra existencia.

El concepto de catarsis ha perdurado más allá del teatro griego y se ha convertido en un término clave en la psicología moderna. Freud y otros pioneros del psicoanálisis reconocieron la importancia de liberar las emociones reprimidas como un medio para alcanzar el bienestar mental. En este sentido, la idea aristotélica de catarsis fue redescubierta y reinterpretada en el contexto de la terapia psicológica, donde el proceso de hablar sobre experiencias traumáticas y revivir emociones intensas se considera esencial para la curación.

En las formas modernas de terapia como el "psicodrama" y la "dramaterapia", se reconoce el poder de la representación dramática para explorar y liberar emociones profundas, un proceso que tiene sus raíces en la experiencia catártica que el teatro ofrecía en la antigüedad.

La medicina ha sido, pues, un tema central o subyacente en el teatro a lo largo de la historia, desde la tragedia griega hasta el drama contemporáneo.

Son innumerables las obras tocadas por la sombra de Asclepio. Me voy a referir sucintamente a cinco de ellas de muy diferentes estilos y periodos en los que la enfermedad y su posible curación constituyen una gran metáfora de las afecciones sociales de su tiempo.

1. *EDIPO REY*

La relación entre Edipo, la peste y la metáfora de la corrupción social se explora profundamente en la tragedia griega *Edipo Rey*, de Sófocles. En esta obra, la peste que asola la ciudad de Tebas es mucho más que una calamidad natural; es una manifestación física de la corrupción moral y social que emana del pecado oculto del rey Edipo. La obra comienza con Tebas devastada por una plaga que mata al ganado, marchita los cultivos y causa infertilidad en las mujeres. Los ciudadanos, desesperados, acuden a Edipo, su rey, para que los libere de esta desgracia, recordando cómo previamente los había salvado de la Esfinge. La peste, en la antigua Grecia, no era vista solo como una enfermedad física, sino como un castigo de los dioses, enviado para purgar el pecado o la impureza que contamina la comunidad.

A medida que avanza la obra, se revela que la causa de la plaga es la presencia de una impureza dentro de Tebas: el asesinato no resuelto del anterior rey, Layo. Edipo, con un sentido del deber y del honor, promete encontrar al culpable, sin darse cuenta de que él mismo es el responsable. La peste es, por tanto, una metáfora de la corrupción que ha tomado raíz en el corazón de la ciudad debido al crimen de Edipo, aunque él lo haya cometido sin saberlo (mató a su padre y se casó con su madre, Yocasta, cumpliendo la profecía que intentó evitar).

Edipo es un líder fuerte y decidido, pero su trágico error es su ignorancia respecto a su verdadera identidad y a los crímenes que ha cometido. La peste, en este contexto, simboliza la ceguera de Edipo a la verdad y a la realidad de su propia vida. Cuando finalmente descubre que él es la fuente de la corrupción, su castigo es la autoceguera, un acto que simboliza tanto su reconocimiento de su ceguera moral como su incapacidad para enfrentar la devastación que ha causado.

La resolución de la obra sugiere que la purificación de Tebas solo es posible mediante la expulsión o el castigo del culpable, en este caso, Edipo: el "pharmakon"; concepto que en la Antigua Grecia abarca tanto la idea de remedio como la de veneno. Esta ambivalencia lo convierte en un término crucial para comprender la figura de Edipo en la tragedia de Sófocles. En su intento de salvar a Tebas de la peste que la azota, encarna el "pharmakon" en ambas dimensiones: es a la vez el remedio y el veneno para su ciudad. Como rey y líder, Edipo es visto inicialmente como un salvador, un remedio para los problemas de Tebas. Sin embargo, a medida que se revela la verdad sobre su origen y sus acciones —matar a su padre y casarse con su madre— se descubre que Edipo es también la fuente del mal que asola la ciudad, el veneno que ha traído la calamidad.

La catarsis que el público experimenta al ver la tragedia puede interpretarse como una purgación, similar al proceso médico descrito, en la que se eliminan las emociones y tensiones acumuladas. Edipo, al exiliarse y cegarse, actúa como su propio" pharmakon", aplicando un remedio drástico a su existencia contaminada para purificar tanto a sí mismo como a Tebas. Este acto final de Edipo es, en esencia, un juicio y una separación —una crisis en el sentido más profundo— donde él mismo determina su destino, eliminando lo corrupto (su propio rol en la contaminación) para permitir la posibilidad de sanación en la polis.

Saltemos ahora dos mil años hasta arribar al teatro áureo español.

2. *EL MÉDICO DE SU HONRA*

En *El médico de su honra*, de Calderón, escrita en 1637, la idea del "honor" se convierte en una fuerza devastadora que, al igual que la peste en "Edipo Rey", actúa como una metáfora de la corrupción moral y social, especialmente cuando se lleva al extremo.

Calderón plantea el honor como una especie de "enfermedad" que contamina la mente y el alma de los personajes, especialmente la del protagonista, Don Gutierre de Solís. Esta obsesión con el honor, que en la obra es equiparable a una obsesión con la pureza moral, desencadena una serie de acciones violentas y trágicas. Don Gutierre, temiendo la deshonra más que cualquier otra cosa, decide sacrificar a su esposa Mencía, sospechando que su honor ha sido manchado por su supuesto interés en el príncipe Enrique.

El título de la obra, *El médico de su honra*, es profundamente irónico. Don Gutierre se ve a sí mismo como el "médico" encargado de curar la "enfermedad" que percibe en su casa: la supuesta infidelidad de Mencía. En lugar de buscar la verdad o resolver el conflicto a través de la razón, Don Gutierre opta por un "tratamiento" radical, que en este caso es el asesinato de su esposa, la cual es inocente. Así, la obra presenta la idea de que la obsesión con el honor, sin una base moral sólida, se convierte en un cáncer social que lleva a la destrucción.

La corrupción en *El médico de su honra* no es solo individual, sino que afecta a toda la estructura social. La obra critica el modo en que la sociedad del Siglo de Oro estaba profundamente marcada por el concepto de honor, que muchas veces justificaba actos brutales y deshumanizantes. Esta corrupción se manifiesta en la rigidez de las normas sociales que, en lugar de proteger a los inocentes, los victimiza. La presión social para mantener el honor a toda costa actúa como una plaga que envenena las relaciones humanas y lleva a decisiones extremas y trágicas.

Al igual que la peste en *Edipo Rey* representa la corrupción que afecta a Tebas, el honor en *El médico de su honra* actúa como una enfermedad que contamina la mente de Don Gutierre. La obsesión por el honor en la obra no solo destruye a Mencía, sino que también corrompe la justicia y la moralidad, mostrando cómo un código de honor mal entendido puede llevar a una forma de corrupción más insidiosa que cualquier enfermedad física.

Calderón, a través de este drama, parece cuestionar la idea misma de honor como un valor absoluto. La sociedad que presenta está enferma precisamente porque permite que el honor justifique actos irracionales y crueles. Al final, no hay cura para esta "enfermedad", ya que el sistema social sigue intacto, y el ciclo de violencia y opresión en nombre del honor probablemente continuará. El tratamiento que Don Gutierre aplica para "curar" su honor en lugar de sanar, destruye, reflejando cómo la obsesión por el honor puede envenenar tanto a las personas como a la sociedad en su conjunto.

Desplacémonos ahora a la Viena de finales del siglo XIX.

3. *LA RONDA*

En *La Ronda*, de Arthur Schnitzler (1897), aparece una cadena de encuentros sexuales entre personajes de diferentes clases sociales para reflejar la decadencia y la corrupción moral de la sociedad de su tiempo. El contagio de la sífilis deviene en metáfora de enfermedad moral de la sociedad vienesa de finales del siglo XIX.

La obra revela cómo la corrupción moral no está confinada a una sola clase social, sino que atraviesa todas las capas de la sociedad, desde la aristocracia hasta la clase trabajadora. Cada encuentro en *La Ronda* expone la superficialidad, el egoísmo y la falta de autenticidad en las relaciones humanas. El sexo, que podría ser una expresión de conexión íntima, se convierte aquí en una transacción vacía y repetitiva, reflejando una sociedad atrapada en la decadencia y la hipocresía. Esta corrupción moral es tan omnipresente que parece ineludible, contaminando a todos los personajes que participan en la "ronda".

Schnitzler utiliza la metáfora de la ronda para criticar a la sociedad vienesa de su tiempo, una sociedad que está "enferma" en su núcleo. La estructura repetitiva y cíclica de la obra sugiere que la sociedad está atrapada en un ciclo de decadencia moral, donde los valores tradicionales se han vaciado de significado y las relaciones humanas han perdido su autenticidad. El hecho de que los personajes nunca rompan este ciclo sugiere que la sociedad no es capaz de autorreformarse; está condenada a repetir los mismos errores una y otra vez.

El ciclo de encuentros en *La Ronda* se cierra sobre sí mismo cuando el último personaje, una prostituta, se encuentra con el primero, un soldado, completando el círculo. Esta estructura circular refuerza la idea de un ciclo interminable de corrupción y decadencia que no tiene salida. A pesar de los numerosos encuentros y cambios de pareja, nada cambia realmente en la sociedad: las mismas actitudes y comportamientos se perpetúan, manteniendo a todos atrapados en una especie de enfermedad social que se autoperpetúa.

(La versión reciente titulada *The Blue Room* es una adaptación del dramaturgo británico David Hare. Estrenada en 1998, es una reinterpretación moderna de la obra. David Hare adapta la estructura de la obra original, manteniendo su enfoque en una serie de encuentros sexuales entre personajes de diferentes estratos sociales, pero actualizando el contexto (SIDA) y el lenguaje para reflejar la sociedad contemporánea.)

4. *UN ENEMIGO DEL PUEBLO*

Por las mismas fechas los principales teatros europeos estrenaban *Un enemigo del pueblo* (1882) escrita por Henrik Ibsen. La corrupción social es su tema central que se manifiesta en la forma en que los intereses económicos, la política, y el miedo al cambio contaminan la integridad moral de una comunidad. La obra explora cómo una sociedad puede volverse corrupta al anteponer el beneficio propio y la preservación de la comodidad sobre la verdad, la justicia, y el bienestar colectivo.

La pieza narra la historia del Dr. Thomas Stockmann, un médico en una pequeña ciudad que descubre que las aguas termales locales, la principal atracción turística y fuente de ingresos de la comunidad, están contaminadas y representan un grave riesgo para la salud pública. Cuando intenta hacer pública esta información para que se tomen medidas correctivas, se enfrenta a una feroz oposición, no solo de los líderes de la ciudad, incluido su hermano, el alcalde Peter Stockmann, sino también de los ciudadanos que temen las repercusiones económicas de reparar el problema.

La principal forma de corrupción que Ibsen explora es cómo los intereses económicos se priorizan sobre la verdad y la salud pública. Los líderes de la ciudad, preocupados por el impacto financiero que tendría la reparación de las aguas termales, deciden ocultar la verdad.

La corrupción en *Un enemigo del pueblo* también se manifiesta en la hipocresía de la sociedad, que se presenta como civilizada y democrática, pero que en realidad está dispuesta a sacrificar la verdad y la justicia por conveniencia. La obra critica la falsedad de los valores burgueses, que predican la moralidad y el progreso, pero que en la práctica se aferran a intereses mezquinos y egoístas. A través de esta historia, Ibsen plantea preguntas profundas sobre la integridad, la responsabilidad cívica, y el precio de la verdad en una sociedad que prefiere la comodidad a la confrontación con la realidad.

5. *SANTIAGO (DE CUBA) Y CIERRA ESPAÑA*

Y para finalizar, un ejemplo que nos resulta más próximo en el tiempo y en el espacio. La nación española, contemplada como cuerpo social enfermo fue un *topos* recurrente de la literatura noventayochista. Algunos de estos textos los recogió este que ahora les habla en un trabajo dramatúrgico estrenado en su día en el Teatro de la Abadía de Madrid con el título de *Santiago (de Cuba) y cierra España*.

Leo un fragmento de la obra.

> - UN DOCTOR.- Estas son las convulsiones que corresponden al que por todo ideal de vida, no queriendo luchar, decidió aislarse, y por fin, para mayor seguridad, se encerró herméticamente en el reducido espacio geográfico que abarca su cuerpo.
>
> OTRO.- ¡Las convulsiones del pobre cuerpo agónico que se debate cruelmente de la prolongada agonía, y aún se le pide absoluta compostura!
>
> OTRO .- Imaginad a un buen hombre atacado de anemia cerebral. Él sabe que la irrigación sanguínea de su cerebro es escasa, y para mejorarla no se le ocurre otro procedimiento que éste: adquiere unas sanguijuelas que aplica inmediatamente al cuerpo; cuando las ve hinchadas las retira, las somete a tributación en una jofaina, y con aquella escasa sangre que devuelven, se da invariablemente irrigaciones cerebrales.
>
> OTRO .- ¡Oh prodigio de nuestros hombres públicos!
>
> OTRO .- La sangre española es un coágulo y nada más.
>
> OTRO .- Había en España más anemia de la que creímos; la anemia que ha venido de Cuba no es más que la gota que ha hecho desbordarse el vaso haciéndonos ver que estaba lleno.
>
> OTRO.- Diagnóstico: ***Indolencia, Apatía y, sobre todo, Pereza.***
>
> OTRO.- Nuestra insigne pereza, tan inmensa como el mar, por la que gobiernos viven en la impotencia, las altas clases sociales en la ociosidad, mientras las personas instruidas

vuelan a encerrarse largas horas en los cafés y casinos de todas las ciudades y villas de España.

OTRO.- Diagnóstico: ***Austracismo Germánico***, causante de la dilapidación de la nación en empresas desproporcionadas y exóticas.

OTRO .- ***Despotismo Ministerial.***

OTRO.- ***Caciquismo.***

OTRO.- ***Y Centralismo***, lesión gravísima porque, de un lado, congestiona e hipertrofia dicho centro; de otro lado isquemiza, atrofia y paraliza los demás órganos y sus funciones; de otro, en fin, tiende a borrar la variedad y diferenciación de las partes, principio de toda vida, en el fondo común y homogéneo del todo, estructura de los cuerpos brutos e inertes.

OTRO.- Diagnóstico: ***Teocratismo, Unidad Católica, Intolerancia, Militarismo…***

OTRO .- ***Despersonalización***, trastorno mental de enajenación colectiva que se plasma en la pérdida de identidad, cuyos efectos secundarios son la ***Desorientación Nacional, la Incultura, el Ideologismo, la Pobreza, una Moral Barbara, una Irreligiosidad Decadentista y una Incivilidad Regresiva.***

OTRO.- La amputación colonial nos ofrece al enfermo en estos momentos chorreando sangre, palpitantes los colgajos de la herida, en pleno espanto de la familia y sin saber qué hacer con la lesión. ¿Cómo se curará? ¿Cómo se gangrenará? ¿Cómo terminará?

OTRO.- *(Solemne.)* Los doctores de la política y los facultativos de cabecera estudiarán, sin duda, el mal; discurrirán sobre sus orígenes, su clasificación y sus remedios; pero el más ajeno a la ciencia que preste alguna atención a asuntos públicos observa este singular estado de España: donde quiera que se ponga el tacto, no se encuentra el pulso.

EL CURA.- *Ego te absolvo...In nomine Páter...*

Y con el último aliento de este entrañable personaje, expira también esta contribución[1].

---

[1] Una grabación de esta intervención puede verse en https://canal.uned.es/video/66f28ac19131b8371805da34 [23/09/2024].

CUANDO EL ESCENARIO SE CONVIERTE EN CRUJÍA: LA ENFERMEDAD EN EL TEATRO ESPAÑOL ACTUAL[1]

WHEN THE STAGE BECOMES A CRUJIA: THE ILLNESS IN CURRENT SPANISH THEATER

EDUARDO PÉREZ-RASILLA
Universidad Carlos III de Madrid
eduardop@hum.uc3m.es

Resumen: El trabajo pretende describir algunas de las tendencias dominantes en el teatro español del siglo XXI que versan sobre la enfermedad y la medicina. Y lo hace en el contexto histórico de las relaciones entre medicina y enfermedad y literatura y teatro y en el de su afinidad o sus diferencias con la narrativa contemporánea. Se examinan a continuación algunas de estas tendencias, como la reflexión sobre la experiencia propia del dolor, la fragilidad corporal como vía de investigación escénica, el tratamiento de la locura y la muerte, la enfermedad laboral la medicina como ejercicio de poder y violencia y la obsesión por la farmacopea. Para ello se toman como referencia textos escritos por dramaturgas y dramaturgos españoles en las primeras décadas del siglo XXI: Carolina África, Gemma Brió, Ana Alma García, Elena Córdoba, Emilio del Valle, Titzina, Antonio Tabares, Lucía Carballal, José Sanchis Sinisterra y Denise Despeyroux.

[1] El trabajo se inscribe en el marco del proyecto de investigación: "Teatro sin teatro: teoría y práctica del no actor en la escena española contemporánea (PID2023-149349NB-I00B) (2024-2028)", financiado por MCIU / AEI / 10.13039/501100011033 / FEDER, UE.

Palabras clave: Teatro. Medicina. Compromiso político. Enfermedad. Cuerpo. Dolor.

Abstract: This paper aims to describe some of the dominant trends in Spanish theater of the 21st century that deal with illness and medicine. It does so in the historical context of the relationship between medicine and illness and literature and theater, and in the context of their affinity or differences with contemporary narrative. Some of these tendencies are then examined, such as the reflection on the experience of pain itself, bodily fragility as a means of scenic research, the treatment of madness and death, occupational illness and medicine as an exercise of power and violence, and the obsession with pharmacopoeia. For this purpose, texts written by Spanish playwrights in the first decades of the 21st century are taken as a reference: Carolina África, Gemma Brió, Ana Alma García, Elena Córdoba, Emilio del Valle, Titzina, Antonio Tabares, Lucía Carballal, José Sanchis Sinisterra and Denise Despeyroux.

Keywords: Theater. Medicine. Political commitment. Disease. Body. Pain.

1. CIRUGÍA Y ESCRITURA

Para tratar sobre las relaciones que mantienen con el teatro la enfermedad y la medicina, propongo el título de las líneas que siguen como una metonimia. De las seis acepciones que el *Diccionario de la Lengua Española* en su última versión ofrece del término "crujía", me acojo ahora a la segunda de las definiciones: 'En los hospitales, sala larga en que hay camas a uno y otro costado y a veces en el medio de ella'. Sin embargo, cabría atender también a la locución verbal "pasar crujía", basada a su vez en la quinta y en la sexta acepción del término, que son las dos acepciones marineras de la palabra. La locución está felizmente en desuso, pero podríamos servirnos de su elocuente valor metafórico: 'En las galeras, hacer pasar al delincuente por la crujía entre dos filas recibiendo golpes'. Tampoco es frecuente hoy la variante coloquial "sufrir crujía" con el significado de 'padecer trabajos', que versiones anteriores del Diccionario extendían a 'miserias o males de alguna duración'. Pero podemos recuperar también esta acepción para comprender la mirada que algunos de los textos que estudiaremos proyectan sobre sus personajes. Es justamente la manera de mirar al médico, al enfermo y a la enfermedad en el teatro español del siglo XXI lo que ahora nos interesa explorar. Lo cierto es que ninguna de las historias contadas en los textos dramáticos a los que nos referiremos sucede propiamente en una crujía, y solo algunos (la mitad aproximadamente) encuentran su sitio en espacios hospitalarios; sin embargo, el hospital como el lugar por antonomasia del ejercicio de la medicina y del tratamiento a los enfermos y la crujía, que evoca la idea de sufrimiento y también acaso la de un cierto abandono o desidia, sugieren el horizonte que vislumbran los personajes (y los dramaturgos) de estos textos que estudiamos. De ahí la licencia que nos tomamos para el título de este sucinto análisis.

Son muchos los escritores, pensadores y médicos que han hablado de la relación entre la literatura y la medicina. La idea de la escritura como sanación -propia o ajena- es una noción fecunda. El ensayista, novelista y dramaturgo mexicano Juan Villoro, en su ensayo "La pluma y el bisturí. Literatura y enfermedad", incluido en *La utilidad del deseo*, indica que "ambas profesiones [la de médico y la de escritor] están menos lejos de lo que podría pensarse" (Villoro, 2017: 357) y apunta que "la cirugía es una forma de escritura", afirmación que apoya en la historia del dramaturgo Tom Stoppard, quien escribe en lengua inglesa, pero que nació en Checoslovaquia en 1937. Su familia, judía, fue objeto de la persecución nazi, y su padre, médico cirujano, arrestado y llevado a un campo de exterminio. La familia tuvo que huir con lo puesto, sin poder llevarse siquiera un recuerdo o una fotografía. Muchos años después, Tom Stoppard conoció a una mujer que había sido operada por su padre. Esta le mostró la pequeña cicatriz que la intervención dejó en su muñeca. El dramaturgo le pidió permiso para tocarla. "Ese mínimo trazo sobre la piel era el único legado de su padre. Fue como si recibiera una carta firmada por su padre" (Villoro, 2017: 358). Y si la emotiva anécdota de Stoppard esboza la relación simbólica entre cirugía y escritura, la segunda referencia acogida por Villoro subraya la condición física, material, de esta semejanza:

> En *El cuerpo herido. Un diccionario filosófico de la cirugía*, el médico español Cristóbal Pera establece una estrecha relación entre el uso del escalpelo y la escritura: "En la medicina operatoria clásica se describían, con cierto aire de virtuosismo, cinco posiciones básicas del bisturí, de acuerdo con la incisión que se iba a realizar". Conviene detenerse en la primera de ellas: "Bisturí cogido entre los dedos índice, medio y pulgar, como una *pluma de escribir*" (Villoro, 2017: 358).

Villoro no se olvida de apostillar, prudente e irónicamente, que: "Los riesgos que derivan de los cortes médicos son más severos que los de la mala prosa. El cuerpo no puede ser tratado como un borrador. Es siempre la versión definitiva" (Villoro, 2017: 358). La cita resulta pertinente, no solo por la semejanza ingeniosamente aducida, sino porque precisamente Cristóbal Pera ha participado en uno de los proyectos más ambiciosos en lo que atañe a la relación entre el escenario y la medicina: el ciclo *Anatomía poética*, de Elena Córdoba, del que trataremos más adelante.

Una comparación semejante propone Juan José Millás en las primeras páginas de su novela *El mundo*:

> Mi padre presumía de haber sido el primero en fabricar un bisturí eléctrico en España, aunque seguramente tomó la idea de una publicación extranjera. Recuerdo haberle visto inclinado sobre la mesa del taller, efectuando cortes en un filete de vaca [...] No olvidaré nunca el momento en que se volvió hacia mí, que le observaba un poco asustado, para pronunciar aquella frase fundacional:
>
> -Fíjate, Juanjo, cauteriza la herida en el momento mismo de producirla.
>
> Cuando escribo a mano sobre un cuaderno, como ahora, creo que me parezco un poco a mi padre en el acto de probar el bisturí eléctrico, pues la escritura abre y cauteriza al mismo tiempo las heridas (Millás, 2007a: 8).

2. EL TEATRO Y LA ENFERMEDAD

La relación entre la enfermedad -o la medicina- y el teatro se remonta a la tragedia griega. La herida o el dolor se muestran a un tiempo como estigma y como forma de sanación. La herida lleva consigo la exclusión, pero el herido, el apestado, se convierte en alguien necesario -imprescindible- para la supervivencia de los otros. Edipo (sobre todo en *Edipo en Colono*) y Filoctetes (en la tragedia homónima), los personajes de las tragedias de Sófocles nos ofrecen los ejemplos más elocuentes. La paradoja tendría su correlato en el *phármakon,* medicina y veneno, como ha estudiado profusamente Girard (1995) en *La violencia y lo sagrado*. El teatro tardorrenacentista y barroco se puebla de tósigos y triacas, de bebedizos y filtros, en tantas ocasiones con efectos inesperados o paradójicos, tal como podemos advertir en el teatro de Shakespeare o de Calderón. El teatro naturalista pareció poner el acento en la condición científica de la medicina, a cuyos avances dramaturgos y novelistas permanecían muy atentos. El médico se convierte en un personaje habitual en el teatro decimonónico. La otra cara del tratamiento de la enfermedad la encontramos en la comedia de todos los tiempos, que ofrece una mirada burlesca de los médicos y sus prácticas. El género cumple así su función de invertir los valores sociales y morales. Al grave tratamiento que dispensan la tragedia y el drama a la enfermedad, a la sanación o a la farmacopea, corresponde la comedia con la burla o la sátira, en la que suele predominar la desmesura o incluso el disparate. Las comedias de Molière (*El enfermo imaginario, El médico a la fuerza* o *El amor médico*) o, en la tradición española más próxima, las de Jardiel Poncela (*Un marido de ida y vuelta, Un adulterio decente, Cuatro corazones con freno y marcha atrás*) o las de Mihura (*El caso del señor vestido de violeta, Carlota*) muestran figuras de médicos fatuos e ignorantes o bien, como ocurre en algunas comedias de Jardiel o de Mihura, imaginan seres que ejercen esta profesión desde su condición visionaria y genial, o al menos extravagante y heterodoxa, al margen de la norma y de los criterios propiamente científicos que gobiernan el ejercicio de la medicina.

Si el malestar adquiere carácter corporal y se manifiesta mediante la herida física en Filoctetes o en Edipo, tal como hemos recordado, en otras tragedias el malestar se asocia a alguna de las formas de demencia o de sinrazón. Uno de los ejemplos más notorios podemos encontrarlo en el personaje de Fedra, tal como lo trata Eurípides en su *Hipólito* (y tantos otros después, hasta nuestros días, aunque prefieren titular a sus tragedias con el nombre del personaje femenino: Sófocles, Racine, Unamuno, Sarah Kane, etc.). Esta suerte de demencia es originada por la pasión y la desmesura, que responden al deseo erótico al que no puede darse cauce por razones de índole moral. En el teatro español, *La Celestina* sería heredera de esta pasión de Fedra que no puede ni siquiera verbalizarse. Menor interés ofrecen, a mi parecer, las posibilidades de "la locura de amor" de corte romántico (que da título, por ejemplo, al drama de Tamayo y Baus), herederas indirectas de aquella condición. Sin embargo, la locura ofrece también otro rostro en la historia del teatro: la de una paradójica lucidez, una capacidad de ver o de decir lo que los cuerdos no alcanzan a comprender (Cervantes, Shakespeare, Calderón). O, también, la locura como subterfugio, como modo de evasión (*Los físicos*, de Dürrenmatt, por ejemplo). Por su parte, la comedia encuentra en la locura un territorio propicio para imaginar el disparate o la desmesura y convierte la insania en una festiva interrupción o una cancelación -provisional casi siempre- de la norma moral, social e incluso epistémica. Para ello hay que despojar a la enfermedad de toda su condición dolorosa y de las incómodas consecuencias que tiene para el enfermo y para su entorno. Podemos encontrar ejemplos desde *Los locos de Valencia,* de Lope de Vega, hasta *Eloísa está debajo de un almendro,* de Jardiel Poncela, aunque en esta obra convivan la locura "festiva" e inocua con un desarreglo afectivo que bajo su apariencia cómica esconde una situación profundamente dolorosa. También es posible el cruce de estas dos visiones de la insania: la lucidez paradójica y el disparate festivo o grotesco. En el teatro de las últimas décadas del pasado siglo encontramos ejemplos como *Tú estás loco, Briones,* de Fermín Cabal; *Fuera de quicio* o *Del laberinto al 30*, de José Luis Alonso de Santos, o *Eclipse,* de Alfonso Vallejo.

3. LA MIRADA SOBRE EL ENFERMO EN EL SIGLO XXI

¿El siglo XXI aporta nuevas perspectivas en su mirada sobre la enfermedad? Es esta la pregunta que queremos plantear a partir de algunos textos y aproximaciones que ofrece la escena española del siglo XXI y de algunas reflexiones provenientes del ensayo o de la novela, que pueden proporcionarnos alguna luz al respecto. La enfermedad o el dolor están presentes en la obra de algunos de los novelistas señeros de las últimas décadas del siglo XX y primeras del siglo XXI. La narrativa de Juan José Millás, con su obsesión por la farmacopea y su propensión a indagar en el subconsciente de sus personajes (o en el suyo propio) mediante el recurso a los estados febriles en novelas como *El jardín vacío, Visión del ahogado* o *El mundo*, ofrece uno de los ejemplos más evidentes y resulta posible la comparación con alguno de los textos dramáticos que examinaremos. Por lo demás, la exploración del universo de la locura atraviesa toda su obra y se hace particularmente explícita en novelas como *La mujer loca*. Pero acaso encontremos mayores afinidades con el teatro actual en el tercer volumen de los *Diarios* de Rafael Chirbes y también en algunas de sus novelas, como *La caída de Madrid, Crematorio* o *En la orilla*. O con algunas novelas de Marta Sanz (*Susana y los viejos, La lección de anatomía* y, sobre todo, *Clavícula*), en las que el dolor propio y el de los seres próximos se convierte en materia narrativa y suscita la reflexión sobre las causas y las consecuencias de ese dolor. Y lo hace sin miedo a tratar con cercanía y hasta con crudeza los aspectos carnales y fisiológicos de la corporalidad. La cercanía o la afinidad de esa mirada proporciona un rasgo relevante a esta escritura, pero ha de atenderse también a la consideración social, y sobre todo política, inherente a ese dolor. Parece pertinente en este contexto recordar las palabras de

Marina Garcés en su ensayo “Enfermos en vida”, incluido en el volumen *Malas compañías*:

> Hay enfermos muy vivos. De hecho, nadie está vivo sin estar o haber estado enfermo alguna vez. La salud no es la ausencia de enfermedad, sino la manera como nos relacionamos con nuestros posibles modos de estar enfermos, es decir, de padecer la vida. Por eso la enfermedad no existe por sí misma. Solo existen los enfermos y sus vidas (Garcés, 20022: 129).

Frente a la abstracción de la enfermedad, Garcés pone la atención sobre el padecer concreto del enfermo y en su relación íntima con la enfermedad.

Por su parte, y en una consideración no exenta de ironía, Juan Villoro explica de manera muy gráfica que:

> Es raro que un paciente se resista a hablar de sus dolencias […] Las amputaciones reclaman una prótesis que a veces asume la forma del discurso. Narramos porque nos quitaron algo, porque escupimos sangre y tosemos y no soportamos nuestra piel. Los irregulares, los lunáticos, los vulnerables tienen tendencias literarias (Villoro, 2017: 370).

La relación con el dolor parece conllevar la necesidad de expresarlo, de compartir la experiencia con los otros. Ciertamente, algunas de las propuestas escénicas a las que vamos a referirnos parten de la experiencia del dolor personal de quien las acomete, pero este territorio se amplía, en estos y en otros textos, a la empatía con el dolor de los otros, de los próximos y tantas veces de los que no lo son, pero aparecen vistos y tratados como tales.

La década de los noventa del pasado siglo ofrecía ya algunos textos que esbozaban nuevas miradas sobre la enfermedad. Particular interés merecen *Los últimos días de Emmanuel Kant contados por Ernesto Teodoro Amadeo Hoffmann*, de Alfonso Sastre; *A Cafarnaúm*, de Ernesto Caballero, y *Los enfermos*, de Antonio Álamo. El primero de ellos, publicado en 1989 y estrenado en 1990 en el Centro Dramático Nacional, bajo la dirección de Josefina Molina, reflexionaba sobre el deterioro que la vejez y la senilidad ocasionaban en la clara inteligencia y en los más sencillos actos físicos y corporales del filósofo de las luces. El título y el sustrato de la narración se tomaba prestado del libro homónimo de Thomas de Quincey, pero el dramaturgo lo sumergía en el universo terrorífico de E.T.A. Hoffmann, poblaba la historia de pesadillas y de fantasmas y entregaba al filósofo a las tinieblas de la desmemoria. El agudo contraste entre la lucidez del autor de la *Crítica de la razón pura* y la menesterosidad que le procuraba la vejez llamaba dolorosamente la atención sobre la fragilidad humana. *A Cafarnaúm*, de Ernesto Caballero, era una obra breve integrada en el espectáculo *Precipitados*, que dirigió Jesús Cracio y que se mostró en la Sala Olimpia, sede del Centro Nacional de Nuevas Tendencias Escénicas, bajo el impulso de Guillermo Heras. El objetivo del espectáculo era mostrar "la otra cara" o "la vertiente oscura" del brillante y triunfal año 1992, cuando Madrid ejercía como Capital Europea de la Cultura. *A Cafarnaúm* se aproximaba a los sórdidos y demoledores efectos que la droga estaba ejerciendo sobre toda una generación de jóvenes. La obra conjugaba un marcado hiperrealismo con un lirismo en el que se alojaba la empatía que podía suscitar el personaje de la Enferma, fantasmagórico y errante por las calles de la ciudad en busca de un cigarro, vestida con el camisón hospitalario y portando la percha que sostenía el gotero, utensilio que ofrecía a cambio del ansiado cigarrillo. *Los enfermos*, de Antonio Álamo, obtuvo el premio Borne en 1996, fue publicada en 1997 y estrenada en el Teatro de la Abadía bajo la dirección de Rosario Ruiz Rodgers. La obra, escrita en el contexto del quincuagésimo aniversario de los juicios de Nüremberg, giraba en torno a las figuras de Hitler, Stalin y Churchill. Al frente del texto Álamo escribía la siguiente nota preliminar:

> Tres colosos han construido la Europa de la que ahora somos herederos. El primero de ellos se llamaba Adolf Hitler. Él soñó que su pueblo era el elegido, y soñó también que los judíos desparecían de la faz de la Tierra. El segundo se llamaba Josif V. Stalin. Soñó que la lámpara encendida en la Unión Soviética iluminaría el futuro de la humanidad. El tercero fue Winston Churchill, y tenía un sueño algo más modesto. Soñó una Europa libre de guerras durante un período de cincuenta años. Sus sueños, como se ve, eran bien distintos y, sin embargo, ninguno de ellos se ha cumplido. Nuestros colosos se parecían al menos en otra cosa: eran hipertensos y arterioescleróticos. Nuestro siglo es también hipertenso y arterioesclerótico. Esta obra puede ser considerada una especie de diagnóstico (Álamo, 1997: 13).

Como sucedía en la antigua tragedia, el mal físico suponía también un mal moral, que, en este contexto, devenía además político.

4. LA EMPATÍA CON EL DOLOR. LA MOSTRACIÓN DE LO CORPORAL

El primer cuarto del siglo XXI abunda en obras dramáticas que tratan sobre el dolor, la enfermedad y la medicina. Algunas de ellas han sido estudiadas por otros investigadores y figuran en los correspondientes capítulos del presente volumen, tal como ocurre con *Órgia*, de la compañía La Rara; *El teatro de las locas*, de Lola Blasco; *La última cena*, de Ignacio Amestoy; *Lejana: Diario de Alina Reyes*, de José Sanchis Sinisterra o *Paraíso*, de Inmaculada Alvear. Por su especificidad y por su tratamiento monográfico en otros capítulos del libro, dejo de lado (con una excepción parcial), las obras relacionadas con el COVID-19.

Resultaría fatigoso elaborar un catálogo exhaustivo, pero podemos anotar al menos algunas líneas de trabajo que parecen dominantes y que abren caminos novedosos y mencionar algunos ejemplos significativos. Pueden advertirse en las obras ciertos rasgos recurrentes. En algunos de los textos a los que nos referiremos resulta muy evidente -y muy relevante- la presencia de los elementos fisiológicos. La corporalidad se muestra en primer término mientras el lenguaje huye de los eufemismos y prefiere mostrarse explícito. Pero el rasgo principal, como queda dicho, se encuentra en la proximidad, en la consideración de ese dolor como algo que atañe al dramaturgo y al espectador, lo que suscita, sin duda, una mirada que exige alguna respuesta. Esta apelación al dramaturgo y al espectador no se queda en el terreno de la compasión ('Sentimiento de ternura y lástima que se tiene del trabajo, desgracia o mal que padece alguno', de nuevo en la definición del *Diccionario de la Lengua Española*), sino que adquiere una dimensión política, lo que lleva en algunos textos al análisis de las estructuras sociales que lo propician y a la denuncia (habitualmente implícita, pero explícita en algún caso) de la desatención, de la indiferencia o de la banalidad que rodean a los enfermos. Sin embargo, en uno de los textos sobre los que hablaremos a continuación, *La buena vida*, de Carolina África, se revindica la palabra "compasión", y la disposición afectiva y moral que lleva consigo, como contraposición a la lástima:

> ELLA: Lástima es una palabra horrible; la lástima no vale nada, la lástima te da un punto de superioridad que te separa del otro. Y yo le dije a Mariola [una enfermera con la que la enferma ha debido de tener algún desencuentro] "Lástima no, compasión". "Es lo mismo" me dijo y yo me callé…
>
> […]
>
> ELLA: …pero no, no es lo mismo: La compasión es otra cosa. La compasión es padecer con el otro, juntos, la distancia se disuelve, estás acompañando en el dolor al otro… Ojalá hubiera más compasión y menos lástima… (África, 2022: 113).

No obstante, el ya mencionado Cristóbal Pera, en uno de los diálogos que mantiene con Elena Córdoba en su proyecto *Anatomía poética*, subraya la condición intransferible del dolor y explica cómo:

> En tanto que experiencia emocional, el dolor pertenece al ámbito de lo subjetivo, como fenómeno de la conciencia; es una experiencia que se desarrolla en una situación profundamente "subterránea" dentro del espacio corporal de cada individuo y, en consecuencia, ni es observable desde fuera ni puede ser compartido con los demás (Córdoba, 2022: 29).

Así, el dramaturgo se enfrenta al desafío que supone hacer partícipe, en algún punto al menos, al espectador, sabiendo, como dice Cristóbal Pera, que no puede ser compartido, ni siquiera observado desde el exterior de esa conciencia.

5. LA EXPERIENCIA PROPIA DEL DOLOR

No es infrecuente que los creadores (o con mucha más frecuencia las creadoras, lo que resulta relevante) tomen como punto de partida la propia experiencia con el dolor, la enfermedad o alguna forma de malestar o carencia corporal, vividas por ellas mismas o por alguien de su entorno. Veamos algunos ejemplos:

Carolina África en *Una buena vida* (publicada pero no estrenada aún) se basa en dos situaciones personales concurrentes: el parto y la caída que, con motivo de una visita a la consulta de ginecología en los días inmediatamente posteriores, le ocasionó la rotura de una pierna. No eran unos días cualesquiera: la pandemia de Covid volvía a agitar una de sus oleadas y la borrasca Filomena cubría la ciudad de nieve, motivo que provocó el resbalón y la caída de la dramaturga. Carolina África construye con estos elementos una comedia agridulce -en la línea que caracteriza la escritura de África- de fuerte contenido autobiográfico. El personaje de ELLA, trasunto de la autora, comparte habitación con TERESA, personaje latente en la escenificación. Ambas reciben los cuidados de ÉL, un solícito y comprensivo enfermero. El poético nombre que los meteorólogos dan a la borrasca sugiere a la dramaturga el mito de Progne (o Procne) y Filomela (o Filomena), que sirve como trasfondo a la trama de la *Una buena vida*. El humor y la ternura conviven con la fantasía mitológica, hermosa y brutal, pero sobre todo con esa realidad contundente e ineludible de la fisiología y el dolor. Ya desde la escena que inicia la comedia, advertimos esa desinhibición en el lenguaje y esa voluntad de mirar de cerca -literalmente- el cuerpo y su fisiología:

ELLA: Si me pudiera poner a cuatro patas sería más fácil.

> Él: Si te pudieras poner a cuatro patas no necesitarías que te la meta yo.
>
> ELLA. Venga, va. Cojo aire.
>
> ÉL: No te va a doler. No hace falta que cojas aire.
>
> ELLA: Bueno, por si acaso. (*Silencio*).

Y, poco más abajo:

> ELLA: […] Oye, ¿me la puedes enseñar con un espejo?
>
> ÉL: ¿Tienes un espejo?
>
> ELLA: Sí, tengo un espejo en la mesilla. ¿enfocas con el espejo y así lo veo?
>
> ÉL: Claro.
>
> ELLA: ¡Joooder! Pues sí que es grande, ¡Joder! ¿Te importaría ahora enfocarme la vagina?
>
> ÉL. ¿La vagina? ¿Te quieres ver la vagina?
>
> […]
>
> ELLA: Gracias. ¿Sabes que mirando la vagina no tengo muy claro por donde meo?
>
> ÉL: ¿No sabes por dónde meas?
>
> ELLA: No.
>
> ÉL: ¿Puedo?
>
> ELLA: Sí, claro.
>
> ÉL: Pues por aquí. Esta es tu uretra (África, 2022: 108-109).

La comedia tendrá un inopinado final feliz, pero este desenlace amable y esperanzador va precedido por un agudo conflicto entre ÉL y ELLA, quien insiste en que quiere ver a los suyos y exige que los traigan a su presencia, a pesar del evidente riesgo de contagio.

> ÉL: ¡No sabes lo que dices!
> ELLA: ¡Sé muy bien lo que digo!
> ÉL: ¡¡No, no tienes ni puta idea de lo que dices!! ¡¡En esta misma planta hemos tenido tres brotes desde marzo!! ¿Quieres que se contagien? ¿Quieres contagiarte? ¡¡No me hables de lo que es justo o injusto!!
> ELLA: ¡Yo hablo de lo que da la puta gana!
> ÉL: ¿Sabes lo que es injusto? *(Cargándose de ira y dolor.)* ¿Lo sabes? Lo que es injusto es estar triplicando turnos para cuidar de todos vosotros. Injusto es llegar a casa en marzo después de trabajar 20 horas sin EPIS y habiéndote protegido con bolsas de basura y gorros de ducha. Injusto es no poder hacerte un test para saber si te has infectado. Injusto es ir del trabajo a tu habitación, aislándote para no exponer a tus seres queridos. Injusto es contagiarte a pesar de todo y pegárselo a tu pareja. Injusto es que él no sea asintomático, injusto es que a él lo intuben mientras tú permaneces aislado en otra habitación, injusto es que se complique su neumonía bilateral, injusto es que te digan que no se ha podido hacer nada, injusto es no poder despedirte (*Casi sin poder hablar, entre lágrimas*) injusto es sentir que has asesinado a la persona a la que amabas (África, 2022: 125).

El paradójicamente vívido testimonio de los padecimientos del COVID-19 y la épica de los sanitarios, cicateramente agradecida por la sociedad, más allá de los aplausos en ventanas y balcones, acota, sin duda, las molestias del dolor propio y sus consecuencias, aunque se suma a su pretensión de exigir responsabilidades y respuestas eficaces.

Una experiencia traumática en relación con la maternidad inspira también la obra de la actriz y dramaturga Gemma Brió Zamora titulada *Llibert*, escrita en 2013 y estrenada en su versión original catalana en ese mismo año en el Teatro Almería. En 2014 se exhibe en La perla 29, en la cripta de la Biblioteca de Catalunya, en Barcelona, y en 2015, en castellano, en el Teatro de la Abadía de Madrid. El texto lo publicó en catalán la editorial Comanegra en 2018. No existe todavía una edición en castellano. Tanto en la versión catalana como en la castellana, el director fue Norbert Martínez y las actrices, la propia Gemma Brió, Tàtels Pérez y la cantante y música Mar Orfila, cuyo nombre artístico es Mürfila. Gemma Brió interpretaba a Ada, la madre; Tàtels Pérez a su amiga y confidente, Etna, que, a su vez, encarnaba a todos los demás personajes: pareja, personal médico, etc. Esta solución teatral no respondía, como explicaba la autora, a las exigencias de una producción modesta, sino a una voluntad dramatúrgica. El efecto sugería en el espectador la precipitación de los acontecimientos, y el aturdimiento de la madre en aquellas circunstancias extremas, en las que los estados de lucidez y plena consciencia parecían alternarse con los sueños o los momentos de duermevela. La disposición de los espectadores en forma de U en torno a la escena, acentuaba, sin duda, la sensación de proximidad y más aún de necesaria implicación con lo que les sucedía a los personajes. La historia cuenta las esperanzas del embarazo, el parto, la alegría que proporciona el nuevo nacimiento y, casi de inmediato, la noticia de las graves lesiones que padece el bebé, que auguran una vida penosa, limitada casi exclusivamente a lo vegetativo. Esta situación hará que sus padres entiendan que lo mejor para recién nacido es morir, aunque la única posibilidad para ello es esperar que su salud vaya empeorando. La lucha no será ya por vivir, sino para volar, esto es, para morir.

> JO: Tinc molta por de veure como es mor, però no podria suportar no adonar-me'n.

ETNA/VICENT: Els doctors estan quiets darrere nostre, quan es moguin voldrá dir que en Llibert s'ha mort. Agafo fort la seva maneta.

JO i ETNA/VICENT (*al mateix temps*): Estic esperant… i no vull que es mori… el meu petit!!!

JO: No tinguis por, amor meu, la mama és aquí, la mama està amb tu i t'estima molt, més que res en aquest món, amor meu, no tinguis por de res.

ETNA/VICENT: Vola, vola, Llibert, vola, preciós! Té la pel de la cara tot a bonic, brillant i tibant., com si li acabessin de rentar amb aigua i sabó.

JO: És blau!

ETNA/VICENT: Ja no es mou. Encara respira.

JO: El doctors no es belluguen.

ETNA/VIÇENT: Llibert, no tinguis por, no tinguis por, amor meu!

JO: És blau! Tot blau! Mai l'havía vist tan bonic!

[…]

TEXTO FINAL:

[…] Però ara, tu, fill meu, amor meu, per fi ets lliure! Vola, Llibert, vola (Brió Zamora, 2018: 70-71).

La emoción intensa de tantos momentos del espectáculo, singularmente la que dimana de este final, cargado por lo demás de un acendrado lirismo en el lenguaje, no impedía, sin embargo, el recurso al humor, a veces muy ácido y otras entrañable; el acertado contrapunto de las intervenciones musicales, casi a la manera de un coro, con temas que variaban desde el rock hasta la Internacional como estímulo a la lucha de Llibert o, por supuesto, la denuncia política. En las notas con las que la autora acompaña a la edición del texto podemos leer este vibrante e inequívoco alegato:

> Però l'obra parla d'un nen que neix i mor a l'uci neonatal d'un hospital públic i l'acció transcorre en plena crisi i en plenes retallades de l'estat del benestar. Aquest text és un homenatge a tots els professionals que s'hi deixen la pell, que treballen amb passió i rigor perquè tothom tingui la millor sanitat, que creuen en la dignitat humana i que tenen cada vegada unes condicions més precàries. I és també una denúncia al Govern espanyol i a la Generalitat, que no creuen en la dignitat humana, que deixen milions de famílies sense recursos per a la dependència i venen la sanitat pública al millor postor. Espero que els nens i nenes de febles plors de totes les uci de neonatologia aviat puguin plorar a plens pulmons i cridar-los ben fort: "La sanitat és un dret, no un negoci!" (Brió Zamora, 2018: 13).

Los trastornos de la conducta alimentaria, los TCA, constituyen motivo temático y la razón de ser del espectáculo *Contra Ana*, escrito por Ana Alma García, quien es también una de las actrices del reparto. El espectáculo, con dirección de Paco Montes, se estrenó en el Teatro del Barrio de Madrid en 2023 y se repone en el mismo teatro en septiembre y octubre de 2024. El texto no ha sido publicado todavía. Ana Alma García, dramaturga, actriz e investigadora teatral, construye un espectáculo en el que, ya desde el título, plantea un desdoblamiento o un enfrentamiento consigo misma. El testimonio de su ingreso voluntario en una institución para el tratamiento de las TCA deja paso, por un lado, a un examen o a una introspección, nada complaciente, de su trastorno, y, por otro, pone de relieve -denuncia- el autoritarismo, la arbitrariedad y la falta de tacto (y también de eficiencia) de la institución. El trabajo emplea recursos propios de la autoficción, del teatro documento o del teatro confesional, pero no prescinde de otras posibilidades del juego escénico: escenas de conflicto, puntos de giro, intriga, etc., si bien el limpio testimonio personal proporciona el sentido último y la cohesión a *Contra Ana*.

A mediados de octubre está prevista en la Sala Cuarta pared, dentro del programa Surge, la programación del espectáculo escrito y dirigido por Emilio del Valle: *Manuela, el vuelo infinito*, recreación de la historia de Manuela Vos, amiga del dramaturgo, deportista, música y actriz quien en 2021 sufrió un accidente escalando una montaña, como consecuencia del cual quedó tetrapléjica. La propia Manuela Vos participa como actriz en el reparto.

6. LA FRAGILIDAD CORPORAL COMO VÍA DE INVESTIGACIÓN ESCÉNICA

Otra línea de trabajo ha partido de la experiencia de la fragilidad del cuerpo para llevar a cabo un trabajo de investigación escénica. La tentativa más relevante la encontramos en el proyecto de Elena Córdoba agrupado bajo el título de *Anatomía poética,* comenzado en 2008 y en activo durante varios años. Para su mejor conocimiento, resulta imprescindible el trabajo de Beatrice Bottin (2019). En *Anatomía poética* se trata, según las palabras de la coreógrafa, de "una anatomía 'in vivo' que no ha necesitado cortes ni heridas" (Córdoba, 2022: 3). Si tradicionalmente la danza ha mostrado el exterior de unos cuerpos adiestrados mediante la disciplina y el ejercicio hasta el punto de que ofrecen la sensación paradójica de la superación de las limitaciones corporales, los trabajos Elena Córdoba exploran precisamente esa condición corporal, frágil y vulnerable.

> La danza ha sido el paradigma de un cuerpo controlado y dominante, o por lo menos la danza en la que yo me formé,

> dejando de lado los aspectos más frágiles de la naturaleza humana. Como coreógrafa siempre me ha interesado acercarme a estos aspectos, que me han desvelado más del hombre que sus actos de control. [...] Me interesa la torpeza del movimiento, ya que la mayor parte de nuestra vida estará acompañada de ella; me interesa el esfuerzo que representa el movimiento, ya que el esfuerzo nos acompaña con cada acto; me interesan los momentos donde la fuerza que tenemos es menor que la tarea que nos exigimos; me interesa ver la duda en el cuerpo, ya que sin la duda no existe el pensamiento (Córdoba, 2022: 12).

El ciclo dio lugar a diversas entregas en forma de espectáculos, aunque tal vez el término no sea el más preciso; quizás habría que hablar de "acciones" o "presentaciones" por ejemplo. Paralelamente la autora fue publicando de manera fragmentaria textos y comentarios, tanto en papel, como en su blog personal. Antonio Fernández Lera ha compilado en 2022 muchos de estos textos en uno de los volúmenes de su colección Pliegos de Teatro y Danza. En 2008 Elena Córdoba conoció al cirujano -y humanista- Cristóbal Pera, con quien colabora desde entonces y con quien ha mantenido una dilatada relación epistolar y con quien presentó en público un diálogo que extractaba esa correspondencia y llevaba por título *El amor y la herida*. Lo hicieron en el ámbito las Nits salvatges/Noches salvajes que organiza La Porta, en el año 2010. El diálogo, que tiene como motivo principal la histerectomía simple a que fue sometida Elena Córdoba al serle diagnosticado un cáncer *in situ* del cuello del útero, resulta impresionante por su intensidad, su sencillez y su belleza.

> ELENA: Buenos días, Cristóbal: La visualización de mis "interiores incompletos" ha sido tranquila por primera vez en mucho tiempo, hasta con un matiz sensual. [...]

> O te lo pregunto o reviento. ¿Te da miedo la muerte, Cristóbal? Si estás trabajando, por favor, no me contestes, solo quería preguntártelo ahora.
>
> CRISTÓBAL: Querida Elena. No me da miedo la muerte. Tengo bien asumida mi caducidad. Solo deseo que mi dolor sea lo menos hiriente posible en los días y en los momentos que precedan a mi último aliento. […] No temas a la muerte, Elena. ¡Disfruta de la vida que te ha dado muchos dones! (Dasí, 2013: 197-198).

7. UNA APROXIMACIÓN A LA LOCURA Y LA MUERTE

En una línea diferente de trabajo, ajena ya a la experiencia propia y fruto de la reflexión o la investigación en otros territorios, que no por estar alejados de la situación personal dejan de suscitar el interés y la empatía, es la que ha llevado a cabo la compañía Titzina (Diego Lorca y Pako Merino). Su primer espectáculo, *Folie à deux. Sueños de psiquiátrico*, se adentró en el ámbito de la locura tras una investigación sobre la materia. Fue mostrado en Madrid en la sala ensayo 100, que dirigía Jorge Eines, en el año 2003. El texto se publicó en Artezblai en 2011 y ha conocido una segunda edición en 2017. Los dos actores (que son los propios autores) encarnan, mediante ligeras transformaciones de vestuario y un notable virtuosismo interpretativo, a cuatro internos del psiquiátrico y a otros personajes, como enfermeros o familiares. Las escenas, fragmentarias, ágiles y dispuestas a modo de piezas de un rompecabezas, combinan lo documental con lo humorístico y con un cierto lirismo, que atenúan la dolorosa situación en la que se encuentran. La disposición de las escenas recordaría a las formas de composición que han utilizado en algunas ocasiones dramaturgos como Sergi Belbel, Sanchis Sinisterra o Schnitzler, por ejemplo.

PERE: Nos están espiando.
HIJO: ¿Dónde nos están espiando?
PERE: Allí, mira.
HIJO: No nos espía nadie.
PERE: Que sí, nos están espiando, allí, mira, allí…
HIJO: ¿Me quieres prestar un poco de atención, que he venido a verte?
PERE: ¿Qué pasa?
HIJO: No pasa nada. Solo que he traído las fotos y no les haces ni caso.
PERE: ¿Qué fotos?
HIJO: Tus nietos, mi mujer y yo, en las vacaciones. Ya te lo he dicho.
PERE: No los conozco (Titzina, 2017: 54).

La anamnesis con la que termina la obra deja el sabor agridulce del humor y la ternura que tratan de ocultar el dolor y la soledad de los cuatro internos y, a un tiempo, perfila los contornos de los personajes cuyas voces hemos escuchado a lo largo de la obra:

CÉSAR: Soy César Majarón, tengo 48 años, mi profesión anterior era albañil. Mi diagnóstico es esquizofrenia con delirios de grandeza. Mi evolución clínica es negativa. Soy crónico.

PERE: Soy Pere, tengo 65 años, entro y salgo de aquí desde que tengo 33, tengo familia, mujer, un hijo, tres nietos preciosos y una nuera. Mi diagnóstico es esquizofrénico paranoide. Mi evolución clínica… es la muerte.

MIGUEL: Soy Miguel, Miguel Moraes, mi familia me trajo acá para estar mejor, soy paranoico. Yo he estado en muchos sitios, pero el que más me gusta es este, porque tengo amigos.

> MANUEL (*Ríe.*): Yo soy Manuel, tengo 29 años, no tengo novia, a mí me trajo la policía, se me cayó un mechero. Ha dicho un juez que tengo que estar aquí cinco años. Dice que soy un pirómano esquizofrénico. O algo así. (*Ríe*) ¿Perdona, tienes fuego? No pasa nada (Titzina, 2017: 69).

La compañía trabajó unos años más tarde sobre el motivo de la muerte en *Éxitus*, publicado en el mismo volumen. Está construido con una técnica semejante a la empleada en *Folie à deux*. Y, como en esta, combina la inevitable gravedad o el dolor que ocasiona la reflexión sobre la muerte, con una notable dosis de ternura y con algunas leves notas de humor. Estos elementos perfilan el estilo de una compañía, que adquiere su condición escénica mediante un particular trabajo interpretativo que se sustenta en su formación en el teatro gestual de la escuela de Jacques Lecoq, a partir de la cual han ido configurando su propio lenguaje personal. Y es este lenguaje actoral específico el que permite abordar con eficacia teatral temas como la enfermedad psiquiátrica o la muerte, sin renunciar a la gravedad que les es propia, pero sin incurrir en la obviedad o en la desmesura. Es esta suerte de extrañamiento mediante la actuación lo que procura una perspectiva que permite contemplar estos asuntos de una manera diferente y lúcida. Por su parte, la escritura explora las posibilidades de la elipsis, de la elusión, de los sobreentendidos o los malentendidos, de la recurrencia, etc.

8. LA ENFERMEDAD LABORAL

No ha sido frecuente hasta los albores del siglo XXI la presencia en la escena de los problemas generados por la enfermedad en el ámbito laboral, aunque sí lo haya sido la denuncia de la explotación o de la alienación. Ciertamente el teatro se hace eco de una percepción social de esta lacra que. hasta época reciente, tampoco parecía haber merecido una consideración específica en el ámbito de lo público. El teatro reciente ha dado preferencia, al menos hasta ahora, a los males que ocasionan las condiciones laborales: exceso de presión en el trabajo, horarios dilatados, sensación de inutilidad de la tarea propia o de la colectiva, malas relaciones con los superiores o con los compañeros, etc. Estas circunstancias generan en el trabajador alguna forma de desánimo o de hundimiento físico que pueden conducir a la enfermedad o incluso a la muerte. Entre las obras dramáticas recientes que se han ocupado del tema, podemos referirnos a dos ejemplos estimables, como son *La punta del iceberg*, de Antonio Tabares, y *Los temporales*, de Lucía Carballal. Las dos propuestas muestran unas situaciones dolorosas -extrema y desesperada en la primera; compleja e incómoda en la segunda- y de las dos se desprende la denuncia social de un sistema que propicia la destrucción anímica del trabajador y la corrupción moral del entorno de trabajo y la autodefensa de se mismo sistema mediante el empleo del eufemismo, la relativización o el entusiasmo impostado. Richard Sennett, citando a Mark Roe, explica que la raíz de estos problemas laborales se encuentra en "la separación de la propiedad respecto al control" y apostilla: "Al gestor no le está permitido asumir la responsabilidad de la empresa de manera efectiva y a largo plazo; los que tienen en sus manos las riendas del poder son los inversores impacientes" (Sennett, 2006: 65). Los dos textos dramáticos a los que nos referimos podrían ejemplificar esta situación. Sus consecuencias se dejarán sentir en la salud laboral y social de sus trabajadores. Las dos obras son estéticamente muy distintas, pero la situación de la que parten es semejante: un suceso relacionado con la salud laboral de la empresa reclama la intervención de una persona venida de fuera.

En los dos casos la persona que llega para investigar/sanar, una mujer en *La punta del iceberg*, un varón en *Los temporales* ha mantenido en el pasado una relación sentimental con una de las personas de la empresa particularmente implicada en el suceso. Esa relación solo se conocerá avanzada la trama. No es la única semejanza. La obsesiva dedicación al trabajo, el fuerte peso de lo corporativo, la presencia de ciertos estímulos impostados o el contrapunto de una actividad sindical que se percibe como excéntrica o fuera de tiempo o de lugar, o es mirada con desprecio por la mayoría de los trabajadores son elementos que podemos advertir en ambos textos.

La punta del iceberg obtuvo el premio Tirso de Molina en 2011. Se publicó en ese mismo año y se estrenó en el Teatro de la Abadía en 2014. El hecho de que en una de las factorías de una empresa se hayan producido tres suicidios de trabajadores en un breve período de tiempo, impele a la dirección a investigar las causas de estos sucesos, que perjudican la imagen de la marca. Sofía, que tiempo atrás trabajó en aquella oficina, es comisionada por la central para que investigue los hechos. La sucesión de entrevistas con directivos, empleados y sindicalistas permite construir una trama *quasi* policíaca, caracterizada por la agilidad de la acción, el recurso a la sorpresa, los golpes de efecto o los giros en el proceso de investigación, a los que se suma un desenlace -imprevisto y previsible a la vez- que altera la precaria tranquilidad que al director de la factoría parece proporcionarle el borrador del informe que presentará la investigadora. Ciertamente el interés por una trama que suscita la atención del espectador y la concurrencia de circunstancias de índole personal -desengaños y traiciones amorosas, en concreto- pueden dejar en un segundo término la atención a lo que entenderíamos como una enfermedad o como un malestar psíquico debido a razones propiamente laborales. No obstante, la obra parece buscar un equilibrio entre estas dos facetas, aunque ponga el énfasis más que en la enfermedad personal -que veíamos en las obras anteriores- en el mal social del sistema.

> JAIME: [...] O sea, la reunión bien. Bueno, sí. Bien no. La reunión, mal. La reunión mal de cojones. ¿Tú me explicas...? A ver... ¿Tú me explicas cómo pollas pretenden sacar adelante un nuevo proyecto con este equipo? Pero si esto no es un equipo ni hostias. ¿Qué quieren? ¡Que resuelva yo todos los problemas de la planta para ser luego el primero al que le dan la patada en el culo? Y una mierda.
>
> SOFÍA: Oye...
>
> JAIME: ¡No me sale de los cojones! ¡Llevo cuatro años en esta jodida empresa! Aquí hay prototipos enteros que me los he currado yo solito. Y ahora pretenden echarme la mierda encima. Sálvese quien pueda, ¿no? ¡Pues no me sale de los cojones!
>
> SOFÍA: Cálmate, por favor.
>
> JAIME: Yo sé lo que quieren algunos. Esperan verme como a Andrés. Flotando en el estanque de captación. Pues lo llevan claro. Yo no me voy a suicidar. Eso te lo garantizo. Ni me suicido ni me voy. Que me echen si se atreven. Andrés decía que por esta empresa merecía la pena dejarse el pellejo, pero que alguno de los que trabajan aquí habría que arrancárselo a tiras. Cuando pienso que él y yo llegamos a currar durante veinte horas diarias durante semanas para sacar adelante el Argos. Muchas noches dormimos aquí. Eso sí que es creer en el proyecto. Para que luego vengan otros a joderte el trabajo y a ponerse las medallas. Todavía no me creo que esté muerto (*Rompe a llorar. De inmediato trata de contenerse.*) Joder (Tabares, 2011: 62).

Si bien la dirección de la planta trata de desvincular los suicidios de la tensión y de la sobrecarga de trabajo, al espectador se le hace evidente la violencia implícita -y explícita- que se apodera de los trabajadores y percibe además cómo la posibilidad del suicidio puede llegar a ejercer sobre ellos una cierta fascinación.

> GABRIELA: Hay algo extraño que nos atrae al vacío, ¿verdad? (*Silencio. Las dos miran hacia abajo*). Marcelo debió de sentir algo parecido.
>
> SOFÍA: Por favor, no se acerque tanto al borde. (*Silencio. Gabriela la mira. Mira al vacío*). Gabriela, por favor, me está poniendo nerviosa. Aléjese del borde.
>
> GABRIELA: No se preocupe. Yo no voy a saltar. Me gusta… Me gusta subir aquí en los cambios de turno. En la explanada, donde quiera que miras,tienes siempre la gran mole del Tecnocentro sobre ti, oprimiéndote como una losa. Y en la cafetería los compañeros no dejan de agobiarte con sus problemas en la planta. Son incapaces de hablar de otra cosa que no sea el trabajo. Aquí arriba una no ve más que el cielo y no tiene que soportar conversaciones estúpidas. Así es más fácil no pensar en… (*Se encoge de hombros. Silencio*). Hacía meses que no estaba aquí arriba. Pensé que ya no volvería a subir. […] (Tabares, 2011: 57).

Los temporales, de Lucía Carballal se estrenó en la sala de la Princesa del Teatro María Guerrero, sede de Centro Dramático Nacional en 2016, dirigida por Víctor Sánchez. El Centro Dramático Nacional publicó el texto y posteriormente fue incluido en el volumen *Las últimas*, que compila diversas obras de la dramaturga, publicado en 2021. *Los temporales*, obra sobre la que ya me he ocupado en un estudio anterior (Pérez-Rasilla,

2022), arranca con un ejercicio de supuesta terapia llevado a cabo por Samuel, un psicólogo a quien la empresa ha contratado a raíz del desmayo sufrido por Olivia, una de sus empleadas, durante el horario de trabajo. La empresa, pretendidamente modélica, con sus sillas de diseño, con sus plantas de plástico y la reproducción artificial de paisajes, con el fondo sonoro los trinos de los pájaros grabados, con su mesa de pingpong, con sus sillas de diseño, con su supuesta ausencia de fricción, por decirlo con palabras de Sennett (Sennett, 2019: 198 y ss.), ha sustituido al viejo modelo:

> RENÉ: No sabes dónde estás, Bruno. Cuando yo entré, se salía de la oficina a las cuatro. Nuestras novias venían a recogernos para ir a merendar, mirar escaparates… Y aquí dentro se trabajaba sin más. No había… nada. Había escritorios, joder. Las paredes eran blancas. Los suelos de baldosa… y había un corcho donde se anunciaban los festivos, para que pudiésemos planear los puentes. Nos turnábamos para ir al desayuno. Nos cubríamos cuando un compañero llegaba tarde… Éramos solidarios los unos con los otros. Luego llegó el cambio y los echaron a todos. […]
>
> Y llegó la gente como tú. A las siete como un reloj. Todo entrega, todo pasión. Hasta la noche. Estás empezando, claro. Pero dormirás mal. ¿Sabes esos sueños que se tienen de volar sobre las montañas? Pues se acabarán. Y soñarás que redactas informes. ¿Entiendes? Informes, uno detrás de otro, toda la puta noche. Y un día estarás escribiendo una lista de todo lo que tienes que hacer mañana, y se te caerá un mechón de pelo. Sobre la mesa. Y luego otro. Y otro. (*Pausa*) Vas a ser calvo., Bruno. ¿Sabes por qué? Porque vas a pasarte treinta años en esa silla y ese va a ser todo el aire que respires (Carballal, 2021: 42-43).

Y si este ambiente de trabajo suscita el entusiasmo en algunos de los empleados, como espectadores detectamos el evidente desasosiego y la "corrosión del carácter", dicho de nuevo con palabras de Sennett (Sennett, 2000). No obstante, la dramaturga focaliza la enfermedad o el malestar en el personaje de Olivia. Su trabajo, que consiste en preparar y adecentar los currículos que llegan a la empresa con el objetivo de que les ayuden a quienes los remiten a encontrar empleo, genera en ella una inquietud que oscila entre el desprecio y el sentimiento de culpabilidad:

> OLIVIA: ¿Sabes qué parados me joden la vida? Esos que dicen: 'Lo que tenga que ser, será, así que. por muy gordo y feo que sea, pon mi foto en el currículum, de cuerpo entero, para que me llamen solo los que me acepten como soy.' Chico, pues no sé (Carballal, 2022: 51).
>
> OLIVIA: […] También me ayuda mi madre. […] Y me pregunta qué tal estoy. Entonces le cuento la historia de algún parado que no sé dónde meter. Esa gente me quita el sueño y sin embargo no me preocupa, ¿Cómo puede ser? Yo creo que me siento culpable porque hayan caído en mis manos. Qué putada, ¿no? Tenerme a mí de capitana de su destino. Entonces mi madre me dice que me imagine que son mis primos para sentir algo hacia ellos y así esforzarme más. Tampoco es que yo quiera mucho a mis primos, pero lo suelo intentar. Menos mal que están las pastillas. (Carballal, 2021: 60).

Aunque tal vez habría que pensar en que son sus compañeros -y el propio psicólogo, con quien tiempo atrás mantuvo una frustrada relación sentimental- quienes perciben a Olivia como una enferma:

> RENÉ: Estás muy mal, Olivia, de verdad. […]

Yo conozco un sitio donde el tema ese… te pueden ayudar. Lo que tú tienes es una enfermedad. Hay vías para la curación

OLIVIA: Es que yo no me quiero curar

RENÉ: Ah, ¡no?

OLIVIA: Yo solo quiero la baja (Carballal, 2021: 49).

SAMUEL: Que te calles de una puta vez, desquiciada de mierda, loca de… (Carballal, 2021: 55).

9. LA MEDICINA COMO FORMA DE PODER

Un territorio más en el que podemos estudiar la relación entre medicina y teatro es el de la concepción y el empleo de la medicina como forma de poder o como ámbito en el que se ejerce alguna suerte de violencia. Los ejemplos más significativos en la consideración de este desplazamiento de una medicina que debe sanar, acoger y aliviar y, por el contrario, se muestra como instrumento de opresión, dominio o violencia, podemos encontrarlos en algunos textos de Sanchis Sinisterra, tales como *Flechas del ángel del olvido, Sangre lunar* o *La máquina de abrazar.* Advertimos en ellos cómo la institución médica, en sus distintas materializaciones, puede ejercer una autoridad despótica, coercitiva, reductora y humillante sobre los pacientes y sobre el conjunto de la sociedad. El prestigio de la institución y el dominio de un lenguaje científico especializado, no accesible, sustentan el ejercicio de este dominio. Ya Bourdieu habló de "las propiedades del que lo profiere [el discurso] y las propiedades de la institución que le autoriza a pronunciarlo" (Bourdieu, 2008: 91) como condiciones necesarias para que el discurso adquiera autoridad y eficacia.

Flechas del ángel del olvido se estrenó en 2004 en el marco del Festival Temporada Alta, de Girona y días más tarde en la sala Beckett de Barcelona. Se publicó también en 2004 en la editorial Ñaque. *Sangre lunar* se estrenó en el Teatro María Guerrero de Madrid, sede del CDN, en 2006. Se había publicado en la revista *Acotaciones* en 2003 y se incluyó en un volumen de ediciones El Milagro (México) en 2008. *La máquina de abrazar* se estrenó, traducida al portugués, en 2009, en Río de Janeiro. Más tarde se estrenó en castellano en el Teatro La Guindalera, dirigida por Juan Pastor. Fue publicada también en 2009 por la editorial Huerga & Fierro.

Las tres obras se construyen en torno a un personaje enfermo -mujer, en los tres casos- y en el ámbito de una institución dotada de un fuerte poder simbólico y caracterizada por su potestad de excluir y marcar límites, aunque, paradójicamente, sus contornos resulten con frecuencia imprecisos o borrosos. Las enfermedades de las tres mujeres son muy diferentes, pero las tres se muestran particularmente vulnerables y están aquejadas -significativamente- por alguna forma de incomunicación, de desconexión y de impotencia en lo que atañe a sus relaciones con los otros. El caso extremo, sin duda, lo ofrece el personaje de *Sangre lunar*, Lucía, quien permanece en coma desde hace años, como consecuencia de un accidente y, en ese estado, sufrirá una violación en el propio hospital y quedará embarazada. La trama de *Sangre lunar* permite finalmente al espectador albergar fundadas sospechas acerca de quién es el responsable directo de la violación; sin embargo, esa violación no parece ajena al contexto determinado por la red de relaciones entre los componentes del personal médico y también, ciertamente, entre los miembros de su familia. El personaje latente de Lucía es objeto de diversas formas de violencia ejercida por médicos y sanitarios, o incluso por su entorno familiar:

(*Mientras saca y enciende un cigarrillo, Manuel se aproxima a la cama, mira el cuerpo yaciente y luego, dirigiéndose a la puerta del cuarto, la abre, inspecciona el exterior y la cierra. Queda apoyado en la puerta, fumando, mirando a la mujer. Tras un silencio, deja escapar una breve risa.*)

Tú, en cambio, ¿eh, princesa?, tan enterita… ¿y fresca como una rosa! Nosotros pudriéndonos, y tú… ahí durmiendo, esperando a que venga el príncipe, ¿eh?, a que venga el príncipe y te dé un beso de los que quitan el aliento… un beso de esos que te chupan hasta el alma y te dejan la lengua fuera toda magullada… Y entonces… ¡chas! A despertarse… ¡y mira qué bien! 'Mira qué príncipe tan guapo, y qué gusto me ha dejado en la boca… Ya ni me acordaba de lo que era eso… A ver, a ver… ¿Qué más cosas sabes hacer, principito, principote? ¿Qué más cosas me vas a hacer para acabar de despertarme…?' Pues mira, princesita, ni te lo imaginas. Ni te imaginas la de cosas que sé hacer…

(*Empieza a andar hacia la cama, con las manos en los bolsillos y el cigarrillo en la boca. Se le entiende con dificultad.*)

¿Ah, sí? ¿Y qué me vas a hacer? ¿Me vas a contar un cuento?' Eso mismo: te voy a contar el cuento de la Bella durmiente del bosque… Eso lo primero. Primero te cuento el cuento, y luego… ya verás, ya verás luego la de cosas que te voy a hacer…

(*Se ha situado junto a la cama, de espaldas al público. Por sus movimientos podría suponerse que se está masturbando.*) (Sanchis Sinisterra, 2008: 176-177).

X, el personaje sin nombre de *Flechas del ángel del olvido*, padece una aguda y extraña amnesia, que le impide reconocer a ninguno de los seres que aducen una relación familiar o íntima con la muchacha y le otorgan un nombre y una biografía (que resulta completamente distinta en cada uno de los casos), por lo que X permanece en un obstinado silencio a lo largo de toda la primera parte en la que recibe a las personas que dicen conocerla. Iris de Silva, la enferma de *La máquina de abrazar* está diagnosticada como autista y recibe los cuidados de la psicoterapeuta Miriam Salinas, quien parece exhibirla como ejemplo de los resultados que ofrecen sus tratamientos revolucionarios.

Las historias de *Flechas del ángel del olvido* y *Sangre lunar* acaecen en sendos hospitales. El segundo parecería responder a un modelo convencional de establecimiento hospitalario, aunque no esté exento de algunas singularidades inquietantes. El primero, sin embargo, recibe la vaga denominación de "Centro" y la descripción que en el parlamento final hace de él la Enfermera no consigue sino acentuar su incierta condición, aunque, a un tiempo, deje constancia de su intimidatorio poder simbólico:

> Ahora este Centro cerrará sus puertas para siempre. Puede que lo derriben. Fue construido solo para ella, la niña que perdió su sombra. Durante años la esperó, la esperamos. Supo acogerla en el momento justo. Durante todos estos meses, desde febrero del pasado año, aquí se refugió su olvido, y fue escuchado, regado y cultivado con especial esmero, para vergüenza de sus promotores (Sanchis Sinisterra, 2004: 64).

La institución que acoge *La máquina de abrazar* es un Congreso médico, al parecer especializado en la psicoterapia. La Medicina y la Academia, sin embargo, ejercen un inexorable poder desde la aséptica distancia institucional que relega la discutible intervención de la doctora Salinas y la delicada intervención de su paciente Iris de Silva.

> MIRIAM (*Aún perpleja, al público*): Buenas noches... La organización del Congreso acaba de comunicarme... (*Mostrando el papel*) y por escrito... que mi ponencia ha convocado hoy a un público... diferente del previsto y, al parecer, bastante heterogéneo. (*Otea inquieta la sala y vuelve a mirar el papel*). El comunicado de la Organización, redactado, por cierto, en un estilo... más bien ambiguo, parece incluso insinuar que la mayor parte de mis colegas, asistentes como yo a este Congreso, han aducido diversas... diversos motivos para no asistir a mi exposición. (*Pausa. Arruga el papel y lo deja sobre la mesa*). Bien... debo reconocer que no me lo esperaba. Es decir: esperaba, sí, resistencias, polémica... y hasta algo de hostilidad. Sé que en algunos sectores de la especialidad se me considera un tanto... ¿Cómo diría?... ¿Heterodoxa? (Sanchis Sinisterra, 2009: 35).

En suma, estas tres obras de Sanchis Sinisterra sobre la enfermedad proponen una reflexión crítica acerca de la institución médica (que podría extenderse a la institución académica, a la institución familiar y, en definitiva, a ciertas instituciones sociales prestigiosas) en cuanto generadoras de coerción, exclusión e incluso destrucción. No debe pasar inadvertida la circunstancia de que las víctimas de estas formas de opresión y violencia sean, en los tres casos, mujeres jóvenes. Como sucedía con los textos mencionados en el epígrafe primero, la corporalidad ocupa un primer plano, sin excluir lo soez, lo descarnado o brutal y, como ocurre con el conjunto de las obras examinadas, la empatía con el dolor de los otros convive con la denuncia social y política. Como es habitual en el teatro de Sanchis, el dramaturgo explora las posibilidades de un lenguaje autoritario, pensado para establecer distancias o para segregar o, por el contrario y paradójicamente, las facetas borrosas y equívocas del lenguaje, propicio para la comunicación ambigua o falaz, pero tantas veces provisto de una (discutible) respetabilidad. El empleo de la elipsis, la propensión a la frase inacabada, la rectificación o la vacilación, combinados con el uso de lenguajes científicos precisos, contundentes y herméticos, son algunos de los recursos de los que el escritor se sirve para analizar estas formas de dominio.

10. FARMACOPEA E HIPOCONDRÍA

Cabría pensar en otro apartado de obras teatrales en las que la medicina y la enfermedad tienen cabida. Son aquellas que atienden a la obsesión por la farmacopea o la hipocondría. Los perfiles de los personajes afectados por esta compulsión pueden suscitar tanto la ternura como la risa. O al menos la sonrisa. Lo humorístico comparte territorio con alguna forma, aquí sí, de compasión. En la obra dramática de Denise Despeyroux abundan los personajes que pudiéramos asociar con la hipocondría o con la búsqueda o el uso más o menos adictivo de la farmacopea. Así sucede, por ejemplo, en *Canción para volver a casa, La realidad, Misericordia* o *Un tercer lugar*. Sin embargo, convendría precisar que estos asuntos no constituyen los temas centrales de las obras mencionadas (tal vez con la excepción muy relativa de *La realidad*). Estos personajes, eso sí, forman parte un mosaico humano caracterizado por una relación incómoda con su entorno, por una dificultad de adaptación a una vida reglada y considerada "normal" por la sociedad en la que estos personajes, y nosotros sus espectadores, viven.

A mi modo de ver, el ejemplo más paradigmático de la obsesión compulsiva por la farmacopea lo encontramos en el personaje de Rita, de *Canción para volver a casa*:

> Rita es una mujer que sufre, pero aún no está preparada para saber hasta qué punto. [...] Ahora [...] está tratando de decidir si tomarse un Trankimazin, medio Trankimazin o un Trankimazin y medio. A Rita le da miedo que el Trankimazin algún día deje de hacerle efecto. Sabe que es una droga, que el cuerpo se acostumbra a esa droga y que, con el uso, cada vez necesita más. Por eso preferiría tomarse medio, y reservar el Trankimazin entero para aquellas noches en las que su ansiedad sea todavía más fuerte. Sin embargo, como su ansiedad hoy es considerablemente fuerte, teme que medio Trankimazin no le haga absolutamente nada. El caso es que si se tomara un Trnakimazin entero y esta dosis tampoco alcanzara a ser suficiente para que sus obsesiones mentales dejaran de aguijonearla y consiguiera dormir, la angustia que ahora siente sin duda crecería aún más. Entonces tendría que tomarse medio Trankimazin extra, pero la duda que le surge a Rita es muy razonable: ¿la toma de medio Trankimazin separada en unas horas respecto a la toma de un Trankimazin entero tendrá el mismo efecto que la toma conjunta de un Trankimazin y medio de golpe? Rita ha leído varias veces el prospecto y ha comprobado que esa duda no está aclarada. [...] Atención: Rita por fin se ha decidido. Rita acaba de tomarse dos Trankimazines (Despeyroux, 2019: 24-25)[2].

REFERENCIAS BIBLIOGRÁFICAS

ÁFRICA, C. (2022). *Una buena vida. Primer acto* 363, 107-125.

ÁLAMO, A. (1997). *Los enfermos*. Palma de Mallorca: Bitzoc.

ALONSO DE SANTOS, J. L. (1988). *Fuera de quicio*. Madrid: Antonio Machado.

---

[2] Una grabación de esta intervención puede verse en https://canal.uned.es/video/66f51b4044fd04372d0d1c08 [25/09/2024].

_____ (1991). *Pares y Nines. Del laberinto al 30*. Madrid: Fundamentos.

BOTTIN, B. (2019). "La *Anatomía poética* de Elena Córdoba, entre cuerpo y alma". En *Teatro, (Auto)biografía y Autoficción (2000-2018) en homenaje al profesor José Romera Castillo*, G. Laín y R. Santiago (eds.), 453-469. Madrid: Visor Libros.

BOURDIEU, P. (2008). *¿Qué significa hablar?* Madrid: Akal.

BRIÓ ZAMORA, G. (2018). *Llibert*. Barcelona: Comanegra.

CABAL, F. (1982). *Tú estás loco, Briones*. Madrid: Fundamentos.

CABALLERO, E. (1992). *A Cafarnaúm*. En *Precipitados*, 65-70. Madrid: CNNTE.

CARBALLAL, L. (2021). *Los temporales*. En *Las últimas*, 19-65. Segovia: La uña rota.

CHIRBES, R. (2000): *La caída de Madrid*. Barcelona: Anagrama.

_____ (2007). *Crematorio*. Barcelona: Anagrama.

_____ (2013). *En la orilla*. Barcelona: Anagrama.

_____ (2023). *Diarios. A ratos perdidos*, 5 y 6. Barcelona: Anagrama.

CÓRDOBA, E. (2022). *Anatomía poética*. Madrid: Aflera.

DASÍ, O., ed. (2013). *Nits salvatges / Noches salvajes 2007-2010*, 189-201. Madrid: Contintа me tienes-La Porta.

DESPEYROUX, D. (2019). *Canción para volver a casa*. Madrid: Punto de vista.

_____ (2022). *La realidad* y *Un tercer lugar*. En *Del amor y otras catástrofes*, 123-153 y 329-391. Madrid: Punto de vista.

_____ (2024). *Misericordia*. Madrid: CDN.

DÜURRENMATT, F. (1969). *Los físicos*. Madrid: Escelicer.

EURÍPIDES (1977). *Hipólito*. En *Tragedias I*, 313-378. Madrid: Gredos.

GARCÉS, M. (2022). *Malas compañías*. Barcelona: Galaxia Gutenberg.

GIRARD, R. (1995). *La violencia y lo sagrado*. Barcelona: Anagrama.

JARDIEL PONCELA, E. (1943a). *Eloísa está debajo de un almendro*. En *Una letra protestada y dos letras a la vista*, 39-128. Madrid: Biblioteca Nueva.

_____ (1943b). *Cuatro corazones con freno y marcha atrás* y *Un marido de ida y vuelta*. En *Dos farsas y una opereta*, 41-110 y 245-320. Madrid: Biblioteca Nueva, 2.ª edición.

_____ (1954). *Un adulterio decente*. En *49 personajes que encontraron su autor*, 125-195, Madrid, Biblioteca Nueva, 4ª edición.

MIHURA, M. (2004). *El caso del señor vestido de violeta* y *Carlota*. En *Teatro completo*, 529-587 y 787-861. Madrid: Cátedra.

MILLÁS, J. J. (2007a). *El mundo*. Barcelona: Planeta.

_____ (2007b). *El jardín vacío*. Madrid: Santillana.

_____ (2009). *Visión del ahogado*. Madrid: Santillana.

_____ (2015). *La mujer loca*. Barcelona: Planeta.

MOLIÈRE (1991). *El amor médico, El médico a la fuerza, El enfermo imaginario*. En *Obras completas*, 511-540, 591-626 y 1247-1327. Madrid: Aguilar.

PÉREZ-RASILLA, E. (2022). "La resistencia como identidad en los personajes femeninos de Lucía Carballal". En *El teatro de España del siglo XXI. Identidades, ansiedades y urgencias sociales*, H. Freear-Papio y C. C. Leonard (eds.), 1-21. Nueva York: Vernon Press.

QUINCEY, TH. de (1989). *Los últimos días de Kant*. Madrid: Júcar.

ROJAS, F. de (2000). *La Celestina*. Madrid: Cátedra, 12.ª edición.

SANCHIS SINISTERRA, J. (2004). *Flechas del ángel del olvido*. Ciudad Real: Ñaque.

_____ (2008). *Sangre lunar*. En *Ñaque o de piojos y actores, Flechas del ángel del olvido, Sangre lunar*, 141-187. México: Ediciones El Milagro.

_____ (2009). *La máquina de abrazar*. Madrid: Huerga & Fierro.

SANZ, M. (2006). *Susana y los viejos*. Barcelona: Destino.

_____ (2014). *La lección de anatomía*. Barcelona: Anagrama.

_____ (2017). *Clavícula*. Barcelona: Anagrama.

SASTRE, A. (1989). *Los últimos días de Emmanuel Kant contados por Ernesto Teodoro Amadeo Hoffmann*. Madrid: El Público.

SENNETT R. (2000). *La corrosión del carácter. Las consecuencias personales del trabajo en el nuevo capitalismo*. Barcelona: Anagrama.

_____ (2006). *La cultura del nuevo capitalismo*. Barcelona: Anagrama.

_____ (2019). *Construir y habitar*. Barcelona: Anagrama.

SÓFOCLES (2011). *Filoctetes* y *Edipo en Colono*. En *Tragedias*, 67-138 y 295-384. Madrid: Espasa-Calpe.

TABARES, A. (2011). *La punta del iceberg*. Madrid: AECID.

TAMAYO Y BAUS, M. (1978). *La locura de amor*. Madrid: Espasa-Calpe.

TITZINA (2017). *Folie à deux, Entrañas, Éxitus*. Bilbao: Artezblai, 2.ª edición.

VALLEJO. A. (1980). *Cangrejos de pared, Latidos, Eclipse*. Madrid: Ediciones de la Torre.

VEGA CARPIO, L. de (2003). *Los locos de Valencia*. Madrid: Castalia.

VILLORO, J. (2017). *La utilidad del deseo*. Barcelona: Anagrama.

CURACIÓN EN TRES ACTOS: LA INTERSECCIÓN DEL TEATRO Y LA MEDICINA

THREE-ACT HEALING: THE INTERSECTION OF THEATRE AND MEDICINE

MIGUEL RIBAGORDA LOBERA

Universidad Camilo José Cela

miguel.ribagordal@ucjc.edu

Resumen: Mucho se habla sobre cómo el teatro, como forma de expresión artística y social, tiene capacidad para influir en la mejora de la salud, pero poco se ha escrito desde un punto de vista formal sobre cómo este proceso es canalizado en el organismo. En una sociedad acelerada que nos aboca a la urgencia, la participación en actividades teatrales deja una huella positiva en el sistema nervioso en contraposición a otras actividades de socialización como las llevadas a cabo por las redes sociales cuya mayoría son, curiosamente, de consumo independiente. El resultado de la práctica o frecuentación de eventos teatrales tiene efecto sobre la autoconfianza y la autoestima activando la empatía, reduciendo el estrés y creando comunión social. Además de ser una vía para liberar tensiones emocionales y mejorar el bienestar mental, la práctica y recepción teatral predispone a una mejora de habilidades cognitivas como la memoria y la concentración.

Palabras clave: Teatro. Medicina. Empatía. Cuerpo. Mente. Cognición. Memoria. Bienestar mental y emocional.

Abstract: Much is said about how theatre, as a form of artistic and social expression, has the capacity to influence health improvement, but little has been written from a formal point of view about how this process is channelled in the organism. In a fast-paced society that pushes us towards urgency, participation in theatrical activities leaves a positive imprint on the nervous system in contrast to other socialising activities such as those carried out by the social networks whose majority is, curiously enough, independently consumed. The result of practising or frequenting theatre events influences self-confidence and self-esteem, activating empathy, reducing stress and creating social communion. In addition to being a way to release emotional tensions and improve mental well-being, theatre practice and reception predisposes to improved cognitive skills such as memory and concentration.

Keywords: Theater. Medicine. Empathy. Body. Mind. Cognition. Memory. Mental and emotional well-being.

1. PRESENTACIÓN

Si somos creativos, y los teatreros lo somos, podemos abordar el estudio del teatro sugiriendo hipótesis que, por extrañas que parezcan, se analizan con lenguaje no exclusivamente teatral en procesos que, demostrada la hipótesis, contribuyan a ensanchar las fronteras de este arte universal.

Con esta lógica, vamos a enunciar una hipótesis, quizá no tan descabellada: el teatro es un refugio desde el que socializar y en el que resguardarse del estrés y la aceleración de esta vida moderna aderezada con sucedáneos de socialización adictivos llamados redes sociales. Una consecuencia de esta propuesta de refugio es que la práctica teatral o la asistencia recurrente al teatro influye positivamente en el control de los niveles de estrés que se sufren en el día a día así como en la regulación emocional. Estos estados físicos y anímicos se traducen entonces en una mejoría en la salud de los participantes, ya sean intérpretes o espectadores.

De ser cierta esta hipótesis, se validaría la idea intuitiva propuesta del teatro como refugio en una metáfora que busca ser metonimia. Para analizar e indagar en este planteamiento, vamos a recurrir a una disposición conocida: tres actos en los que presentar, discutir y concluir con un desenlace que refrendada la hipótesis, valide el concepto de teatro-refugio.

2. PRIMER ACTO

2.1. El teatro es un refugio

Vivimos en la época de la *hipersocialidad*[1] que marca el rumbo de las comunicaciones entre los que formamos las sociedades, potenciando todo tipo de vínculos. El teatro, sin duda, es uno de esos primeros vínculos e, inevitable y afortunadamente, seguirá participando de esta socialización por mucho que el mundo que vivimos sea uno tan distinto al que lo vio nacer. La realidad de hoy es que el teatro, repito, como forma de socialización, convive con las TIC, tecnologías de la información y la comunicación, que han multiplicado y están multiplicando las formas en las que el individuo desarrolla los vínculos que ya tenía y tiene una representación teatral, aunque no todos estos nuevos vínculos impliquen un beneficio para el participante de estas modernas formas de comunicar. No podemos negar que los

[1] *Hipersocial* y palabras derivadas no aparecen en el diccionario de la RAE. Aun así la utilizo por lo intuitivo de su significado; *hiper-*: Por encima de, exceso, y *social:* Perteneciente o relativo a la sociedad.

recursos digitales puestos a disposición de la sociedad están mutando la manera en la que nos relacionamos, nos están acelerando a un ritmo que, visto desde la distancia, es desenfrenado. No es difícil demostrarlo porque vivimos inmersos en esta sociedad, pero basta hablar con representantes de generaciones anteriores para descubrir su asombro, por ejemplo, con las formas precipitadas e indirectas de determinadas redes sociales para conocer gente o intercambiar experiencias. Incluso comparándonos con nosotros mismos hace pocos años, hoy la vida, y en particular, la comunicación, no se entiende si levantamos el pie del acelerador; la urgencia se ha instalado como sustantivo *cuasi* obligado en las relaciones interpersonales. Por ejemplo; febrero de 2004, Mark Zuckerberg junto a compañeros de la universidad de Harvard fundan Facebook, red social que programan con el propósito de conectarse entre sí. La historia quiso que esta plataforma se extendiera más allá de la universidad y tuviera cien millones de usuarios a los cuatro años de su fundación, quinientos millones en 2010 y tres mil millones en 2021. Pero desde ese año y hasta el momento de escribir estas líneas, 2024, esta plataforma social se encuentra estancada e incluso, en algún país, en declive ¿Por qué una red social tan exitosa como Facebook y que tuvo un patrón de crecimiento logarítmico, lleva estancada tres años? Los expertos hablan de distintos motivos, y entre ellos, subrayan la aparición de otras redes que se adaptan mejor a una sociedad ya distinta a la que vio nacer esta plataforma, una más exigente e intranquila y que asocia al verbo comunicar con precipitación y superficialidad más que con el sosiego y el compromiso. El objetivo inicial de Facebook, que era conectar estudiantes de una universidad en un espacio de socialización, es sobrepasado por otras aplicaciones que más que socialización buscan interacción rápida, lejano a la red de Zuckerberg y en las antípodas de lo que ofrece el teatro como espacio de diálogo donde se brega por compartir experiencias, interactuar con una historia y unos personajes y disfrutar de la magia del *hic et nunc*.

Si a un joven de hoy se le ofrece una hora de uso de redes sociales o asistir a una función de teatro, me temo que los teatreros perderíamos por goleada frente a estas herramientas adictivas que favorecen una socialización curiosa de trascendencia cuestionable que interactúan desde la individualidad con las respectivas pantallas, portátiles, *tablets*, ordenadores, plataformas ideales para albergar esta aceleración tan peligrosa que comenzó a desterrar a Facebook. En nuestro caso, mientras el teatro busca establecer y pertenecer a una red social presencial, la alternativa que compran las generaciones actuales es pertenecer a una sociedad aséptica en la que realizar consumos individuales de compromiso bajo o nulo. Por ejemplo, Snapchat, poco utilizada en España, TikTok, *shorts* de YouTube, o *reels* de Instagram, son herramientas que han capturado la atención de los usuarios, especialmente entre los más jóvenes, por el dinamismo de su estructura e inmediatez de consumo frente a plataformas sociales que requieren invertir tiempo y recursos. Este, repito, es uno de los motivos por los que Facebook se estancó y está, poco a poco, entrando en desuso o cerrándose a un nicho de mercado que, posiblemente, termine por asentarse con algunos millones menos de usuarios. Es, por tanto, una realidad, que hoy nos someten a, y compramos, un consumo social sin más compromiso que los segundos que somos capaces de fijar la atención en una imagen o una frase. El verbo consumir ha metastatizado nuestro vocabulario y se integra sin reservas en nuestras comunicaciones. Tiene miga. Hoy, la noticia de ayer se olvida, es fagocitada por la de ahora que morirá en un rato. Mucha de la sociedad actual, queramoslo o no, es así. La velocidad con la que transcurre el día a día, las exigencias laborales, los compromisos sociales y las tensiones cotidianas generan un estado constante de urgencia, y, por lo menos en los núcleos urbanos, de estrés. Esta dinámica nos empuja a vivir una vida marca B, sin apenas sabor, más allá de los picos emocionales de un *like* donde el disfrute, la reflexión y la compañía parecen haber quedado relegados a un segundo plano. Y ojo, o te montas en este tren o te llaman antiguo.

¿Y a qué viene esto?, se preguntará el lector. No es un ataque gratuito a las redes sociales que, quien más quien menos las integramos a diario, son aceptadas y forman parte de nuestras vidas. Sirve para presentar el contexto en el que el teatro puede emerger y presentarse como un refugio, una solución efectiva a este consumo vacuo y *cuasi* enfermizo, un teatro como espacio donde reconectar con nosotros mismos, con los demás y encontrar alivio a las presiones externas, muchas veces, autoimpuestas.

Como forma de expresión artística y social, entre otras características, el teatro también ofrece entretenimiento, uno distinto al que encontramos en las redes sociales, pero es que, además, tiene un impacto significativo en nuestra salud mental y emocional. La participación en actividades teatrales ya sea como espectadores o intérpretes, ofrece beneficios que ya han sido estudiados. Por un lado, el teatro, permite una desconexión transitoria de la realidad cotidiana, transportándonos a mundos distintos y alejándonos de preocupaciones que pueden afectarnos, algo que, veremos, es beneficioso para la salud mental. Puede pensarse que esto también lo aportan las TIC mencionadas con la ventaja de que, además, podemos usarlas de manera casi simultánea y desde cualquier sitio; transporte público, salas de espera, etc., pero este consumo, de olvido generalmente inmediato, no permite, como hace el teatro, vivir otras vidas o nuevas experiencias a través de los personajes, situaciones o espacios creados. Siendo realistas, frente a la pregunta de si esta evasión temporal a mundos distintos que generan las redes sociales actuales son una válvula de escape para el estrés acumulado, podemos responder que en parte sí que lo son, pero pienso que a la larga es un resultado deficiente y no ayuda a mejorar nuestra salud mental y emocional que es lo que defiende el teatro-refugio. Insisto, no pretendo demonizar a las redes sociales, todos somos usuarios de ellas y está claro que pueden distraer de manera rápida y accesible y, si participamos además de consumirlas, mejor aún. Pero más allá, no consigo ver bondades si las comparamos con lo que el teatro aporta en cuanto a conector social y generador de bienestar. Mi suspicacia y miopía me hacen ver que el uso de las redes como espacios para socializar son un caldo de cultivo para comparaciones sociales nocivas y espacios para la adicción y la procrastinación, por no hablar de la exposición a información negativa, verdades torticeras para usuarios presa fácil de las *fake news, deep fakes,* medias verdades que van a acabar volviéndonos tontos. Todo esto, por supuesto, en un consumo descontrolado, no piense el lector que soy un don Quijote contra molinos de viento con pantallas táctiles por aspas.

Desde esta perspectiva, para mí, el teatro es un balneario en el que más que consumir, me permito *expectar*,[2] experimentar. Además, somos capaces de profundizar en lo expuesto si nos abrimos al uso de terminología y conocimientos que se emplean en la neurociencia. En esta línea, podemos decir que el sistema de recompensa inmediata de las redes sociales genera una gratificación instantánea (piénsese en los *likes*, comentarios y visualizaciones) que altera los circuitos de do-

[2] En el diccionario de la RAE figura solo el sustantivo expectativa pero no el verbo *expectar*. Aun así, me permito utilizar por lo intuitivo que resulta el proceso de aguardar expectante.

pamina en el cerebro. La dopamina es un neurotransmisor (una sustancia química) que permite la transmisión de señales entre las neuronas y que desempeña un papel crucial, además de en la recompensa y el placer, en la regulación del estado de ánimo, ergo, un mal uso de las redes puede llevar, por ejemplo, a una depresión. El uso frecuente refuerza el comportamiento de búsqueda de estas gratificaciones en un proceso que termina siendo adictivo, en detrimento de la paciencia y la perseverancia que demanda el teatro que pudiendo proporcionan esas recompensas, lo hace con una frecuencia más baja, y por tanto, afronta la adicción de una manera muy distinta. Lo que el teatro fomenta es la empatía y la comprensión frente al consumo individual y el chute de dopamina sin más fin que el de continuar subido en esa ola.

Frente a determinadas redes sociales, yo me descubro pasando de puntillas, como espiando detrás de una mirilla, mientras que, sobre el escenario, los actores se ponen en la piel de otras personas, explorando sus emociones, motivaciones y conflictos, y los espectadores experimentan lo mismo que estos gracias al sistema ya conocido de las neuronas espejo. Este proceso no solo enriquece a los actores, sino que también ofrece al público una oportunidad para reflexionar sobre la condición humana o lo que sea que la propuesta trate y lo hace desde diferentes perspectivas que le permiten, al que lo experimenta, sentirse parte de algo que ofrece la libertad de crear, no la esclavitud dopaminérgica del *scroll down*.

Presentada esta situación, y asumiendo que las redes sociales existen, las usamos y consumen tiempo que podríamos pensar teatral, ¿puede este arte entenderse como sistema de interacción social visto desde la perspectiva de una mejora en la salud?

3. SEGUNDO ACTO

Si, pienso que se puede. Llamémoslo teatro-refugio. ¿Refugio de qué? Hemos visto que de la sociedad acelerada e impersonal, y, si me permite el lector, hasta de la realidad virtual que se está colando por todos los resquicios que permite la tecnología y la sociedad. Propongo que sea a través del teatro y desde este refugio, desde donde explorar la condición humana de manera significativa para una mejor comprensión de uno mismo y de los demás, en un proceso que aporta bienestar. Ojo, no rechazo la tecnología que pueda ayudar en esta tarea, propongo integrarla porque es inevitable experimentar ese escape, en contraposición a refugio, que nos ofrecen redes sociales, realidades virtuales, inteligencias artificiales… y siéndolo, no debemos luchar contra estos recursos aunque su uso promueva una realidad filtrada o idealizada que puede distorsionar la percepción de uno mismo y de la vida en general desregulando o desdibujando la expresión emocional intrínseca. Quizá, sencillamente, debamos enseñar y aprender a convivir, redefiniendo parámetros de satisfacción y riqueza emocional, pero en ningún caso, por nuestro bien, hemos de excluir el teatro. Es lo que hay, esta sociedad nos empuja a redefinimos en un ejercicio inevitable en el que cohabitar con todo tipo de recurso expresivo o abocarnos a la incomprensión.

El teatro-refugio y los mecanismos que se ponen en funcionamiento en nuestro organismo cuando lo habitamos, pueden trasladarse a la vida diaria, de ahí la mejora en la salud a la que se refiere el título de este trabajo, mejorando las relaciones interpersonales y la capacidad de manejo de conflictos, esto es, buscando cómo su uso puede mejorar nuestra salud, principalmente, mental. Este proceso se puede explicar desde un punto de vista neurocientífico mediante la comprensión de los mecanismos cerebrales en los que se involucran las neuronas espejo, la regulación emocional y la neuroplasticidad.

3.1. Empatía y Neuronas Espejo

Existen distintas maneras de definir la empatía. Una intuitiva nos hace entenderla como la capacidad de comprender y compartir los sentimientos de otra persona, y poder realizar esta actividad sin problemas, está relacionado con la salud mental. Autores como Helen Riess (2018) detallan cómo la capacidad de empatizar con otros está estrechamente relacionada, en efecto, con la salud mental y también con la capacidad de establecer conexiones sociales saludables, escenario decisivo para el bienestar psicológico. De hecho, la falta de empatía puede llevar al aislamiento social que las redes sociales paradójicamente fomentan y, consecuentemente, a diversos problemas de salud mental, como la ansiedad y la depresión. Desde el punto de vista de las neurociencias, una parte esencial de esta capacidad para empatizar se lleva a cabo con un grupo celular concreto: las neuronas espejo.

> Las neuronas espejo son una clase particular de neuronas que se activan cuando un individuo realiza una acción motora, y también cuando observa la misma acción realizada por otro. Estas neuronas están involucradas en la comprensión de las acciones de los demás, permitiendo una especie de 'simulación interna' de la acción observada (Rizzolatti & Sinigaglia, 2006: 37).

Vemos que estas neuronas están involucradas en la imitación, el aprendizaje y la comprensión de las emociones ajenas y se ubican en distintas partes del cerebro humano, principalmente en las regiones relacionadas con el procesamiento del movimiento como la corteza premotora, con áreas cerebrales que se disparan con la comprensión de acciones y emociones, como partes del lóbulo parietal inferior, la corteza cingular anterior que regula emociones y empatías, y la ínsula, órgano que juega un papel fundamental en la empatía emocional, permitiendo sentir lo que otros sienten al observar sus expresiones emocionales. Para saber más sobre la anatomía, la localización de las neuronas espejo y cómo las relaciones interpersonales afectan el desarrollo del cerebro y habilitan la interacción social y emocional, sugiero leer Cozolino (2006).

Este despertar cerebral que procesamos en el teatro genera estados de satisfacción que no se alcanzan en el consumo de las alternativas de socialización individual. Por supuesto que la descarga dopaminérgica de las redes sociales existe, pero como hemos visto, también se da, en distinta medida, en el teatro. Por ejemplo, los intérpretes pueden experimentar una liberación de dopamina en respuesta al reconocimiento del público o la simple sensación de disfrutar del trabajo. Y en el público, también puede experimentarse un aumento en los niveles de este neurotransmisor al disfrutar y entender de la trama y la estética de la obra, lo que contribuye a su sensación de placer y satisfacción.

Las neuronas espejo procesan una variedad de neurotransmisores además de la dopamina, como la serotonina, la oxitocina y la acetilcolina como moduladores de los procesos relacionados con la motivación, la empatía y la regulación emocional, y el glutamato y GABA para la transmisión de señales neuronales. Todos proporcionan capacidad a las neuronas espejo para imitar y comprender las acciones, emociones e intenciones de los demás. Un rápido resumen, nos presenta la serotonina como la responsable de la regulación del estado de ánimo y el bienestar general. Un personaje puede generar, en quien lo incorpora y en quien lo percibe, emociones positivas o tranquilizadoras contribuyendo a la liberación de serotonina. Las endorfinas, entre otras funciones, promueven sentimientos de euforia. Durante una función teatral, especialmente en escenas intensas o que provoquen risas, las endorfinas pueden liberarse tanto en los actores como en el público, contribuyendo a un sentido de conexión y alegría compartida. Otro neurotransmisor, la adrenalina, suele aparecer antes y durante la actuación debido a la anticipación y el esfuerzo físico o emocional. Los que conocen algo de neurotransmisores conocen otro, la oxitocina, la llamada *hormona del amor*. Yo prefiero llamarla *la hormona de la vinculación*, ya que aparece en la creación de lazos emocionales y en la empatía, y es por tanto fundamental en el teatro. Por último, relacionado con la transmisión de estos neurotransmisores, hay que hablar del ácido gamma-aminobutírico (GABA) como inhibidor de la excitabilidad neuronal y promotor de la relajación. En momentos de tensión dramática seguidos por un alivio emocional o humorístico, puede liberarse GABA, ayudando tanto a los actores como al público a calmarse y relajarse. Por último, el glutamato es el principal neurotransmisor excitador en el cerebro, y está involucrado en el aprendizaje y la memoria. Durante la interpretación y la percepción de la trama y los diálogos complejos, el glutamato puede activarse para facilitar la comprensión y el procesamiento de la información.

Todos estos neurotransmisores se ponen en juego en un espacio teatral. No es arriesgado afirmar que el teatro se sustenta en la conexión humana, en la comunidad, y esta característica insalvable, que no tienen las redes sociales, define el *convivio teatral*.

> El convivio se refiere al proceso de intercambio y diálogo entre individuos que comparten experiencias y conocimientos. Es una forma de interacción social que permite el aprendizaje colaborativo y la construcción conjunta del conocimiento. En este proceso, el convivio no solo implica la comunicación verbal, sino también la comprensión mutua y la co-creación de significados, favoreciendo el desarrollo cognitivo y social de los participantes (Dubatti, 2015: 54)

Con lo expuesto y desde una perspectiva neurocientífica, podría concluirse que el teatro es posiblemente la más rica de las actividades relacionales en cuanto a la promoción de la salud mental, un teatro-refugio para fomentar la salud. Salgamos de él y usemos tantos métodos de socialización como queramos, pero no desterremos las artes escénicas.

Por último y para el interesado en profundizar en el mundo de los neurotransmisores le aconsejaría la lectura de las referencias de Richard J. Davison (2003), Marco Iacoboni (2008) y, principalmente, Amy Cook (2020)

3.2. Regulación emocional

Además de la activación de las neuronas espejo con todo su festival de neurotransmisores, hablamos de la regulación emocional como una de las bondades de la práctica teatral frente a otras alternativas de socialización. El teatro contribuye a la regulación emocional, una habilidad crucial para el manejo de conflictos. Los actores deben aprender a controlar y canalizar sus emociones de manera efectiva para representar fielmente a sus personajes. Esta práctica repetida de exploración y gestión emocional fortalece las conexiones cerebrales relacionadas con la autorregulación y la resiliencia emocional. Es más, hay estudios, por ejemplo, Schön, D. (1983), Husakli, H. (2018) y Goldstein, T. (2010), que muestran que la participación en actividades artísticas como el teatro puede aumentar la actividad de la corteza prefrontal relacionada con la autorreflexión y la regulación emocional, la toma de decisiones, control de impulsos y la empatía cognitiva. Esto se traduce en un aumento en la capacidad para manejar conflictos de manera constructiva en la vida diaria.

Repito que no pretendo en estas líneas estigmatizar a las redes sociales, pero es que el teatro está en otra división en cuanto a su fin, sea este socializar, entretener o transformar. Está claro que las redes y el teatro son dos formas de expresión y comunicación que impactan de manera diferente en la regulación emocional de las personas, pero no podemos negar que la conexión humana y la empatía desarrollada en un teatro, implica una interacción directa y en tiempo real con los otros en un entorno seguro y controlado mientras que las redes sociales son asépticas, generalmente superficiales y mediadas por pantallas que, por mucha conexión virtual que defiendan, potencian el consumo aislado generando respuestas emocionales reactivas e impulsivas. Si buscamos regular la emoción, el teatro ofrece espacios de catarsis para el intérprete y espectador frente a exposiciones constantes a estímulos que pueden favorecer emociones negativas (ansiedad, envidia, frustración) en un lógico detrimento de la salud amparado por esa comparación social y constante búsqueda de validación externa comunes en las redes, que afecta negativamente la autoestima y el bienestar emocional. Ante esta situación, se nos puede plantear una pregunta: ¿Es necesaria una "desconexión" para alcanzar este bienestar y regulación emocional?

Eso es lo que ofrecen las artes escénicas. Sin duda, una participación en estas requiere de una atención plena y concentración, tanto para quienes actúan como para quienes observan, lo que promueve una desconexión saludable de distracciones externas, incluyendo el bombardeo de información y notificaciones típicas de las redes diseñadas para capturar y mantener la atención que nos predisponen a una distracción continua. El flujo constante de información nos puede hacer sentir abrumados y dificultar la capacidad de estar presentes y conectadas con nuestras propias emociones. Por lo tanto, sí, defiendo la capacidad de llevar a cabo esa desconexión, una que además nos permita trabajar en nuestras habilidades sociales como el trabajo en equipo, la comunicación efectiva y la sensibilidad, aspectos todos fundamentales para el desarrollo de la regulación e inteligencia emocional.

3.3. Neuroplasticidad y desarrollo personal

Decíamos en un párrafo anterior que en el teatro-refugio ponemos en marcha mecanismos del organismo con los que mejorar las relaciones interpersonales y la capacidad de manejo de conflictos. Una forma de explicarlo es mediante la neuroplasticidad. "La neuroplasticidad es la propiedad del cerebro que le permite cambiar su propia estructura y funcionamiento en respuesta a la actividad y la experiencia mental." Doige (2007: 16) El teatro, al requerir constante aprendizaje y adaptación, induce en el cerebro un estado de dinamismo que se traduce en una reorganización física (neuronal) en la que se forman nuevas conexiones neuronales para entender qué y cómo pasan las cosas. Tampoco debe pensar el lector que el cerebro tiene un nivel de maleabilidad extraordinario. Que el cerebro sea plástico se refiere al hecho de que puede modificar la ramificación axonal que comunica neuronas y por tanto su topografía, pero lo hace en plazos de tiempo razonables y bajo un estímulo constante en el tiempo. No se trata de que salga de una representación con un cerebro distinto con el que entré, pero sí tenemos la capacidad de producir cambios a nivel estructural durante mi estancia en el teatro si la asistencia es frecuente.

Este proceso es crucial para el desarrollo personal y la mejora continua de habilidades interpersonales. Y como explican las neuronas espejo, no sólo le va a suceder al practicante sobre la escena, también al que hace el ejercicio de ponerse en el lugar de otro desde la butaca. En ambos, existe un refuerzo de las vías neuronales asociadas con la empatía y la comprensión, uno que facilita la transferencia de estas habilidades a situaciones de la vida cotidiana y, por tanto, inciden en la idea del teatro-refugio como vigilante o promotor de una mejor salud.

Al comienzo de este segundo acto, decíamos que, desde un punto de vista neurocientífico, el teatro-refugio es el lugar para activar en nuestro organismo procesos que puestos en práctica en nuestra vida diaria, nos permite mejorar las relaciones interpersonales y la capacidad de manejo de conflictos, algo que se ha podido concretar en estos tres apartados: empatía y neuronas espejo, regulación emocional y neuroplasticidad. Estos, son parte de los mimbres con los que un profesional de las neurociencias podría defender que el teatro es un refugio al ofrecer un espacio seguro y estructurado para explorar, entender y gestionar las emociones y las relaciones humanas. El teatro así visto, no es solo una forma de entretenimiento y consumo, sino una herramienta terapéutica que puede enriquecer nuestra vida emocional y social.

En estas líneas se habla mucho de la emoción, pero ¿qué pasa con la atención?

El consumo de redes sociales tiene un impacto significativo en la atención, afectando tanto la capacidad de concentración a corto plazo como los hábitos cognitivos a largo plazo. De hecho, la reducción de la capacidad de atención con sus formatos de corta duración y altamente estimulantes reduce la capacidad para mantener la atención en actividades que requieren un enfoque sostenido. Antes se ha mencionado la descarga dopaminérgica de un *like* y su corta duración. La exposición constante a contenido breve y variado puede dificultar la concentración en tareas más largas y menos estimulantes y ahí, el teatro es una tabla de salvación. No obstante, ante esto, surge una pregunta: ¿qué tipo de teatro hay que hacer para afirmar que su práctica o experiencia fomenta la salud, la capacidad emotiva, así como la atención, y para qué tipo de personas? La respuesta varía dependiendo de los objetivos y necesidades individuales. Por ejemplo, el teatro comunitario puede ser ideal para fortalecer la cohesión social en barrios y comunidades, mientras que el teatro terapéutico puede ser más adecuado para personas que buscan superar traumas específicos. Por otro lado, el teatro experimental puede atraer a aquellos que buscan desafiar las normas y explorar nuevas formas de expresión, mientras que el teatro clásico puede ofrecer un refugio para quienes desean conectarse con la tradición cultural y literaria.

Y si los teatreros vemos tan claro todos estos valores, ¿por qué no lo ven los demás? Pienso que es porque el teatro hay que entenderlo como algo más que una forma de entretenimiento que es a lo que hoy se aboca este arte. Tenemos que defenderlo como un espacio donde indagar sobre los valores que nos definen como especie y haciéndolo, activándonos en comunión, resulta que podemos mejorar algunos parámetros de nuestra salud y bienestar en un mundo que acelera el paso con los años. Su capacidad para desconectarnos del estrés diario fomenta la empatía, y sirve como un espacio terapéutico. Reconozco que las redes sociales proporcionan entretenimiento, pero también distracción, ya que, a pesar de ser altamente adictivas, con un flujo constante de información que captura rápidamente la atención, generan un estado de distracción que nos predispone a desviarnos de otras tareas y a desterrar el teatro. Esto tiene consecuencias en nuestros hábitos cognitivos como el cambio en los patrones de consumo de información promocionando contenidos breves y visuales que, en esa plasticidad de la que hemos hablado, puede llegar a cambiarnos la manera en la que consumimos información, favoreciendo la información rápida y simplificada sobre el contenido más profundo y complejo. Nos predispone a aceptar sin reflexionar. Nos puede hacer tontos ya que esta reducción en la profundidad de la información nos aboca a desligarnos del pensamiento crítico porque el cerebro se acostumbra a procesar información de manera superficial y fragmentaria, algo que rompe la atención. Las consecuencias a largo plazo tienen sus resultados en el rendimiento académico y profesional. Una reducción en la capacidad de atención y el aumento de la distracción afectan negativamente el rendimiento académico y profesional.

4. TERCER ACTO

La consecuencia de lo expuesto permite afirmar que el teatro sí tiene un poder transformador y es un recurso que puede proporcionar una mejora en la salud, principalmente, mental. Es una herramienta que podría ser sugerida por profesionales de la salud para transformar vidas. No es una exageración. Más de uno de nosotros no concebimos la vida sin el teatro, pero para aquellos que no busquen este extremo, su cercanía puede servirles para reforzar, por ejemplo, la autoconfianza y la autoestima. Como se ha pretendido explicar, esta bondad se manifiesta por los procesos a los que se somete el sistema nervioso durante la práctica o recepción teatral, proporcionando un nuevo espacio para explorar emociones y enfrentar miedos. Las consecuencias de esta activación sensorial son precisamente esa aparición de empatía y la conexión humana, la reducción del estrés y la sensación de soledad.

En el teatro nos obligamos a salir de nuestra zona de confort. Interpretar un personaje implica explorar emociones ajenas que permite a los actores conocer y comprender mejor sus propias emociones. Enfrentarse a los miedos escénicos, como hablar en público o actuar frente a una audiencia, fortalece la autoconfianza. Cada vez que un actor sube al escenario y supera estos miedos, da un paso hacia una mejora de su salud. Su sistema nervioso se ve estimulado durante las actividades teatrales. La preparación para una actuación, el ensayo constante y la representación, generan una activación sensorial intensa que permite una mejora en sus habilidades cognitivas y motoras gracias a, la ya mencionada, liberación de endorfinas, adrenalina, y oxitocina.

El teatro es una experiencia profundamente humana. Fomenta la empatía, reduce el estrés y la sensación de soledad, problemas comunes en la sociedad moderna. Hagamos entonces del teatro algo presente e imprescindible en nuestras vidas. Llamémosle, por qué no, teatro-refugio, porque es uno que frena el estrés y la soledad y permite experimentar la conexión humana enriqueciendo nuestras vidas de maneras que pocas otras actividades pueden lograr[3].

---

[3] Una grabación de esta intervención puede verse en https://canal.uned.es/video/66f5198cd2493ab8d301c524 [25/09/2024].

REFERENCIAS BIBLIOGRÁFICAS

COOK, A. (2020). *Theatre and the Brain: The Art and Science of Audience Engagement*. Londres: Methuen drama.

COZOLINO, L. (2006). *The Neuroscience of Human Relationships: Attachment and the Developing Social Brain*. Nueva York: W.W. Norton & Company.

DAVIDSON, R.J. (2003). *The Social Brain: Discovering the Networks of the MindOthers*. Nueva York: Basic books.

DOIDGE, N. (2007). *The Brain That Changes Itself: Stories of Personal Triumph from the Frontiers of Brain Science*. Londres: Penguin books.

DUBATTI, J. (2015). *El convivio en la construcción del conocimiento*. Buenos Aires: Edición Universitaria.

GOLDSTEIN, T. (2010). "The Effects of Acting Training on Theory of Mind, Empathy, and Emotion Regulation" [Tesis doctoral defendida en Boston College]. Disponible en línea: http://hdl.handle.net/2345/1970 [01/08/2024].

HUSAKLI, H. (2018). "Drama Based Social Emotional Learning". *Global Research in Higher Education,* vol. 1, 1-16. Disponible en línea: http://files.eric.ed.gov/fulltext/ED582409.pdf [01/08/2024].

IACOBONI, M. (2020). *Mirroring People: The New Science of How We Connect with Others*. Nueva York: Farrar, Straus and Giroux.

RIESS, H. (2018). *The Empathy Effect: Seven Neuroscience-Based Keys for Transforming the Way We Live, Love, Work, and Connect Across Differences*. Boulder: Sounds True.

SCHÖN, D. (1983). *The Reflective Practitioner: How Professionals Think in Action*. Nueva York: Basic books.

RIZZOLATTI, G. y SINIGAGLIA, C. (2006). *Las neuronas espejo: Los mecanismos de la empatía emocional*. Barcelona: Paidós.

TEATRO Y COVID-19

TEATRO Y COVID-19

THEATER AND COVID-19

JOSÉ ROMERA CASTILLO
UNED / Academia de las Artes Escénicas de España
jromera@flog.uned.es

Resumen: La semiótica, que, desde sus orígenes griegos, estuvo asociada a la salud, dentro de sus ramificaciones actuales se ha centrado en el estudio de la semiótica de la cultura, en general, y de la semiótica teatral, en particular, en relación con las pandemias. En este estudio se examinan las diferentes plagas que han azotado a la humanidad; así como las diversas y eminentes producciones en el ámbito teatral, que han generado, especialmente en España con la implantación del estado de alarma por el COVID-19.

Palabras clave: Semiótica. Pandemias. Teatro. COVID-19. Cultura.

Abstract: Semiotics, which, since its Greek origins, was associated with health, within its current ramifications has focused on the study of semiotics of culture, in general, and of theatrical semiotics, in particular, in relation to pandemics. This study examines the different plagues that have plagued humanity; as well as the diverse and eminent productions, both in the theatrical fields, that they have generated in Spain with the implementation of the state of alarm for COVID-19.

Keywords: Semiotics. Pandemics. Theater. COVID-19. Culture.

1. UNAS PRIMERAS CONSIDERACIONES

Dentro del ámbito de la semiótica —denominación nacida en Grecia asociada a los síntomas que el cuerpo humano siente ante la enfermedad—, una de sus ramas muy significativa es la de la *Semiótica de la cultura*, de gran importancia en la existencia humana, desde que Freud (2007), en su magistral libro *El malestar de la cultura*, o el antropólogo francés Lévi-Strauss, a finales de los años 50, resolviesen un importante problema sobre la diversidad de las culturas, y la existencia de algunos postulados básicos convivenciales, hasta llegar, por ejemplo, a Lacan, Bataille, y muy especialmente a Yuri M. Lotman y la Escuela de Tartu (1979)[1], así como a Umberto Eco (2009)[2], con *Semiótica y cultura*, entre otros, su análisis y valoración semiótica han hecho posible entender hechos significativos de las culturas de las sociedades humanas. Pero, como indicaba Albert Camus (1983) —que algo tuvo que ver con el tema que nos ocupa, como veremos luego—, «la verdadera generosidad hacia el futuro consiste en entregarlo todo al presente» (es decir, lo que vendrá dependerá de lo que hagamos hoy), pero, a su vez, es conveniente tener en cuenta que nada surge *ex nihilo*, sino que la cultura es un *continuum*, todo lo mediatizado que se quiera, que va alcanzando un clímax en determinadas circunstancias de espacio y tiempo. De ahí que, sin olvidar de momento el presente, pongamos el retro-

[1] La revista *Signa* dedicó una sección monográfica, "Homenaje a Yuri M. Lotman", en el número 4, que puede leerse en https://dialnet.unirioja.es/revista/1349/A/1995. Todos los enlaces que aparecen en este ensayo han sido (re) consultados el 20/06/2024.

[2] El volumen contiene dos textos: "Semiótica de la cultura", que reproduce la conferencia pronunciada en el Círculo de Bellas Artes de Madrid en 2009 y "Los límites de la interpretación", que recoge otra conferencia impartida en la Universidad Complutense de Madrid en 1990, publicada en *Revista de Occidente* en 1991.

visor y miremos un tanto al pasado, ya que los discursos históricos se integran también plenamente en los estudios semióticos.

Abordamos aquí una disquisición lingüístico-semiótica, al haber sido utilizados, en general, tres términos para denominar el ámbito que nos ocupa: *peste* —el vocablo más utilizado tradicionalmente—, *epidemia* (más concreto, al referirse a la enfermedad propagada en un país) y *pandemia* (cuando la enfermedad es de ámbito global, mundial). En esta última situación es la que nos hemos encontrado o nos encontramos hoy al escribir estas líneas. Como el pensamiento siempre está sustentado por el lenguaje, la pandemia es, por su carácter global, una manifestación imbricada en lo que hoy conocemos como la globalización, un proceso en diferentes ámbitos que, indefectiblemente, nos coloniza y nos uniformiza. Invito a acompañarme en este viaje que ahora se inicia y que espero, a semejanza del de Agustín de Rojas Villandrando, de 1603, que sea útil por sus reflexiones y, a la vez, algo entretenido[3].

2. PANDEMIAS

Dejando a un lado disquisiciones sanitarias y el radio de acción de estos tres conceptos, la historia de la humanidad ha estado plagada de numerosas y terroríficas pandemias. Si hacemos un breve e incompleto recorrido, desde aquella primera peste documentada en el mundo occidental, la peste Antonina, que afectó en el siglo II al imperio romano, pasando por otras como, por ejemplo, la peste de Justiniano, que asoló el imperio bizantino desde el siglo VI; la peste negra o peste bubónica, estudiada por Benedictow (2020), que llegó a Europa procedente de Asia, originada por las ratas, ocasionando en la Edad Media

[3] Dentro de las líneas de investigación del Centro de Semiótica Literaria, Teatral y Nuevas Tecnologías, que dirijo desde 1991. Ver Romera (2023b).

la pérdida de la mitad de la población china y un tercio de la europea, perdiendo España entre el 60 y el 65% de su población; la viruela, con un origen desconocido, aunque con vigencia desde hace mucho tiempo, que tuvo una gran expansión en América a través de la colonización y un gran desarrollo en Europa en el siglo XVIII; la gripe española (1918), estudiada por Laura Spinne (2020), detectada en Estados Unidos, aunque llamada así no porque se originase en España, sino por haber sido el país en el que se habló primero de ella, ya que los países beligerantes en la Primera Guerra Mundial no quisieron informar de la misma[4], hasta llegar a las más cercanas como la gripe asiática (1957), la Gripe de Hong Kong (1968), el SIDA / VIH (desde 1981), la Gripe A (2009), el Ébola (2014-2016) y, finalmente, el COVID-19. Todas ellas produjeron una masacre de vidas humanas y alteraciones grandes en lo económico, en lo social y en lo cultural, espacio este último sobre el que quisiera proporcionar algunas consideraciones seguidamente.

3. PRODUCCIONES POSTPANDÉMICAS

En efecto, estas pandemias han producido desastres culturales muy importantes, como ha estudiado, entre otros, Jarauta (2020)[5]. Las artes (la literatura, el teatro, la pintura, la escultura, la música o el cine) se vieron vapuleadas ante acontecimientos tan trágicos de pestes-epidemias-pandemias que azotaron y asolaron sus entornos. Los artistas, que también vivieron estas situaciones, tomaron postura ante ellas, aunque con perspectivas y lenguajes distintos. Pero al final, estas vivencias se convirtieron en arte.

---

[4] Puede verse la interesante historia de las epidemias en España (hasta 1919) en Beltrán Moya (2006).

[5] *Vid*. además Darío Villanueva (2020 y 2022).

Vaya un paréntesis para atestiguar que, por ejemplo, la mal llamada gripe española, que azotó el mundo entre 1918 y 1920, se llevó por delante a una serie de artistas importantes, aunque también algunos de ellos sobrevivieron:

> El pintor Egon Schiele no remata *La familia*, donde se autorretrata con su mujer Edith, embarazada, porque la pandemia acaba con los tres. Sucumben al virus el arquitecto Otto Wagner, el filósofo, economista e historiador Max Weber y el escritor Edmond Rostand, creador *de Cyrano de Bergerac*. Picasso asiste al entierro del poeta Guillaume Apollinaire, que supera un balazo en el frente, pero no la enfermedad. Tampoco la remonta un hijo de Arthur Conan Doyle, quien, abrumado por la pérdida, redobla su obsesión por el espiritismo. Entre los supervivientes están el compositor húngaro Béla Bartók, la madre de modernismo americano Georgia O'Keefe, el pensador Josep Pla… Y Franz Kafka, que, según su biógrafo Reiner Stach, inicia su convalecencia como súbdito del Imperio Austrohúngaro y la termina como ciudadano de la República de Checoslovaquia, mirando la calle desde un ventanal[6].

Por ello, sin ser negacionista, si se me permite, dejaré a un lado lo negativo de estas catástrofes, que han sido muy fuertes y duras, para fijarme, a la vez y brevemente, en las acciones positivas que han generado: en la ciencia (las vacunas), y en otras esferas en general. Pero, más concretamente, en el ámbito cultural, el que nos concierne ahora, como producto de ellas han surgido creaciones muy destacadas. Por lo tanto, pese a todo lo negativo que las pandemias produjeron, es preciso constatar que

---

[6] Según Luisa Idoate (2020), como puede verse en https://www.elcorreo.com/culturas/territorios/generacion-segada-guerra-20200502162413-nt.html.

originaron una serie de productos de gran valía en el terreno de la pintura, la música, la literatura, el teatro, etc. Y si nos fijamos en estos dos territorios últimos, haciendo la historia corta, traeré a colación algunos botones de muestra sobre estos dos ámbitos.

4. ÁMBITO HISTÓRICO Y LITERARIO

En este apartado, tras referirme a unos botones de muestra históricos, me centraré, dentro del ámbito literario, en uno de sus géneros, el de los relatos, dejando a un lado el territorio poético, que bien merece, por su cantidad y calidad, un estudio particularizado.

En el mundo griego, la peste era considerada como un castigo de los dioses. Así, en el canto I de *La Ilíada* (entre 850 y 750 a. C.)[7], atribuida a Homero (ca. siglo VIII a. C.), se cuenta que, en el asedio de los griegos a Troya, al mando de Agamenón, al profanar un templo de Apolo y haber raptado a la hija de uno de sus sacerdotes, éste con sus flechas provocó una epidemia que hizo estragos entre los invasores. He aquí su comienzo: "Canta, oh diosa, la cólera del Pelida Aquiles", cólera-peste que causó infinitos males a los aqueos.

Por su parte, el historiador y militar ateniense, Tucídides (c. 460-¿396 a. C.?), en los libros segundo (47-55) y tercero de su *Historia de la guerra del Peloponeso* (siglo V a. C.)[8], hace referencia a la peste que asoló Atenas en aquel tiempo:

> Apenas comenzó la buena estación, los Peloponesos y sus aliados invadieron el Ática y cuando aún no llevaban muchos días en ella, comenzó por primera vez a propagarse

---

[7] Tucídides, II, p. 47. Que puede leerse en http://www.ataun.eus/BIBLIOTECAGRATUITA/Cl%C3%A1sicos%20en%20Espa%C3%B1ol/Homero/Iliada.pdf.

[8] La obra puede leerse completa en https://helenika.files.wordpress.com/2014/04/tucidides-historia-de-la-guerra-del-peloponeso.pdf.

> entre los atenienses la famosa epidemia, que se dice que ya antes había sobrevenido en muchos lugares, aunque una epidemia tan grande y un aniquilamiento de hombres como éste no se recordaba que hubiese tenido lugar en ningún sitio[9].

En la Biblia, en el *Antiguo Testamento*, en el *Libro de Samuel*[10], aparece el relato en el que Dios le da al rey David la elección entre tres castigos (siete años de hambruna, tres meses de guerra o tres días de peste), eligiendo el rey la tercera opción, por lo que la plaga golpeó severamente a Israel:

> Y Jehová envió la peste sobre Israel desde la mañana hasta el tiempo señalado; y murieron del pueblo, desde Dan hasta Beerseba, setenta mil hombres. Y cuando el ángel extendió su mano sobre Jerusalén para destruirla, Jehová se arrepintió de aquel mal, y dijo al ángel que destruía al pueblo: Basta ahora; detén tu mano. Y el ángel de Jehová estaba junto a la era de Arauna jebuseo. Y David dijo a Jehová, cuando vio al ángel que destruía al pueblo: Yo pequé, yo hice la maldad; ¿qué hicieron estas ovejas? Te ruego que tu mano se vuelva contra mí, y contra la casa de mi padre[11].

Así como en el Éxodo se constatan *Las diez plagas de Egipto*[12], una serie de infortunios que cayeron sobre el reino egipcio tras negarse a liberar a los hebreos.

---

[9] Ver Eulalia Vintró (2020) en https://www.economiaysociedad.cl/tucidides-y-sofocles-ante-la-peste#:~:text=S%C3%B3focles%20utiliza%20la%20peste%20como,y%20sin%20saberlo%2C%20su%20reino.

[10] *Libro de Samuel*, II, 24, 11-14 Que puede leerse en https://www.biblegateway.com/passage/?search=2%20Samuel%2024&version=RVR1960.

[11] *Libro de Samuel*, II, 2, 15-17.

[12] Capítulos 7-12. Las plagas fueron las siguientes: conversión del agua en sangre; plaga de ranas; plaga de mosquitos (piojos o pulgas); plaga de tábanos (moscas); peste del ganado; úlceras; granizo ígneo; plaga de langostas; tinieblas y muerte de los primogénitos.

Pasemos ya a realizar unas calas en el ámbito literario, que no ha sido ajeno a la consideración de pestes, epidemias y pandemias.

En la esfera medieval, la peste se consideraba como un castigo divino ante los pecados humanos y, en sus postrimerías, tenemos un ejemplo muy significativo, que preludia el Renacimiento. Sabemos que de la peste negra (bubónica) que asoló Florencia en 1348, surgieron los cien maravillosos cuentos de *El Decamerón*, que Giovanni Boccaccio (1313-1375) escribió en 1353, al confinar en las afueras de la villa a un grupo de diez jóvenes (siete mujeres y tres hombres), donde *eros* y *thanatos* confraternizan estrechamente (Boccaccio, 1989).

Si avanzamos en el tiempo y parcelamos la nómina por ámbitos lingüísticos, en primer lugar, me referiré a escritos significativos en la lengua de Shakespeare. Así, por ejemplo, la peste bubónica que azotó Londres (1665-1666) fue descrita por Samuel Pepys (1633-1703) en sus *Diarios (1660-1669)*[13] –publicados más de cien años después de su muerte– y por Daniel Defoe (1660-1731), en su *Diario del año de la peste* (1722)[14]. Por su parte, otro británico, William Somerset Maugham (1874-1965), aunque nacido en París, en la novela *El velo pintado* (1925) [15] trata sobre la historia tormentosa de un bacteriólogo y de su esposa implicados en la lucha contra el cólera en China en el periodo entreguerras del siglo XX.

Varios fueron los escritores norteamericanos que trataron el tema que nos ocupa. Me referiré a tres. Edgar Allan Poe (1809-

[13] Pepys (1944).

[14] Defoe (2020).

[15] Maugham (2009). Puede verse http://revistacultural.ecosdeasia.com/desvelando-somerset-ii-velo-pintado-hong-kong-colonial/. La obra se llevó al cine por los norteamericanos Richard Boleslawski (1934) -protagonizada por Greta Garbo- y John Curran (2006).

1849), se adentró en el asunto en dos magistrales relatos. En el cuento humorístico y grotesco, *El rey Peste* (1855)[16], publicado en el periódico *Southern Literary Messenger*, en el que narra cómo los marineros Patas y Hugh Tarpaulin, tras desembarcar en Londres, se internan en una zona de la ciudad dominada por la peste, buscando refugio en una funeraria, en la que aparece el rey Peste y su estrambótico cortejo. Así como en *La mascarada de la muerte roja* (1848)[17] se cuenta cómo el príncipe Próspero y otros mil nobles se refugian en una abadía para escapar de una feroz plaga que azota a la humanidad, cierran las puertas a cal y canto con el fin de divertirse —ajenos a los sufrimientos de la población-— esperando el fin de la plaga.

El también norteamericano, tan ligado a España, Ernest Hemingway (1899-1961), en *Fiesta* (1926)[18], al referirse a miembros de la *Generación perdida*, que se encuentran en París y vienen a Pamplona a pescar y a sus fiestas taurinas (los sanfermines), pone como fondo los años imperantes de la mal llamada gripe española, que, aunque traída a Europa por los soldados norteamericanos, recibió tal denominación por haber sido los diarios españoles los que informaron de la pandemia que, entre 1918 y 1920, mató a más de 50 millones de personas.

Asimismo, el otro norteamericano, al que me referiré, Philip Roth (1933-2018), en su última novela, *Némesis* (2010), trata sobre una epidemia de poliomielitis que hizo estragos en EE.UU. en 1944, en plena guerra mundial:

> La fulminante polio no sólo atrofiaba las piernas de quienes sobrevivían a ella, sino que muchos morían por colapso

[16] Poe (2016). Que puede leerse también en https://mrpoecrafthyde.files.wordpress.com/2010/09/poe-edgar-allan-el-reyPoe-peste.pdf.

[17] Poe (2009).

[18] Hemingway (2003).

> pulmonar. […] La hondura psicológica, la capacidad para radiografiar una época y el desenlace nihilista de *Némesis* hacen de ella una novela histórica fundamental para entender los resortes mentales de una sociedad moderna azotada por una epidemia[19].

En el ámbito de la lengua francesa, por poner algunos ejemplos, François-René de Chateaubriand (1768-1848), en las *Mémoires d'outre-tombe* (tomos 1 a 3 y 4 a 6, de los 42 volúmenes de que consta, en 1809-1841)[20], recrea la peste que asoló Marsella en 1720. También Jean Giono (1895-1955), en la novela de aventuras, *El húsar en el tejado* (1951)[21], narra la historia del joven aristócrata italiano Angelo Pardi, que, debido a su defensa de los carbonaros tiene que exiliarse, pasando por la Provenza, que la asola una cruel epidemia de cólera, la de 1832, lo que le mantiene inmovilizado y en cuarentena. Albert Camus (1913-1960), en la novela *La peste* (1947)[22], llevada también a la escena, recreó la espantosa epidemia de cólera que azotó la ciudad argelina de Orán en 1849, a pesar de ambientar su texto en el siglo XX. Y por poner un ejemplo cercano, Patrick Deville (1957-), seguidor de Louis Pasteur, descubridor de la vacuna contra la rabia, en *Peste & Cólera* (2014) se detiene en mostrar los avatares de la vida del bacteriólogo suizo Alexandre Yersin, quien durante la gran epidemia de Hong Kong (1894) descubrió el bacilo de la peste.

---

[19] Ver Emilio Lara (2020), disponible en https://www.zendalibros.com/novela-historica-y-epidemias-el-espejo-de-la-vida/.

[20] Chateaubriand (2000). Pueden leerse también en https://www.bacdefrancais.net/memoires_texte.html.

[21] Giono (1995).

[22] Camus (1983). Más datos en https://bibliotecavilareal.wordpress.com/tesoros-digitales/epidemias/#:~:text=La%20Edad%20Media%20fue%20muy,guerras%20sucesivas%2C%20un%20enfriamiento%20clim%C3%A1tico.

Por su parte, en Italia, Alessandro Manzoni (1785-1873) en *I Promessi Sposi* (1821)[23], con ambientación en Lombardía, gobernada entonces por los españoles, describe la peste de Milán (1621-1639).

En la literatura alemana figura Thomas Mann (1875-1955) que trató el tema que nos ocupa en dos de sus creaciones. En la novela corta, *Muerte en Venecia* (1912)[24], se pone como fondo una epidemia de cólera que sufre la ciudad de los canales, a la que ha acudido el escritor alemán Gustav von Aschenbach, de edad madura, con el fin de recuperar la inspiración perdida, enamorándose perdidamente de Tadzio, un bello adolescente polaco y que llevó magistralmente al cine Luchino Visconti. Asimismo, en su ópera magna *La montaña mágica* (1924)[25], trata sobre la tuberculosis (la *peste blanca*, llamada así antes del descubrimiento de la vacuna y una metáfora de los males que amenazan a los individuos y a la sociedad), a través de la figura del joven ingeniero, Hans Castorp, que llega a un sanatorio en los Alpes suizos a visitar a su primo, en el que termina quedándose, a través de la cura climática que era el método de tratamiento de la enfermedad hasta mediados del siglo XX.

El escritor sueco Lars Andersson (1954-), en *La leyenda del rey de la peste* (1988)[26], basándose en una historia legendaria medieval sobre el rey Magnus Eriksson, trata sobre el encuentro del rey solitario con un cazador furtivo, enterrador de las víctimas de la peste, que huyen de esta, del hambre y de la muerte[27].

---

[23] Manzoni (1993).

24 Mann (2020a).

[25] Mann (2020b).

[26] Anderson (1992). Muy en la línea de una leyenda árabe ancestral, "El rey y la peste" (https://inbestia.com/analisis/el-rey-y-la-peste-fabula-arabe-ancestral).

[27] Recuérdese que otro nórdico, el pintor noruego Edvard Munch (1863-1944), el autor de *El grito*, realizó su "Autorretrato tras la gripe española" (1919).

A su manera, el portugués, afincado finalmente en España, José Saramago (1922-2020) se le atribuyen premoniciones del actual COVID-19, en algunas de sus obras, muy especialmente en *Ensayo sobre la ceguera* (1995)[28], en la que seis personajes anónimos deben sobrellevar las consecuencias generadas por una enfermedad que él inventa, una pandemia de *ceguera blanca* que ataca a toda la población menos a la protagonista.

En el ámbito de la lengua española traeré a colación algunos ejemplos. Don Benito Pérez Galdós (1843-1920) se refirió al tema en su extensa y valiosa obra. En efecto, en el siglo XIX España sufrió cuatro invasiones de cólera, que el canario supo tratar como notario fiel de la realidad. Aunque hay referencias varias en los textos del mejor escritor que supo revivir esta epidemia, traeré a colación el espléndido relato corto, *Una industria que vive de la muerte; episodio musical del cólera*, publicado en el diario madrileño *La Nación. Periódico Progresista Constitucional* (1849-1873), el 2 y el 6 de diciembre de 1865, narrado como consecuencia de la tercera ola de la epidemia de 1865[29]; así como, además, conviene tener en cuenta sus observaciones en *Crónica de Madrid (1865-1866),* publicada por la editorial madrileña Castro, en 1933, y muy especialmente en el *Cronicón (1883-1886)*[30], editada en 1924, donde el autor canario nos brinda la visión más completa de la cuarta etapa de la epidemia, acaecida en 1885[31].

---

[28] Saramago (2022).

[29] Que puede leerse en http://www.cervantesvirtual.com/obra-visor/una-industria-que-vive-de-la-muerte-episodio-musical-del-colera--0/html/ffc18922-82b1-11df-acc7-002185ce6064_2.html.

[30] Que puede leerse en http://www.cervantesvirtual.com/portales/benito_perez_galdos/obra/obras-ineditas-volumen-6-cronicon-1883-1886-971008/.

[31] Ver Juan José Fernández Sanz, en http://actascongreso.casamuseoperezgaldos.com/index.php/cig/article/view/1778.

Por su parte, Josep Pla (1897-1981), en el *Quadern gris* (1966)[32], un diario personal que abarca desde el 13 de octubre de 1918 al 25 de mayo de 1919, escrito en un cuaderno de tapas grises, al inicio del mismo se refiere al cierre de la universidad de Barcelona, donde estudiaba, por efectos de la mal llamada gripe española.

Almudena de Arteaga (1962-), duquesa del Infantado, en *Ángeles custodios* (2010), trata de la historia de la expedición del médico Francisco Javier Balmis, quien, a inicios del siglo XIX, vacunó contra la viruela a miles de personas en la América española:

> Carlos IV patrocinó y costeó esta filantrópica misión científica en la que tan importantes fueron el médico Francisco Javier Balmis, la regidora de un orfanato coruñés y los veintidós niños expósitos a su cargo que, inoculados previamente con el virus, recorrieron el mundo en barco para salvar innumerables vidas. Si los ingleses hubiesen protagonizado esta primera expedición de vacunación internacional habrían publicado multitud de ensayos, novelas a porrillo, levantado monumentos en cada ciudad y filmado películas desde la época del cine mudo. Pero eran españoles. Y ya lo cantó Ana Belén en su hermosísima canción: "España, camisa blanca de mi esperanza. / A veces madre y siempre madrastra"[33].

Asimismo, Antonio Muñoz Molina (Úbeda, 1956-), en el cuento, *El miedo de los niños*, incluido en *Un andar solitario entre la gente* (2018)[34], se refiere al miedo que producían los

---

[32] Pla 2012.

[33] Ver Emilio Lara, https://www.zendalibros.com/novela-historica-y-epidemias-el-espejo-de-la-vida/.

[34] Muñoz Molina (2020).

tísicos, los tuberculosos[35], que bajaban de los sanatorios de la sierra al pueblo a robar sangre de los niños. Y sobre todo en una especie de diario, *Volver a donde* (2021), muy paralelo al de Marta Sanz, *Parte de mí* (2021), en los que se tratan de sus experiencias durante el COVID.

Y más recientemente, por poner un ejemplo más, en el relato polifónico y colectivo *Granada, paraíso confinado* (VV. AA., 2021a), escrito a cinco manos (por José Vicente Pascual, Manuel Ángel Vázquez Medel, Eduardo Castro, Esteban de las Heras y Wenceslao-Carlos Lozano), todos compañeros de la Academia de Buenas Letras de Granada —a la que pertenezco— durante el confinamiento forzoso de marzo-mayo de 2020, constituye "una suerte de crónica bufa" de la situación pandémica, como la definen ellos, de gran interés.

Sin olvidar —claro está— en lengua española la célebre novela del escritor colombiano Gabriel García Márquez (1927-2014), *El amor en tiempos del cólera* (1985)[36], una historia de amor no correspondido durante más de cincuenta años en un escenario pandémico, que atacó a Cartagena de Indias desde 1849, en el que el médico, Juvenal Urbino, esposo de Fermina Daza, se dedica a acabar con el cólera en su pueblo.

Hasta aquí, unas calas incompletas, claro está, por razones de espacio, de obras que han tratado el tema a lo largo de la historia, que, en su conjunto, además de retratar vivencias en marcos históricos pandémicos, son teselas significativas, en ge-

---

[35] *Peste blanca* como se llamó también a la tuberculosos, tratada, entre otros, por Thomas Mann en *La montaña mágica*, como se ha indicado anteriormente.

[36] García Márquez, 2003. Una sintética relación de las epidemias que azotaron Colombia en 500 años puede verse en https://www.eltiempo.com/colombia/otras-ciudades/estas-son-las-epidemias-que-han-atacado-a-colombia-en-500-anos-493750#:~:text=Pero%20esta%20es%20la%20primera,1550%2C%20hace%20ya%20470%20a%C3%B1os.

neral, en la trayectoria de la novela histórica, estudiada en uno de nuestros Seminarios internacionales del SELITEN@T[37].

5. ÁMBITO TEATRAL

Algo parecido ocurriría en el ámbito teatral, en el que las pandemias han tenido también su plasmación. Así, por ejemplo, Sófocles (496-406 a. C) haría referencia a la peste que asoló Tebas en *Edipo rey* (ca. 429 a. C), como plasmación metafórica de la violencia que padece la ciudad de manera contagiosa:

> Porque la ciudad, como tú mismo ves, está demasiado turbada y ni siquiera es capaz ya de levantar la cabeza por encima del mortífero oleaje de los mares, se consume en los tallos que producen los frutos de la tierra, se consume en las manadas de bueyes que pacen y en los infecundos partos de las mujeres. Un dios, portador de fuego, se ha lanzado sobre nosotros y atormenta la ciudad, la peste, el peor de los enemigos, por su culpa el casal de Cadmos se está quedando vacío[38].

Eurípides (ca. 484-480 a 406 a.C.) haría otro tanto en la clásica tragedia griega *Hipólito* (ca. 428 a. C)[39], presentada en las grandes Dionisias atenienses, en las que ganó el primer premio, donde se refiere a la epidemia que asolaba Atenas —también descrita por Tucídides, en el libro II de su *Historia de la guerra del Peloponeso* (47-55), como hemos visto anteriormente—, así como plantea el ardor amoroso como una enfermedad.

---

[37] *Vid*. Romera Castillo, ed. (1996).

[38] *Edipo Rey*, 22-29. Ver Eulalia Vintró (2020) en https://www.economiaysociedad.cl/tucidides-y-sofocles-ante-la-peste#:~:text=S%C3%B3focles%20utiliza%20la%20peste%20como,y%20sin%20saberlo%2C%20su%20reino.

[39] Que puede leerse en http://interclassica.um.es/divulgacion/traducciones/obras/tragedias/hipolito__1/german_gomez_de_la_mata/1_361/(offset)/2.

El dramaturgo Ernesto Caballero, en "La sombra de Asclepio" -intervención que aparece en este volumen-, hace un acertado recorrido, de las relaciones del teatro con la medicina, desde la tragedia griega hasta el teatro contemporáneo, deteniéndose especialmente en *Edipo Rey* de Sófocles, *El médico de su honra* de Calderón de la Barca, *La Ronda* del austríaco Arthur Schnitzler, *Un enemigo del pueblo* del noruego Henrik Ibsen, así como su propia obra *Santiago (de Cuba) y cierra España.*

Añadir que, por su parte, William Shakespeare (1564-1616) la tendría en cuenta en *Romeo y Julieta* (1597) y ***escribiría*** obras maestras como Rey Lear, *Macbeth* **y** *Antonio y Cleopatra* durante la cuarentena de la peste de 1606. Así como -por citar un ejemplo más, entre los muchos que se podrían aducir- Molière planteó el tema en *El médico a palos,* en la que demuestra su desprecio por la medicina y en *El enfermo imaginario*, una obra de humor sobre los médicos.

Finalmente, para hacer la historia corta, Mario Vargas Llosa la revivió en la pieza teatral *Los cuentos de la peste*, basada en *El Decamerón*, e interpretada por él mismo, junto con Aitana Sánchez Gijón, en la puesta en escena llevada a cabo en el Teatro Español de Madrid, a inicios de 2015, que parecería una premonición de lo que iba a venir.

Y lo que iba a venir no era otra cosa que una inesperada y terrible pandemia, la del COVID-19, con una intensa propagación mundial. En efecto, en España, el estado de alarma sanitaria por el coronavirus se decretaba el 14 de marzo de 2020, terminado oficialmente el 21 de junio del mencionado año. En este periodo —como consigné en varios trabajos[40], en dos emisiones de RNE-3, en la programación de la UNED y en alguna confe-

[40] *Vid*. Romera Castillo, 2020a, 2020b, 2022 y 2024 (texto seguido en parte en este artículo).

rencia[41]— las artes escénicas sufrieron un contundente mazazo tras un férreo confinamiento[42].

La historia de nuestro teatro está llena de casos de confinamiento. Desde la vivencia, por ejemplo, de Segismundo en *La vida es sueño*, pasando, por referirme a épocas más próximas, a piezas como *La casa de Bernarda Alba* de Lorca, *El adefesio* de Rafael Alberti, *San Juan* de Max Aub, *En la ardiente oscuridad* y *La Fundación* de Buero Vallejo, *Escuadra hacia la muerte* de Alfonso Sastre, hasta llegar al teatro más actual (en obras de Juan Mayorga, Carmen Resino, Luis Riaza, Lourdes Ortiz, etc.)[43].

Añadiré algo más actual al respecto. En el cine, como es bien sabido, se eligió *La trinchera infinita*, con dirección de Jon Garaño, Aitor Arregui y José Mari Goenaga, para representar a España en los *Oscar* de 2020, que versa sobre la historia de un *topo*, Higinio, que, tras la guerra (in)civil, se esconde en un agu-

---

[41] Ver los programas radiofónicos de José Romera Castillo, "Teatro y coronavirus", en el programa *Sin distancias* de RNE-3 (7 de octubre de 2020), que puede oírse en https://mediavod-lvlt.rtve.es/resources/TE_SUNE1/mp3/9/9/1602752374499.mp3 y en https://canal.uned.es/video/5f7c180c5578f2436463674e (desde el minuto 25:20, en ambos casos) y en Canal UNED (17 de julio de 2020): https://canal.uned.es/video/5f118fbe5578f2562830724e; así como "Teatro y desescalada del coronavirus", en el Programa *Sin Distancias*, de RNE-3 (21 y 25 de octubre de 2020): https://mediavod-lvlt.rtve.es/resources/TE_SUNE1/mp3/6/9/1603440544596.mp3 y https://canal.uned.es/video/5f9132495578f262a4075464 y en Canal UNED (17 de julio de 2020): https://canal.uned.es/video/5f118fbe5578f25628307248. Puede verse también el vídeo: "El teatro y la pandemia del Covid-19", en la grabación del octavo *Seminario de Investigación. Métodos y líneas de investigación literaria* (Madrid, UNED, 25 de noviembre de 2020): https://canal.uned.es/video/5fbf817db6092302c2126a14.

[42] Los efectos del COVID-19 empiezan a ser estudiados en los diferentes géneros literarios (poesía, narrativa, etc.). Por lo que respecta al teatro, remitiré al número casi monográfico, "De frente a la epidemia [sic], que le dedicó la revista *Artescénicas* (ver Varios Autores, 2020).

[43] Como han estudiado Paco y Serrano (2020).

jero de su casa por miedo a posibles represalias[44]. Tema muy parecido al que Antonio Gala pusiera en escena en *Noviembre y un poco de hierba* (1967), donde Diego, un vencido, se esconde tras la guerra en un agujero bajo la cantina con el mismo objetivo[45].

En el ámbito teatral actual me referiré a dos obras. Una, *La habitación de María*, de Manuel M. Velasco, un monólogo dramático interpretado por su madre, Concha Velasco, bajo la dirección de José Carlos Plaza, estrenado en el teatro madrileño Reina Victoria el 21 de octubre de 2020, que versa sobre una escritora de 80 años, Isabel Chacón, ganadora del premio Planeta, que vive confinada durante 43 años en la planta 47 de un rascacielos de Madrid por la agorafobia que sufre[46].

Y otra, *Querido capricho*, escrita y dirigida por el argentino Tomás Cabané, que se estrenó el 20 de noviembre 2020 en la Sala de la Princesa del María Guerrero, en la que aparece Amanda, una mujer que ha decidido encerrarse en su casa a esperar la llamada de un chico del que se ha enamorado, que es veinte años más joven que ella[47].

Pero estos confinamientos no han sido consecuencia de una pandemia. La primera ola producida por el COVID-19, como anteriormente apuntaba, se iniciaba en España el 14 de marzo de 2020, fecha en el que se decretó el estado de alarma, que llegaría hasta el 21 de junio. Periodo en el que, tras un férreo confinamiento, las artes escénicas y otras manifestaciones artís-

---

[44] Ver https://www.lavanguardia.com/cine/20201103/49178298773/la-trinchera-infinita-representa-espana-oscars-hollywood.html.

[45] En otra obra teatral, *Se vuelve a llevar la guerra larga*, de Juan José Alonso Millán, estrenada en el teatro Jacinto Benavente en 1974, aparece otro confinado, Benito, del bando de los vencedores, que sale fuera de su escondite en 1939. Ver Torbado y Leguineche (1999), *Los topos*.

[46] Ver http://www.vistateatral.com/2020/11/la-habitacion-de-maria-en-teatro-reina.html.

[47] Ver https://bit.ly/3k8brD3.

ticas, en general, y el teatro, en particular, sufrieron un hachazo monumental.

El teatro llevado a las tablas, por su carácter social, en su esencia, es un hecho que va contra el aislamiento. Necesita a los espectadores, en un *convivio* en directo, por lo que, dentro de la liturgia teatral, al cerrar los teatros públicos y privados, no fue posible asistir a puestas en escena presenciales; así que, para mantener encendida la llama teatral, aunque fuese con escasa viveza, se tuvo que recurrir a algunos otros recursos como, por ejemplo, los siguientes.

En efecto, para subsanar esta carencia, hubo que recurrir a las plataformas en vídeos y redes sociales, como caladeros en los que *pescar*: al mítico *Estudio 1* (1965-1984) de RTVE —en el que se pusieron en escena los clásicos y los autores más contemporáneos, tanto españoles como foráneos—, tal como se hacía en Francia, con *Au thêatre ce soir* (1966-1990); o en la BBC con la antología *Play of the Moth* (1965-1983) —el juego de la polilla (que cual mariposa nocturna destruye la materia en donde anida)—. En España tenemos además la *Teatroteca* del Centro de Documentación de las Artes Escénicas y de la Música, así como, al igual que en otros países, existen plataformas de teatro en casa como *Alternativa teatral*, *Teatrix*, *Platea Live* y, muy especialmente, la barcelonesa *Play Theater* o la madrileña *AllTheater.com*, donde se pueden ver las obras emitidas en *streaming,* hecho al que me referiré a continuación.

Otro procedimiento fue el de crear salas virtuales de teatro, a través del *streaming,* que consiste, como es bien sabido, en la retransmisión o emisión en continuo, sustituyendo las representaciones presenciales por las transmisiones en directo de las mismas. Pondré dos ejemplos[48].

---

[48] Ver también Oñoro (2020).

El teatro madrileño de La Abadía, el 21 de marzo de 2020, coincidiendo con el Día mundial del teatro, a través del proyecto *#TeatroConfinado*, llevaba a cabo dos espectáculos a través de Zoom: *Sea Wall*, de Simon Stephens, un monólogo con Nacho Aldeguer, dirigido por Carlos Tuñón y *Actress 2020*, de Sleepwalk Collective, protagonizado por Iara Solano, entre otras puestas en escena[49]. Por su parte, El Teatre Lliure de Barcelona también pergeñó su propia programación[50].

Pondré otro ejemplo en el que se aunaron el procedimiento de emisión en *streaming* compaginado con aspectos temáticos como materia argumental de textos teatrales producidos por la pandemia. Traeré a colación un caso muy significativo: el del proyecto, *La pira* (VV. AA., 2020e)[51], realizado en el Centro Dramático Nacional, en los teatros madrileños María Guerrero y Valle-Inclán. El director del organismo, Alfredo Sanzol, indicaba que, como el fuego en la noche de San Juan "nos ayuda a purgar lo malo que nos ha pasado haciéndolo visible", el resultado de esta propuesta "tiene algo de catártico", a través de tres espectáculos, compuestos cada uno de ellos por tres piezas cortas, que versan sobre tres conceptos relacionados con la pandemia, y que pudieron verse por *streaming*, gratuitamente, desde el 26 de junio hasta el 16 de julio de 2020, en la web del Centro[52] y en sus redes sociales:

- *La conmoción*, de Alfredo Sanzol, Victoria Szpunberg y Eva Mir (el 26 de junio), sobre lo inesperado del confinamiento.

---

[49] Ver para más datos https://www.comunidad.madrid/noticias/2020/04/15/promovemos-seis-nuevos-espectaculos-teatroconfinado-abadia.

[50] #TheShowMustGoOn (https://www.teatrelliure.com/es/general/programacion-digital).

[51] Estudiada en este volumen por Markel Hernández Pérez.

[52] "La ventana del CDN": https://laventanadelcdn.com/el-centro-dramatico-nacional-vuelve-a-los-escenarios-con-la-trilogia-la-pira/.

- *La distancia*, de Pau Miró, Juan Mayorga y Andrea Jiménez / Noemí Rodríguez (el 3 de julio), sobre la separación "literal y figurada" y sus consecuencias.
- *La incertidumbre*, de Pablo Remón, Denise Despeyroux y Lucía Carballal (el 10 de julio), sobre el futuro incierto que nos espera.

En efecto, la pandemia, por otra parte, se ha incrustado como materia narrativa ya en diversos géneros literarios. Pero en la creación escénica, lo ha hecho en autores como Juan Mayorga, en *El Golem*, entre otros, además de *La pira* -estudiada en este volumen *por Markel Hernández Pérez*- y en algunos volúmenes colectivos como diversas antologías como, entre otras, las siguientes:

- (VV.AA., 2020a). *De los días sin abrazos. 25 obras de teatro en confinamiento*. Vigo: Ediciones Invasoras. Con edición de Alberto de Casso y Julio Fernández.

- (VV.AA., 2020b). *Sen(o)fobia*. Vigo: Ediciones Invasoras[53].

- (VV.AA, 2020c). *Teatro para una crisis*. Sevilla: Junta de Andalucía. Editada en el proyecto del Centro de investigación y recursos de las artes escénicas de Andalucía (CIRAE)[54].

- (VV.AA., 2021b). *Estado de alarma. Antología de relatos para un confinamiento*. Madrid: Valdemar.

- (VV.AA., 2022). *Quebradas. Dramaturgas en tiempo de pandemia*. Almería: Universidad de Almería. Edición de Concha Fernández Soto.

La lista de creaciones teatrales se podría ampliar, pero no puedo pormenorizar más. Solamente añadiré que un amigo y co-

---

[53] Las dos estudiadas por Julio Hernández en este volumen.

[54] #teatroparaunacrisis y https://www.juntadeandalucia.es/cultura/redportales/cdaea/content/teatroparaunacrisis#navbar.

lega, Francisco Morales Lomas (2022), ha publicado *El COVID y otros canibalismos,* dentro de su serie sobre teatro y canibalismo, donde se publican 6 piezas braves de su autoría.

Pero además de las creaciones teatrales, se han incrementado los estudios. Varios han sido los trabajos que he dedicado a las relaciones del teatro con el COVID-19, en los que se recoge bibliografía sobre el tema que, ahora, por razones de espacio no puedo pormenorizar. Los enumero: "Teatro y coronavirus" (Romera, 2020a); "Teatro, pandemia y salas virtuales" (Romera, 2020b); "Semiótica, pandemias, COVID-19 y teatro" (Romera, 2022); "Teselas de teatro breve actual" [apartado "Teatro breve y COVID-19" (Romera, 2023a)], "Líneas teatrales de investigación en el SELITEN@T: Teatro y ciencia (+ ficción)" Romera (2023b) y "Pandemias, COVID-19, literatura y teatro" (2024)[55].

Esta última entrada me da pie para referirme a una de las últimas publicaciones sobre el tema (Oliva, 2020; Solís *et alii*, 2021, etc.). En efecto se acaba de publicar por las profesoras de la universidad de Ginebra, Luana Bermúdez y Belinda Palacios (eds., 2024), *Nuevos acercamientos a la literatura hispánica sobre la pandemia de COVID-19*. El volumen está estructurado en cuatro secciones: en la primera, a modo de introducción, se publica el trabajo de Monserrat Camps Gaset (Universitat de Barcelona), "La pandemia en la literatura: algunos ejemplos" (págs. 15-31). La segunda se dedicada al ámbito teatral, en la que aparecen tres trabajos de José Romera Castillo (UNED / Academia de las Artes Escénicas de España), "Pandemias, COVID-19, literatura y teatro" (págs. 33-53); Julia Nawrot (Universidad de Granada), "La imagen de la pandemia de COVID-19 en el teatro español" (págs. 55-68); Luana Bermúdez (Université de Genève), "Ciudades enfermas: la representación d ellos espacios en el teatro español sobre el COVID-19" (págs.

[55] Trabajo que se amplía en la versión que se publica en este volumen.

69-97); cerrando el volumen el artículo de Sofía Rebata Delgado (Universidad Peruana de Ciencias Aplicadas), "La dramaturgia del encierro: procesos y creaciones de dramaturgos jóvenes durante la pandemia de la COVID-19 en Lima" (págs. 187-212)[56].

6. TEATRO TRANSMEDIA

Pero, además, en la dramaturgia ha florecido el teatro transmedia, en el que predominan los lenguajes híbridos. Como consecuencia de esta situación pandémica se ha producido una estrecha relación del teatro con las tecnologías audiovisuales y digitales, por lo que se han generado unos formatos híbridos de los lenguajes teatrales, cinematográficos y televisivos. Puede valer como ejemplo el proyecto llevado a cabo por la cadena de televisión HBO España, *Escenario* 0, protagonizado y producido por las actrices Irene Escolar y Bárbara Lennie, compuesto por seis episodios (que re-imaginan seis obras de teatro que pueden verse de forma independiente), donde se mezclan los tres lenguajes referidos anteriormente, y cuya emisión inicial —si bien concebidos durante el confinamiento— se llevó a cabo con *Hermanas*, del francés Pascal Rambert, con dirección de Diego Postigo, el 13 de septiembre de 2020[57] Formatos que, sin duda, junto a los tradicionales, han llegado para quedarse.

7. PARA CERRAR, DE MOMENTO

Como consecuencia de las pandemias, en general, y del COVID-19, en particular, se han producido en el ámbito cultu-

---

[56] La tercera sección se dedica al estudio del género poético y la cuarta, a la prosa. Ver además Varios Autores (2020d).

[57] Pueden verse las otras cinco obras representadas por actores conocidos en https://www.lavanguardia.com/series/20200911/483395252824/estreno-serie-hbo-escenario-0-teatro-espanol-brl.html.

ral, y más concretamente en la literatura y el teatro, por lo que nos concierne aquí, unos ejes semióticos-semánticos sobre los que conviene indicar algo al respecto.

En estas situaciones pandémicas, nos encontramos, en primer lugar, con el eje semántico de *crisis*, «un cambio profundo y de consecuencias importantes en un proceso o en una situación o en la manera en que estos son apreciados" (RAE). Y, como consecuencia de ella, en el terreno de la cultura, semióticamente, tanto en contenidos como en formatos, se van a producir inexorablemente cambios en varios órdenes.

Hecho del que va a surgir una nueva dimensión dentro de la situación del *conflicto*, al coexistir tendencias contradictorias capaces de producir trastornos de diversos tipos en los individuos. Situación psicológica y semióticamente importante, que se refleja en los géneros literarios, pero muy especialmente en el teatro, donde el conflicto es un armazón básico en sus creaciones.

Por lo que respecta al COVID-19 en España, como resultado del estado de alarma, debido a la situación sanitaria, en la primera ola se establecía el confinamiento de los ciudadanos, en cuatro fases, aunque de un modo asimétrico. Estamos ante otro axis semiótico-semántico: el del *confinamiento* —vocablo elegido por la FUNDÉU como la palabra del año 2020—, es decir, el del aislamiento impuesto generalmente a la población, a las personas, por diversas razones como las de la salud en nuestro caso. Acción que fue un duro mazazo para el terreno de la cultura, al cortarse drásticamente las actividades, y recluir al personal en confinamiento obligatorio.

Asimismo, la cultura, la literatura y el teatro, dentro de la *globalización* que nos invade, han encontrado acciones de emergencia, de resistencia, de supervivencia a través de unos nuevos formatos que han llegado para quedarse. Así como, pese a sus consecuencias negativas, se han producido y se producirán importantes productos culturales, literarios y teatrales. Las artes, en general, han hecho de la necesidad virtud.

Finalmente, el reflejo de esta maléfica pandemia se ha dado en todas las artes, en general, y en la literatura y el teatro, en particular; aunque el ámbito teatral ha sido siempre el que salió más perjudicado. La literatura (en sus manifestaciones narrativas, y poéticas especialmente) se puede cultivar individualmente, pero el teatro, cuando se pone en escena, necesita del *convivio* —denominación muy utilizada certeramente por Jorge Dubatti—, en el que la recreación social y presencial es fundamental.

En lo expuesto anteriormente, se han realizado unas calas sobre diversas manifestaciones literarias y teatrales, fundamentalmente, que, sin ser exhaustivas, proporcionan una muestra destacada de obras y espectáculos que conviene tener en cuenta, con el fin de reflexionar sobre hechos pandémicos pasados y presentes.

Para el dramaturgo francés, Antonin Artaud, en "El teatro y la peste" (2011)[58] —producto de una conferencia impartida en la Sorbonne, en 1933, integrada en su obra más emblemática, *El teatro y su doble* (1938)—, el teatro (como otras manifestaciones culturales, artísticas y literarias, añado yo), al igual que las pandemias, es un delirio contagioso, «porque afecta a importantes comunidades y las trastorna en idéntico sentido», ya que «una verdadera pieza de teatro [o literaria] perturba el reposo de los sentidos, libera el inconsciente reprimido, incita a una especie de rebelión [...] e impone a la comunidad una actitud heroica y difícil». Para terminar: «El paso por esa plaga nos debe transformar. Salimos traumatizados, pero también fortalecidos»,

---

[58] Puede leerse también en https://malsalvaje.com/2020/03/13/el-teatro-y-la-peste-un-texto-de-antonin-artaud/.

porque «es una especie de transformación, de terremoto interno que nos transforma» (la catarsis aristotélica vigente). Amén.

En síntesis, pandemias, cultura, literatura y teatro van estrechamente unidos, y, ante esta crisis vivida y que vivimos todavía, como en otras tantas ocasiones, la cultura, y, dentro de su ámbito, la literatura y el teatro, resucitará con fuerza y con nuevas facturas artísticas. Así, al menos, lo esperamos quienes nos *alimentamos* y gozamos de sus resultados[59].

REFERENCIAS BIBLIOGRÁFICAS

ANDERSSON, LARS (1992). *La leyenda del rey de la peste*. Traducción de Ana Valdés. Barcelona: Montesinos.

ARTAUD, ANTONIN (2011). "El teatro y la peste". En su obra *El teatro y su doble,* 17-36. Traducción de Enrique Alonso y Francisco Abelenda. Barcelona: Edhasa.

ARTEAGA, ALMUDENA (2010). Ángeles custodios. Madrid: Ediciones B.

BELTRÁN MOYA, JOSÉ LUIS (2006). *Historia de las epidemias en España y sus colonias (1348-1919).* Madrid: La Esfera de los Libros.

BENEDICTOW, OLE J. (2020). *La peste negra, 1346-1353*. Traducción de José Luis Gil Aristu. Madrid: Akal.

BERMÚDEZ, LUANA Y PALACIOS, BELINDA, EDS. (2024). *Nuevos acercamientos a la literatura hispánica sobre la pandemia de COVID-19*. Madrid: Visor Libros.

[59] Puede verse una grabación en la sesión inicial, "Semiótica, pandemia y cultura", de la conferencia inaugural de José Romera Castillo, en el Seminario internacional sobre *Semiótica y relatos de la actualidad*, organizado por la Asociación Española de Semiótica, el 2 de diciembre de 2020, en línea: https://www.youtube.com/watch?v=h3gZy46dFWs (16:08 a 39:40 m.). Asimismo, puede verse la grabación de esta intervención (que recoge varios trabajos anteriores) en https://canal.uned.es/video/66f28bc8920ab3716a053e88.

BOCCACCIO, GIOVANNI (1989). *Decameron*. Edición de Vittore Branza. Milán: Mondadori.

CAMUS, ALBERT (1983). *La peste*. Barcelona: Seix Barral.

CHATEAUBRIAND, FRANÇOIS RENÉ DE (2000). *Mémories d'outre-tombe*. Edición de Jean-Claude Berchet. París: LGF / Le Livre de Poche.

DEFOE, DANIEL (2020). *Diario del año de la peste*. Traducción de Carlos Pujol. Barcelona: Alba editorial.

DEVILLE, PATRIK (2014). *Peste & Cólera*. Traducción de José Manuel Fajardo. Barcelona: Anagrama.

ECO, UMBERTO (2009). *Cultura y semiótica*. Madrid: Círculo de Bellas Artes.

FREUD, SIGMUND (2007). *El malestar de la cultura*. Barcelona: Editorial Folio.

GARCÍA MÁRQUEZ, GABRIEL (2003). *El amor en los tiempos del cólera*. Barcelona: Penguin Random House.

GIONO, JEAN (1995). *El húsar en el tejado*. Traducción de Francesc Roca. Barcelona: Anagrama.

HEMINGWAY, ERNEST (2003). *Fiesta*. Traducción de Joaquín Adsuar. Madrid: Editorial Debolsillo.

IDOATE, LUISA (2020). "Una generación segada por la guerra y la gripe española". *El Correo*, s.p.

JARAUTA, FRANCISCO (2020). "La situación de la cultura". *Artescénicas* 17-18 (septiembre), 25-26. Disponible en línea: https://academiadelasartesescenicas.es//archivos/files/publicaciones/Artescenicas_17_18_revista_web_ok.pdf [20/06/2024].

LARA, EMILIO (2020). "Novela histórica y epidemias: el espejo de la vida". *Zenda. Autores, libros y compañía*. Disponible en https://www.zendalibros.com/novela-historica-y-epidemias-el-espejo-de-la-vida/ [20/06/2024].

LOTMAN, YURI M. Y ESCUELA DE TARTU (1979). *Semiótica de la cultura*. Madrid: Cátedra.

MANN, THOMAS (2020a). *Muerte en Venecia*. Traducción de Juan José del Solar. Barcelona: Penguin Random Haouse.

_____ (2020b). *La montaña mágica*. Traducción de Isabel García Adánez. Barcelona: Penguin Random House.

MANZONI, ALESSANDRO (1993). *I promessi sposi*. Edición de Biancamaria Travi. Miolán: Mondadori.

MAUGHAM, WILLIAM S. (2009). *La mascarada de la muerte roja*. Traducción e introducción de Juan Gabriel Guix. Barcelona: Ediciones Alpha Decay.

MORALES LOMAS, FRANCISCO (2022). *El COVID y otros canibalismos*. Salobreña, Granada: Alhulia / Academia de Buenas Letras de Granada.

MUÑOZ MOLINA, ANTONIO (2020). *El miedo de los niños*. Barcelona. Seix Barral.

_____ (2021). *Volver a donde*. Barcelona: Seix Barral.

OLIVA, CÉSAR (2020). "El teatro en los tiempos del coronavirus". *Fila à: Revista de investigación teatral* 45, 521-528.

OÑORO, CRISTINA (2020). "Y la ciudad se volvió teatro. Reflexiones sobre paseos y teatro deambulatorio en tiempos de pandemia". *Acotaciones* 45, 521-527. Disponible en línea: https://www.resad.com/Acotaciones.new/index.php/ACT/article/view/484/614. [20/06/2024].

PACO, MARIANO DE Y SERRANO, VIRTUDES (2020). "Confinamientos en el teatro español desde el siglo XX". *Artescénicas* 17-18 (septiembre), 20-23. Disponible en línea: https://academiadelasartesescenicas.es//archivos/files/publicaciones/Artescenicas_17_18_revista_web_ok.pdf [20/06/2024].

PEPYS, SAMUEL (1944). *Diarios*. Traducción de Milli Dandolo. Milán: Bompiani.

PLA, JOSEP (2012). *El quadern gris*. Edición de Narcís Galorela. Barcelona: Destino.

POE, EDGAR A. (2009). *La mascarada de la muerte roja*. Traducción e introducción de Juan Gabriel Guix. Barcelona: Ediciones Alpha Decay.

_____ (2016). *El rey Peste*. Edición de Thomas Ollive Mabbot. Barcelona: Penguin Random House.

ROMERA CASTILLO, JOSÉ (2020a). "Teatro y coronavirus". *Ideal. Diario Regional de Andalucía*, 27 de agosto, 21 (https://www.ideal.es/opinion/teatro-coronavirus-20200827180521-nt.html y https://academiadebuenasletrasdegranada.org/wp-content/uploads/2020/12/de-buenas-letras-20-08-27.pdf) y en el *Boletín de la Academia de Buenas Letras de Granada* 14-15 (enero-diciembre, 2020), 429 (https://academiadebuenasletrasdegranada.org/wp-content/uploads/2021/02/Bolet%C3%ADn-N%C3%BAmeros-14-15-Enero-Diciembre-2020.pdf) [20/06/2024].

_____ (2020b). "Teatro, pandemia y salas virtuales". *Ideal. Diario Regional de Andalucía*, 8 de octubre, 23 (https://www.ideal.es/opinion/teatro-pandemia-salas-20201008202503-nt.html; https://academiadebuenasletrasdegranada.org/wp-content/uploads/2021/01/de-buenas-letras-20-10-08.pdf) y en el *Boletín de la Academia de Buenas Letras de Granada* 14-15 (enero-diciembre, 2020), 430 (https://academiadebuenasletrasdegranada.org/wp-content/uploads/2021/02/Bolet%C3%ADn-N%C3%BAmeros-14-15-Enero-Diciembre-2020.pdf) [20/06/2024].

_____ (2022). "Semiótica, pandemias, COVID-19 y teatro". *Signa* 31, 27-37. Disponible en http://revistas.uned.es/index.php/signa/article/view/32184/24686 [20/06/2024].

_____ (2023a). "Teselas de teatro breve actual". *Las Puertas del Drama* 59 (junio), en línea: https://aat.es/las-puertas-del-drama/teselas-de-teatro-breve-actual/ [20/06/2024].

_____ (2023b). "Líneas teatrales de investigación en el SELITEN@T: Teatro y ciencia (+ ficción)". En *Teatro, ciencias y ciencia ficción en las dos primeras décadas del siglo XXI*, José Romera Castillo (ed.), 7-54. Madrid: Verbum.

_____ (2024). "Pandemias, COVID-19, literatura y teatro". En *Nuevos acercamientos a la literatura hispánica sobre la pandemia de COVID-19*, Luna Bermúdez y Belinda Palacios (eds.), 33-53. Madrid: Visor Libros.

ROMERA CASTILLO, JOSÉ, ED. (1996). *La novela histórica a finales del siglo XX*. Madrid: Visor Libros.

ROTH, PHILIP (2010). *Nemesis*. Londres: Vintage Books.

SANZ, MARTA (2021). *Parte de mí*. Barcelona: Anagrama.

SARAMAGO, JOSÉ (2022). *Ensayo sobre la ceguera*. Traducción de Basilio Losada. Madrid: Alfaguara.

SOLÍS, REGINA *et alii* (2021). "Teatro en tiempos de pandemia: una llamada al encuentro". *Acotaciones. Revista de investigación teatral* 46, 205-23. Disponible en https://doi.org/10.32621/ACOTACIONES.2021.46.08 [20/08/2024].

SPINNEY, LAURA (2020). *El jinete pálido: 1918. La epidemia que cambió el mundo* Traducción de Yolanda Fontal Rueda. Barcelona: Crítica.

TORBADO, JESÚS Y LEGUINECHE, MANUEL (1999). *Los topos*. Madrid: *El País*-Aguilar, 3.ª edición.

VARIOS AUTORES, (2020a). *De los días sin abrazos. 25 obras de teatro en confinamiento*, Edición de Alberto Casso y Julio Fernández. Vigo: Ediciones Invasoras.

_____ (2020b). *Sen(o)fobia*. Vigo: Ediciones Invasoras.

_____ (2020c). *Teatro para una crisis*. Sevilla: Junta de Andalucía.

______ (2020d). "De frente a la epidemia". *Artescénicas* 17-18 (septiembre), 5-31. Disponible en línea: https://academia-

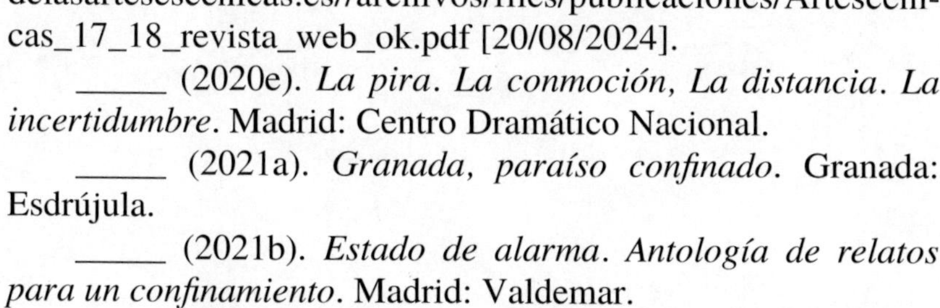

delasartesescenicas.es//archivos/files/publicaciones/Artescenicas_17_18_revista_web_ok.pdf [20/08/2024].

_____ (2020e). *La pira. La conmoción, La distancia. La incertidumbre*. Madrid: Centro Dramático Nacional.

_____ (2021a). *Granada, paraíso confinado*. Granada: Esdrújula.

_____ (2021b). *Estado de alarma. Antología de relatos para un confinamiento*. Madrid: Valdemar.

____ (2022). *Quebradas. Dramaturgas en tiempo de pandemia*. Edición de Concha Fernández Soto. Almería: Universidad de Almería.

Villanueva, Darío (2020). "De la conmoción a la incertidumbre". *Artescénicas* 17-18 (septiembre), 26-28. Disponible en: https://academiadelasartesescenicas.es//archivos/files/publicaciones/Artescenicas_17_18_revista_web_ok.pdf [20/06/2024].

_____ (2022). "Paisaje después de la pandemia". *Signa* 31, 39-52. Disponible en https://www.cervantesvirtual.com/obra/paisaje-despues-de-la-pandemia-1158856/ [20/08/2024].

Vintró, eulalia (2020). "Tucídides y Sófocles ante la peste de Atenas". *Economía y Sociedad* 103, s.p. Disponible en https://www.economiaysociedad.cl/tucidides-y-sofocles-ante-la-peste#:~:text=S%C3%B3focles%20utiliza%20la%20peste%20como,y%20sin%20saberlo%2C%20su%20reino [20/08/2024].

PEREGRINACIÓN, TECNOVIVIO Y MISTICISMO EN EL TEATRO DE LA COVID: EL CASO DE *LA LÁMPARA MARAVILLOSA* DE GRUMELOT[1]

PILGRIMAGE, TECHNO-LIFE AND MYSTICISM IN COVID THEATRE: THE CASE OF GRUMELOT´S *LA LAMPARA MARAVILLOSA*

JULIO VÉLEZ SAINZ
Instituto del Teatro de Madrid & Universidad Complutense de Madrid
jjvelez@ucm.es

Resumen: La producción teatral en los tiempos de la inmediata post-pandemia (los niveles de desescalada y la "nueva normalidad") tras la irrupción del SARS-COVID 19 en 2020 varía significativamente en cuanto a los paradigmas que se pueden observar en el teatro producido durante dicha pandemia. Un caso paradigmático es el de la versión que la compañía Grumelot realizó de *La lámpara maravillosa* de Ramón María del Valle-Inclán. Se trata de una obra diseñada para dos tipos de público. El que asiste a la misma tiene una experiencia presencial e inmersiva mientras que el que la ve desde la pantalla es testigo de la misma a la vez que interactúa con el equipo por canales de redes sociales. En términos dramatúrgicos se combina la traslación del clásico y su profunda espiritualidad mística y teosófica

[1] Este trabajo se inserta en los objetivos investigadores del Instituto del Teatro de Madrid, el Seminario de Estudios Teatrales (UCM, 930128) y los proyectos CONSTEMAD-CM: "Constelaciones y redes digitales como herramientas para la documentación y análisis del patrimonio teatral del Madrid contemporáneo" (PHS-2024/PH-HUM-437).

al contexto actual. En los técnicos se procura jugar con la presencialidad del convivio y la distancia ausencial del tecnovivio, aspectos tan estudiados por Jorge Dubatti.

Palabras clave: Grumelot. Ramón María del Valle Inclán. *La lámpara maravillosa*. Misticismo. Tecnovivio. COVID-19. Teatro. Enfermedad.

Abstract: The theatrical production of the times of the immediate post-Pandemia (the levels of de-escalation and the "new normality") after the SARS-COVID 19 in 2020 varies significantly as to the paradigms observed in the theater produced during the mentioned pandemic. A paradigmatic case is Grumelot´s version of *La lámpara maravillosa* by Ramón María del Valle-Inclán. It is a piece designed for two types of public. Those who attend enjoyed a presential and immersive experience while the ones who saw the show from the screen both witnessed it and interacted with the team through social media channels. The translation ofthe classic and its deep mystical and theosophical spirituality into the current context is analyzed in dramaturgical terms. In technical terms, the play was a great example of the combination of the notions of conviviality and techno-life, as thouroughly studied by Jorge Dubatti.

Keywords: Grumelot. Ramón María del Valle Inclán. *La lámpara maravillosa [The Lamp of Wonders]*. Tecnovivio. COVID-19. Theater. Disease.

La inmensa producción teatral que se produjo durante los años 2020 y 2021 al respecto de la pandemia del SARS-COVID-19 ha producido un conjunto interesante de estudios dentro del campo de los estudios teatrales. Entre otros, podemos citar los múltiples trabajos de José Romera Castillo sobre el impacto del Corona en la cultura teatral contemporánea (Romera Castillo, 2022: 27-37; 2020a; 2020b) o sobre los modelos de distribución de las salas virtuales (2020b) que tratan el conjunto de obras que se produjeron en aquellos tiempos. Una buena compilación está disponible en A. Casso, y J. Fernández (2020). Son interesantes las reflexiones, ya desde la práctica escénica, de Mariano de Paco (2020) e Ignacio García (2020) así como de Cristina Oñoro (2020). Por mi parte, en un trabajo anterior me centré en el teatro producido en los días del confinamiento masivo, la cuarentena y el estado de alarma, es decir, aproximadamente del 14 de marzo por la noche a la promulgación del *Plan de desconfinamiento de España* el 28 de abril (Vélez-Sainz, 2021: 421-441).

En el presente me centraré en el teatro que se produjo a lo largo de los meses que duraron las cuatro fases en las que se reducían de manera gradual las limitaciones del confinamiento hasta que el 21 de junio, con el final de la última prórroga del estado de alarma, el país pasó a lo que se denominó como «nueva normalidad». Si en el teatro del confinamiento se podían observar dos paradigmas fundamentales (la supervivencia y la intermedialidad), que derivaban en dos temáticas fundamentales (la utopía y el *convivio*), en el de las cuatro fases de desconfinamiento algunos de estos paradigmas y temáticas se ampliaron para incluir propuestas en las que la peregrinación, el misticismo y la espiritualidad tomaban la escena. Aunque podamos encontrar otros paradigmas funcionales (como con cualquier sistema de carácter estructuralista) los paradigmas que presento permiten realizar un análisis completo y ponderado de la escena última. Con este trabajo se procura la identificación de este género teatral, posiblemente nuevo, y su presentación como la punta del iceberg de unas lógicas cambiantes en el ambiente sociocultural.

Partamos de la base de que, en efecto, el teatro, como acontecimiento efímero, provoca que la ciencia que lo estudia sea, en palabras de Jorge Dubatti, una "ciencia del acontecimiento perdido" de un fenómeno que es "convivial" por naturaleza, acontecimiento que solo puede reconstruirse y estudiarse si existen medios de conservación oportunos[2]. Hay una necesidad del *convivio* y la presencialidad para que el hecho teatral sea efectivo. Para Dubatti:

> Llamamos convivio teatral a la reunión de artistas, técnicos y espectadores en una encrucijada territorial y temporal cotidiana (una sala, la calle, un bar, una casa, etc., en el tiempo presente), sin intermediación tecnológica que permita la sustracción territorial de los cuerpos en el encuentro. En tanto acontecimiento, el teatro es algo que existe mientras sucede, y en tanto cultura viviente no admite captura o cristalización en formatos tecnológicos. Como la vida, el teatro no puede ser apresado en estructuras in vitro, no puede ser enlatado; lo que se enlata del teatro –en grabaciones, registros fílmicos, transmisiones por Internet, u otros– es información sobre el acontecimiento, no el acontecimiento en sí mismo (2015: 45).

Ignacio García recordaba, con su habitual sagacidad, al respecto del caso del teatro enlatado que se produjo como primerísima respuesta al confinamiento que era "un 'fake', un cadáver excelso que puede llegar a subyugar pero que no es sino un reflejo de la caverna platónica" (García, 2020). En efecto, se

[2] En su *Filosofía del Teatro* I, capítulo III, analiza el "Acontecimiento convivial" (Dubatti, 2007: 43-88).

trataba, en algunos caso de un proceso de revivir artificialmente obras que no estaban diseñadas para ese medio. No obstante, algunos productos teatrales que surgieron en el proceso de desconfinamiento se regían por lo que Dubatti llamaría tecnovivio y procuraban establecer un proceso de comunicación, siquiera desterritorializado y ausente, entre público y artistas. Como dice el maestro argentino:

> Lo opuesto al convivio es el tecnovivio, es decir, la cultura viviente desterritorializada por intermediación tecnológica. Se pueden distinguir dos grandes formas de tecnovivio: el tecnovivio interactivo (el teléfono, el chateo, los mensajes de texto, los juegos en red, el skype, etc.), en el que se produce conexión entre dos o más personas; y el tecnovivio monoactivo, en el que no se establece un diálogo de ida y vuelta entre dos personas, sino la relación de una con una máquina o con el objeto o dispositivo producido por esa máquina, cuyo generador humano se ha ausentado, en el espacio y/o en el tiempo (2015: 46).

Algunas producciones procuraron llegar a esto. Podemos citar “La ventana del CDN” del Centro Dramático Nacional que presentaba varias iniciativas distintas, cada una marcada por su hashtag #Elteatroporllegar. A través de su canal de youtube se emitieron en directo coloquios (Ronald Schimmelpfennig y Quique Bazo, Remedios Zafra y Alfredo Sanzol) y clases magistrales (Lola Arias y Andrés Lima). En #Desdemicocina invitaron a diferentes creadores (Pablo y Alba Vergne, Xavier Bobés) a reinterpretar una obra de repertorio a partir de los elementos que tenían en su cocina. Asimismo, en [Creadores en directo] a través de la cuenta de instagram del CDN, los artistas que estrenaron o que iban a estrenar (Tomás Cabané, Lucía Carballal, Carolina África, María Folguera) esa temporada, charlaban durante una hora con los seguidores que les hacen preguntas a través de la aplicación[3]. De igual modo, el 27 de marzo se abrió "La cuarta sala" de los Teatros del Canal, para "ofrecer al público diferentes piezas creadas por los artistas desde sus casas[4]". Se accedía a las creaciones a través de la cuenta de Facebook de los Teatros del Canal y en las cuentas de Twitter e Instagram con las etiquetas #SinSalirDeCasa, #ElCanalEnCasa y #LaCuartaSalaCanal. *La fura dels Baus* (2020a, 2020b), en pleno confinamiento, difundió a través de la aplicación para *streaming* Twitch *La maldición de la corona* una adaptación transmedial del *MacBeth* shakespeareano que se podía seguir a la vez en la pantalla del ordenador y en la del móvil, previa descarga de una aplicación[5].

Por encima de todos los esfuerzos creo que destaca el teatro de La Abadía, que, a través de Zoom, ofreció experiencias en directo para un número de personas limitado (40) ya estudiadas con anterioridad (Vélez-Sainz, 2021: 428-429). Alguna de estas jugaba con las temáticas de la peregrinación y la imposibilidad del movimiento. *Tras los pasos de Augusto Medeira Mendes*, de Los Bárbaros, de Javier Hernando y Miguel Rojo con creación de Rocío Bell, Javier Hernando, Miguel Rojo y Miguel Ruz era una investigación sobre el rastro de un personaje inventado que iconiza Ourique (un pueblo del Alentejo portugués), en su pasado y presente, sus calles, su energía, su espíritu, su gente. Este

---

[3] Principalmente se difundieron a través de Youtube, donde se guardaron los directos, e Instagram: https://www.youtube.com/user/centrodramatico001/videos [20/09/2024].

[4] Se puede consultar en la web: https://www.comunidad.madrid/noticias/2020/03/24/presentamos-cuarta-sala-canal-espacio-creacion-virtual-abierto-publico [20/09/2024].

[5] Se puso en pantalla el martes 28 de abril y el viernes 8 de mayo. Se puede consultar en la siguiente URL: https://lafura.com/obras/la-maldicion-de-la-corona/ [20/072024].

personaje borgiano se construía a través de los relatos, las memorias, las fotografías con una escenificación que remitía al *Live cinema* y a una concepción espacial del tiempo proveniente de la exposición que comisarió Georges Didi-Huberman en el Reina Sofía sobre el *Atlas* de Aby Warburg, el *Bilderatlas Mnemosyne* [Didi-Huberman, 2010; Warburg, 2018] de modo que se sustituía la narración cronológica por el desplazamiento espacial.

No obstante, el mejor ejemplo de la pereginación fue, sin duda, el de la madrileña Grumelot, compañía residente en Nave 73, que estrenó *La lámpara maravillosa* a partir del texto homónimo de Valle-Inclán para la XXXVIII Edición del Festival de Otoño de la Comunidad de Madrid de ese mismo incierto año. En la actualidad, Grumelot son Carlota Gaviño, Javier Lara e Íñigo Rodríguez-Claro. Los tres miembros de la compañía ocupan posiciones diversas (dirigen, escriben, versionan, actúan…), en función de las necesidades y características específicas de cada proyecto. En sus líneas de trabajo combinan a los clásicos y los contemporáneos. En muchos de sus textos clásicos buscan "rehabilitar" algunos personajes pues declaran haber abierto un "exitoso centro de rehabilitación para personajes en riesgo de exclusión escénica".[6] En este sentido destacan *Otro no tengo* de Edward Bond (2009) o *Malcontent* (versión libre de *La Duquesa de Malfi* de John Webster, julio del 2011). Destaca *#sobrejulieta* estrenada en mayo de 2014 dentro del Festival Surge Madrid y con coproducción del Festival 150gr de Vitoria, interpretado por Carlota Gaviño y dirigido por Iñigo Rodríguez-Claro. Por otro lado, tienen una línea de creación contemporánea en la que entrarían su primer montaje, ya citado anteriormente, *Cuando llueve vodka* o, más recientemente, los tres solos: *Mi pasado en B*, *Sobre Julieta* y *John Wayne, al pie del monte Urgull* y *SCRATCH*.

[6] https://www.condeduquemadrid.es/actividades/queque-grumelot [20/09/2024].

Su versión de *La lámpara maravillosa* de Valle Inclán era una experiencia itinerante, íntima y duracional. Con los subtítulos de *Viaje espiritual* y *Experiencia digital,* se trataba de un espectáculo diseñado para tres tipos de concurrentes. Por un lado, estaban los "Peregrinos", espectadores presenciales que participaban en un viaje físico junto a uno de los intérpretes en un coche, con salida a las 12:00 de la mañana del Teatro de la Abadía y retorno a las 18:30 (aprox.) al mismo teatro. En segundo lugar, estaban los "Místicos", público de la experiencia digital que, a través de su ordenador y su teléfono móvil, participaba del viaje en su totalidad o de alguno de los tres capítulos digitales en los que el viaje está dividido y que tenía la oportunidad de interactuar con los intérpretes del espectáculo de forma virtual. Finalmente, estaban los "Testigos" de la parte audiovisual de la experiencia digital a través de las pantallas de sus ordenadores. Estos tenía acceso al microsite de la experiencia pero no podían interactuar con el espectáculo ni su equipo.

La experiencia presencial estaba diseñada para un actor y cuatro espectadores que viajaban juntos en coche para alejarse del ruido de la ciudad y adentrarse en el silencio del campo junto a Valle Inclán y John Cage. Se trataba de un *road trip* espiritual de unas 6 horas de duración a través del atardecer y hacia la noche en un recorrido por el patrimonio histórico de la Comunidad de Madrid. Como indican en la escaleta de producción, la obra debía tener lugar de 12:00 a 18:30. Es decir, se aprovechaban las horas de luz natural, aspecto fundamental para soslayar el espíritu experiencial, realista e inmersivo del espectáculo. La función tenía lugar en el Teatro de la Abadía, en las Huertas del Palacio de Infante don Luís (Boadilla del Monte), en el Bar La Barbacana de esta misma localidad, en el Real Coliseo y Monasterio de El Escorial y en el Monasterio de Santa María de la Real de Valdeiglesias para volver al Teatro de la Abadía.

El trabajo dramatúrgico con *La lámpara maravillosa* es muy minucioso. El capítulo 1, "El Cristal", está protagonizado por Javier Lara[7], quien llevó a los poco espectadores que cabían en el automóvil por los derroteros de la Comunidad de Madrid con, al menos, una parada ocasional para tomar un tentempié. El segundo capítulo, "La Piedra", está protagonizado por Pablo Messiez y se centra en el propio teatro de la Abadía[8]. El tercero, "La Rosa" incorporada en Carlota Gaviño se sitúa en los restos de la iglesia desacralizada del citado Monasterio de Santa María de la Real de Valdeiglesias [9].

Detengámonos en esta sección. La obra cuenta con un elemento de recuperación del patrimonio cultural y arqueológico de la Comunidad. El monasterio es una construcción, de la orden cisterciense, que data del siglo XII, aunque sufrió mejoras a partir del siglo XV. En 1836 la desamortización de Mendizábal y la marcha de los monjes supusieron el comienzo del proceso de ruina en el que se encuentra el complejo. Se trata, en realidad, del monasterio más antiguo de la Comunidad.

Como hemos indicado, Grumelot es una compañía que gusta de la actualización de los textos fuente con los que juega. Así, la metáfora del camino místico informa toda la obra. El hipotexto de Valle es una obra muy deudora de la concepción mística del maestro Eckhart que parte de la base de que el alma debe olvidar "el ejercicio de la voluntad, y no decidir ni del bien ni

[7] El capítulo se puede consultar en https://www.youtube.com/watch?v=2ZVLVTdVwSQ&feature=youtu.be [20/09/2024].

[8] El capítulo se puede consultar en https://www.youtube.com/watch?v=B09Fd70yTSk&feature=youtu.be [20/09/2024].

[9] El capítulo se puede consultar en https://www.youtube.com/watch?v=U0gVJwr5H14&feature=youtu.be [20/09/2024].

del mal de las cosas, estando muy atenta a que la intuición hable en ella" de modo que la experiencia mística es vista como un triple tránsito:

> Tres son los tránsitos por donde pasa el alma antes de ser iniciada en el misterio de la Eterna Belleza: Primer tránsito, amor doloroso. Segundo tránsito, amor gozoso. Tercer tránsito, amor con renunciamiento y quietud. Para el extático no existe mudanza en las imágenes del mundo, porque en cualquiera de sus aspectos sabe amarlas con el mismo amor, remontado al acto eterno por el cual son creadas. Y con relación a lo inmutable, todo deviene inmutable ("Gnosis", 1916: 16).

Como ha mostrado Carmen Vílchez Ruiz a partir de un profundo estudio de las fuentes de la obra original tras acceder a documentos manuscritos autógrafos de la biblioteca Valle-Inclán-Alsina (2015: 1153), el parlamento es muy deudor de la *Historia de los heterodoxos españoles* del polígrafo Menéndez Pelayo donde se indica que el sujeto místico "pierde y depone de tal suerte su voluntad, que queda privada y destituida de ella, y no quiere ya ni bien, ni mal, ni nada" (1880, 2: 203). En la transcripción lineal de los autógrafos del citado legado Valle Inclán Alsina se lee la versión completa: "la *Spiritus annihilate* / de Suso. Cuando leemos / en las *Instituciones* / *místicas* de Taulero, / que el alma en / la contemplación /queda del todo priva / da de la voluntad e / indiferente para el bien / como para el mal. [35.1.5] y [35.1.5v]. Como indica Ruiz, las anotaciones de la tercera página -3r- del cuadernillo formado por [35.1.5] y [35.1.5v] constatan la intencionalidad de Valle-Inclán en torno a las doctrinas de unitarismo y arrianismo de Juan de Valdés y Miguel Servet y, sobre todo, de Miguel de Molinos. Los tres tránsitos corresponden a tres disposiciones de amor: doloroso, gozoso y con renunciamiento y quietud. Cada uno de los tránsitos de la obra corresponden a un "capítulo" de la versión de Grumelot: la piedra, el cristal y la Rosa. Juan Antonio Hormigón habla de dos instancias posibles en las operaciones de transposición y adaptación textual. En primera instancia se puede hablar de una lectura contemporánea, es decir, traer los sentidos del texto fuente a la realidad actual, qué se mantiene de aquello de lo cual nos habla el hipotexto, en el momento de su creación, qué ha cambiado, cómo ha cambiado. El autor propone la analogía con la realidad, entendiendo que en esa lectura: "Se trata de ofrecer la historia narrada de modo que esté en condiciones de ser asumida por el público contemporáneo, para que éste pueda establecer analogías entre lo que contempla y su propia realidad" (Hormigón, 2014: 34-35). En segundo lugar, se busca establecer un núcleo de convicción dramática: "que explica la razón profunda de nuestra lectura selectiva y de nuestro compromiso con ella. Igualmente establece los subrayados analógicos contemporáneos" (Hormigón, 1989), en palabras de López Antuñano es "la intención que mueve al director a realizar la puesta en escena" (López Antuñano, 2012). Este es el movimiento que creemos que hace Grumelot a partir de una idea fuerza presente en *La lampara maravillosa*. La investigadora llega a demostrar que Valle-Inclán manejó en concreto la *Guía espiritual* de Molinos en su impresión de Madrid en 1676 (2015: 1155).

Es aquí donde cobra sentido el nombre de la compañía: Grumelot se refiere a Grammelot (gromalot o galimatias), imitación del lenguaje utilizado en el teatro clásico satírico. Se trata de una jerga *ad hoc* que utiliza la prosodia junto a elementos macarrónicos y onomatopéyicos para transmitir significado emocional y de otro tipo. La crítica relaciona el término con la commedia dell'arte (Chancerel, 1946: 47; Rudlin, 1994:60). Aunque el origen histórico del término no está claro, ha sido popularizado particularmente por el Nobel Dario Fo. En *Mistero Buffo* (1969) se usaban unos bocetos basados en fuentes medievales, narrados en grammelots a partir de lenguas galoitalianas y fonemas de lenguas modernas. En su conferencia de Nobel, Fo se refirió a la invención del dramaturgo italiano del siglo XVI Ruzzante de un lenguaje similar basado en dialectos italianos, latinos, españoles, alemanes y sonidos onomatopéyicos. El nombre de la compañía se refiere, claro, a la necesidad de encontrar un nuevo lenguaje que desarrolle una estética moderna. Su trabajo, pues, se relaciona con la puesta a punto de textos de la tradición clásica a partir de los paradigmas expuestos por Fo. Como recuerdan los Grumelot:

> A través de sus palabras Valle nos invita a parar, a callar, a callarnos, a callarnos juntos; o al menos a detenernos a escuchar la música de las palabras, sus sonidos, a escuchar los sonidos de nuestra realidad, de la naturaleza que nos rodea, a mirar al misterio a la cara y a sentir tal vez, como dice el propio Valle, que en todas las cosas duerme un poder de evocaciones eróticas (Programa).

El clásico es interpretado en lenguaje grumelotiano al presente que mantiene la estructura del original mientras se adapta y pone al día en un *pidgin* creativo. El hecho de que la narración, siempre centrada en la figura del *homo viator*, acabe en el centro espiritual más antiguo de la región no es casual. Además de poner en valor un sitio, se invita al espectador a un viaje hacia la espiritualidad y el misticismo en un momento en el que el movimiento del mismo está profundamente limitado. Incluso aquellos que disfrutaron de la experiencia en su formato "peregrino" iban con mascarilla. Contextualmente, no quedaba lejos de esta *peregrinatio* discursiva de aquellas peregrinaciones puntuales al supermercado o a los bienes de primera necesidad, situadas en los momentos más duros de la hibernación económica y del aislamiento en masa, en cuanto a que los espectadores adquirían, de nuevo, el sentido de la físicalidad de la calle, del mundo real más allá de esa suerte de cavernas platónicas en las que la sociedad española estaba inmersa. De este modo, en la obra adquieren nuevos sentidos, de carácter ontológico, las temáticas del movimiento discursivo, del *homo viator* que construye su historia con el movimiento.

Para esta "grumelotización" del clásico, en cuanto traslación a los lenguajes teatrales actuales, es fundamental el aspecto técnico. La obra trata de un desplazamiento especial por localizaciones donde se combinan los textos con instalaciones sonoras creadas para cada espacio de modo que se establecen estados sonoros desde las cualidades del propio espacio: el espacio pasa a ser un instrumento. Encontrar el itinerario, las paradas y los tiempos estructurales son uno de los grandes retos de esta experiencia. En términos acústicos (muy importantes para la producción) se combinaban piezas en espera y cortinillas de entrada, directos y pregrabados, que incluían la instalación de voz del propio Valle-Inclán leyendo poemas como "Rosa de Job" o la "Sonata de Otoño", y otras piezas intervenidas dramatúrgicamente con las voces de Carlota, Íñigo, Javier, Pedro Pablo y Pablo[10]. De este modo, se propone intervenir el paisaje y el silencio para generar una reflexión serena en estos tiempos hipe-

[10] La obra depende, como en varias de sus producciones, del espacio sonoro de José Pablo Polo, quien marca el tempo de la obra con una música a ratos calmante (en el tipo de las *berceuse* o los nocturnos) a ratos atonal. La lista de reproducción completa se puede consultar en https://www.youtube.com/playlist?list=PL2cvJ6Tpxzjq_bGBwnIQLsF2QR8zAYFQb [20/09/2024].

racelerados a través del encuentro entre los textos de *La lámpara maravillosa* de Valle y *Silencio* de John Cage.

También era fundamental lo visual. El vídeo del *streaming* combinaba también directos con pregrabados, piezas en espera y cortinillas de entrada. En alguna ocasión se juega con vídeos grabados proyectados sobre el cuerpo de actores y público e interviniendo pantallas laterales[11]. De hecho, la obra cuenta con un detallado registro sobre la experiencia digital, en la forma de un video-resumen de los inputs que van llegando al público por la vía telefónica, paralela al streaming[12]. Este registro recoge parcialmente la experiencia que llega al espectador que ve el *streaming* en directo en el caso de los "Testigos" y, en el caso de los "Místicos" simultáneamente en móvil a través de whatsapp e Instagram. De este modo, la obra procuraba suspender al espectador en el *hinc et nunc* del teatro "En el ahora se guarda el tiempo todo" de modo que se repetía (y se culminaba con) la idea de que aunque el actor y el espectador quizá no estudieran compartiendo el mismo espacio ni el tiempo ("quizá ni siquiera estemos compartiendo el mismo tiempo") pero, desde luego, "estamos compartiendo el mismo instante eterno" (Grabación 1:05). El encuentro con la rosa mística (clímax de la obra) servía como una suerte de Aleph místico donde se encontraba todo tiempo y todo espacio. Tengamos en cuenta, ahora, que la experiencia mística está grabada y disponible posiblemente *ad æaternum* en los servidores de modo que se puede realizar de nuevo el desplazamiento eternamente. Se trata de un procedimiento de creación colectiva por medio de las múltiples experiencias vividas del equipo actoral, el técnico, y los espectadores ya fueran "peregrinos", "místicos" o "testigos".

---

[11] Agradecemos a Grumelot su tremenda generosidad en permitirnos consultar y reproducir su escaleta en streaming, véase el apéndice.

[12] Se puede consultar en https://cutt.ly/KjtYVcj [20/09/2024].

Volvamos al principio. Si una de las consecuencias directas de la crisis de la COVID-19 fue la pérdida del convivio dubattiano, la obra combinaba el modelo del convivio tal y como lo define el maestro argentino en cuanto era una verdadera reunión de artistas, técnicos y espectadores en una "encrucijada territorial y temporal cotidiana" que, además, no contaba con la "intermediación tecnológica que permita la sustracción territorial de los cuerpos en el encuentro". Es decir, los "Peregrinos" participaban del convivio. A la par, los "Místicos" disfrutaban del "tecnovivio interactivo" en cuanto el programa de chateo, la cuenta de Instagram permitía la conexión entre dos o más personas si bien estaban en lugares distintos. Finalmente, los "Testigos" participaban del "tecnovivio monoactivo", pues no mantenían un diálogo con los actores. Se trata de una obra en la que se combinan los tres modelos mientras, a la vez, se deja memoria documental de este acontecimiento incapturable por medio del registro visual. Grumelot procuraba trasladar el modelo del convivio al tecnovivio por medio de una viaje místico y teosófico que tenía un profundo efecto liberador en unos espectadores que había estado confinados y que reaprendían a mantener una relación espiritual con los nuevos espacios de libertad que la desescalada y la "nueva normalidad" imponían en un acto de liberación de las ataduras de los espacios limitados a los que cerrilmente se habían acostumbrado[13].

REFERENCIAS BIBLIOGRÁFICAS

CASSO, A. de y FERNÁNDEZ, J. (eds). (2020). *De los días sin abrazos. 25 obras de teatro en confinamiento*. Vigo: Ediciones Invasoras.

---

[13] Una grabación de esta intervención puede verse en https://canal.uned.es/video/66f28ca95bd52e781f036fa2 [23/09/2024].

CHANCEREL, L. (1946). *Le théâtre et la jeunesse*. París: Bourrellier.

DIDI-HUBERMAN, G. (2010). *Atlas. ¿Cómo llevar el mundo a cuestas?* Madrid: Reina Sofía.

DUBATTI, J. (2007). *Filosofía del teatro: Convivio, experiencia, subjetividad*. Buenos Aires: Atuel.

_____ (2015). "Convivio y tecnovivio: el teatro entre infancia y babelismo". *Revista Colombiana de las Artes Escénicas* 9, 44-54.

HORMIGÓN, J. A. 1989). "Del texto al espectáculo: apuntes para una metodología del trabajo dramatúrgico". En http://www.teatrodelpueblo.org.ar/dramaturgia/hormigon001.htm 11 agosto de 2015 [11/10/2024].

_____ (2014). "Actualizar o alegorizar". *Revista ADE-Teatro* 151, 32-35.

LÓPEZ ANTUÑANO, J. G. (2012). "Teatro del siglo XXI. Presentación *versus* representación, *Nueva revista*, URL: http://www.nuevarevista.net/articulos/teatro-del-siglo-xxi-presentacion-versus-representacion [11/10/2024].

GARCÍA, I. (2020). "No olvides que es comedia nuestra vida". *El País*, 22/04/. https://elpais.com/cultura/2020/04/13/babelia/1586794615903378.html [11/10/2024].

La fura dels Baus (2020a). "La Fura dels Baus reinventa el teatro digital interpretando 'Macbeth' por videoconferencia", 20/05/. URL: https://lafura.com/noticias/la-fura-dels-baus-reinventa-el-teatro-digital-interpretando-macbeth-por-videoconferencia/ [11/10/2024}.

_____ (2020b). *La maldición de la corona*. https://lafura.com/obras/la-maldicion-de-la-corona/, estreno, 28 de abril y el viernes 8 de mayo. Vídeo de la performance: https://www.youtube.com/watch?v=4t6opJPRbD8 [11/10/2024].

LOS BÁRBAROS (2020). *Programa de mano de Tras los pasos de Augusto Madeira Mendes* (Madrid, Teatro de La Abadía).

MENÉNDEZ PELAYO, M. (1880-1882). *Historia de los heterodoxos españoles*. Madrid: F. Maroto e hijos, 3 volúmenes.

———. (1948). *Ensayos de crítica filosófica*. Madrid: Consejo Superior de Investigaciones Científicas.

MOLINOS, M. de (1676). *Guía espiritual que desembaraza al alma y la conduce por el interior camino para alcanzar la perfecta contemplación y el rico tesoro de la interior paz*. Madrid: Francisco Sanz.

——— (1908). *Guía espiritual*. Ed. Rafael Urbano. Barcelona: Bareda, "Biblioteca Orientalista" de Ramón Maynadé.

OÑORO, C. (2020). "Y la ciudad se volvió teatro. Reflexiones sobre paseos y teatro deambulatorio en tiempos de pandemia". *Acotaciones* 45, 521-527.

PACO SERRANO, M. de y SERRANO, V. (2020). "Confinamientos en el teatro español desde el siglo XX". *Artescénicas*, 20-23. Disponible en línea: https://academiadelasartesescenicas.es// archivos/files/publicaciones/Artescenic as_17_18_revista_web_ ok.pdf [11/10/2024].

ROMERA CASTILLO, J. (2020a). "Teatro y coronavirus". *Ideal de Granada*, 27/08/. Disponible en línea: https://academiadebuenasletrasdegranada.org/wp-content/uploads/2020/ 12/debuenas-letras-20-08-27.pdf [11/10/2024].

——— (2020b). "Teatro, pandemia y salas virtuales". *Ideal de Granada*, 8/10/. Disponible en línea: https://academiadebuenasletrasdegranada.org/wpcontent/uploads/2021/01/de-buenasletras-20-10-08.pdf [11/10/2024].

_____ (2022). "Semiótica, pandemias, COVID-19 y teatro". *Signa: revista de la Asociación Española de Semiótica (Sección monográfica I. Semiótica y relatos de actualidad*) 31,

27-37. Disponible en línea: http://revistas.uned.es/index.php/signa/article/view/32184/24686 [11/10/2024].

RUDLIN, J. (1994). *Commedia dell'arte: An Actor's Handbook*. Londres: Routledge.

VÉLEZ-SAINZ, J. (2021). "El teatro en los tiempos del coronavirus: utopía, *convivio*, supervivencia e intermedialidad". En *Últimos circuitos teatrales del siglo XXI*, Jara Martínez y Margarita del Hoyo (eds.), 421-441. Madrid: Antígona.

WARBURG, Aby (2028). *Bilderatlas Mnemosyne*, Londres: Warburg Institute., *URL:* https://warburg.sas.ac.uk/library-collections/warburg-institute-archive/online-bilderatlas-mnemosyne [11/10/2024].

APÉNDICE

Escaleta *streaming* de *La lámpara maravillosa* (Grumelot, 2020).

	HORA	LUGAR	AUDIO	DESCRIPCIÓN AUDIO	VIDEO	DESCRIPCIÓN VIDEO
CAPÍTULO PRIMERO (primer tránsito: El Cristal)	11:45	Abadía	Pieza En Espera	Resumen Capítulo 3 (Los espectadores se van conectando al servidor)	Pieza En Espera	Resumen Capítulo 3 (Los espectadores se van conectando al servidor)
	12:00	Ambigú de la Abadía	Inicio conexión Directo o Pregrabado	El sonido de la instalación "Rosa de Job" (voz de ValleInclán) -está por decidir si es en directo o pregrabado-	Inicio de Conexión Directo	Raquel recoge aprox. 5 minutos de la instalación sonora en el Ambigú del Teatro de la Abadía No hay actores
	12:05	Ambigú de la Abadía	Pregrabado	Cortinilla de entrada "Gnosis" (Voz de Carlota)	Pregrabada	Cortinilla de entrada
	12:10	Ambigú de la Abadía + Exterior de la Abadía	Directo y/o Pregrabado	sigue sonido de la instalación -decidir si es en directo o pregrabado- y sonido del exterior	Directo	Raquel se encuentra con Javier Raquel se sube al coche. Inicio viaje a Boadilla
	???	Exterior de la Abadía	Directo	Pieza bio Valle 1 (voz Javier)	Directo	Antes de subir a la furgo
	???	???	Pregrabado (en Urones)	"Mira los cristales iluminados por el sol" (voz de Íñigo)	Directo	??

CAPÍTULO PRIMERO (primer tránsito: El Cristal)	12:15	En el coche en viaje a Boadilla	Pregrabada + Directo	Pieza Pregrabada Polo (la ciudad y ValleInclán) >>> "Cuando yo era mozo" (en autopista y en función de la señal) + "En este amanecer" (seguido) de Javi en directo	Directo	Raquel recoge viaje en coche y luego con Javier su monólogo en el coche
	12:40	Puerta Huertas del Palacio de Infante don Luis	Pregrabada	Pieza Audioguía (voz de Carlota + voz de ValleInclán "Sonata de Otoño")	Directo	Raquel sale del coche. Paseo por las Huertas y los Jardines del Palacio con audioguía
	12:55	Puerta Jardines Palacio de Infante don Luis	Pregrabada o Directo	Sigue la Audioguía (Voz de Carlota) o Sonido ext.	Directo	Raquel observa el paseo de los Viajeros ¿Posible pieza con Íñigo? Raquel se une a los Viajeros
	13:05	Bar Labarbacana	Directo	Monólogo de Javier Una escena en un bar ("Los idiomas")	Directo	Monólogo de Javi en el bar mientras se come
	13:40	Paseo del Bar al coche	Directo	Sonidos exterior	Directo	Raquel va hacia el coche
	13:45	Suben al coche	Directo	sonido coche	Directo	Raquel en el coche viaje en directo
	13:45	En el coche en viaje a El Escorial	Pregrabado	Cortinilla de salida (Avance Capítulo 2)	Pregrabado	Cortinilla de salida (Avance Capítulo 2)
	13:50	En el coche en viaje a El Escorial	Fin de conexión	-	Fin de conexión	-

CAPÍTULO SEGUNDO (segundo tránsito: la piedra)	14:15	En el coche en viaje a El Escorial o En el exterior Real Coliseo	Pieza En espera	Resumen Capítulo 1 (Los espectadores se van conectando al servidor)	Pieza En espera	Resumen Capítulo 1 (Los espectadores se van conectando al servidor)
	14:30	En el coche en viaje a El Escorial o En el exterior del Real Coliseo o Interior del Real Coliseo	Inicio de conexión Pregrabado o Directo	Pieza de las preguntas (voz de Carlota) o sonido del Real Coliseo con la pasada de la pieza de Pablo	Pregrabado	Pantalla en negro
	14:35	En el coche en viaje a El Escorial o En el exterior del Real Coliseo o Interior del Real Coliseo	Pregrabado	Cortinilla de entrada "Gnosis" (Voz de Carlota)	Pregrabado	Cortinilla de entrada
	14:40	En el exterior del Real Coliseo	Pregrabado	"Qué mezquino" + "Recuerdo un caso de mi vida:… un puñado de trigo" (directo por Javier)	Pregrabado	Javier sentado en las escaleras de la entrada de artistas, entra en el teatro

CAPÍTULO SEGUNDO (segundo tránsito: la piedra)	14:45	Dentro del teatro Real Coliseo	Directo + Mesa de audio	"El milagro musical" Conectado a la mesa de audio	Directo	"El Milagro musical" Pieza de Pablo Messiez
	15:30	Dentro del teatro Real Coliseo	Directo	se desconecta de la mesa	Directo	Raquel sale del teatro al exterior
	15:35	Exterior del Real Coliseo	Directo	sonido exterior	Directo	Raquel pasea hacia el coche ¿Pieza de Javier?
	15:40	se suben al coche	Directo	sonido coche	Directo	Raquel muestra el viaje en el coche
	15:45	en el coche en viaje al Monasterio	Pregrabado	Cortinilla de salida (Avance Capítulo 3)	Pregrabado	Cortinilla de salida (Avance Capítulo 3)
	15:50	en el coche en viaje al Monasterio	Fin de conexión	-	Fin de conexión	-
CAPÍTULO TERCERO (tercer tránsito: la rosa)	16:15	En el coche viaje al Monasterio	Pieza En Espera	Resumen Capítulo 1 y 2 (Los espectadores se van conectando al servidor)	Pieza en Espera	Resumen Capítulo 1 y 2 (Los espectadores se van conectando al servidor)
	16:30	En el coche viaje al Monasterio	Inicio Conexión Pregrabada	Pieza oídos	Inicio Conexión Pregrabado	Instrucciones Pieza oídos
	16:35	En el coche viaje al Monasterio	Pregrabado	Pieza Polo	Directo	Raquel en el coche entra en el camino del Monasterio hasta aparcar
	16:40	aparcados en el Monasterio	Pregrabado	Cortinilla de entrada "Gnosis" (Voz de Carlota)	Pregrabado	Cortinilla de entrada

CAPÍTULO TERCERO (tercer tránsito: la rosa)	16:45	Inicio paseo en Monasterio	Directo y/o Pregrabado	recoge los textos de Javier, Pablo e Íñigo y un bajo continuo suave de todos los textos	Directo	Raquel sigue a Javier por las ruinas del Claustro Puede que haya una pieza en la Sala Capitular
	17:00	En la Iglesia	Directo	sonido del exterior, al llegar a la Iglesia se conecta a la mesa de audio	Directo	Raquel va por un recorrido distinto a los Viajeros y se dirige al ábside de la Iglesia donde está Polo
	17:05	En la Iglesia	Directo	conectado a la mesa de audio + sonido ext.	Directo	Raquel recoge la entrada de los Viajeros a la Iglesia
	17:15	En la Iglesia	Pregrabado + Directo	"El quietismo estético" conectado a la mesa de audio + sonido ext.	Directo	"El quietismo estético" Pieza de Carlota Gaviño
	17:35	En la Iglesia yendo hacia el coche	Directo	se desconecta de la mesa Sonido ext.	Directo	Raquel sale de la Iglesia y se dirige al coche
	17:40	se suben al coche	Directo	sonido coche	Directo	Raquel en el coche viaje en directo
	17:40	en el coche en viaje a Madrid	Pregrabado	Pregrabado de Polo >>> "Peregrino del mundo" (a cuatro voces)	Directo	Raquel en el coche
	entre 17:55 y 18:05	en el coche en viaje a Madrid	Pregrabado	Cortinilla de salida (vuelta a la instalación final)	Pregrabado	Cortinilla de salida (vuelta a la instalación final)
	18:05	en el coche en viaje a Madrid	Fin de conexión	-	Fin de conexión	-

LA ESCRITURA PANDÉMICA: *DE LOS DÍAS SIN ABRAZOS* Y *SEN(O)FOBIA*

PANDEMIC WRITING: *DE LOS DÍAS SIN ABRAZOS* AND *SEN(O)FOBIA*

JULIO FERNÁNDEZ PELÁEZ
Dramaturgo
inauditos@gmail.com

Resumen: Análisis de las dos obras colectivas *De los días sin abrazos* y *Sen(o)fobia*, publicadas por la ediorial Invasoras en 2020, desde una mirada postpandémica. En total, más de cuarenta textos procedentes de una treintena de autorías que componen un mosaico dramatúrgico de gran valor documental para comprender el relato social que se construyó alrededor de la expansión del virus COVID19, el confinamiento y el abandono de ancianos en residencias. La edición como forma de diseminación de la denuncia y como material que años más tarde se constituye en necesario para comprender la trascendencia del aquel momento y de sus consecuencias en el presente.

Palabras clave: Teatro. *De los días sin abrazos*. *Sen(o) fobia*. COVID-19 Pandemia. Confinamiento. Denuncia social. Abandono. Odio a lo viejo.

Abstract: Two collective works, *De los días sin abrazos* and *Sen(o)fobia*, published by Invasoras in 2020 are anayled from a post-pandemic perspective. In total, more than forty texts have been written by thirty authors that make up a dramaturgical mosaic of great documentary value in order to understand the social story that was built around the expansion of the COVID19 virus, the lockdown and also the abandonment of the elderly in nursing homes. For that reason, both books picture not only ways of disseminating but also social criticism. All the plays represent relevant material to understand the significance of that moment and its consequences in the present.

Keywords: Theater. *De los días sin abrazos*. *Sen(o)fobia*. COVID-19. Pandemic. Lockdown. Social criticism. Abandonment. Hatred of the old.

1. ENTRE EL HUMOR Y LA GRAVEDAD. DOS ANTOLOGÍAS QUE SURGEN DENTRO DE UN CONTEXTO DE PANDEMIA

De los días sin abrazos (25 obras de teatro en confinamiento) es una recopilación de textos breves –o brevísimos– escritos durante el confinamiento impuesto por la expansión del virus COVID-19 (VV. AA., 2020a). El libro tiene su relevo en *Sen(o)fobia*, también publicado el mismo año (VV. AA., 2020b), aunque ya en los meses posteriores al confinamiento, centrándose esta vez en las consecuencias de la pandemia en las personas más vulnerables a la enfermedad, es decir, los ancianos.

Si en la primera antología reina un espíritu de descubrimiento y juego con la nueva situación generada por el virus, en la segunda abunda un tono crítico que en ocasiones se torna ácido y lleno de rabia. En cierta manera, el punto de partida es el mismo: la ausencia de afectos (ya sea de abrazos o de compasión). Pero si en el primer libro nos encontramos con una situación de partida impuesta, aunque razonable –que en principio afecta a todas las personas por igual–; en el segundo, el detonante es una falta de atención arbitraria y discriminatoria, pues se focaliza, por ausencia de medios o de moral, en una parte de la población.

Las diferencias entre uno y otro, como testimonios –a su vez– de dos tiempos distintos, aunque consecutivos, no solo se limitan a los diferentes desencadenantes que propician estos textos –que en su mayoría se sumergen en la ficción pero sin abandonar ciertos trazos de realismo– sino que ahondan su disparidad en la propia forma en la que se desarrollan los discursos, lo cual tiene que ver, indudablemente, con el imaginario colectivo desarrollado *durante* y *a consecuencia de*.

Había, durante los primeros meses de pandemia, una mezcla de miedo y de esperanza, que mediante una especie de difuso revoltijo convertía cualquier situación cotidiana en rídicula, e incluso exagerada. No se sabía si la pandemia estaba logrando unir a la especie humana en una causa común, o por el contrario estaba sacando lo peor de nuestra especie. Y en esta atmósfera de contradicción se estaba extendiendo un raro aire de surrealismo sobrevenido, un hecho que queda reflejado en no pocos textos del libro, y que da origen a la aparición de una crítica social a caballo entre la condena y el sarcasmo. Así, los galgos son ahorcados porque a través de ellos se transmite la enfermedad, tal y como sucede en "En el tren de los galgos", de Alberto de Casso (2020a: 47-54), o los niños tienen que salir a la calle con un brazalete azul para que no les insulten, tal y como nos cuenta en su obra "El brazalete azul", Antonio Morales Montoro (2020a: 133-137).

Mientras los seres permanecen aislados e inactivos, la realidad trágica se transforma en sonidos de aplausos en las ventanas a la misma hora, cada día, o en muerte real en un hospital, dando lugar a una mezcla de sensaciones extremas y en gran medida distópicas, fomentadas por una labor incansable de creación de noticias a tiempo real en los medios de comunicación. Debajo de esta realidad televisada que poco a poco se va convirtiendo en obsesiva –por aparecer como la única posible–, la ironía sigue latiendo, quizá como un arma de defensa y tratando de exorcizar la fuerza del miedo. Escribe Ruth Gutiérrez en "Y la entraña quemada" (2020a: 90): "Ahora somos solidarios. Ahora la policía ya no hunde la punta de la pistola en la sien de un negro sin papeles. Ahora se canta y baila en las calles. Ahora las familias han vuelto a llamarse"[1].

En contraposición a este juego de contrastes que circula entre polos opuestos: de la solidaridad colectiva al miedo a una muerte –como individuos y como especie–, en *Sen(o)fobia* se impone una dramaturgia fiel a los hechos, fuertemente arraigada en la certidumbre de los datos, predominando las piezas que emplean el documento (o las noticias) como fuente de inspiración. Así ocurre, por ejemplo, en "Manos", de Ana Abad de Larriva (2020b: 125), que comienza con una cifra: los 19.500 muertos en residencias por el COVID19, o con síntomas compatibles. O en "Valeria y yo", un texto de Carmen Abizanda (2020b: 119-122), que también nos da una cifra parecida en boca del personaje LOCUTOR.

Pero no siempre esta regla se cumple. Partiendo de la premisa de una mayor ligereza y divertimento en *De los días sin abrazos* y una mayor densidad y gravedad en *Sen(o)fobia,* nos encontramos con no pocas digresiones. Tal es el caso de "1.9.3.6" , un disparatado diálogo cómico escrito por Lola Correa (2020b: 41-50) dentro de *Sen(o)fobia* que juega con la edad de nacimiento de muchas de las personas que sufren, 85 años después, los exabruptos de una sociedad deshumanizada; y en el

[1] En "Y la entraña quemada", de Ruth Gutiérrez, en *De los días sin abrazos* (2020a: 90).

extremo opuesto, podríamos citar "Balada triste para armónica", de Sebastián Moreno (2020a: 147-154), que ya en *De los días sin abrazos* compone un pequeño diario de confinamiento que, con el trasfondo del Alzheimer, señala con gran pesadumbre quiénes fueron y serán los más afectados por cualquier pandemia: siempre los más indefensos.

Como vemos, frente a la tragedia que supuso, sobre todo en un principio, aceptar que en realidad somos animales vulnerables y expuestos a las inclemencias del destino, asunto que por otra parte ya intuíamos –y que en países del Sur Global comprenden a diario–, la reacción de las autoras y autores de ambos libros es abordar la cuestión desde lugares no comunes y con mirada crítica, obligando al lector a descubrir la realidad desde lugares insospechados, a veces enfocando el detalle y otras veces invirtiendo lo real o exagerándolo premeditamente.

2. LA LOCURA. DE SER SÍNTOMA A SER CONSECUENCIA

Desde una mirada pospandémica, una de las cuestiones más reveladoras de ambos libros es el cómo, en gran medida, el retrato social que se efectúa nos habla de un imaginario colectivo fuera de control, al borde de la histeria, y en el que, al contrario de lo que pudiera esperarse de una situación que requiere de la solidaridad, lo que finalmente acontece es una exacerbación del individualismo y la falta de empatía.

Había dos caminos posibles: una reacción de cambio hacia un mayor pacifismo y una mayor conciencia de la crisis climática o la destrucción del medio ambiente, o justo lo contrario. Es obvio, a juzgar por los acontecimientos, que reinó la segunda opción. Ni el silencio, ni la lentitud ni el diálogo vencieron al poder de la ambición, de manera que no solo el mundo siguió como iba, sino que empeoró. En realidad, tal y como se avisa Julio Fernández (2020a: 7-10) en el prólogo de *Los días sin abrazos*, la guerra que se libra en el fondo es "la guerra contra el egoísmo"[2]. Un egoísmo que de no ser frenado nos llevaría a enfermar colectivamente, no solo a causa de un virus sino por falta de sensibilidad ante el dolor ajeno.

Partiendo de la base de que, tal y como dice Sontag (1976: 62), "las definiciones de cordura y locura son arbitrarias y, en gran parte, políticas", por lo que son muy dependientes del momento vital de una sociedad en concreto, nos centramos aquí en un nuevo tipo de locura expandida que no tiene que ver con un problema mental determinado, sino con una especie de contagio de la sinrazón, y por supuesto, de incomprensión hacia cualquier cuestión vital ajena a la propia pandemia, es decir: hacia cualquier estado de fragilidad no incluido dentro de los parámetros de las leyes sobrevenidas.

Una ausencia de sensibilidad que abarca también cualquier disfuncionalidad social o psicológica y que está magistralmente descrita en "Los espantapájaros", de Paloma Pedrero (2020a: 155-162), donde con gran ternura la autora nos habla de cómo los preceptos del confinamiento se aplicaron sin realizar excepciones, en especial con aquellas personas que, como el personaje de Valentina, más necesitaban la calle porque la calle era su hábitat, su refugio, o su forma de vida. "Gracias, gracias de verdad. ¿Tendrá ventana la celda? No me importa que tenga barrotes. Solo quiero que admitan pájaros. ¿Admiten pájaros?"[3], le dice Valentina a los agentes tras ser detenida.

---

[2] En "Luz de gas. Todos los muertos fueron un accidente" (con prólogo de Julio Fernández), en *De los días sin abrazos* (2020a: 10).

[3] En "Los espantapájaros", de Paloma Pedrero, en *De los días sin abrazos* (2020a: 161).

La enfermedad social que amenaza con acabar con cualquier rastro saludable de humanidad, en lo que ser refiere a la compasión, la piedad o la ayuda desinteresada, corre el peligro de convertirse en delirio colectivo. Y es ahí donde *Sen(o)fobia* acierta con su denuncia de la psicopatía generalizada.

El odio a lo viejo sería, entonces, ya desde la primera de las antologías, una consecuencia de esa especie de patología que niega los espejos, es decir: el inevitable destino inherente a nuestra propia naturaleza, y que nos hará depender de alguien algún día. "No es una opción'", de Ruth Vilar (2020b: 97-104) nos habla, en clave política, de esta negación. "Antes que oler a viejo me tiro al río"[4], dicen los sujetos de una sociedad que ha optado por abandonar –o aniquilar– a los individuos improductivos y enfermos.

Pero el descontrol de la nueva locura no tendría por qué producir solo y exclusivamente efectos nocivos. En 'Importuna lluvia de batracios desde un cielo como los de antes', Amelie Blume (2020a: 33-40) parte de una premisa liberadora mediante la cual las fuerzas del orden, y en concreto el ejército, ya han sido capaces de liberar residencias y prostíbulos, sacando a los viejos de su lamentable situación y a las prostitutas de su esclavitud, con el paradójico fin de que no se contagien ni contagien, aunque esto implique un total aislamiento. Es por esto que Amelie Blume somete a los personajes a un loco deseo de encuentro irrefrenable –y al mismo tiempo saludable– que quebranta todas las buenas costumbres. Después de abrir un hueco en la pared que los separa "MUJER y VIEJO se desnudan. Mantienen relaciones sexuales siguiendo el ritual de cualquier película porno"[5].

---

[4] En "No es una opción", de Ruth Vilar, en *Sen(o)fobi* (2020b: 103).

[5] En "Importuna lluvia de batracios…", de Amelie Blume, en *De los días sin abrazos* (2020a: 90).

Pero la cuestión de fondo, como venimos apuntando, no es que los individuos enloquezcan por culpa de una pandemia, sino que la sociedad en su conjunto enferme a través de la aceptación de una realidad psicopatizada, en la que la auténtica pandemia no proviene de un virus sino del empobrecimiento de las conciencias. De ahí que sea fulminado el tradicional respeto a las personas ancianas, que pasan de ser venerables a residuos en una residencia, últimas cifras de una lista de destinatarios de un salvavidas. Quizá sea esta la razón oculta por la que las víctimas (los viejos), deciden acabar con sus vidas antes de que los abandonen frente a una muerte dolorosa. En "La sopera", de Antonio Cremades y Pedro Montalbán-Kroebel (2020b: 85-94), tres personajes ancianos teatralizan el final de sus existencias, a punto de envenenarse con sus propias medicinas, dejando entrever que el único acto lleno de lucidez –en un mundo donde ha triunfado el sálvese quien pueda– es abandonarlo mediante un discreto y silencioso suicidio.

3. LA ESCRITURA PANDÉMICA. LA LIBERACIÓN ARTÍSTICA COMO HERRAMIENTA POLÍTICA

Tanto *De los días sin abrazos* como *Sen(o)fobia* parten de premisas de escritura bien definidas por la editorial, pero si en la primera antología simplemente se buscaban textos surgidos durante el asilamiento forzoso, en la segunda el cariz político es evidente, pues el punto de partida es el mencionado odio a lo viejo, una idea que aparece en el propio título mediante la palabra inventada *senofobia* y que va más allá de la conocida gerontofobia. Escribe Julio Fernández en el prólogo del libro: "Los viejos nos importan un carajo. Pero esto no es gerontofobia, es algo más. No es que tengamos miedo a ser ancianos. Lo que sucede es mucho más grave: los ocultamos, los olvidamos y los dejamos morir" (2020b: 11).

Tenemos, en consecuencia, dos antologías surgidas de la necesidad de reunir distintas voces dramáticas, en un intento de compilar dramaturgias contemporáneas en torno a acontecimientos sociales de gran importancia que suceden a tiempo real, pero con el añadido, en el segundo de los libros, de incluir estas voces dentro de una coralidad editorial crítica y en la que sobresale abiertamente el uso de la denuncia.

No es la primera vez que esto ocurría, pues ya en *Un minuto de justicia* o en *La patria de los parias,* Invasoras había recopilado textos que podríamos considerar combativos, al poner en evidencia, en el primero de los libros el sistema judicial, y la precariedad laboral en el segundo. Tampoco será el último, y en esta dirección cabe mencionar especialmente *El veneno en el aire*, una compilación de textos antifascistas. Sin embargo, y a diferencia de estos títulos, la denuncia que circula en *Sen(o) fobia* no surge de un acontecimiento general que se extiende a lo largo del tiempo, sino de algo muy concreto que sucedió en la primavera de 2020, un suceso referido al cómo, sin recursos médicos suficientes, se permitió que murieran de COVID-19 los ancianos en las residencias, sin derivarlos a un hospital.

Desde este punto de vista, es lógico, en consecuencia, que los textos de *Sen(o)fobia*, tal y como ya hemos advertido, se acerquen más a lo que podríamos llamar teatro documental, aquel que Erwin Piscator denominó en su día como político, al actuar en la transformación social desde lo que él llamaba el tercer frente (1979: 332), y que se servía de la objetividad de los datos –rechazando de paso la subjetividad de la poesía– para dinamizar la lucha de clases.

¿Pero son precisos los datos cuando las evidencias son tan abrumadoras que hasta la prensa generalista, no especialmente dedicada al trabajo periodístico de la denuncia, se hace eco de la barbarie? La respuesta es sencilla: no. No es necesario repetir lo que ya está publicado de manera amplia o es de sentido común. Basta con establecer las afirmaciones como hipótesis iniciales, pero no con la intención de ser demostradas sino para construir con ellas un drama que nos permita esclarecer la realidad desde el arte. Esta es la técnica que emplea Jerónimo López Mozo en "¡Que revienten los viejos!" (2020b: 17-26), donde el personaje de KANTOR, y como primer movimiento en el juego dramático, define el lugar donde se recluyen a los ancianos: "No es asilo, en efecto. Es prisión. Me cuesta pronunciar esta palabra. Hay en ella algo de definitivo"[6].

Una vez presentado el problema, y sin la obligación de demostrarlo, tal y como ya hemos advertido, aparece con claridad la posibilidad de denuncia a través de una mirada subjetiva. Y he aquí donde las dos antologías vuelven a encontrarse. De hecho, no son pocos los textos que podrían estar tanto en una como en otra, pues el confinamiento se extendió durante meses, reduciendo su intensidad de forma paulatina en sus sucesivas fases, hasta llegar a lo que se denominaba *nueva normalidad* y que venía a ser un eufemismo de un regreso a las mismas costumbres que antecedían al COVID-19; y a la inversa: la situación de los ancianos en las residencias fue, desde el primer día de pandemia, objeto de mirada crítica teniendo en cuenta que su aislamiento en residencias acentuaba la ya de por sí precaria soledad.

El modo en el que esta mirada subjetiva desarrolla la crítica es muy variada en ambas antologías. En el caso de "Sentido y

---

[6] En "'¡Que revienten los viejos!", de Jerónimo López Mozo, en *Sen(o)fobia* (2020b: 19).

sensibilidad", de Guillermo Heras (2020b: 33-40), se ejerce a través de la opinión de los personajes y mediante el recurso del diálogo: "ROBERTO– Todo nos parecía diferente cuando llegó la democracia, pero ya ves, otro espejismo más para las gentes que ya no servimos al sistema"[7]. Macarena Trigo opta en "Aclaraciones del todo impertinentes" (2020a: 177-182) por un monólogo que aparenta confundirse con la voz autorial de Macarena o con una voz interior ficcional: "La normalidad más mediocre ahora se parece a ser feliz. Tomarse una caña en un bar resulta que era ser feliz. Hay que joderse"[8]. Y en el caso de Pilar Zapata, en "Cinco frases con puntos suspensivos" (2020b: 61-68), la fórmula de la reflexión, casi ensayística, permite al lector repensar el significado de tantas y tantas frases hechas que se efectúan a menudo para justificar la resignación. En la piel de un personaje en cama, desprovisto de voz pero no de pensamiento, la palabra surge de un modo poderoso y limpio, enlazando el sufrimiento interno con la condena de la deshumanización.

Hay, en consecuencia, una tendencia en la desviación de la intención política, desde la denuncia a partir del documento hacia la manifestación poética de la injusticia.

4. LA DISEMINACIÓN. PRINCIPAL RECURSO PARA DESENTRAÑAR LA VERDAD HUMANA

Por lo dicho hasta ahora, tanto *De los días sin abrazos* como *Sen(o)fobia* podrían considerarse insertas dentro de una tradición literaria del compromiso, heredera de aquellos primeros intentos, como los del poeta César Vallejo, de encontrar la verdad humana a través de las emociones sinceras, siempre

[7] En "Sentido y sensibilidad", de Guillermo Heras, en *Sen(o)fobia* (2020b: 36).

[8] En "Aclaraciones del todo impertinentes", de Macarena Trigo, en *De los días sin abrazos* (2020a: 182).

con el objetivo de construir una sociedad más justa. Y he aquí, entonces, el mérito de ambas antologías, que consiste en poder reunir poéticas diversas alrededor de una intención común y transformadora.

Es cierto que la literatura, y más aún la literatura dramática –cuando no tiene una traslación directa a la escena– no es, hoy por hoy, una herramienta esencial de cambio político. A juzgar por las trepidantes transformaciones que contemplamos casi a diario, los golpes de timón los realizan grupos de poder que abarcan sectores de la economía, la política o los medios de comunicación, cuando no señores de la guerra; pero no –desde luego– las editoriales, y menos aún editoriales independientes que se ven –y se las desean– para sacar sus libros al mercado. Y sin embargo, quizá ahí se encuentre, también, el *quid* del asunto: en la voluntad de diseminación desde la periferia, como posicionamiento político coherente.

En realidad, podríamos hablar de al menos dos tipos de diseminación, a la hora de definir como político el acto de publicar las dos antologías. Además de la diseminación como acto divulgativo, dentro de un activismo cultural inscrito en un sistema de valores que margina la cultura, podemos hablar de diseminación como concepto que continuamente nos aleja del presente, provocando tantas lecturas como efectos de sentido secundarios, una vez publicado el texto.

Estamos refiriéndonos, cómo no, a la *dissémination* propuesta por Jacques Derrida (1975), en el ensayo que tenía por título ese mismo nombre. Desde una perspectiva deconstructivista, el tema que sirve de encuadre a las antologías, tanto en una como en otra, se ve desplazado por la fuerza polisémica del tiempo, hacia el pasado y hacia el futuro. Así, por más que el origen podamos situarlo en la pandemia de 2020, las resonancias abarcan signos que no se sujetan a ningún presente. Esto es lo que convierte la búsqueda de la verdad humana en un trabajo infructuoso, pero a la vez en intemporal, y universal. Los textos quedan publicados en forma de libro, de una forma invariable, pero pretender anclar el significado a un momento determinado solo conduce al reduccionismo. Los textos se resisten a ser interpretados exclusivamente alrededor de un presente incierto, y esto es lo que los convierte en semillas:

> Operación esencial e irrisoria: no sólo porque la escritura no se mantiene en ninguno de esos tiempos (presente, pasado o futuro en tanto que presentes modificados); no sólo porque se limitaría a efectos discursivos de querer–decir, sino porque anularía, al extraer un solo núcleo temático o una sola tesis directriz, el desplazamiento textual que se opera «aquí». (¿Aquí? ¿Dónde? La cuestión del aquí se halla explícitamente escenificada en la diseminación.) Si se estuviese, en efecto, justificado para hacerlo, habría, desde ahora, que adelantar que una de las tesis —hay más de una— inscritas en la diseminación es justamente la imposibilidad de reducir un texto como tal a sus efectos de sentido, de contenido, de tesis o de tema. No la imposibilidad, quizá, ya que ser hace normalmente, sino la resistencia –diremos la *restancia*– de una escritura que no hace más de lo que se deja hacer (Derrida, 1975: 13).

5. EL CONFLICTO Y LA DISTANCIA. UNA PERSPECTIVA INNOVADORA

Tradicionalmente se ha considerado el diálogo como el motor de la acción, entendiendo el diálogo como la fuente visible de las emociones y en consecuencia de conflictos, ya sea internos o externos, pero casi siempre en el marco de una lucha que nace de la diferencia entre caracteres. Sin embargo, ¿qué ocurre cuando el conflicto es impuesto a distancia desde un orden superior o desde una nueva realidad social fundamentada en la *distancia*?

En "Mensajero", de Alfonso Plou, obra inserta en *De los días sin abrazos* (2020a: 163-170), un mensajero pretende entregar un paquete a un anciano, dentro de un contexto social en el que abrir la puerta puede ser una causa de contagio. A mitad de diálogo, el anciano consiente en arbir pero mantiene una conversación esquiva y distante en la que no se vislumbra un acuerdo –el anciano se niega a pagar la mercancía–. Finalmente, el mensajero cede, y acepta las condiciones del anciano. En todo el diálogo, no hay nada personal que conduzca al conflicto sino tan solo una situación enrarecida, provocada por la propia situación de pandemia, en la que los miedos parecen modificar los hábitos, las reacciones y también las relaciones de las personas.

Algo semejante ocurre en "Flores que nadie ve", de Enrique Torres Infantes, en *Sen(o)fobia* (2020b: 135-142). El diálogo entre psicóloga (MAYTE) y paciente (MANUELA) se realiza a través de videoconferencia, sin aparente conflicto entre ellas, solo el que MANUELA logra expresar a través de su confesión, un conflicto que, a medida que avanza el diálogo, comprendemos que es idéntico en ambas mujeres, y que tiene que ver con la necesidad de crear lazos de empatía entre las personas bajo un mismo axioma: el desinterés. En gran medida, es este el gran conflicto que se desvela en en fondo: el que nos impone una sociedad marcada por la competividad y el alejamiento entre las personas, y en la que, por un momento, y durante la pandemia, obliga a los seres a reaccionar en sentido contrario, y a encontrarse sin otro interés que la cercanía.

Un tercer ejemplo de cómo el diálogo viene marcado por una atmósfera social, y cómo el absurdo de lo real conduce a un absurdo ficcional y lingüístico, es "(Silencio)", de Elena González-Vallinas en *De los días sin abrazos* (2020a: 79-86). Aquí, el tópico surgido en esos días de "estamos en guerra" se traduce de forma literal en un juego en el que A y B se toman al pie de la letra esta máxima para estar a salvo. El conflicto permanente de una sociedad en guerra contra un virus queda reflejado en una simple retahila de palabras casi vacías, y de silencios, que desbaratan, precisamente, la capacidad de dar batalla, negando de este modo, la aplicación del tópico de partida.

Son tres ejemplos de cómo aparece de manera desviada la idea del conflicto, alejada de la lógica relacional entre las personas que dialogan, y también mediatizada por una persistente variable: la distancia.

Precisamente, y aprovechando la distancia impuesta y que obligaba a las personas a comunicarse a través de aparatos electrónicos, Gracia Morales nos propone en "Nadie duerme", en *De los días sin abrazos* (2020a: 139-146), una conversación en grupo que acaba siendo una multitudinaria presencia de voces, que a su vez componen un retrato de conjunto en el que cada cual expresa sus inquietudes o simplemente sus espontáneos pensamientos, reflejo todo ello de un momento confuso y lleno de incertidumbre.

Es la distancia, al fin y al cabo, la esencia del conflicto incluso en aquellos textos donde lo que predominan son los recuerdos, pero en los que se dibuja una frontera que marca distancias entre las personas. Tal es el caso de "Al otro lado de la tapia", de Raquel Calonge, en *Sen(o)fobia* (2020b: 207-216), un texto que entrelaza la memoria con el temor a salir de una residencia y sufrir el rechazo.

Pero no solo la distancia emocional, también la impuesta mediante muros, cada vez más presente desde un punto de vista geográfico, cultural o de clase, y que nos muestra el lado oscuro de la globalización y cómo esta no dejó de avanzar pese a la pandemia. Una cuestión que aparece con nitidez en la obra de Bryan Vidas, "Réquiem", en la antología *Sen(o)fobia*:

> SOLDADO – En el mundo se han comenzado a levantar muros, Señor. Separan a los enfermos de los que aún estamos sanos. Separan a los pobres de los ricos. Separan a los que tienen comida en la mesa de los que comen de día por medio. Muros que separan a los hombres de las mujeres, a los blancos de los negros y… a los muertos de los vivos. ¿Y quién vigila esos muros, señor? ¿Usted, señor? (2020b: 197).

Toda una colección de posibilidades que recogen la esencia de un tiempo crítico para trasladar esta esencia a la escena en forma de diálogo, a través del juego y de la invención, sorprendiendo al lector con la variedad de formas que configuran las dos antologías de las que hablamos.

6. LO POÉTICO POLÍTICO. LA INSUBORDINACIÓN DE LA MUERTE

Existe una última variante, dentro de *De los días sin abrazos* y *Sen(o)fobia* que sin abandonar la capacidad de crítica, permite que la palabra adopte un discurso cercano a la poesía, componiendo escenas en las que el lirismo llega a lo más íntimo de los personajes, al tiempo que fabrica escenarios de ilusión que nos acercan a un estado febril, casi enfermizo, y que tiene su analogía en la propia pandemia y en la construcción de quimeras, utopías, y también desconfianzas o alteraciones en la percepción de la realidad.

La muerte, la desaparición o la sublimación de los cuerpos que dialogan o expresan su voz interior, aparece en estos textos líricos como impulso hacia otra dimensión. Aunque de distinta manera, "Alas", de Carmen Menager (2020b: 179-182), o "Dios odia a los cobardes", de Juan Mairena (2020b: 199-206), son dos ejemplos de esta muerte liberadora y que, sin embargo, es capaz de resucitar la memoria.

En "Alas", encontramos en el personaje anciana-niña la alegoría de un ser con alas y con zapatillas de cuadros, una mujer anónima en una residencia que después de dibujar con breves trazos su infancia, muere: "La niña suspira y se echa a volar, desapareciendo en el vacío. La mujer de la limpieza entra y recoge del suelo las zapatillas vacías"[9].

Y en "Dios odia a los cobardes", la fantasía del encuentro, muchos años después de un enamoramiento, llega al borde de la muerte, en una especie de disonancia cognitiva en la que el NARRADOR conduce los hechos de manera confusa, mezclando tiempos y sucesos, los que ocurrieron y los que pudieron ocurrir, para al final, reconocer el autoengaño: "Y es entonces cuando te engañas, necesitas hacerlo. Para no coger una escopeta y disparar a todos, mientras gritas que Dios no odia a los negros, ni a los desviados, ni a los ancianos. Dios solo odia a los cobardes"[10].

Pero esta relación entre la muerte y lo poético persiste de un modo general en ambas antologías al dibujar una metáfora de una muerte que podríamos llamar cultural y que solo la poesía es capaz de resucitar dentro de la transformación que acontece.

Nos referimos de manera explícita al reemplazo que subyace en el fenómeno de la comunicación. Si ya no es precisa la presencia física y los encuentros se efectúan mediante aparatos

---

[9] En "Alas", de Carmen Menager, en *Sen(o)fobia* (2020b:. 182).

[10] En "Dios odia a los cobardes", de Juan Mairena, en *Sen(o)fobia* (2020b: 206).

electrónicos que proporcionan canales, redes, chats, videoconferencias y una larga variedad de modos de comunicación virtual, lo que decae, y por tanto corre peligro de morirse, es, en realidad, la hasta ahora auténtica manera de encontrarse, de conversar, de mirar y de escuchar, es decir: la presencia carnal.

El fin del encuentro amenaza al propio teatro, al ser esta una actividad que necesariamente precisa de la presencialidad, pero a su vez determina la aparición de nuevas formas de lenguaje que se adaptan a los recursos propios de la transformación tecnológica en curso. Escribe Romera Castillo[11] en su artículo, "Teselas de teatro breve actual":

> Pero, además, en la dramaturgia ha florecido el teatro transmedia, en el que predominan los lenguajes híbridos. Como consecuencia de esta situación pandémica se ha producido una estrecha relación del teatro con las tecnologías audiovisuales y digitales, por lo que se han generado unos formatos híbridos de los lenguajes teatrales, cinematográficos y televisivos, de los que el teatro breve se ha aprovechado en mayor o menor medida (Romera Castillo, 2023: e.l.).

Se trata de una transformación inevitable en la que el teatro trata de adaptar sus discursos formales, siendo, al mismo tiempo, testigo del triunfo de la velocidad y la inmediatez. El teatro ofrece resistencia, sí, es obvio que a través de la necesaria presencia se revindica la cercanía, la escucha e incluso el tacto, pero al mismo tiempo hay un grado de resignación inevitable que tiene que ver con lo ocurrido durante y después de la pandemia, y que está directamente relacionado con el triunfo de la telepresencia y la virtualidad.

---

[11] El profesor José Romera Castillo (2022) se ha ocupado de la relación del teatro con el COVID-19.

7. CONCLUSIONES. ALTERNATIVAS A LA CULTURA DE RECHAZO A LO VIEJO

En ambas antologías, pero como es lógico con una mayor fuerza en *Sen(o)fobia*, se desarrolla un tema que con el paso del tiempo se ha convertido en crucial desde un punto de vista cultural, aunque también político e incluso económico.

El rechazo a lo viejo es una cuestión compleja y que no se desarrolla por igual en todas las sociedades ni en todos los contextos. Así, al tiempo que vemos cómo la senectud es capaz de gobernar economías avanzadas y cómo es esa *tercera edad* enriquecida y con puestos de responsabilidad la que sigue apretando el botón de las políticas más feroces, vemos también cómo a nivel popular y en muchos lugares del mundo, especialmente en países desarrollados, ser anciano es una carga que puede constituirse en desecho.

"Qué pena no ser un roble"[12], se lamenta PACO CID, el personaje principal de "El viejo roble", de Francisco J. De los Ríos (2020b: 163-170), pues al contrario que con las personas, los robles viejos son más valorados que los jóvenes, y su experiencia no es ninguneada. Y es que, pese a que, como hemos dicho, el mundo sigue siendo gobernado por generaciones envejecidas y con viejas y cadudas ideologías, lo cierto es que se ha impuesto la idea de un natural desprecio hacia lo viejo. Y esto, inevitablemente, está relacionado con la voracidad del capitalismo, que fabrica objetos con obsolescencia programada al mismo tiempo que inunda el mercado con productos siempre nuevos para que el consumismo no pare. Una forma de vida impuesta en la que el tiempo es oro –el tiempo para producir y consumir–, y en consecuencia los cuidados deben quedar en segundo plano, al tiempo que todo aquello que es una carga debe ser abandonado.

---

[12] En "El viejo roble"', de Francisco J. De los Ríos, en *Sen(o)fobia* (2020b: 182).

Estamos, en consecuencia, frente a una cultura del consumo, despiadada y que camina hacia un horizonte sin retorno. Sociedades irreflexibas que se dejan atrapar por el brillo de la tecnología y por la falacia de los datos. ¿Pero hasta cuándo? ¿Qué sucederá si el camino que hemos trazado no lleva, en realidad, a ninguna parte?

La pandemia y el confinamiento impuesto a partir de ella no solo fueron un aviso sino que también ofrecieron respuestas. Por una parte, nos hicieron ver lo frágil que es la propia especie humana y la dependencia del medio. Aunque pasada la pandemia parece que ya lo hemos olvidado, nuestra permanencia en el planeta Tierra depende de que se frene la extinción de otras muchas, pues la misma pandemia surge como respuesta a una alteración profunda en los ecosistemas.

Asimismo, la reducción de la movilidad supuso un brevísimo momento de inflexión en la crisis climática y también una demostración de que se podía vivir con mucho menos. Pese a los efectos negativos que trajo consigo la detención de la actividad en bastantes sectores, lo cierto es que fueron aquellas actividades relacionadas con el encuentro entre personas las que más se echaron en falta, y esto nos lleva a preguntarnos: ¿Podríamos frenar el consumo de recursos y al mismo tiempo potenciar las relaciones humanas? La respuesta está, sin duda, en la adaptación a una nueva realidad que debería imponerse de forma consensuada y global.

Es posible que podamos vivir sin tanto turismo, sin móviles de última generación, sin transporte privado y sin todo tipo de costumbres nocivas para la salud y para el planeta, pero posiblemente no podamos vivir sin productos básicos, sin educación, sin sanidad, sin ciencia, sin comunicación y posiblemente también sin arte.

Potenciar una cultura de lo inmaterial, es decir, decrecer en consumo de energías y de materias, y crecer en desarrollo cultural, intelectual y artístico, es la tarea que poco a poco debe imponerse desde la denuncia y desde la aportación de nuevos horizontes.

Pasados unos años desde la primera edición de *De los días sin abrazos* y *Sen(o)fobia*, muchas de estas cuestiones siguen vigentes, además de reafirmar la necesidad que en aquellos momentos tuvo su publicación. La pandemia fue superada pero el teatro continua siendo una enfermedad, tal y como ya sugirió en su día Antonin Artaud en su ensayo "El teatro y la peste" (2011), porque no ha menguado la posibilidad del contagio a través de su ejercicio y porque sigue siendo posible contaminar conciencias a través de las emociones[13].

REFERENCIAS BIBLIOGRÁFICAS

ARTAUD, ANTONIN (2011). *El teatro y su doble*. Barcelona: Edhasa.

DERRIDA, JACQUES (1975). *La diseminación*. Madrid: Fundamentos.

PISCATOR, ERWIN (1979). *Teatro político*. Madrid: Ayuso.

ROMERA CASTILLO, JOSÉ (2022). "Semiótica, pandemias, COVID-19 y teatro". *Signa: revista de la Asociación Española de Semiótica* (sección monográfica I. *Semiótica y relatos de actualidad*) 31, 27-37. Disponible en línea también: https://www.cervantesvirtual.com/obra/semiotica-pandemias-covid-19-y-teatro-1158842/ [19/06/2024]. Una versión ampliada se publicó como "Pandemias, COVID-19, literatura y teatro", en Luna Bermúdez y Belinda Palacios (eds.), *Nuevos acercamientos a la*

[13] Una grabación de esta intervención puede verse en https://canal.uned.es/video/66f28e683585c99cdb025e84 [23/09/2024].

literatura hispánica sobre la pandemia de COVID-19 (Madrid: Visor Libros, 2024, 33-53).

_____ (2023). "Teselas de teatro breve actual". *Las Puertas del Drama* 59 (junio), en línea: https://aat.es/las-puertas-del-drama/teselas-de-teatro-breve-actual/ [05/09/2024].

SONTAG, SUSAN (1976). *Aproximación a Artaud*. Barcelona: Lumen.

VV.AA. (2020a). *De los días sin abrazos*. Vigo: Invasoras.

_____ (2020b). *Sen(o)fobia*. Vigo: Invasoras.

LA CATARSIS DEL YO EN LA DRAMATURGIA COVID Y POSTCOVID A PARTIR DEL ANÁLISIS DE DOS PRODUCTOS PERSONALES: *TEATRO DE ALARMA* (2021) Y *LOS ORÁCULOS Y LA EPOJÉ* (2023)

THE CATHARSIS OF THE SELF IN COVID AND POSTCOVID DRAMATURGY FROM THE ANALYSIS OF TWO PERSONAL PRODUCTS: *ALARM THEATER* (2021) AND *THE ORACLES AND THE EPOJÉ* (2023)

ANTONIO CÉSAR MORÓN
Universidad de Granada
acemores@gmail.com

Resumen: El artículo desarrolla cuatro momentos de la reciente pandemia de COVID-19, aportando datos que nos permitirán establecer hipótesis acerca de lo que hasta hoy ha supuesto la pandemia y cómo ha afectado, tanto de forma inmediata como más alejada en el tiempo futuro, al teatro.

Palabras clave: COVID-19. Pandemia. Teatro. Catarsis. Alarma. Epojé.

Abstract: The article develops four moments of the recent COVID-19 pandemic, providing data that will allow us to establish hypotheses about what the pandemic has meant to date and how it has affected the theater, both immediately and further in the future.

Keywords: COVID-19. Pandemic. Theater. Catharsis. Alarm. Epojé.

La sala roja de los Teatros del Canal habitada por maniquíes que tienen a su costado ramos de flores, como si lo inerte se hubiese apropiado del espacio habitualmente destinado al público ante una escena vacía, iba a convertirse en una de las imágenes de la pandemia de Covid-19 en España, enfocada desde la perspectiva de las artes escénicas. Esta foto apareció por primera vez publicada en el periódico *El País* el 17 de junio de 2020. A partir de ese momento se hizo viral. Hoy volvemos a plantearnos qué ocurrió. Y para cualquiera de los ciudadanos que vivieran la pandemia en nuestro país, la respuesta será más o menos satisfactoria en cuanto a su propia experiencia. Así, iniciamos este artículo con una breve cronología que segmente quirúrgicamente fechas y acontecimientos de la pandemia en España, con el fin de desembocar en el estudio destallado de dos de los productos aparecidos durante estos últimos años: *Teatro de alarma* (2021) y *Los oráculos y la epojé* (2024). Porque el teatro siempre será el mejor ingrediente para descubrirnos a nosotros mismos.

La dramaturgia se convierte en catarsis del propio yo del dramaturgo, cuando la escritura aparece ante ese yo como el único método y quizás espacio posible para la memoria. La experiencia, la emoción y la memoria de uno no podrá ocultar jamás al colectivo como suma de sujetos con experiencias, emociones y memorias particulares, tan válidas como las del *yo* dramatúrgico. Ahora bien, en una sociedad cuyas circunstancias llevaron al colectivo a mantenerse separado en su integridad, las catarsis particulares alcanzaron relevancia en tanto que se convirtieron en espejos que comunicaban pasiones de yoes diversos y múltiples a quienes sentían que podían o necesitaban reflejarse en ellos.

Esta fue la primera pandemia de un mundo ultra-tecnologizado, en el que las redes sociales jugaron un papel fundamental en el volcado de emocionalidad constante desde una experiencia en la que las pequeñas circunstancias fueron las que verdaderamente marcaron la diferencia entre unos individuos y otros de una sociedad encerrada en casa: el tamaño de la casa, el hacinamiento, la soledad, la conexión WIFI, las plataformas digitales, el campo, la ciudad, el balcón, los aplausos… marcaban el perfil de cada yo, pues todo aquello que podía ser obviado en un *mundo prepandémico*, en aquel mundo pandémico se pegó a la piel de cada sujeto, alterando sus códigos habituales de conducta, de percepción del mundo y hasta de sí.

Frente a lo oficial historiográfico, el *momento* ofrece datos subjetivos y está más cercano a la psicología personal. No quiere esto decir que el momento no maneje *datos*, sino que estos dejan de parecerles extraños al sujeto. Iniciamos así juntos un viaje hacia nuestro más inmediato pasado, dividido en cuatro momentos que nos emplazarán en diferentes estadios que revelarán secuencias de carácter mixto, entre lo emocional y el dato histórico, más o menos compartidos por todos los integrantes de aquella sociedad en España, con el fin de dar sentido a un espacio exclusivamente teatral y, desde un punto de vista personal, a dos de las obras que en aquellos tiempos me ayudaron a configurar mi yo circunstancial y catártico dentro de todo aquel nosotros social en el que nos vimos arrojados, sin más defensa que nuestro propio instinto para el cuidado.

El primer momento que debemos destacar transcurre entre la semana del 9 al 14 de marzo de 2020. Podemos denominarlo como: *primeras medidas y concienciación*. Creo que todos recordaremos que la asunción de que había una pandemia fue rechazada desde el poder gubernamental hasta que nos estalló en la cara. En España, el momento del estallido fue esa semana. El día 9 de marzo, la Comunidad de Madrid decidió cerrar los colegios con previsión de volver después de las vacaciones de Semana Santa, las cuales estaban muy próximas. Este fue el momento en el que el gobierno central se dio cuenta de que tenía que hacer algo. A partir de aquí todo empezó a temblar. Si se habían cerrado los colegios, evidentemente los teatros y todo aquello relacionado con la cultura, no podía seguir abierto. Como en España tenemos un sistema de comunidades autónomas, cada una de ellas comenzó a establecer sus propios protocolos en torno a esta materia. Lo cierto es que durante esa semana se produjo la cancelación de miles y miles de actuaciones programadas de manera inminente. El día 11 de marzo, la Organización Mundial de la Salud, que había venido advirtiendo del riesgo a los respectivos gobiernos, decide finalmente aceptar la evidencia y declararla públicamente: estábamos en medio de una pandemia. Hubo en España unos días que se denominaron de "contención reforzada", entre el 11 y el 14 de marzo, que fue el preludio de lo que se venía encima: el confinamiento pleno.

El impacto en el sector del teatro es radical. Y sin tiempo de reacción lo único que puede hacer el sector es cerrar. Y aceptarlo. Y nada más. De la noche a la mañana se pierden todos los elementos que hacen posible el teatro: un actor, un espacio y un espectador. La sensación era de absoluta indefensión. De catástrofe. Con unas consecuencias que todavía era imposible conocer en toda su dimensión. Ni siquiera hay espacio para la queja. Todo queda oculto, guardado en el cajón de las emociones, ante lo que estaba ocurriendo en el país: España se había convertido de la noche a la mañana en el centro mundial del virus, en el foco donde el número de contagiados y de muertos crecía de manera más exponencial y sin capacidad alguna de contención.

El segundo momento transcurre entre el 14 de marzo y el 3 de mayo de 2020. Es el tiempo que podemos denominar *de confinamiento pleno*. Ante la catástrofe, el encierro de la población. Igual, exactamente igual, que durante las pandemias que azotaron a nuestros ancestros. Ni siquiera los más ancianos tenían recuerdo de algo semejante. Quizás cosas parecidas, pero muy lejos de ser iguales. El encierro fue para todos. Veinticuatro horas al día. El índice de contagios y muertes era absolutamente imparable. Éramos controlados, todos, por los tiempos específicos del virus. Catorce días entre el contagio y la superación de la enfermedad. *Catorce días* se convirtió en una medida ante la falta de testes en una sanidad que ahora veíamos colapsada. La economía se hundía en cada uno de sus datos, los macros y los micros. Pero cualquiera de aquellos datos, que en condiciones normales hubiera abierto la portada de todos los periódicos durante semanas, ante la presencia de la muerte, no significaba nada. Había una sensación como de estar en otra época. En una distopía tras una catástrofe nuclear. O en la Edad Media. El fantasma de la peste que azotó a Europa durante el siglo XIV y que está detrás de una de las obras más deslumbrantes de la literatura universal, *El Decamerón*, comenzó a volar entre los sectores culturales.

El confinamiento fue dividido en períodos de 14 días en los que el gobierno, acercándose el final de un bloque, tenía que pedir la aprobación del siguiente en el parlamento. Hoy en día sabemos que aquel procedimiento del gobierno fue ilegal. Ante un momento como este, la solidaridad dejó de ser una palabra *desemantizada* para convertirse en algo tangible, real. De hecho, la solidaridad dejó de ser una palabra para convertirse en una acción. Estábamos juntos, como seres humanos, ante la muerte. Y eso nos recordaba nuestra debilidad ante el poder de la naturaleza. Y a la vez nos congregaba a estar más unidos que nunca como especie, como una especie en peligro.

Este es el tiempo en que comienzan las primeras reacciones de la industria teatral, tanto los organismos públicos como los privados. La idea fundamental era la de hacer a los ciudadanos más llevaderas las largas horas de confinamiento. Traer, enviar, llevar la diversión y el ocio a casa. Se realizan dos movimientos fundamentales para conseguir esta diversión: el primero de ellos, colgando *online* todo el material teatral del archivo concreto de la entidad pública o privada. El segundo, generando nueva creación, con lo cual era una forma de mantener trabajando a los dramaturgos y aprovechar ese trabajo para dar a los ciudadanos una vía de escape a través del ocio. Al margen de la iniciativa de la industria cultural pública o privada por incentivar la creación dramática, gran parte de los dramaturgos del país se vuelcan en su propia escritura de forma desaforada. Se tenían todas las horas del día. No había excusas para no hacerlo.

El tercer momento lleva por título un extraño término que nos extrañó a todos por aquellos días: *desescalada*. Trascurrió entre el 4 de mayo y el 21 de junio de 2020. Realmente de lo que se trataba era de una atenuación de las medidas del confinamiento estricto que deberían llevarnos a lo que el gobierno denominó *nueva normalidad*. Desde las propias esferas del poder político se trataba de transmitir un control de la situación, y para ello crearon ese lenguaje extraño, en la idea de que: nombrar la realidad, *tu* realidad, con *mi* lenguaje (el lenguaje del poder gubernamental), *me* da (le da al poder) poder para controlar *tu* visión, *tu* percepción e incluso *tu* emoción (en cuanto a lo que puedes esperar) de la realidad.

La desescalada fue dividida en cuatro fases, en las que nadie, absolutamente nadie, pareció saber nunca de manera concreta lo que se podía hacer y no hacer en cada una de ellas. Para empezar, porque siendo cuatro, comenzaron a numerar desde el 0, con lo que la fase cuatro llevaba en realidad el nombre de Fase 3. En lo que concierne estrictamente al tema de este artículo, lo que importa es tener en cuenta que será en la tercera fase (denominada Fase 2), que se inició a partir del 25 de mayo, cuando los teatros pudieron abrir de nuevo sus puertas. Aunque no todos los teatros abren, porque no todos tienen la fuerza para hacerlo. Las pérdidas acumuladas durante los meses de pandemia han sido descomunales y temen que el público tenga miedo y que sea mucho más caro tener un montaje en funcionamiento sin público que seguir con la puerta cerrada. Por esta razón, muchos de ellos siguen funcionando como lo habían venido haciendo con la pandemia. Algunos empiezan, eso sí, a cobrar una pequeña contribución que servía como entrada para acceder a algunos de sus contenidos. Era una forma de oxigenarse.

Hubo durante aquellos meses del confinamiento muchas iniciativas desde el sector público, tanto del relacionado con el tejido de la industria teatral, como del relacionado con la política cultural de los gobiernos central y de las diferentes regiones (Morón 2021b, 2021c, 202d; Romera Castillo, 2022, 2020a, 2020b), como desde el sector privado, que contribuyeron a divertir a la ciudadanía creando accesos abiertos en internet a sus catálogos o lanzando —y esto es lo que más nos interesa— propuestas de escrituras relacionadas las más de las veces con el propio momento de pandemia, en las que participaron dramaturgas y dramaturgos vinculados al área de influencia de dichos sectores. Son los teatros públicos (estatales, de comunidades o de ayuntamientos) los primeros en abrir, dado que tienen la capacidad y el apoyo del dinero público. Lo hacen en medio de grandes campañas de sensibilización, animando a la ciudadanía a perder el miedo y mostrando para ello incluso vídeos en los que se ve cómo se entra al teatro, se fumiga, se limpia a conciencia. Es el momento de campañas dirigidas a través de plataformas digitales (especialmente Twitter), que permiten convertir en *trending topic* mensajes muy directos: #TeatroSeguro, #VolvemosAlosEscenarios, #VamosalTeatro, etc. Las condiciones impuestas están relacionadas fundamentalmente con el control férreo de la higiene y del espacio de seguridad entre espectadores. Es a partir de este momento y debido a estas condiciones donde se sitúa la realización de una foto como la que ha sido comentada al principio, que también serviría de campaña publicitaria. La foto y el artículo venían acompañados de una entrevista a la propia directora de los Teatros del Canal de la Comunidad de Madrid, Blanca Li, que reflexionaba en estos términos al respecto de la apertura del teatro: "tenía que haber una forma de mostrar a los espectadores que el teatro sigue siendo un sitio para los sueños y la magia en el que olvidarse de una realidad que en los últimos tiempos ha sido tan dura" (Llanos Martínez, 2020).

Las condiciones sanitarias estuvieron relacionadas con las que ya se habían venido realizando durante los espacios que permanecieron abiertos durante el confinamiento (negocios de alimentación), con lo cual la ciudadanía (ahora convertida de nuevo en posible espectadora) estaba acostumbrada: lavado de manos obligatorio con gel hidroalcohólico antes de acceder a la sala, uso de mascarilla obligatorio en todo momento, separación de metro y medio, y entrada y salida guiada por trabajadores del teatro con el fin de evitar aglomeraciones. Un aspecto interesante y que toca de lleno a lo artístico es que las condiciones sanitarias se establecieron también para los propios actores dentro del escenario. Con lo cual hubo que modificar espacios escénicos e ingeniar por parte de la dirección de escena nuevas formas para dar sensación de proximidad entre los intérpretes, sin tocarse, respetando la seguridad, estando prohibido besarse, como consecuencia.

Pero ahora vamos a analizar un fenómeno no nuevo, pero sí renovado, que ha sido la gran revolución teatral que ha traído la pandemia: el *streaming*. En todos los ámbitos. Y, por supuesto, en las artes escénicas. En este sentido cabe destacar como ejemplo una de las iniciativas más revolucionarias, que fue concebida por el director del Centro Dramático Nacional, Alfredo Sanzol. Durante tres semanas, se llevó a cabo una obra concebida plenamente y articulada en tiempos de pandemia, con el significativo título de *La Pira*, y cuyo subtítulo era muy elocuente: *streaming catártico*. Las tres obras pudieron verse en *streaming* durante su representación en directo en el escenario en las cuentas oficiales de Facebook y YouTube del CDN, así como en la web La Ventana del CDN. Asimismo, la grabación resultante de cada una estuvo disponible en su web y redes sociales hasta el 16 de julio. A partir de ese momento, las grabaciones desaparecieron y con ellas toda posibilidad de volver a ser vistos en *streaming* e incluso en su grabación (al menos por ahora). Se imitaba, de esta forma, lo efímero del hecho teatral, en un intento de acercar lo máximo posible este tipo de espectáculo al hecho teatral en sí. En efecto, la idea era generar catarsis a través del *streaming*. Catarsis en los dos sentidos concebidos desde Aristóteles: como elemento sanador: recordemos que el término catarsis procede del mundo de la medicina. Desde ese punto de vista se genera la idea del teatro como contribución necesaria para la sanación de todo un país: una sanación más real que nunca, más relacionada que nunca con la *purgación de los ánimos*, que nos dijera nuestro viejo amigo Aristóteles. En una sociedad tan golpeada, que ha sufrido un confinamiento severo de tres meses y medio y temerosa de la llegada de otro confinamiento; una sociedad que, debido a la urgencia de la enfermedad física, ha dejado a un lado la salud emocional; una sociedad que probablemente no supiera expresar lo que le pasaba, cuya mayoría de ciudadanos no podían o no sabían expresar los elementos que constituyen su malestar, en esa sociedad, para esa sociedad, fue inventada la catarsis a través del teatro. Ahora bien, ¿cómo llevar a cabo una catarsis sin la presencia en un mismo espacio de actores y público? ¿Era posible algo así?

Partiendo de la reinterpretación de Aristóteles establecida por José Luis García Barrientos en torno a la mediación de la ficción en el discurso narrativo, donde "el mundo ficticio pasa hasta el receptor a través de una instancia mediadora, la voz del narrador, el ojo de la cámara", frente a su inmediación en la actuación, que "se presenta —en presencia y en presente— ante los ojos del espectador" sin mediación alguna (García Barrientos, 2006: 24; 2008; 2020), concluimos que la presencia física no es el determinante de la comunicación teatral, sino la mediación de la mirada. Alguien podría estar observando a dos kilómetros un espectáculo con unos prismáticos: no habría presencia física, en efecto; pero sí habría mirada inmediata. Luego habría teatro. Con todo, desde aquí consideramos que el *streaming*, no pudiendo ser llamado teatro (al menos siguiendo al pie de la letra la teoría aristotélica y todas sus implicaciones), no debe ser descartado desde el falso intelectualismo y, muy al contrario, es seguro que a partir de ahora va a adquirir una gran relevancia y desarrollar un potencial aún no explorado de posibilidades que, ante todo, multiplicará exponencialmente al público.

El cuarto momento arranca el día 21 de junio de 2020 y finaliza con las vacunas. Lo he denominado *las olas*, dado que fue la manera que se tenía de medir la evolución del coronavirus en España (y en el mundo), habiendo sucedido una segunda ola que comenzó a partir de octubre hasta diciembre, y una tercera ola que comenzó a partir aquel período navideño.

Desde el punto de vista teatral habría que decir que a partir de este momento la gestión de la pandemia pasó a manos de las comunidades autónomas, y que estas le dieron a los ayuntamientos la posibilidad de establecer y controlar el propio calendario de apertura de teatros y espectáculos, en orden a las condiciones concretas de cada ciudad, y siempre respetando las medidas sanitarias impuestas por la comunidad. A lo que nos enfrentamos fue a un período de vaivén, en el que los teatros municipales programaban y desprogramaban, abrían y cerraban, dependiendo exclusivamente de la evolución del virus en la ciudad. Y ahí cada consistorio realizó su labor en orden a criterios muy subjetivos, pues con la misma incidencia acumulada en unas ciudades se cerró el teatro mientras que en otras continuó abierto. Lo importante es que la percepción de las compañías y del público también cambió. La cita teatral se convirtió en volátil, no existían las certezas, con lo cual ello afecta necesariamente a los montajes y al personal que trabaja en ese montaje. La inversión está completamente condicionada al estreno, con lo cual: ¿era viable pagar los ensayos o era mejor supeditar ese pago al estreno? ¿Tenían los productores la certeza de recuperarla inversión? Y ante algo como esto: ¿Qué tipo de inversiones se podían hacer? Evidentemente, un gran musical era insostenible, con lo que el tipo de inversiones que se llevaron a cabo fueron de grupos modestos, cuyos integrantes no se ganaban la vida profesionalmente de manera exclusiva con el teatro. Los bajos costes incentivaron, pues, la creatividad, para exhibir productos de máxima calidad. Y la solidaridad siguió funcionando como elemento más cohesionador que nunca en el ámbito escénico.

Del teatro anterior persisten todas las medidas higiénico-sanitarias y de espacio. Los aforos fueron reducidos dependiendo del momento concreto de cada ciudad en torno a la enfermedad y de la iniciativa de sus dirigentes. Pero seguía habiendo público y, de hecho, era difícil conseguir una entrada, dado que la reducción del aforo llegó a veces al 70%.

El año 2021 será recordado en la historia literaria como el momento en que empezaron a aparecer los distintos productos que a lo largo de aquellos últimos meses se habían estado gestando en la soledad del hogar o en el espacio compartido de la industria cultural. Y aquí hemos de situar el primero de los títulos que constituyen el interés fundamental de este artículo: *Teatro de Alarma*.

Teatro de alarma se configura como una unidad distribuida en dos partes diferenciadas: la primera, titulada *De política*, contiene las obras *Hijos del laberinto*, *Variables ocultas (Covid-España. Primera ola)*, y *Femina totem*. La segunda, titula *De memoria*, contiene los títulos *Hojas Negras: Bosque Rojo* y *Toma este vals (Lorca-Cohen)*. En cada una de estas piezas dramáticas "acción y personajes revelan las aristas de lo establecido por los múltiples rostros del poder, su entramado y sus grietas en busca de una libertad que pueda ser, a un mismo tiempo, estado, concepto y herramienta crítica con la que combatir cualquier tipo de totalitarismo" (Morón 2021a). Tres lexemas clave utilizados en la definición general del libro, conllevan una gran carga semántica dentro de cualquier concepción literaria que tenga que ver con el teatro político: poder, libertad y crítica. El libro en sí busca revelar la imagen y las debilidades del poder buscando una libertad con la que utilizar la crítica para mantener el totalitarismo a raya[1]. Dentro de esta ecuación sintáctica,

[1] Las dos ilustraciones con las que Carlos Reinoso —diseñador de la cubierta— apoya el concepto clave del libro definido en estas palabras de la contraportada,

habría que despejar las tres incógnitas semánticas planteadas: ¿qué nombre tiene ese poder? ¿Para quién esa libertad? ¿Con qué fin esa crítica? Sin ningún tipo de tapujos el autor revela estas tres incógnitas en una entrevista de carácter promocional a raíz de la publicación del libro. El nombre del poder se asigna a "los dos partidos de la coalición que fueron responsables de esta ignominia", es decir, PSOE y Unidas Podemos. Para quién esa libertad: para la población bajo el gobierno de los partidos políticos aludidos, es decir, para la población que conforma la sociedad española. Y en respuesta a la pregunta tercera referida al fin de la formación de la conciencia crítica, nuevamente el texto de la entrevista es muy transparente, siendo una finalidad doble: por un lado "expulsar a los dos partidos de la coalición"; por otro, "que ambos se vean obligados a cambiar sus siglas por vergüenza"[2] (Gilabert, 2021).

Más allá de los productos literarios elaborados durante momentos de epidemias o pandemias que han asolado a la humanidad a lo largo de la historia —existiendo o no una escritura dentro de un refugio (Romera Castillo, 2022, 2020a)—, entendemos el confinamiento como una circunstancia límite —al menos desde un punto de vista psicológico— desde la que abordar lo literario. Esta circunstancia límite viene caracterizada por tres parámetros. El primero está relacionado con el aislamiento del escritor en una sociedad aislada de por sí cuando el confinamiento es obligatorio. El segundo se vincula con la urgencia en

son muy ilustrativas: en portada resalta sobre el rojo utilizado como color de fondo el dibujo de una enorme bota aplastando a un hombre-ciudadano; mientras que en la contraportada vemos a ese mismo hombre-ciudadano articulado a través de unos hilos que lo convierten rápidamente en marioneta: un motivo de marcado carácter teatral, que de forma automática se dimensiona en un carácter de semiosis sociopólitica estableciendo al poder como una especie de demiurgo maquiavélico de ese ciudadano.

[2] Las noticias de las últimas semanas indican que al menos uno de ellos ya está pensando en cumplir esta segunda finalidad (Rodríguez, 2022).

la observación y análisis de un mundo exterior que ha sido destruido. Y ambos parámetros anteriores llevan de suyo un tercero establecido en torno a la toma de conciencia y la solidaria necesidad de contribuir con el producto literario a mejorar o paliar los efectos dolorosos de ese mundo exterior. Si a esto le sumamos que la especialidad en la que aquí nos estamos centrando es la dramaturgia, cabría añadir algo más acerca de la compleja relación que se establece en torno a la tríada drama-espectador-espectáculo desde donde funciona la idea de convivio para analizar el hecho teatral (Dubatti, 2020). Así, nos encontramos con que esa circunstancia límite del confinamiento social afecta a la raíz que fundamentalmente vincula la tríada señalada, dado que el convivio se establece como imposible. El drama literario se convertiría entonces en un texto para lectores exclusivamente, al haber sido anulados los dos vértices —espectador-espectáculo— que necesariamente le otorgan el carácter de elemento escénico dentro del teatro. Sería así la temporalidad en la duración del confinamiento aquella que estaría marcando entonces una especie de barrera psicológica en la que se pasaría de potenciar una perspectiva teatral a una exclusivamente literaria en las estructuras dramáticas.

En lo que respecta concretamente a *Teatro de alarma*, debemos considerarlo como una iniciativa exclusivamente privada, aparecida en una editorial granadina de ámbito nacional, desde la que se quiso dar respuesta a la incidencia contextual de la tragedia sanitaria, apostando decididamente por un teatro de marcado carácter político, a lo largo de un nudo de temáticas críticas de urgente actualidad, que recorrieron el día a día emocional del autor, vinculado de una u otra forma al día a día de una sociedad —como aquella española del confinamiento de la primera ola del Covid-19—, tomando en este sentido la enfermedad al modo artudiano de la peste (Artaud, 1976; Romera Castillo, 2022), como instrumento mediante el cual hacer tábula rasa, despertando así una crítica descomunal a todos los valores socialmente asentados hasta el momento, en un tiempo en el que —parafraseando al teórico francés— podríamos decir que el cielo, de alguna manera, se nos vino encima como sociedad durante esos días y que arrasó con todo.

En un artículo titulado "Las nuevas Flores del Mal", el dramaturgo Carlos Herrera Carmona se hace eco de manera muy acertada de esta vehemencia crítica: "Cada pieza de la maquinaria funciona como arietes dirigidos hacia los grandes mandatarios y seres a punto de deshumanizarse. No hay temor a posibles represalias por estas radiografías cáusticas e incisivas de nuestro pasado, presente y futuro" (Herrrera Carmona, 2022). La vinculación del con el poeta simbolista francés a través de su título más universal es del todo acertada por parte de Herrera Carmona, dado que tanto un libro como otro establecen en su dinámica el producto de una sociedad sometida a unos condicionantes de urgencia, de excepción y de sorpresa. La expresión dramatúrgica que se lleva a cabo en *Teatro de alarma* acrisola el archivo emocional de un autor en un momento muy concreto en el que la voz de la creación literaria se convirtió en una obligación solidaria y solitaria a un mismo tiempo, generando un yo creador dramático que huye "de la pacatería intelectual en forma de clichés lingüísticos y a través de moralinas ideológicas aburridísimas", un yo creador dramático "combativo", que convierte la literatura en una especie de "adrenalina de la que es difícil desprenderse" (Gilabert 2021). En definitiva, una dramaturgia confinada que, parafraseando a Nietzsche, podría estar más allá del bien y del mal. Una dramaturgia desde la que ser radicalmente libre, pues, por un lado, el carácter de urgencia de lo que estaba pasando y, por otro, el tiempo casi infinito para analizar la realidad circundante, dieron como resultado un libro en el que los códigos de poder y la cesión de libertad que habitualmente el individuo acepta para vincularse a una sociedad cualquiera, son reclamados de nuevo por el dramaturgo para un re-análisis desde el laboratorio del hogar confinado sin perspectiva de finalización. En ese espacio en el que el carácter individual de la literatura gana la partida al vínculo comunitario de lo escénico, el dramaturgo deja de consensuar con el grupo —incluso deja de consensuar con la mera posibilidad de existencia del grupo— y se vuelve más incisivo, eligiendo por voluntad propia "situarse en el centro del Hades para recordarnos que es ahí donde nos encontramos. No hay distanciamiento. Se nos advierte de que todo es ficción, ironía que nos deja aún más perplejos" (Herrera Carmona, 2022). Y al sentirse devorado por la necesidad de dejar memoria emocional de la alarma política, acaba radiografiando la memoria crítica de esa alarma como motivo y motor mismo de su dramaturgia.

La obra dramática que lleva por título *Los oráculos y la epojé* nos sitúa ante tres monólogos que pueden ser presentados de forma autónoma o enlazada desde un punto de vista temático y de técnica dramatúrgica. El primer monólogo, titulado "Érebo", nos acerca al cuestionamiento del nacimiento y propagación del virus. El segundo, "Divagación dramática donde se da cuenta de las aristas del ser humano usando el mito de Prometeo", nos acerca al debate en torno a las vacunas. "Telúrica de Elpis a Momo", el tercero, nos sitúa ante las secuelas psicológicas que ha dejado a nivel humano la experiencia pandémica. La profesora Fwala-lo Marín, plantea acertadamente que en la obra "se observa un progresivo delineamiento de las posiciones de manera tal que pareciera que la verdad recae sobre unos personajes y, de un momento a otro, la superficie de los diálogos se desestabilizaba para inclinar la razón en otra dirección", ocasionando que "lo que antes parecía transparente deja de serlo" (Marín, 2023: 19-20). Porque la etapa postcovid necesariamente se convierte en un momento propicio para estimular la reflexión sobre lo ocurrido. Y más desde un formato dramático como el elegido por el autor, haciendo aparecer cada una de las etapas señaladas a través de figuras y técnicas dramáticas de la mitología clásica griega, mezclada con una técnica dramatúrgica completamente innovadora desde la que se reelaboran y mixtifican dos de las aportaciones que más influencia tienen en el teatro contemporáneo —el teatro épico brechtiano y la autoficción—, dando como resultado un texto híbrido o liminal entre la narrativa y la dramática, desde donde se intensifica un universo de barroco ficcional desde el que es imposible desligar la historia del personaje de la historia del actor o actriz que lo representa. El profesor y dramaturgo Pablo García Gámez describe de manera magistral el aspecto formal de la técnica empleada:

> La mitología y lo que percibimos como realidad en sus múltiples verdades; el actor y el personaje dialogando simultáneamente en escena; el documento de archivo y la ficción compitiendo por la verosimilitud. Oraciones simples que aturden en su significado; el espectador dentro de la obra como otro *performer* y fuera de ella como audiencia; el reflejo del autor perdido entre los reflejos (García Gámez, 2024: 42).

El propio García Gámez anima a plantear este libro a partir del concepto barthesiano de *grado cero de la escritura*: "El texto es grado cero en dramaturgia. Grado cero paradójicamente a partir de la palabra barroca que llena el espacio, de la suspensión del juicio y de la visión caleidoscópica" (García Gámez, 2024: 42). En este sentido, sería la *epojé* —como suspensión del juicio crítico con el fin de lograr la máxima objetividad— lo que llevaría esta dramaturgia a un grado cero barthesiano, es decir, a un espacio semiótico ideal en el que la referencialidad literaria estaría incontaminada por otros estilos o por la propia ideología. Algo así como si el lenguaje literario pudiese acercarse a la urgencia del periodístico, narrando la realidad desde un punto de vista de máxima objetividad.

Ahora bien, llegados a este punto, cabría concluir planteando dos aspectos en sí relacionados: ¿cómo es el yo catártico? ¿Puede un mismo yo diferenciarse en el modo de su catarsis? *Teatro de alarma*, al estar vinculada dentro de su escritura de una manera prácticamente cotidiana con los distintos momentos pandémicos, y muy especialmente con el confinamiento, lo que la convierte en un *diario emocional*, muestra un yo cuya catarsis posee un carácter de tipo purgativo frente al yo de *Los oráculos y la epojé*, cuya reflexión algo más distanciada del trauma inicial, conlleva en su catarsis una perspectiva dialéctica. El yo cambia cuando cambia su circunstancia. Es como si mutara. Y de un compendio de beligerante teatro político, deviene en una obra trascendental. El yo de la *alarma* se relaciona consigo mismo y con su realidad más inmediata. El yo de la epojé se proyecta a un mundo futuro[3].

REFERENCIAS BIBLIOGRÁFICAS

AULA DE ARTES ESCÉNICAS DE LA UNIVERSIDAD DE GRANADA (2019). "Programa de mano del estreno de *Toma este vals. Lorca-Cohen*". https://www.unioviedo.es/leonardcohen/wp-content/uploads/2019/11/Dossier_TomaEsteVals_Email.pdf [05/11/2022].

---

[3] Una grabación de esta intervención puede verse en https://canal.uned.es/video/66f28dab9c95c7660105bfe2 [23/009/2024].

ARTAUD, A. (1976). *El teatro y su doble*. Buenos Aires: Editorial Sudamericana.

CACOCU (2019). *Toma este vals. Lorca-Cohen*. [Grabación del montaje dirigido por Rafael Ruiz con el Aula de Artes Escénicas de la Universidad de Granada]. https://www.cacocu.es/evento/toma-este-vals/ [05/11/2022].

COMPAÑÍA TEATRO VITAL DEL ALMA (2021). "Programa de mano del estreno de *Hojas Negras: Bosque Rojo. Chernóbil*". https://www.editorialnazari.com/noticias/hojas-negras-bosque-rojo-chernobil/ [05/11/2022].

DUBATTI, J. (2020). *Teatro y Territorialidad. Perspectivas de Filosofía del Teatro y Teatro Comparado*. Barcelona: Gedisa.

GARCÍA BARRIENTOS, J.L. (2006). "9 tesis sobre la narración en el drama y contra la "narraturgia"". *Paso de Gato. Revista mexicana de teatro* 26, 24-26.

_____ (2008). *Cómo se comenta una obra de teatro*. Madrid: Síntesis.

_____ (2020). *Anatomía del drama. Una teoría* fuerte *del teatro*. Madrid: Punto de Vista.

GARCÍA GÁMEZ, P. (2024). "Dramaturgia grado cero: *Los oráculos y la epojé*". *Ideal de Granada*, 16/3/, 42.

GILABERT, J. (2021). "Antonio César Morón: 'La alarma es el estado óptimo del teatro'". *SecrertOlivo. Cultura andaluza contemporánea*. https://secretolivo.com/index.php/2021/09/02/antonio-cesar-moron-la-alarma-es-el-estado-optimo-del-teatro/ [05/11/2022].

HERRERA CARMONA, C. (2022). "Teatro de alarma". *Ideal de Granada*. https://www.ideal.es/culturas/libros/libros-recomendados-criticos-literarios-ideal-20220709154024-nt.html [05/11/2022].

LLANOS MARTÍNEZ (2020). "Maniquíes sentados para separar a los espectadores de los Teatros del Canal". *El País* 17/6/.

MARÍN, F. (2023). "De los dilemas y sus protagonistas. *Los oráculos y la epojé* como archivo de una experiencia común". En *Los oráculos y la epojé,* C. A. Morón (ed.), 7-21. Madrid: Fundamentos.

MORÓN, A.C. (2021a). *Teatro de alarma*. Granada: Nazarí.

_____ (2021b). "Teatro para una crisis". *Las puertas del drama*. https://www.aat.es/elkioscoteatral/las-puertas-del-drama/drama-55/teatro-para-una-crisis/ [05/11/2022].

_____ (2021c). "Confinamiento, solidaridad y dramaturgia en Teatro para una crisis". *Don Galán*. *Revista de investigación teatral*. https://www.teatro.es/contenidos/donGalan/donGalanNum11/resenas/teatro-para-una-crisis/ [05/11/2022].

_____ (2021d). "Teatro y Estado de alarma en España. Dramaturgias confinadas". https://www.youtube.com/watch?v=Bfx285JrrRw&t=10s [05/11/2022].

_____ (2021e). "Teoría y génesis del teatro político. Del teatro político al teatro documento". https://www.youtube.com/watch?v=qjUcK100u_4&t=13s [05/11/2022].

_____ (2023). *Los oráculos y la epojé*. Madrid: Fundamentos.

MUÑOZ, M. (2021). "Tras los pasos del coronavirus: cronología de una pandemia que nos cambió la vida". *El Confidencial*. https://www.elconfidencial.com/mundo/2021-01-31/cronologia-pandemia-coronavirus_2919820/ [05/11/2022].

RODRÍGUEZ, M.Á. (2022). "Unidas Podemos confirma la necesidad de cambiar sus siglas tras las elecciones de Castilla y León". EPE https://www.epe.es/es/politica/20220220/unidas-podemos-siglas-elecciones-castilla-leon-13265505 [06/11/2022].mj

ROMERA CASTILLO, J. (2020a). "Teatro y coronavirus". https://canal.uned.es/video/5f118fbe5578f2562830724e [05112022].

_____ (2020b). "Teatro y desescalada del coronavirus". https://canal.uned.es/video/5f118fbe5578f25628307248 [05/11/2022].

_____ (2022). "Semiótica, pandemias, COVID-19 y teatro". *Signa. Revista de la Asociación Española de Semiótica* 31, 27–37. Disponible en línea: https://www.cervantesvirtual.com/obra/semiotica-pandemias-covid-19-y-teatro-1158842/ [19/06/2024]. Una versión ampliada se publicó como "Pandemias, COVID-19, literatura y teatro", en Luna Bermúdez y Belinda Palacios (eds.), *Nuevos acercamientos a la literatura hispánica sobre la pandemia de COVID-19* (Madrid: Visor Libros, 2024, 33-53).

LA PIRA: TEATRO DE URGENCIA PARA REALIDADES PANDÉMICAS

THE PYRE: EMERGENCY THEATER FOR PANDEMIC REALITIES

MARKEL HERNÁNDEZ PÉREZ
Universidad de Granada
markel@ugr.es

Resumen: *La pira* fue una producción del Centro Dramático Nacional en 2020 compuesta por conjunto de nueve piezas teatrales breves de diferentes dramaturgos y que se representó a través de su retransmisión en directo vía *streaming*, documentando la idiosincrasia de la sociedad durante la pandemia y el confinamiento provocados por el COVID-19. Siguiendo la metodología sociológica, económica y cultural de los resultados del proyecto de investigación "Covidteca. Hemeroteca de humanidades sobre la pandemia de coronavirus" de la Universidad de Granada, este estudio expone la relación entre el convivio teatral y el tecnovivio del teatro virtual, y los diversos mecanismos dramáticos utilizados por los nueve autores de cada pieza de la obra: autoficción, autorreferencialidad, teatro documental, distanciamiento, metateatralidad, narratividad, etc.

Palabras clave: Pandemia. COVID. Teatro. Convivio. Biopolítica.

Abstract: *The pyre* was a production by the National Dramatic Center on 2020, composed of a set of nine short theatrical pieces by different playwrights, which was performed through live streaming, documenting the idiosyncrasies of society during the COVID-19 pandemic and lockdown. Following the sociological, economic, and cultural methodology of the research project "Covidteca. Humanities archive on the coronavirus pandemic" from the University of Granada, this study explores the relationship between the theatrical gathering and the technogathering of virtual theater, as well as the various dramatic mechanisms used by the nine authors of each piece of the play: autofiction, self-referentiality, documentary theater, distancing, metatheatricality, narrativity, etc.

Keywords: Pandemic. COVID. Theater. Gathering. Biopolitics.

1. INTRODUCCIÓN

En septiembre de 2020, se estrena en el Centro Dramático Nacional de Madrid (CDN) la obra *La pira*, un conjunto de nueve piezas teatrales breves creadas por diversos autores para retratar la realidad mundialmente vivida por la pandemia provocada por el virus COVID-19 y el consiguiente confinamiento. Ante la clausura de las actividades culturales y, por tanto, también de los teatros, *La pira* se representó vía *streaming* a través de la página web del CDN, con la conciencia de tener que adaptar el teatro a un formato poco usual y con un contenido que dialogara con aquel presente. Como señala López Mozo: "Si el cambio de siglo no produjo cambios dignos de mención en la actividad teatral, no sucedió lo mismo con la pandemia provocada por el coronavirus" (2020: s. p.). El presente estudio tiene el objetivo de investigar los mecanismos dramáticos y el contenido sociológico que reside detrás de la creación de *La pira*, como un objeto teatral nacido con urgencia para reflejar su presente inmediato. La metodología de estudio que se aplicará parte de los resultados del proyecto de investigación "Covidteca. Hemeroteca de humanidades sobre la pandemia de coronavirus" de la Universidad de Granada, sobre el impacto socioeconómico y la incidencia cultural, además de las investigaciones realizadas en las revistas de estudios teatrales *Las puertas del drama* y *Acotaciones* en sus números dedicados a la crisis de 2020 y el teatro pandémico.

Lo primero que cabe señalar es el formato virtual en el que se presenta el proyecto, que nace pensado para ser representado directamente en el medio virtual, retransmitiendo en directo la grabación de la obra desde el teatro. Pero no debe confundirse con caracterizarlo como el teatro en red, aquel que está pensado para el medio virtual y se vale de su formato en su creación estructural; en este caso, se trata de un teatro analógico que es grabado y virtualizado, pero que no incluye en su seno las nuevas tecnologías como su estructura. En cualquier caso, el elemento determinante es el paso del convivio al tecnovivio (Dubatti, 2021): la ausencia de la reunión territorial de la presencia física de los espectadores y su contacto con otros cuerpos pasa ahora por la mediación de la tecnología que desterritorializa a los espectadores en una relación telemática o de *telepresencialidad* (Solis Miranda, Valcheff García y Hermo Nieto, 2021). Las dramaturgias pertenecen a la categoría del teatro liminal (Dubatti, 2016) en la medida en que son textos que sí podrían ser representados en convivio (ya que no necesitan el formato virtual, sino que es circunstancial), pero se encuentran en ese límite entre lo físico y lo virtual.

El segundo punto interesante en el que convergen las nueve dramaturgias es el reflejo y tratamiento de la idiosincrasia pandémica. Para Moraña (2022), el COVID-19 es producto directo de las contradicciones e inmoralidades de las políticas neoliberales actuales y las dinámicas transnacionales socialmente devastadoras, con las consecuencias del retorno del Estado social y la implementación de medidas con tendencias populistas, pero también medidas autoritarias que reactivan la demagogia y la hipervigilancia sobre los ciudadanos. Además, las medidas se dirigen hacia el Estado de excepción estableciendo como normativo conductas perversas:

> La violación de derechos individuales, la generalización del discurso bélico contra "el enemigo invisible" [...], la militarización de territorios reales e imaginarios (es decir, la multiplicación y el endurecimiento de fronteras entre países e individuos), el enfrentamiento de sanos y enfermos, vacunados y no vacunados (Moraña, 2022: 16).

El Estado de excepción reprime, vigila y controla la sociedad a través del miedo y la manipulación ideológica. Sin embargo, surge una oposición al orden autoritario y a las tanatopolíticas neoliberales del Estado, la biopolítica afirmativa (Barroso, Fernández, 2022). La desolación y la hiperexplotación de la pandemia desencadenó colateralmente en un aumento por la solidaridad, el cuidado de la vida y el deseo de igualdad (Berardi, 2020). Una esperanza por otra forma de convivir en sociedad, incluso si eso implicara la desobediencia ante las políticas del confinamiento contra la libertad de los sujetos y la competitividad de supervivencia.

Como tercer y último punto introductorio, en la investigación sobre el teatro pandémico realizado por Gatica Cote, este caracteriza las tres líneas fundamentales o problemáticas que tratan estas dramaturgias: "a) La crisis económica y estructural que sufre el sector. b) La 'esencia' del acontecimiento teatral. c) El debate tipológico y las formas de hibridación" (2022: 143). La importancia del uso de la primera persona como sujeto observador de la realidad social y teatral establecerá la valoración de la supervivencia social y del sector artístico, invitando al activismo solidario y la reflexión. Estos rasgos los comprobaremos a continuación en el análisis de *La pira*.

2. *LA PIRA*, NUEVE DRAMATURGIAS Y EL PÚBLICO VIRTUAL

El proyecto conjunto se estructura en tres espectáculos de tres piezas dramáticas cada una: "la conmoción", sobre los efectos inmediatos de la pandemia y la instauración del estado de alarma; "la distancia", sobre los efectos del confinamiento; y "la incertidumbre", sobre la proyección hacia el futuro. Con este tríptico los nueve dramaturgos ejecutan una investigación panorámica de la realidad pandémica, desde diferentes perspectivas, subjetividades y recursos dramáticos. El resultado es una obra amplia y polifónica que sirve de testimonio y documento histórico sobre aquel tiempo para que no caiga en el olvido y los muertos sean recordados[1]. Aun reconociendo la falta de distanciamiento temporal que proporcionaría una mejor visión e interpretación de este tiempo, la urgencia de contar se sobrepone para internar ofrecer consuelo en el encuentro de las experiencias comunes, además de cumplir el objetivo de dejar registro del presente como un ejercicio de memoria histórica para evitar la amnesia colectiva. Igualmente, el proyecto también sir-

[1] "Tenemos la urgencia de contar algo para darle sentido. Sabemos que aún no ha pasado el tiempo suficiente, pero tenemos la urgencia de dar sentido" (Sanzol, 2020: 11), dice uno de los personajes; y en otra pieza: "Escribir es dar testimonio de lo que está pasando, de estos días extraños, para que, de alguna forma, no se olvide" (Remón, 2020: 99).

ve como documento histórico teatral sobre las peculiaridades de estas dramaturgias de urgencia, que reflejan la resiliencia y la adaptabilidad del arte teatral para sobrevivir ante las peores adversidades y relatarlas. Por ejemplo, para configurarse como documentos históricos, algunas piezas de *La pira* se valen del teatro documental, recogiendo, entre otros, el discurso de comparecencia del epidemiólogo Fernando Simón del 20 de marzo de 2020 o los parlamentos del presidente del gobierno de España Pedro Sánchez para exhortar a la ciudadanía.

Como síntoma de la imposibilidad de congregar un alto número de participantes en escena, cabe señalar la composición del elenco de cada obra. De las nueve, una es un monólogo unipersonal; cuatro son diálogos entre dos actores, dos son para tres actores, una para cuatro actores y otra para cinco. En la mayoría de los casos se opta por una representación correspondiente entre actores y personajes, es decir, los actores interpretan un único personaje; solo hay dos casos donde esto no ocurre: en la obra de Pablo Remón los tres actores interpretan diversos personajes y en el monólogo de Alfredo Sanzol el personaje principal que interpreta el actor hace de mediador de las voces de otros personajes secundarios. A grandes rasgos podríamos establecer que la mayor parte de las obras apuesta por una representación naturalista y ninguna tiene una propuesta posdramática, atendiendo a que el formato virtual sobre el que se presentan no facilita la complejidad de la puesta escena y los dramaturgos buscan una estructura dramática sencilla de fácil comprensión y realización, a pesar de que ciertas piezas experimentan con otros lenguajes (como el diálogo becketiano de Juan Mayorga el género de la ciencia ficción en Denise Despeyroux).

La primera pieza del conjunto es *Mikel y la conmoción*, de Alfredo Sanzol, el relato en primera persona de la experiencia de un actor y su preocupación por la situación laboral de quienes se dedican al mundo del teatro (reflejo de la preocupación del propio autor, quien es también el director del CDN). Se trata de un monólogo autorreferencial que combina el discurso autobiográfico del autor a través de la enunciación del personaje de Mikel, que a su vez da voz a otros personajes (Muñoz Salazar, 2021). Mikel documenta la crisis económica que afecta al sector teatral, la crisis sanitaria con el colapso de los hospitales, la importancia de las nuevas tecnologías e internet como lugar de encuentro telemático, el descubrimiento del miedo al contagio y la muerte y, especialmente, la doctrina del miedo para el control de la población instaurada por parte de los medios de comunicación y las hostilidades del exterior con las calles militarizadas para la vigilancia de los ciudadanos. El personaje toma conciencia de la enunciación *ipso facto* de sus palabras dirigidas a su receptor virtual: "Es la primera vez que alguien se sube a este escenario desde que se cerró el teatro. Espero que nunca más tengamos que bajar" (Sanzol, 2020: 22). Sanzol abandona la causalidad y la consecutividad de un discurso con pretensión objetiva con el fin de manifestar su emotividad desde dentro de la masa ciudadana y denunciar el presente, lo que López Antuñano define como el dramaturgo autorreferencial:

> Se sitúa inmerso en el maremágnum de un presente histórico y no frente a una sociedad y unos hechos pasados; este presenta el deambular de su persona *hic et nunc* y se cuestiona qué le ocurre a mi persona, sin pretensión de instalarse *au dessus de la mêlée* (2019: 252-253).

Un estilo de discurso que también seguirán otros dramaturgos del tríptico de *La pira*, donde la metateatralidad se presenta aquí como un recurso para romper la pared virtual que separa al actor en el teatro y al espectador en su hogar, apelándole directamente con la exposición de la realidad y las incertidumbres compartidas con empatía y solidaridad. La reflexión metadramática sobre cuál es el lugar del espectador en el teatro virtual está a lo largo de todo el proyecto de *La pira*. En *Marta y la conmoción*, de Eva Mir, nos encontramos con que el personaje de Marta referencia constantemente a su autora y la problemática de la comunicación; dice Marta: "En la función comunicadora de los monólogos, aunque los personajes no los conciban como tal, sino como diálogos en los que la otra persona no interviene, pero ahí está. Siempre está. Siempre hay alguien, aunque en realidad no haya nadie…" (Mir, 2020: 38). El distanciamiento virtual del espectador es mucho mayor que el distanciamiento físico del espectador en el patio de butacas, pero los actores deben tener fe en la presencia del espectador al otro lado, igual que en la soledad del monólogo anterior de Sanzol. Eva Mir se pregunta a través de su personaje Marta cómo se adapta el pacto de ficción y de verosimilitud en el teatro virtual y cuál es el límite de imaginación que puede aportar el público para su propia inmersividad. El personaje de Marta sufre un choque callejero contra un repartidor de comida a domicilio, una alteridad más precaria que señala sus privilegios individuales. El encuentro con el desconocido hace surgir la empatía para con la otredad y un lugar de denuncia de las actuales dinámicas neoliberales de explotación laboral que fomentan el conformismo y la falta de sentido crítico con el sistema; como dice Marta: "A lo mejor nos imponemos lo que creemos que queremos, y resulta que lo que queremos es otra cosa" (Mir, 2020: 46), y "Tengo miedo a que aceptemos aún más que antes el 'más vale bueno conocido que malo por conocer'" (Mir, 2020: 49).

La parálisis del teatro y la precariedad laboral son el centro de *Contigo en la distancia*, de Pau Miró, sobre el encuentro entre una acomodadora de teatro y una utilera que no se conocían y sus disquisiciones sobre el incierto futuro: "CHICA: Todo irá bien. MUJER: Las cosas no han ido bien, de hecho, han ido muy mal, pensar que ahora todo va a mejorar, no sé yo. [...] ¿Quién nos dice que no va a seguir empeorando?" (Miró, 2020: 57). La inquietud de los personajes es el reflejo de la inquietud generalizada del público y la sociedad. Al principio, desde una visión romántica, los dos personajes consideran el teatro como un espacio seguro, positivo y generador de cultura ante los tiempos adversos, pero el texto termina con la aparición de un directivo del teatro que, de manera indirecta, despide a las dos trabajadoras, porque antes que cultura, el teatro es una jerarquía laboral y ellas dos son el último eslabón de la cadena, el más débil y frágil. Miró retrata la inestabilidad laboral vivida durante la pandemia y hace una defensa de la importancia de todo el personal detrás de cada obra.

Con *La distancia* de Andrea Jiménez y Noemi Rodríguez nos encontramos ante la representación imposible de un montaje de *Romeo y Julieta* de Shakespeare que se retransmite vía *streaming*. La pieza habla desde la autorreferencialidad y la metateatralidad sobre las dificultades para adaptar el teatro al formato telemático: "CÁMARA: El plano ahí va bien, ¿no? DIRECTORA: Yo qué sé, yo no entiendo de audiovisual" (Jiménez y Rodríguez, 2020: 75); así como del vacío insustituible de los espectadores: "No hay público, ni va a haber público, solo cuatro cámaras que hacen de público" (Jiménez y Rodríguez, 2020: 77). Los actores que interpretan a los personajes de Romero y Julieta tienen que adaptarse a las medidas higiénicas y la distancia de seguridad impuestas, usando plásticos que les cubren las caras para su beso romántico y limpiándose con gel hidroalcohólico acto seguido, ya que, en caso de negarse al nuevo procedimiento, temen ser despedidos por la directora. Pero aparece una repartidora de comida a domicilio (de nuevo esta mirada política comprometida hacia otros sujetos todavía más precarios) y el elenco le pide que haga de espectadora. La pieza termina con la actriz reconociendo que la pandemia le ha mostrado las dinámicas devastadoras y abusivas en las que entró su vida después de haber cumplido su sueño de ser actriz: «Empecé a vivir lo que había soñado siempre y después, después el sueño se convirtió en rutina, y la rutina en tedio, y el tedio en resolución de cambio y la resolución de cambio en… pandemia» (Jiménez y Rodríguez, 2020: 83). La falta de disfrute y control por la vida y las decisiones propias se revela como síntoma de la alienación personal generalizada dentro de los mecanismos de control del capitalismo acelerado.

La obra de Jíménez y Rodríguez hace hincapié en el milagro del convivio teatral, la reunión espacial y empática entre desconocidos que de ninguna otra forma habrían coincidido, lo que es imposible, como dice la actriz: "Lo imposible es todo lo que late entre desconocidos, lo imposible son 400 personas que no se conocen de nada y comparten y momento de intimidad" (Jiménez y Rodríguez, 2020: 79). Sobre ese mismo pensamiento reflexiona la pieza *La distancia* de Juan Mayorga, es el diálogo abstracto, casi becketiano, entre un actor y un espectador sobre la distancia que media entre ambos y su relación de cercanía espiritual, una en la que se generan beneficios mutuos a partir del establecimiento de un pacto de confianza para complementar los intereses correspondientes: actuar para el actor, mirar para el espectador. El convivio, piensa Mayorga, reduce el distanciamiento físico y emocional impuesto por la pandemia, acercando los cuerpos desconocidos y sus experiencias similares para establecer una comunicación que sobrepase la sensación de soledad fruto del confinamiento: "Si estamos aquí es porque queríamos encontrarnos. ¿Qué otra intención podíamos tener? [...] Mientras este aquí, tan cerca de usted, cada instante es un milagro que debo agradecer" (Mayorga, 2020: 90).

Utilizando el recurso de la autoficción, de manera similar a las piezas de Eva Mir y Alfredo Sanzol, en *El autor y la incertidumbre*, el dramaturgo Pablo Remón mezcla sus experiencias propias en la pandemia y sus recuerdos de infancia para ficcionalizarlos. Al inicio, el personaje del autor, trasunto de Remón, se dirige a su audiencia virtual para evidenciar la situación: "Lo habitual en el teatro es que el público –vosotros–, imaginéis lo que sucede aquí arriba, en el escenario. Esta vez va a ser al revés: seremos nosotros los que imaginemos. Vamos a imaginar que estáis aquí, en este teatro. Vamos a imaginar este teatro lleno" (Remón, 2020: 97). Sin esta *captatio benevolentiae* hacia el espectador virtual para establecer tácitamente el pacto ficcional que supone el tecnovivio, la fábula de Remón no tendría sentido, ya que es una insistencia constante de los efectos de la ausencia. El autor cuenta que la pandemia provocó la suspensión de la obra *Traición* y el cierre del teatro Pavón Kamikaze, donde se estrenaría; cuenta también su experiencia somática durante el contagio del coronavirus y cómo la escritura de esta misma pieza le ayudó a la superación; y cuenta la incertidumbre que siente al pensar en el futuro del arte teatral ante la clausura de los teatros y la cancelación de sus proyectos por parte de su productor: "EL PRODUCTOR: El teatro se ha terminado. [...] El teatro como género. AUTOR: Pero vamos a ver, si el teatro lleva... yo qué sé, tres mil, cuatro mil años, toda la vida" (Remón, 2020: 101-102). El autor pone en cuestionamiento que la parálisis de la sociedad signifique el fin del teatro occidental, haciendo una defensa de su resiliencia y adaptabilidad, que es precisamente lo que ocurre en el plano extradiegético de la obra con su representación virtual. Remón manifiesta la importancia de la ficción no solo como evasión de la realidad convulsa (lo que representa con el autor leyendo a su hijo cuentos infantiles, relatos sin conflicto), sino como mecanismo de sanación de la sociedad. La ficción no solo sirve para sobrellevar el presente, sino que nos sana en la medida en que deja constancia histórica para que en el futuro no se olvide.

La última obra metateatral del conjunto es *La actriz y la incertidumbre*, de Lucía Carballal, de nuevo sobre esta idea de que la literatura vence a la incertidumbre y el cuestionamiento de su utilitarismo durante los contratiempos. Los personajes de Cecilia y Francesco están a punto de emitir en directo por *streaming* una pieza teatral sobre un futuro esperanzador en oposición al presente, la actriz tiene dudas sobre la hipocresía de transmitir un mensaje positivo cuando ella no se siente optimista. Francesco intenta inspirarla haciéndole pensar en el malestar de los espectadores y su necesidad de una ficción tranquilizadora. Entonces, la dramaturga superpone el conflicto de la incertidumbre de la sociedad y el teatro a través de la incertidumbre de la relación de pareja de los personajes: Francesco tiene esperanza en el futuro y en su relación, pero Cecilia tiene la certeza de que su relación no superará el desgaste provocado por el confinamiento. Su diálogo muestra los efectos colaterales en el nivel íntimo por el punto de inflexión social que ha supuesto la pandemia: la angustia, discusiones derivadas por el aumento del malestar, la ausencia de sexo. Ante la negatividad del presente, Francesco recuerda la bonanza previa al confinamiento y cómo esta sí puede regresar:

> FRANCESCO.– Eso que sientes no es real, aunque ahora te parezca que sí. (*Pausa*) Dime una cosa: ¿pensabas dejarme antes del confinamiento? [...] El teatro va a volver. El teatro de verdad va a volver. [...] Y todo va a volver. Vamos a volver a La Pedriza, vamos a volver a follar y todo lo que había antes va a volver, idéntico. De eso va el monólogo. ¿Puedes decírselo a esa gente, por favor? Aunque ahora no te lo creas, ¿puedes mentirles, por favor? (Carballal, 2020: 146).

Asumir la irrealidad de la idiosincrasia pandémica como un estado no natural de las emociones, sino extraordinario, finito y determinada por el contexto concreto del presente pandémico favorece el fingimiento del optimismo y la transmisión de esperanza a los espectadores, venciendo así a la incertidumbre. Un tema que también aborda Desnise Despeyroux en su pieza de ciencia ficción *Ernesto y la incertidumbre*, sobre una familia que realiza un intercambio intergaláctico entre sus hijas para contagiarse del coronavirus y alcanzar la inmunidad de rebaño. La niña de intercambio, llamada Lyra, procede de una versión de la Tierra en la galaxia Andrómeda donde ya no hay incertidumbre, porque esta ha conducido finalmente a la certeza, que es la que hace madurar la civilización; dice Lyra: "La incertidumbre es el oponente, único oponente hoy todas partes más que nunca. [...] Oscuridad no ausencia de luz, oscuridad solo luz oculta. Igual incertidumbre: incertidumbre no ausencia de certeza, incertidumbre certeza oculta" (Despeyroux, 2020: 126-127). La dramaturga se vale del distanciamiento ficcional recurriendo a la ciencia ficción para aplicar una mirada crítica y optimista hacia el final del COVID, pero incluso desde la evasión de la realidad, en el fondo nos encontramos el mismo asunto: el convivio entre dos desconocidos, en este caso dos culturas planetarias diferentes.

El escape del realismo a partir del convivio entre desconocidos también aparece en *Eva y la conmoción* de Victoria Szpunberg. Eva S. es una mujer migrante de una condición económicamente desfavorecida y necesita hablar con un gestor de su banco para resolver un problema de su situación de ahorros. Cuando se presenta en la sede del banco, se encuentra con Eva V., quien estaba detrás de la comunicación del gestor virtual de la aplicación del banco (de modo que el tecnovivio deriva en convivio presencial), pero había dejado de responder porque durante el confinamiento estaba viviendo una situación de maltrato por parte de su pareja. Con la denuncia de la invisibilidad de la violencia de género ocurrida durante el confinamiento, se establece una conexión de empatía entre las dos Evas, y como si estuviera en la piel de la otra, Eva S. confunde sus dos situaciones: "Veo al hombre cómo me coge del cuello y me estampa contra la pared. Veo los golpes" (Szpunberg, 2020: 33). Al final, la conexión empática salta del realismo hacia el onirismo y eso desemboca en la evocación y empatía con una tercera Eva, la bíblica, cuando Eva S. evoca con añoranza un tiempo mejor y se retrotrae hasta el paraíso del Jardín del Edén, con el pensamiento de que aquella Eva original debía advertir a Dios de que recapacitara sobre las violencias del sistema, la violencia machista y la desolación social que estaría a punto de generar con la creación del mundo y la consecuente creación del capitalismo.

3. CONCLUSIONES

Este estudio ha suplido la ausencia de investigación académica de una de las mayores representaciones del teatro pandémico[2], quizá debido a la multiplicidad de sus creadores y a la fuga-

[2] *La pira* es mencionada por primera vez en el artículo "Semiótica, pandemias, COVID-19 y teatro" de Romera Castillo (2022).

cidad de su estreno, incluso si el proyecto fue publicado después por la editorial del CDN. Tanto por su rapidez de producción como por su tratamiento, *La pira* asentó un precedente de este género en las próximas creaciones que trataron el COVID y el confinamiento, investigando nuevas formas de escribir un teatro que dialogue con el presente desde la urgencia y la denuncia de las violencias e injusticias, incorporando las posibilidades de las nuevas tecnologías para abogar por la resiliencia del teatro. Las nueve piezas retratan desde diferentes perspectivas el acontecimiento de la pandemia y el confinamiento, indagando en la huella emocional que provocó en los individuos y en el desvelamiento de las dinámicas neoliberales de hiperexplotación y la precariedad laboral impuestas por el sistema, que estallaron por sus propias contradicciones. Incluso si han pasado años desde entonces y hemos vuelto a ciertas actitudes anteriores a la pandemia, *La pira* sirve como documento testimonial que hace memoria histórica de la situación compartida mundialmente. El convivio es el eje central del proyecto, no solo es una reflexión sobre el convivio social y cómo la soledad generalizada durante el estado de alarma y las restricciones de movilidad favoreció también el encuentro imposible entre dos desconocidos que no habrían coincidido de ninguna otra forma y la empatía y la solidaridad surgida inesperadamente entre ellos (he aquí la biopolítica afirmativa); también reflexiona sobre la importancia del convivio teatral y la necesidad indispensable de la presencia del público como elemento esencial del teatro. Los autores de *La pira* han experimentado con el formato por medio del teatro vía *streaming*, exponiendo sus propias dificultades creativas, pero haciendo uso de otros recursos dramáticos para ajustarse a las limitaciones de producción y el elenco reducido, como la autorreferencialidad, la autoficción, la metateatralidad, el teatro documental, la narratividad o el distanciamiento ficcional. El teatro pandémico de urgencia se convirtió en 2020 en una evasión de la hostilidad de la realidad, pero también en una sanación social, generando un espacio donde compartir la incertidumbre y las experiencias propias y revelando la necesidad humana de representar nuestras historias[3].

REFERENCIAS BIBLIOGRÁFICAS

BERARDI, F. (2020). "Crónicas de la psico-deflacción". En *Sopa de Wuhan. Pensamiento contemporáneo en tiempos de pandemia*, P. Amadeo (ed.), 35-54. Buenos Aires: ASPO.

BARROSO FERNÁNDEZ, O. (2022). "La teoría biopolítica ante la COVID-19". En *Pensamiento, Pandemia y Big Data. El impacto sociocultural del coronavirus en el espacio iberoamericano,* A. Gallego Cuiñas y J. A. Pérez Tapias (eds.), 42-59. Berlín: De Gruyter.

CARBALLAL, L. (2020). "La actriz y la incertidumbre". En *La Pira. La conmoción. La distancia. La incertidumbre*, VVAA, 133-146. Madrid: INAEM.

DUBATTI, J. (2016). *Teatro-matriz, Teatro-liminal*. Buenos Aires: Atuel.

_____ (2021). "Artes conviviales, artes tecnoviviales, artes liminales: pluralismo y singularidades (acontecimiento, experiencia, praxis, tecnología, política, lenguaje, epistemología, pedagogía)". *Revista AVANCES* 30, 313-333.

DESPEYROUX, D. (2020). "Ernesto y la incertidumbre". En *La Pira. La conmoción. La distancia. La incertidumbre*, VVAA, 117-131. Madrid: INAEM.

[3] Una grabación de esta intervención puede verse en https://canal.uned.es/video/66f28f9f2400495fa100d812 [23/09/2024].

GATICA COTE, P. A. (2022). "Teatralidades (pos)confinadas: análisis de una 'Nueva Normalidad' escénica (que no lo fue tanto)". En *Pensamiento, Pandemia y Big Data. El impacto sociocultural del coronavirus en el espacio iberoamericano*, A. Gallego Cuiñas y J. A. Pérez Tapias (eds.), 136-150. Berlín: De Gruyter.

JIMÉNEZ, A. Y RODRÍGUEZ, N. (2020). "La distancia". En *La Pira. La conmoción. La distancia. La incertidumbre*, VVAA, 71-84. Madrid: INAEM.

LÓPEZ ANTUÑANO, J. G. (2019). "Rastros autobiográficos en la escritura dramática autorreferencial". En *Teatro, (auto)biografía y autoficción (2000-2018) en homenaje al profesor José Romera Castillo (Actas del XXVII Seminario Internacional del SELITEN@T)*, G. Laín Corona y R. Santiago Nogales (eds.), 249-261. Madrid: Visor Libros.

LÓPEZ MOZO, J. (2020). "Que el teatro virtual sea un mal sueño". *Las puertas del drama* 54. Disponible en línea: *http://www.aat.es/elkioscoteatral/las-puertas-deldrama/drama-54/que-el-teatro-virtual-sea-un-mal-sueno/* [05/06/2024].

MAYORGA, J. (2020). "La distancia". En *La Pira. La conmoción. La distancia. La incertidumbre*, VVAA, 85-91. Madrid: INAEM.

MIR, E. (2020). "Marta y la conmoción". En *La Pira. La conmoción. La distancia. La incertidumbre*, VVAA, 35-51. Madrid: INAEM.

MIRÓ, P. (2020). "Contigo en la distancia". En *La Pira. La conmoción. La distancia. La incertidumbre*, VVAA, 55-69. Madrid: INAEM.

MORAÑA, M. (2022). "Lo pandémico y lo político". En *Pensamiento, Pandemia y Big Data. El impacto sociocultural del coronavirus en el espacio iberoamericano,* A. Gallego Cuiñas y J. A. Pérez Tapias (eds.), 13-22. Berlín: De Gruyter.

MUÑOZ SALAZAR, L. E. (2021). "El *coroteo* como metáfora del destierro. Proceso de creación desde la dramaturgia autorreferencial". *Acotaciones* 46, 121-150.

REMÓN, P. (2020). "El autor y la incertidumbre". En *La Pira. La conmoción. La distancia. La incertidumbre*, VVAA, 95-116. Madrid: INAEM.

ROMERA CASTILLO, JOSÉ (2022). "Semiótica, pandemias, COVID-19 y teatro". *Signa: revista de la Asociación Española de Semiótica* (sección monográfica I. *Semiótica y relatos de actualidad*) 31, 27-37. Disponible en línea también: https://www.cervantesvirtual.com/obra/semiotica-pandemias-covid-19-y-teatro-1158842/ [19/06/2024]. Una versión ampliada se publicó como "Pandemias, COVID-19, literatura y teatro", en Luna Bermúdez y Belinda Palacios (eds.), *Nuevos acercamientos a la literatura hispánica sobre la pandemia de COVID-19* (Madrid: Visor Libros, 2024, 33-53).

SANZOL, A. (2020). "Mikel y la conmoción". En *La Pira. La conmoción. La distancia. La incertidumbre*, VVAA, 9-22. Madrid: INAEM.

SOLIS MIRANDA, R.; VALCHEFF GARCÍA, F. y HERMO NIETO, S. (2021). "Teatro en tiempo de pandemia: una llamada al encuentro". *Acotaciones* 46, 205-231.

SZPUNBER, V. (2020). "Eva y la conmoción". En *La Pira. La conmoción. La distancia. La incertidumbre*, VVAA, 23-33. Madrid: INAEM.

CÓMO CREAR TEATRO EN TIEMPOS DE CONFINAMIENTO: *1KM²*, DE MARIBEL BAYONA Y JERÓNIMO CORNELLES

HOW TO CREATE THEATER IN TIMES OF LOCKDOWN: *1KM²*, *BY* MARIBEL BAYONA Y JERÓNIMO CORNELLES

NEL DIAGO
Universitat de València
diagomoncholi@gmail.com

Resumen: La obra de Bayona y Cornelles fue compuesta en Valencia en la primavera de 2020 durante el confinamiento obligado por la pandemia del COVID19, con la colaboración de los propios actores y actrices que después la estrenarían en septiembre de ese mismo año una vez levantado el encierro. El texto refleja situaciones reales o imaginadas sucedidas durante ese momento en el reducido espacio de 1Km² de una ciudad, que bien podría ser la misma Valencia.

Palabras clave: Teatro. *1km²*. Maribel Bayona. Jerónimo Cornelles. Confinamiento. COVID-19.

Abstract: The Play by Bayona and Cornelles was composed in Valencia in the Spring of 2020 during the Confinement forced by the COVID19 Pandemic, with the collaboration of the actors and actresses themselves who would later premiere it in September of that same year once the confinement was lifted. The text reflects real or imagined situations that occurred during that moment in the small space of 1Km^2 of a city, which could well be Valencia itself.

Keywords: Theater. *1km^2*. Maribel Bayona. Jerónimo Cornelles. Lockdown. COVID-19.

"El día que todo paró. "Cuando el mundo se paró". "El día que la ciudad paró". "Cuando todo paró". "El día que la ciudad se durmió". Son frases que aparecen esparcidas aquí y allá a lo largo de las seis escenas que componen *1Km^2*, la obra que Maribel Bayona y Jerónimo Cornelles compusieron durante los meses de confinamiento por el COVID-19, en la primavera de 2020 y que, paradójicamente, viene a demostrarnos que durante ese terrible período la vida siguió su curso y el teatro, también, aunque su exhibición hubiera de esperar al levantamiento de las restricciones, que no tardaría en llegar.

En todo caso, y antes de lanzarnos al análisis de la obra y del montaje, convendría situar a sus autores que, aparentemente, son bien disímiles: Maribel Bayona nació en Valencia en 1979, tuvo una primera formación como bailarina, pero finalmente se graduó en Filología Hispánica por la Universitat de València y Arte Dramático en la escuela del Teatro Escalante de su ciudad natal. Ha trabajado como actriz o bailarina en numerosos espectáculos, y ha sido gestora de uno de los espacios alternativos más emblemáticos de su ciudad natal, el Espacio Inestable. Últimamente alterna la escritura literaria con su papel de madre autónoma y pedagoga.

Jerónimo Cornelles, por su parte, nació en1976, en Miramar, ciudad balneario al Sur de la Provincia de Buenos Aires, aunque desde pequeño ha vivido con su madre en España y particularmente en Valencia, ciudad en la que en 1999 estrenó su primera pieza, *Poniente*, con la compañía que creó, Bramant Teatre, y con la que sigue trabajando hasta el presente como actor, director y gestor, terreno éste en el que se ha implicado enormemente con la creación y dirección del festival Russafa Escènica, que desde 2011 se celebra cada septiembre (ahora se denomina "Festival de Tardor", o sea: Festival de Otoño) en este emblemático barrio multicultural valenciano. Cornelles, que también se formó en Arte Dramático en la escuela del Teatro Escalante, no ha tenido estudios universitarios, aunque sí hizo una Diplomatura en Gestión Cultural, se ha vinculado al teatro desde la propia práctica escénica, siendo la mujer y el movimiento LGTBIQ, del que en cierto modo es activista, el trasfondo temático de sus experiencias como dramaturgo o director (*La caravana de les flors*, de 2023, sería un buen ejemplo de ello).

Podría decirse, pues, que, en su formación académica, y en su desarrollo personal y genérico Bayona y Cornelles son personas disímiles. Pero tienen puntos en común que son extremadamente clarificadores: pertenecen a una misma generación, viven en el mismo país, en la misma ciudad, y participan de unas experiencias vitales, culturales, artísticas, semejantes. Verbigracia: en lo escénico. Ambos saben que el teatro es una manifestación estética colectiva, suma y síntesis de muchas perspectivas y visiones. De ahí que en sus *curricula* tanto una como el otro cuenten con textos cuya autoría es compartida (Bayona: *A lo mejor me lo* merezco, 2005; *Aceptamos barco como animal acuático*, 2008; *La exiliada, la negra, la puta, el caracol y la mística*, 2014; Cornelles: *Confesiones de siete mujeres pecando solas*, 2009; *De Hiroshima y Nagasaki*, 2010; *Diosas*, 2020, *Princeses, cavallers i dracs*, 2024). Pero me interesa destacar sobre todo *Construyendo a Verónica*, de 2006, montaje que estuvo nominado como espectáculo revelación a los Max de 2007 y que guarda una relación directa con el que ahora nos ocupa por su carácter experimental, por su concepción colectiva y por su voluntad de constituirse como un teatro de la proximidad. Además, creo que esta fue la primera colaboración de Bayona con Cornelles[1], siquiera como actriz, ya que formó parte de uno de los repartos de los tres itinerarios que conformaban la propuesta.

Recordemos brevemente la obra: la idea parte de Cornelles y de una imagen que él propone a otros dramaturgos (Juli Disla, Alejandro Jornet, Patrícia Pardo, Jaume Policarpo, Javier Ramos: seis con Cornelles): el cadáver desnudo de una mujer aparece una mañana en la playa; poco sabemos de ella, salvo el nombre, Verónica, y la edad, unos 40 años, así que cada autor procurará imaginar aspectos de su vida y de su muerte: ¿quién era?, ¿tenía familia?, ¿amores?, ¿enemistades?; ¿murió accidentalmente?, ¿alguien la ahogó?, ¿se suicidó? Cada texto se elaboraría de manera independiente, aunque después Cornelles procuró armonizar mínimamente las historias para evitar contradicciones o repeticiones. Las diversas historias serían posteriormente narradas desde la cercanía, en torno a una mesa, a un reducido grupo de espectadores por seis intérpretes que irían sucediéndose en la exposición, con lo que en la mente de cada espectador iba instalándose una imagen parcial e incompleta, tal vez dudosa, de esa mujer que se intentaba reconstruir. Ahora bien, resulta que en la puesta en escena de la propuesta se dieron tres grupos diferentes de intérpretes (cada uno de ellos conducido por una directora escénica distinta), y que cada uno de estos respondía a un itinerario que, como las líneas del Metro se entrecruzaban: la línea gris (*La playa*), la azul (*La nota*) o la roja

---

[1] No obstante, aunque eran de diferentes promociones, parece que previamente llegaron a participar en un montaje de exalumnos del Escalante que dirigió Antonio Díaz Zamora.

(*La cicatriz*), por lo que cada espectador particular recibirá distintas informaciones según el recorrido que hubiese escogido. Y, por supuesto, si el hipotético espectador o espectadora aspirase a recibir la visión completa del asunto, tendría que repetir y presenciar los otros dos pases, aunque, la verdad sea dicha, ni tan siquiera de este modo logrará armar por completo el *puzzle*, sólo retazos biográficos de esa mujer misteriosa, que nunca dejará de serlo por mucho que nos empeñemos.

Relato todos estos antecedentes porque *1Km²* guarda ciertas similitudes con ellos. Por de pronto, se trata de una obra compuesta por más de un autor. Y no hablo sólo de Bayona y Cornelles, ya que, según expresan en una acotación previa al desarrollo de las acciones (el texto permanece inédito):

> Este texto nace a partir de muchos pensamientos, situaciones, y experiencias personales, que hombres y mujeres han hecho llegar a los autores del proyecto tras una petición de los mismos a través de sus redes sociales.

Y, desde luego, muchos de esos “hombres y mujeres” que menciona la acotación serían los actores y actrices que después intervendrían en la representación del mismo. No es casual que los personajes se llamen precisamente como sus intérpretes, estaban pensados para ellos. En definitiva, los textos se concibieron durante el confinamiento que se impuso en España en 14 de marzo de 2020. Un encierro que gracias a los avances tecnológicos no fue tan severo como pudo serlo el de la peste medieval del *Decamerón*. En el ámbito académico todos pasamos por las clases y exámenes virtuales, por las tesis doctorales defendidas vía *zoom* con jurados repartidos por diversos países y continentes, por los congresos no presenciales… Así que nada tiene de extraño que las gentes del teatro hicieran otro tanto. Y más todavía ellas, personas inquietas, creativas, con acentuada necesidad de expresión, de exhibición.

Y es lo que hicieron Bayona, Cornelles y su equipo: construir otra Verónica, intentar definir lo que significaron esos meses en que "el mundo se paró", que en España no fueron más de tres meses, y con excepciones, porque con las debidas precauciones, se podía salir de casa, por razones laborales, por motivos médicos, por necesidad de comprar alimentos o para pasear a las mascotas. De todos ello nos hablan las seis escenas que se articulan en torno a 1Km^2 de una misma ciudad, de sus habitantes, de sus relaciones, de sus vivencias durante ese extraño período en el que la normalidad, lo habitual, dejó se serlo, se puso entre paréntesis; seis historias, que en realidad son una docena, ya que en cada una de ellas participan dos personajes; un hexágono que encierra dolorosas vivencias de amor, de locura y de muerte: la soledad, el aislamiento, la pérdida de un ser querido, la muerte sin acompañamiento, el desespero, la frustración, la impotencia, el miedo… tales son los temas que se abordan y entrecruzan en este limitado prisma en el que los personajes que observan a los demás en una escena, pueden ser los contemplados en las siguientes. No se trata de una estructura similar a *La ronda* de Schnitzler o a *Carícies* de Sergi Belbel; aquí cada pareja de personajes sólo tiene entidad y sentido en su propia escena, pero lo cierto es que en unos límites tan acotados como los de ese kilómetro cuadrado en algún momento uno puede ver a otro y comentar algo al respecto con su interlocutor. Aparte de que los autores han tenido la habilidad de trazar ciertas señales que están presentes en todas y cada una de las secuencias, como la explosión floral de geranios (recordemos que el confinamiento se produjo precisamente los meses de primavera), o las referencias culinarias basadas en el arroz y sus diversas preparaciones, meloso, a banda, al horno…, pues al fin y al cabo estamos ante una producción valenciana. Un juego de perspectivas, de miradas: dentro, fuera; salud, enfermedad; joven, viejo; compañía, soledad; amor, despecho; muerte, vida…

Examinemos brevemente cada una de las escenas, no sin antes advertir que su ordenamiento sucesivo es harto convencional y que bien podría ser otro muy distinto. Y, en segundo lugar, que los diálogos no son propiamente tales, sino frases monologales que se mezclan entre dos personajes que tienen relación entre sí. En la primera escena, titulada *Avenida del Invierno con Calle de la Primavera,* nos encontramos a Manu (Manuel Valls) y Ruth (Ruth Lezcano), que habían sido pareja, amantes con proyectos de futuro cinco años antes, 1825 días antes, pero él cayó, bailando, en un río helado y dejó existir; y ella quedó congelada, muerta en vida durante un lustro. Pero justamente ese día, al cumplirse el quinto aniversario, con la llegada de la primavera, Ruth despertó, se sintió viva, se desnudó, salió al balcón y, entre los geranios floridos, se puso a danzar como una loca para asombro de los pocos viandantes y vecinos que la miraban.

La escena segunda se titula *Calle Cocinas con Puente de los Encuentros*. Allí vemos a un hombre mayor, Juan (Juan Mandli), que por lo visto ha estado cocinando para su vecina de enfrente durante días y días, hasta que ella sucumbió a la enfermedad. El otro personaje es María (María Poquet[2]), hija de la difunta y que ha conseguido sortear la prohibición de moverse entre provincias para llegar hasta casa de su madre. Juan sigue cocinando,

[2] En la representación de la obra, en septiembre de 2020, hubo algún cambio de intérpretes obligado por la coincidencia del estreno con la celebración del festival Russafa Escènica, puesto que María Poquet debía hacerse cargo del mismo en su condición de coordinadora general, por lo que su papel fue asumido por Iolanda Muñoz, y el que ésta debía encarnar en la escena tercera lo haría la actriz Eva Zapico.

ahora para María, aunque ella rechaza con dureza sus atenciones culinarias. Poco a poco vamos sabiendo que, en realidad, Juan es el padre de María, que cuando ella era adolescente abandonó a su esposa y a su hija para irse a convivir con una mujer más joven, para finalmente, tras romper esa relación, intentar regresar con su esposa, aunque esta sufre de Alzheimer y no lo reconoce, por lo que pasa a ser un simple vecino amable que intenta cuidarla. La secuencia concluye con la sugerencia de una posible reconciliación entre padre e hija:

> Juan.- Esa noche, al asomarme sin demasiada esperanza a la puerta de enfrente para recoger la tarta de manzana, encontré en el umbral de mi puerta una bolsa de pistachos. Me apresuré entonces a llamar al timbre y escuché, a lo lejos, unos pasos que se acercaban. La puerta se abrió. "Hola, señor", dijo ella. "Hola María", dije yo. "Estaba buena, la tarta", me dijo. "La hice para tu madre." "Está muerta, melón", me contestó. Y nos reímos. "¿Sabes ya cuánto tiempo vas a quedarte?", le pregunté. "Entre y se lo cuento". "Por favor, María, no me llames de usted". Y entré.

La escena tercera se titula *Calle de los Abrazos con Plaza de la Revolución,* y en ella intervienen Teresa (Teresa Crespo) i Iolanda (Iolanda Muñoz). La primera, viuda de un tal Roberto, un comunista militante que se suicidó por la crisis 2008, vive sola y amargada, sin más compañía que una tortuga, a la que también llama Roberto, y una desleída bandera roja que le dejó su esposo. Teresa es un poco metomentodo, recriminando a los viandantes que se saltan las prohibiciones y sobre todo a su vecina, Iolanda, una joven a la que la pandemia ha sorprendido en la más absoluta precariedad, sin trabajo, sin ahorros, sin perspectivas; pero con ingenio, Iolanda comienza a propagar anuncios por las redes sociales ofreciendo abrazos, compañía, un hombro sobre el que llorar, oídos que escuchan: "No soy una prostituta, me dedico a vender afecto", afirma, aunque el sexo tampoco queda descartado. El caso es que utiliza su domicilio para estos encuentros clandestinos y ello irrita grandemente a su vecina Teresa que la denuncia a la policía. Sin embargo, este enfrentamiento virará más tarde, hacia una amistad muy íntima entre ambas. E incluso Iolanda acompañará a Teresa a enterrar a la tortuga Roberto, envuelta en la bandera comunista, cuando esta muera.

La cuarta escena se titula *Calle del Hospital con Avenida Corrientes*. Las protagonistas: Victoria (Victoria Salvador) y María (María Minaya). María es médica, muy vitalista, corre maratones, toma bastante cerveza y tiene un balcón lleno de plantas. Victoria, por el contrario, es una señora mayor que contrajo la enfermedad y que fue conducida al hospital por su hijo, al principio de todo, cuando todavía se podía; durante días y días Victoria ha permanecido entubada, sedada, inconsciente, sin enterarse del mundo exterior. Finalmente supera la enfermedad, despierta, vuelve a la vida, y en ese instante su mirada se cruza con la de la médica; Victoria pregunta por su hijo, y María no sabe cómo decirle que el hijo ingresó cuatro días antes con una crisis severa y que su corazón no resistió. Cuando Victoria es dada de alta y abandona la clínica, todo el equipo médico la vitorea y aplaude, es una heroína.

En la quinta escena, *Calle Comedias con Bulevar del Fracaso*, los actantes, Jerónimo (Jerónimo Cornelles) y Lola (Lola Moltó) son profesionales de la escena. Ella es una especie de diva, de gran dama de la comedia, muy popular y acomodada; está casada con un comerciante de pompas fúnebres, negocio que no va mal esos días, y vive en un lujoso chalet con dos piscinas (agua fría y agua tibia). Jerónimo, por el contrario, es un actor más joven y algo alocado, procede del teatro alternativo, es más bien rebelde, vive en un pisito de poco más de 40 metros cuadrados, no tiene pareja, ni quiere, porque lo suyo es el poliamor, sin distinción de sexos. Y hete aquí que cuando la vida parecía sonreírle por fin e iba a trabajar en un proyecto teatral junto a su admirada diva, estalla la pandemia y todo se suspende. Para colmo de males, su hermano y su cuñada, que además tiene dos gemelos de una relación anterior, contaren la enfermedad, así que el infeliz de Jerónimo tiene que hacerse cargo de los "sobrinastros" y hasta de una perra horrible que tiene su cuñada. Como es comprensible, el personaje de traumatiza, lanza gritos y denuestos, maldice y envidia a su *partener*. Cuando por fin sus familiares se curan y recuperan a los niños y a la perra, Gerónimo se desata, liga con una cajera portuguesa del supermercado y se acuesta con ella sin demasiadas precauciones; más tarde hace otro tanto con un actor amateur, alumno suyo, de 1,90. Pilla el COVID, claro.

Si esta escena es la más cómica, la menos dramática e intensa de la obra, la sexta, *Plaza de los Geranios con Calle Utopía*, vendría a ser como el colofón, como el cierre natural del circuito que hemos ido siguiendo. Laura (Laura Usuletti) es la mujer que escribe, es periodista, trabaja desde su propia casa y, no por casualidad, le han pedido que escriba justamente sobre lo que está aconteciendo en la ciudad a raíz de la pandemia. Sus parlamentos, en gran medida, son como lecturas de las frases periodísticas, de las reflexiones que va pergeñando durante el suceso. Enfrente, está la mujer que observa. La que la mira escribir, la que otea el ir y venir o el estarse quieto de todo el vecindario, la que se ahoga con el encierro, pero deja volar su imaginación como única forma de escapatoria:

Maribel.- Cuando el mundo se detuvo, mi vida, que ya era pesadilla, se convirtió en un infierno. Pero descubrí que desde mi ventana podía hacer volar mi imaginación y escapar de aquella prisión. "Ya volveré. Dejad que mi alma no esté con mi cuerpo", pensé.

Laura.- "Cuando todo paró, la primavera no se detuvo, y mientras en el primer mundo habilitaban morgues en palacios de hielo, en Ecuador amontonaban a los muertos en las puertas de sus casas, y los quemaban", copié de una noticia de actualidad que encontré en Google.

Maribel.- Imaginaba delfines saltando en el Estrecho de Gibraltar, bandadas de golondrinas cruzando el cielo de Rusia. El rugido de un león en la sabana africana, apareándose frenéticamente con una leona…

Laura.- Levanté la mirada de la pantalla asqueada por mi carencia de imaginación, y durante un segundo eterno mis ojos se cruzaron con los suyos. Y no sé por qué le sonreí y mientras pensaba en la vida y en la muerte, volví a bajar la mirada a la pantalla y escribí:

"Cuando todo paró, el polen, transportado por el viento, por los pájaros y por los insectos se cruzó con el virus en el espacio".

Debo concluir indicando que la obra finalmente se representó en septiembre de 2020. Y, en parte, siguiendo el modelo de *Construyendo a Verónica*. No se hizo en un teatro, sino en el claustro del antiguo convento del Carmen, hoy Centro Cultural del Carmen[3]. Los espectadores íbamos entrando en grupos reducidos, creo recodar que ocho o nueve personas, con mascarillas y atendiendo a las medidas de seguridad que, en todo caso, nos permitían situarnos a muy pocos metros de los intérpretes. No

[3] Puede verse en https://www.stagein.tv/videos/1km2/ [15/09/2024].

vimos el espectáculo con el formato que acabo de describir para la escritura, sino que, según el color que se nos asignaba, íbamos trasladándonos de un espacio a otro, al modo del escenario múltiple medieval, por lo que un determinado grupo quizá comenzara su recorrido en la escena sexta para acabar en la cuarta; o empezaría en la primera y terminaría en la tercera. Forzosamente, pues, la recepción espectacular tendrá una configuración diferente en la mente de cada espectador o espectadora según el itinerario que le haya tocado. Así es el teatro: un flujo continuo y variable. La literatura es otra cosa, incluso la dramática. Pero sería bueno que alguien se animara a publicar este texto. Vale mucho la pena su lectura[4].

[4] Una grabación de esta intervención puede verse en https://canal.uned.es/video/66f293ee4131504f9d0c75c2 [23/09/2024].

TEATRO Y SALUD CORPORAL

¿Y SI EL CORAZÓN NO ES SOLAMENTE UN ÓRGANO? A PROPÓSITO DE *PARAÍSO*

WHAT IF THE HEART IS NOT JUST AN ORGAN? ABOUT *PARADISE*

INMACULADA ALVEAR

Dramaturga

valerinma88@gmail.com

Resumen: El detonante de *Paraíso* es la idea de qué podría suceder si un empresario poderoso recibiera el trasplante del corazón de una prostituta. Este planteamiento le permitió cuestionar si los órganos trasplantados podrían transferir emociones o memorias del donante al receptor. A través del protagonista, Juan, la obra explora cómo las características y deseos de la donante, Jessi, empiezan a influir y transformar su vida. Alvear también se refiere a estudios médicos que apoyan la idea de que el corazón puede tener una "memoria" que afecta a los receptores de trasplantes, citando investigaciones sobre neurocardiología y memoria celular. Aunque estas teorías aún no están plenamente aceptadas por la medicina convencional, Alvear defiende que el teatro es un espacio donde estas ideas pueden explorarse sin restricciones científicas, abriendo caminos hacia nuevas formas de pensamiento y emoción.

Palabras clave: Teatro. *Paraíso*. Inmaculada Alvear. Trasplante de corazón. Prostituta. Transformar vida. Pensamientos. Emociones.

Abstract: The trigger for Paraíso is the idea of what could happen if a powerful businessman received a heart transplant from a prostitute. This approach allowed him to question whether transplanted organs could transfer emotions or memories from the donor to the recipient. Through the protagonist, Juan, the work explores how the characteristics and desires of the donor, Jessi, begin to influence and transform his life. Alvear also refers to medical studies that support the idea that the heart may have a "memory" that affects transplant recipients, citing research on neurocardiology and cellular memory. Although these theories are not yet fully accepted by conventional medicine, Alvear defends that theater is a space where these ideas can be explored without scientific restrictions, opening paths towards new forms of thought and emotion.

Keywords: Theater. *Paradise*. Immaculate Alvear. Heart transplant. Prostitute. Transform life. Thoughts. Emotions

> *Es verdaderamente tonto e indignante, hablar del corazón como de un mero equipo de bombeo*
>
> RUDOLF STEINER (1921)

El teatro es, por naturaleza, donde damos respuesta a muchas de las preguntas que no comprendemos, a las inquietudes que asaltan nuestra mente. Lo hacemos desde miles de variantes, formas de expresión, estéticas e imágenes diferentes. Tenemos esa necesidad de explorar situaciones, con personajes e historias que nos abran los ojos a algo que no vemos o desconocemos.

Desde bien pequeña me ha gustado lo esotérico; está presente en casi todas mis historias. Así que *Paraíso*, el texto de mi autoría, que me ha traído hasta aquí, es el resultado de esa visión más allá de la realidad material que me gusta pensar que existe. En este camino del esoterismo he estudiado Flores de Bach, Reflexología podal y otras terapias para consumo familiar. Nunca fui de ir a médicos, siempre intenté buscar alternativas más naturales a mi salud.

Hace más de 10 años estudié alimentación macrobiótica porque pensaba que lo que comemos influye en nuestras enfermedades y que una buena alimentación sería suficiente para estar saludable. Estaba equivocada. La macrobiótica me cautivó principalmente porque no se centraba solamente en la alimentación como causa principal de los problemas de salud, sino también en algo que me atraía y me sorprendía: las emociones y la mente. El yin y el yang. Esta visión fue un descubrimiento tan importante para mí que cambió el enfoque de todo lo que había hecho hasta el momento.

La macrobiótica está muy conectada con la medicina oriental y lo que me cautivó fue cómo se fusionaba cada uno de los órganos del cuerpo humano con determinadas emociones. El hígado, por ejemplo, cuando está en desequilibrio se asocia a emociones como el enfado y a la ira. Los riñones con el miedo y el quedarse estancado. Y el corazón con el nerviosismo y la dispersión, con los pensamientos rápidos y erráticos.

Pero hay más. Los órganos también se relacionan con colores, olores y sabores, y con los cinco elementos del *feng shui*, una técnica que muchos de ustedes han oído mencionar.

Me parecía fascinante, cómo de una manera tan orgánica, nuestro cuerpo se relaciona desde muchos ángulos con la naturaleza. Experimenté en mí misma esta nutrición y seguí estudiando otras disciplinas como la Programación Neurolingüística. Un día al salir de unos de los seminarios, pensé: ¿qué pasaría si a un hombre importante socialmente, un empresario de éxito le hacen un trasplante y le ponen el corazón de una prostituta?

Si los órganos se identifican con emociones, ¿qué sucede con un órgano como el corazón, tan potente, tan místico, que se rompe con facilidad, que ama locamente, si es traspasado a otro cuerpo? ¿Cómo reaccionaría la persona que lo recibe? ¿Tendría algún trasvase de información al recibir este órgano de otra persona?

El corazón está asociado principalmente con el amor. Y lo representamos de muchísimas maneras, con refranes, dichos, canciones e historias. La literatura está llena de frases sobre el corazón y lo que alberga. Actualmente lo representamos mediante corazones hechos con las manos, iconografía, emoticonos de caritas con besos en forma de corazón, etc…

La filosofía ha considerado al corazón como un órgano especial, desde Aristóteles que decía que era la sede de las sensaciones y las emociones, hasta la filosofía moderna que habla de las necesidades del alma, del sentimiento y de la esperanza, ubicando en el corazón todos estos valores humanos.

¿Era una locura hablar de lo que me proponía o estaba en sintonía con ese acervo cultural que traspasa los límites de lo científico? ¿Cómo hacerlo sin herir susceptibilidades?

Cuando algo comienza a forjarse en mi cabeza ya no puedo dejar de pensar en eso. Se me vienen imágenes y posibles escenas que descargo en un papel; así que la única manera de avanzar es aceptar el reto de escribir el texto de esa potente imagen que tengo en mi cabeza: un corazón en el cuerpo de otro ser.

Y así nació la idea de *Paraíso*. Digo la idea porque este texto estuvo en mi cabeza varios años hasta que vio la luz y se materializó.

Quizás el que estuviera tanto tiempo dormida en mi mente quería decir que todavía no estaba madura realmente, que tenía que tener más tiempo de investigación y de saber cómo iba a encarar ese tema para que no sonara a locura. Porque la idea que me rondaba la cabeza es que, al final, había una transformación total de ese empresario de éxito, convirtiéndose en prostituta. Miedo me daba esta transformación porque el texto podía convertirse en algo absurdo que no resultara convincente.

Ya había escuchado a uno de mis profesores de macrobiótica, años atrás, que en Estados Unidos se estaba investigando cómo afectaban los trasplantes de corazón a las personas que lo recibían, pero no me había puesto a investigar seriamente.

Era todo un riesgo hablar de este tema porque en España siempre vamos un paso por detrás de estas investigaciones. Sin embargo, me animé al pensar que era teatro. y que el teatro, al ser un mundo de ficción, permite explorar esta y otras inquietudes mucho más locas. Me sentí arropada por esta idea ilusión, de quimera, de fantasía.

Así que comencé a concretar mis personajes. Lo primero que quise definir es cómo sería esta mujer. Buscando, me encontré con un barrio llamado Paraíso de Dios, en República Dominicana, muy cerca de Santo Domingo, una zona altamente contaminada por empresas occidentales. Ahí visualicé que nacía Jessi, mi protagonista / antagonista. La dueña del corazón que revolucionaría toda la historia. Jessi es una mujer caribeña, en mi imaginación más bien rellenita pero proporcionada, con una inmensa alegría de vivir, sensual, atrevida y decidida. Llega a España para conseguir dinero y pagar la medicación de su hijo, que ha nacido con problemas respiratorios.

Y así nació la historia de Juan y su nuevo corazón. Para que todo tuviera sentido, a Juan lo convertí en un alto ejecutivo de una corporación internacional que invierte en hoteles de lujo. Su meta es ser el nuevo consejero delegado de la corporación, para lo cual lleva trabajando mucho tiempo, comprando y extorsionando a personas. Es en este proceso de conseguir ese nuevo estatus en la empresa, cuando Juan recibe el nuevo corazón. Dos polos tan opuestos de tal manera que sus sueños, su educación, sus gustos, sus valores y sus amistades están en las antípodas. Así, la transformación sería más chocante y más insólita.

Cuando Juan se recupera del trasplante, comienza a sentir sensaciones y deseos que no le pertenecen; entre ellos, una necesidad de comprar tangas y sujetadores. Luego va advirtiendo una mayor empatía hacia los demás, principalmente hacia su mujer y su secretaria, además de nuevos gustos culinarios. Así se desarrolla una lucha entre el corazón de Jessi y los deseos de Juan. Al final, Juan se va transformando paulatinamente hasta que los deseos, gustos y emociones de Jessi ocupan todo su ser.

Juan es Jessi o Jessi ha brotado de Juan.

¿De dónde nace esta idea, loca para muchos, de que el corazón es algo más que un órgano que bombea sangre? Desde mi opinión -y por eso escribí *Paraíso-*, el corazón no es solo un órgano encargado de bombear sangre, ni se enferma únicamente por dietas ricas en grasas, exceso de comidas preparadas y de grasa animal, entre otros factores. Existen otras muchas causas que influyen en su salud, que no tienen que ver ni con la alimentación ni con la herencia genética, sino -como he venido explicando- con las emociones que sentimos y la forma en que percibimos el mundo.

Hace tiempo que conocí una práctica que se llama coherencia cardiaca, un sistema que conecta el cerebro y el corazón a través de la respiración y que sirve para controlar el estrés, armonizar la regulación del organismo y el sistema nervioso autónomo. Una práctica que ha sido validada desde el Instituto HearthMath de California en los años 90.

En la medicina oriental, el corazón se considera como el hogar de nuestro "Shen", que representa la atención plena o conciencia. Es la "mente del corazón" que no sólo está relacionada con la conciencia, sino también con lo que llamamos alma o espíritu. Hace más de un siglo, el pensador y filósofo Rudolf Steiner, ya sostenía que el corazón era un órgano que servía para pensar. Sin embargo, hasta que esta idea no sea comprobada científicamente, para los occidentales seguirá siendo solo una hipótesis.

La pregunta que creo que debo responder ahora es: ¿Qué dice la medicina? Si te reemplazan un corazón por otro, ¿seguirías siendo la misma persona? ¿Cambiaría algo en ti? ¿Podría ser que el corazón de la nueva persona con sus pasiones, sus deseos, su forma de mirar la vida comience gradualmente a influir en tu existencia? ¿Existen estudios o investigaciones que respalden lo que yo planteo en *Paraíso*?

El neurocardiólogo J. Andrew Armour acuñó en 1991 el concepto *Heart Brain* (cerebro del corazón), tras descubrir un sistema nervioso cardiaco con neuronas, neurotransmisores, proteínas y células de apoyo. Según este descubrimiento, el corazón puede aprender, recordar, sentir y percibir de forma autónoma. Gracias a esos circuitos tan elaborados, parece que el corazón puede tomar decisiones y pasar a la acción independientemente del cerebro; y puede aprender, recordar e incluso percibir.

Por esos mismos años, el neuropsicólogo Paul Pearsall también estaba investigando estos temas. El doctor Pearsall ha recibido numerosos premios por su investigación sobre la relación entre el cerebro, el corazón y el sistema inmunológico y, también, por su investigación sobre receptores de trasplantes de corazón que reconocieron tener recuerdos de su donante. Estos estudios condujeron a la creación de un nuevo programa llamado Corazón/Mente en una Clínica de Cleveland. De hecho, en 1998 publicó un libro titulado en español *El código del corazón* (Madrid: Edaf, 1998), en donde explica estas investigaciones sobre las memorias celulares. En este libro, detalla cómo quienes reciben un corazón son capaces de recordar sabores, gustos y otras "manifestaciones" más personales de sus donantes.

En la página 124 de su libro nos encontramos con uno de los muchos casos que relata de su estudio. Dice así: "La madre de un joven trasplantado dijo: 'Ahora mi hijo utiliza siempre la palabra "copacético". Antes de tener su nuevo corazón jamás la usó, pero fue la primera cosa que pudo decirme tras la operación. No sé lo que significa. Dijo que todo estaba copacético. No es una palabra que conozca en español'. La esposa del donante que estaba oyéndonos, abrió desmesuradamente los ojos y, volviéndose hacia nosotros, dijo: "Esa palabra era la forma que teníamos mi marido y yo de decir que todo estaba bien. Siempre que discutíamos y hacíamos las paces, ambos decíamos que todo estaba copacético". Describe también los cambios, en el joven trasplantado, de gustos de comida (era vegetariano y ahora quería comer carne), de música (de la electrónica paso al rock de los años 50), siendo las aficiones que tenía el donante, que le gustaba la comida rápida y que perteneció a un grupo de rock cuando era joven. Y no es el caso más extraño de los que habla Pearsall. Indudablemente, el doctor Pearsall afirmó que hay personas que son más susceptibles, más sensibles que otras a percibir estos cambios cuando se produce un trasplante de corazón.

El doctor Punzel[1], del Departamento de Cirugía de la Universidad de Viena, realizó en la misma década investigaciones

[1] https://www.google.com/search?q=J.+Andrew+Armour&oq=J.+Andrew+Armour&gs_lcrp=EgZjaHJvbWUqBggAEEUYOzIGCAAQRRg70gELMTYzMjI0OWowajeoAgCwAgA&sourceid=chrome&ie=UTF-8 [10/09/2024].

sobre los trasplantes. Las cifras del estudio eran que un 79% de los encuestados no notaron cambios en su personalidad. Muchos se mostraron hostiles y enojados cuando se les preguntó si habían sentido la energía de sus donantes. Solo un 6% de los pacientes experimentó cambios después de la cirugía y lo que sentían es que se tenían que "acomodar a los nuevos sentimientos que afloraban del donante". Los estudios del doctor Punzel no fueron tan concluyentes como los de del Dr. Pearsall. Lo que mostraban era un interés por saber si verdaderamente existía esa memoria celular de la que ya empezaban a hablar algunos médicos.

Ya en el siglo XXI, Annie Marquier, en una entrevista en *La Vanguardia,* en 2012[2], reveló datos sorprendentes sobre este órgano, afirmando que el corazón tiene cerebro. Annie Marquier es matemática por la Universidad de La Sorbona y pensadora, y dirige el Instituto de Desarrollo de la Persona en Quebec (Canadá). En esta entrevista nos recuerda que el corazón genera un campo electromecánico cinco mil veces más potente que el del cerebro. Este campo se modifica según el estado emocional. Es más armónico en estados de satisfacción, pensamiento positivo, confianza y tranquilidad, y en cambio es más irregular o caótico en estados de alerta (temor, frustración, peligro). Ella revela que el campo electromagnético llega hasta cuatro metros fuera de nuestro cuerpo, lo que explica que, a veces, sincronicemos nuestro corazón con el de otra persona cuando estamos dentro de esta zona física de influencia: el bebé y la madre, dos personas que se quieran más desde la ternura que desde la pasión…

Cuando escribí *Paraíso*, no contaba con esta cantidad de datos. Lo que sí me decía mi intuición era que el corazón albergaba más información que la que nos habían enseñado, que era

---

[2] https://www.lavanguardia.com/lacontra/20120314/54267641495/annie-marquier-corazon-cerebro.html [10/09/2024].

más importante de lo que nos hacían creer y que su potencial estaba por descubrir. Quería transmitir la importancia de que lo que amamos y cómo amamos deja una impronta en nosotros, que todas esas vivencias se quedan grabadas en nuestro cuerpo, siendo el corazón el órgano que las alberga.

La Medicina China tiene más de 5000 años. La observación ha sido su guía, ese es su método científico. Y lo que ellos han proclamado durante milenios, empieza a ser visible en el mundo occidental más científico: por ejemplo, la microbiota y la importancia del intestino en nuestro sistema inmune y en enfermedades como el alzhéimer o el autismo. Yo ya estudié muchos de estos factores hace más de 15 años y entonces, en España, nadie hablaba de esto.

Para mí, una de las funciones del teatro es hacernos imaginar, reír, llorar. preguntarnos, satirizar, emocionarnos; *Paraíso* cumplía con estos requisitos. Es un tema polémico porque muchos sostendrán que lo que cuento es pura invención y, por lo tanto, es imposible que el corazón albergue todas estas sensaciones y sea capaz de recordar. Pero hay sembrada una duda, aunque sea pequeña.

Con esto quiero decir que hay determinados conceptos que son más espirituales o filosóficos, los cuales la ciencia no sabe descifrar, pero que tienen su explicación. Esto es lo que está sucediendo con la meditación: ya hay investigaciones que reconocen sus beneficios. Ahora hay neurólogos y especialistas que están más de acuerdo con el "Shen" de la medicina china que con el concepto occidental de que el corazón es solo un órgano para bombear sangre.

Y cuando el debate está así, un texto como *Paraíso*, no hace más que reflejar la situación en la que se encuentra la medicina:

en constante avance y en búsqueda de no quedarse estancada en conceptos limitantes para el ser humano.

Si solo hubiera habido el caso de una persona que recibe un corazón y manifiesta cambios en sus gustos y deseos, podría pensarse que es algo fortuito. Pero cuando se estudian más casos, es necesario dejar de considerar estos fenómenos como accidentes y comenzar a investigar qué nos están diciendo estas situaciones y si hay aspectos que no estamos contemplando.

Más recientemente, el profesor Mitchell B. Liester, médico clínico asistente en el Departamento de Psiquiatría de la Facultad de Medicina de la Universidad de Colorado, realizó con otros colegas unos estudios similares que se publicaron en la revista *Transplantology*. En dicha investigación entrevistó a 47 personas que habían recibido un trasplante y el 89% reveló que había sufrido modificaciones en sus gustos o sensaciones, y que recuerdan acontecimientos de la vida de su donante, tal y como explica en un artículo publicado en la revista *Psycology Today*[3]. Un hallazgo particularmente llamativo que recogieron los medios convencionales es que el 6% de los encuestados había experimentado cambios en "sus preferencias sexuales", uno de los cambios fundamentales que se produce en *Paraíso*.

Por lo tanto, no está tan alejado lo que yo describo en este texto de lo que algunos médicos actuales están encontrando en los pacientes que reciben un trasplante de corazón, cambios que afectan a sus gustos, recuerdos y sensaciones. Es cierto que el estudio de la Universidad de Colorado es relativamente pequeño, con solo 47 participantes. Sin embargo, el hecho de que el 89% de los encuestados haya experimentado transformaciones a raíz de recibir un nuevo corazón no es una cifra desdeñable.

---

[3] https://www.psychologytoday.com/es/blog/los-transplantes-de-organos-cambian-la-personalidad [10/09/2024].

En España, también hay médicos que apoyan la teoría de la memoria celular, entre ellos Josep María Caralps, quien realizó el primer trasplante de corazón en España en 1984 y es responsable del Servicio de Cirugía Cardíaca del Hospital Quirón de Barcelona. En 2011, publicó el libro *Super Corazón* y lleva años reflexionando sobre la posibilidad de que el corazón tenga su propia memoria. Así lo relata en una entrevista a Antena 3[4] y también en el mismo programa, nos habla del caso de un paciente en EEUU que recibió el corazón de una persona asesinada de un tiro en la cabeza. Meses después del trasplante, el paciente empezó a tener flashbacks del asesinato, y la descripción que proporcionó coincidía con la del asesino del donante. Este caso, increíble y que supera lo planteado en *Paraíso*, es considerado por Caralps como muy particular y posiblemente relacionado con las características de percepción y sensibilidad del receptor, no necesariamente aplicable a todos los casos. Sin embargo, es algo que debe ser contemplado al realizar un trasplante.

En el mismo programa, el doctor Javier Segovia, jefe de sección de insuficiencia cardíaca avanzada, trasplante e hipertensión pulmonar del Hospital Universitario Puerta de Hierro, afirma[5] que "la existencia de neuronas en el corazón no determina la presencia de memoria" y se inclina por defender al corazón como un órgano exclusivamente de bombeo.

Indudablemente, estas investigaciones todavía no pueden probar que toda persona que reciba un corazón sufra cambios que vengan del donante. Pero si que abre la oportunidad para que, aquellas personas que sean más sensibles o más conscientes

[4] https://www.antena3.com/series/pulsaciones/memoria-del-corazon/josep-maria-caralps-las-cellas-del-corazon-pueden-almacenar-memoria-y-energia_20170105586e30040cf211d2aa1254a9.html [10/09/2024].

[5] https://www.antena3.com/series/pulsaciones/memoria-del-corazon/javier-segovia_20170130588f7dc90cf2c31a5c63d014.html [10/09/2024].

y perciban gustos o preferencias distintas a las suyas, reciban asistencia de profesionales para que les ayuden a transitar esta metamorfosis.

Paraíso, el texto que he escrito, está publicado en la colección de Teatro del Astillero en 2019. Se estrenó en Murcia en 2021 bajo la dirección de Luis Miguel González Cruz, con interpretación de Chema Ruiz, el diseño de luces y del espacio escénico a cargo de Miguel Ángel Camacho, el vestuario de Sara Ortiz de Villajos y el audiovisual de Luis Lamadrid. Su gira por España culminó en la sala Jardiel Poncela del Teatro Fernán Gómez de Madrid donde estuvo del 21 de marzo al 7 de abril de 2024.

Decía yo en el programa de mano de la puesta en escena madrileña, por la Compañía Teatro del Astillero: "¿Si te ponen otro corazón, crees que serías la misma persona? ¿O cambiarías? Entonces, ¿qué sucedería si a un hombre poderoso le pones el corazón de una persona que está en sus antípodas? ¿Le cambiaría la vida?". Y Luis M. González Cruz, el director del montaje, anotaba: "Poner en escena *Paraíso* corre el riego de ilustrar su atractivo hilo argumental, por lo que me propuse abordarlo desde el conflicto con el propio texto", para proseguir: "La metamorfosis sexual que sufre el personaje principal la afrontamos como un film de terror en el que un corazón trasplantado posee el cuerpo de su nuevo dueño y, con el realismo documental de una charla TED, a ritmo de vudú dominicano, en perfecto castellano, afloró esta batalla de zombies en el paraíso"[6].

Paraíso refleja inquietudes presentes en la sociedad. El teatro, al ser un medio de expresión en contacto con el pulso social, recibe estas pulsiones que el dramaturgo traslada en historias; muchas veces adelantándose a lo que la ciencia o la mayoría so-

[6] Una puesta en escena puede verse en https://www.youtube.com/watch?v=sa7BRDlsq40 [20/09/2024].

cial considera. El teatro abre caminos insospechados hacia realidades que ya están en nuestras mentes y favorece la expansión del pensamiento, el espíritu y la creatividad[7].

[7] Una grabación de esta intervención puede verse en https://canal.uned.es/video/66f51aa63133b6b1320e45c8 [25/09/2024].

YO CUENTO: MEDIACIÓN Y MEDICIÓN EN EL HOSPITAL PEDIÁTRICO NIÑO JESÚS DE MADRID

YO CUENTO: MEDIATION AND MEASUREMENT AT THE NIÑO JESÚS PEDIATRIC HOSPITAL IN MADRID

LUCÍA MIRANDA
The Cross Border Project
director@thecrossborderproject.com

GIUSEPPE VERÁSTEGUI GONZÁLEZ
Universidad Complutense de Madrid
giuveras@ucm.es

Resumen: El proyecto *Yo cuento* es un laboratorio teatral interdisciplinario que combina el arte y la salud, transformando el entorno hospitalario a través del teatro y el juego. En este proyecto, los niños no solo son pacientes, sino protagonistas activos de sus propias historias. A través de sus participaciones, tanto los pacientes como sus familias y el personal médico reconfiguran sus relaciones, generando una experiencia de mejora más allá de los tratamientos médicos tradicionales. El teatro permite a los niños explorar sus miedos, fantasías y realidades, al tiempo que el humor y el juego se convierten en herramientas de resistencia y transformación. Este artículo reflexiona sobre cómo las artes escénicas pueden contribuir a la creación de nuevos espacios de mejora y conexión emocional dentro de un contexto hospitalario.

Palabras clave: *Yo cuento*. Relato. Arteterapia. Juego. Humor. Arte. Salud. Iintervención artística. Site-specific.

Abstract: The *Yo cuento* project is an interdisciplinary theater lab that combines art and health, transforming the hospital environment through theater and play. In this project, children are not merely patients but active protagonists of their own stories. Through their participation, patients, families, and medical staff reconfigure their relationships, creating an experience of improvement that goes beyond traditional medical treatments. Theater allows children to explore their fears, fantasies, and realities, while humor and play become tools of resilience and transformation. This article reflects on how the performing arts can contribute to the creation of new spaces for healing and emotional connection within a hospital context.

Keywords: *Yo cuento*. Narrative. Art therapy. Play. Humor. Art. Health. Artistic intervention. Site-specific.

1. EL COMIENZO

> *Doctor Víctor: Marta, explícaselo bien... Es una operación realmente difícil, no hay mucha experiencia, solo somos residentes, ¿lo recuerdas? A veces hay que aceptar que no podemos salvar a todos.*
>
> *Doctora Marta: Lo sé...*
>
> *Doctor Víctor: No, no lo sabes. Lo que le está pasando a Marta os va a pasar a todos vosotros: no querer aceptar el fracaso.*
>
> *Doctora Marta: En otras especialidades está todo protocolizado, hay unos pasos*

a seguir, pero en Neurología no. Porque en Neurología las enfermedades son tan poco frecuentes que no se pueden protocolizar. No hay camino abierto... hay camino por abrir...

Doctor Víctor: Con estas cosas siempre me pregunto, que si fuera mi hijo ¿qué haría? Al final nuestro trabajo es no dejar de creer. Es difícil, complejo... pero sabes que tu trabajo es no dejar de creer.

Fragmento de *Radiografías* (Cerván, Estaire y Miranda, 2023).

1.1 ¿Cómo nace *Yo cuento*?

Inés Enciso, gestora cultural, llegó con su hijo al área de Neurología del hospital Niño Jesús de Madrid. Allí, sus dos neurólogos, Elena González y Víctor Soto, la reciben. Elena y Víctor llevaban tiempo buscando una forma de mejorar la calidad de vida de sus pacientes más allá de los procedimientos. Para ejecutarlo, llamaron a la directora de escena Lucía Miranda y a su compañía Cross Border.

¿Qué pasa si los protocolos no siempre son suficientes? Si, como dice Víctor, «hay camino por abrir», ¿podría el arte ser ese camino? Esta inquietud se convierte en semilla para lo que hoy conocemos como *Yo cuento*, un laboratorio teatral que nace de médicos y artistas que ven más allá de los diagnósticos, que se unieron para responder a la necesidad de humanizar y transformar el entorno hospitalario a través de las artes escénicas, un laboratorio en el que los niños y adolescentes no sólo son pacientes, sino protagonistas de sus propias historias y que desafían no sólo sus propias percepciones sino también las del público que los acompaña. Imagínate a 20 niños y niñas con neuropatías, en tratamiento, participando en una obra teatral, construyendo sus propias historias. No es una vía de escape, es una vía recreativa, una oportunidad de transformación, donde el simple hecho de estar presente ya es un acto de renovación, la recreación es un componente esencial en la vida humana, nos lleva a ese estado primario de creatividad y libertad, a esa pausa consciente que permite la introspección, nos permite disfrutar de esos momentos donde el Ser encuentra espacio para reflexionar, para reconfigurar su visión del mundo y de sí mismo. El teatro les permite explorar sus dudas, sus miedos y sus fantasías y les ofrece un espacio para reconocerse a sí mismos.

1.2. ¿Y sólo participan ellos?

No, los martes por la tarde durante la sesión de teatro con los menores, el grupo de padres y madres se reúne junto con una psicóloga de ACTAYS (Acción y Cultura para Tay-Sachs) para conversar durante dos horas en una terapia de grupo. Y el laboratorio es realizado junto con cuatro miembros del personal médico, invitando a otros sanitarios y residentes a participar esporádicamente en el proceso. Estos sanitarios no son observadores, sino jugadores, participantes activos, que trabajan en igualdad con sus pacientes. Un ejemplo del trabajo integral es el caso del espectáculo *Radiografías* (Veranos de la Villa-2023), en el que actuaron 61 personas: 20 menores, 12 profesionales, 4 de personal sanitario, 25 padres y hermanos, a parte de las colaboraciones en producción, sastrería o maquillaje. En menor medida ocurrió con *Circo Parifón*, (Circo Price- 2022) en la que participaron 15 menores, 8 profesionales de las artes escénicas y 3 médicos.

El impacto es amplio, porque se trata de construir relaciones verdaderamente humanas entre pacientes y médicos, entre los familiares y el hospital. El espectáculo *Circo Parifón* se presentó en el Circo Price junto con un documental audiovisual del proceso, ante 800 personas. Para los menores, estar ahí, en ese escenario, significó mucho más que simplemente actuar. Fue una declaración: "Estamos aquí, somos visibles, y nuestras historias importan". Los espectadores no solo veían una actuación, sino un acto de resistencia y creatividad frente a la enfermedad. A aquellas dos experiencias, les han seguido otras tres en el 2024: la presentación de *La fiesta infinita* (Sala Mirador), la presentación del cortometraje grabado con base en la obra *Radiografías* y el documental del proceso en los Cines Callao, y la creación de un nuevo grupo que trabaja basándose en la experiencia del teatro foro sobre la epilepsia: *Sin banquillo*s (Institución de Libre Enseñanza).

1.3. ¿Cómo funciona la dinámica dentro del hospital?

Un martes sí y un martes no, de octubre a junio los niños participantes se reúnen en el Aula Duquesa del Hospital Niño Jesús. No siguen un guion preestablecido. Ellos mismos construyen sus historias junto con un grupo de arte educadores y médicos participando en la creación de los espectáculos, no son tratados como pacientes que requieren cuidados, sino como ciudadanos que tienen algo importante que decir. En la escenificación de *Radiografías*, por ejemplo, los niños guiaron al público por los pasillos del hospital, mostrando su vida diaria en pequeñas escenas como en una radiografía, estas escenas revelaron tanto los distintos momentos, a veces difíciles, a veces alegres, por los que las familias y el personal sanitario tiene que pasar. Aquí no hay forma más directa de decir "esta es nuestra realidad y queremos que la entiendas".

Cuando los niños se involucran en el proceso artístico, están también transformando ese espacio. Empiezan a ver al personal sanitario de otra forma, no como figuras de autoridad, sino como parte de una comunidad que los escucha y los acompaña. Esa es una de las claves: la escucha.

2. LOS ESPACIOS

¿Cómo se eligen los espacios para cada representación?

Cuando hablamos de teatro, a menudo pensamos en un escenario tradicional, rodeado de butacas, luces cuidadosamente colocadas y una estructura fija. Pero desde *Yo cuento*, se plantea cómo usar el espacio adecuándolo a sus participantes. En el caso de la primera producción *El Circo Parifón*, el formato de números individuales que lo conforman permite que cada participante tenga un momento en el que brillar al tiempo que, si por razones médicas finalmente no puede acudir a la actuación, su parte sea cancelada sin detrimento en el resultado general. Del mismo modo, un espectáculo *site-specific* como *Radiografías*, desarrollado en el interior del hospital, permite que suceda lo mismo que en el caso anterior, pudiendo eliminar una etapa o parada, al tiempo que los participantes pueden ser escuchados sin necesidad de microfonía.

La directora Anne Bogart, en su trabajo sobre producciones *site-specific*[1], señalaba que "las limitaciones y desafíos de las

[1] Anne Bogart utiliza el término *site-specific* para referirse a producciones teatrales que se crean y adaptan específicamente para un lugar o espacio particular que no es un teatro tradicional. En este tipo de producciones, el espacio elegido no es sólo el escenario, sino que se convierte en una parte integral de la obra, influyendo en la narrativa, la interpretación y la experiencia del público. Las producciones *site-specific* exploran las características únicas del lugar, como su historia, arquitectura, y atmósfera, para generar un diálogo entre el espacio y la escenificación. Esto permite una experiencia inmersiva y contextualizada, donde los límites tradicionales del teatro se

producciones en lugares específicos también ofrecen la oportunidad de trabajar con escenarios que serían prohibitivos dentro de un teatro" (Bogart, 2001: 12-13). Y eso es lo que sucede en *Yo cuento*. Un hospital en activo es un lugar limitante para una representación escénica, (hubo que desarrollar un protocolo en caso de emergencia y se trabajó como dice la directora estadounidense "con lo que hay", sin generar escenografía adicional) pero al mismo tiempo, esas limitaciones abren puertas creativas que de otro modo no existirían.

Aquí, los pasillos se convierten en corredores de historias, las salas de espera en espacios para la reflexión y los jardines en escenarios de resistencia. El espacio hospitalario es reconfigurado como un espacio de juego y creatividad. Pero no podemos ignorar los cuerpos que habitan ese espacio, cuerpos vulnerables por la enfermedad. Trabajar en el hospital significa entender que no sólo estamos utilizando un espacio físico, sino que estamos adaptando ese espacio a las necesidades físicas y emocionales de los niños. Cada movimiento, cada coreografía, se diseña considerando las limitaciones y las fortalezas de esos cuerpos. Y al hacerlo, rompemos con la percepción de que el hospital es un lugar de fragilidad. Aquí, esos cuerpos encuentran un escenario donde no sólo son pacientes, sino protagonistas.

La desestigmatización del espacio hospitalario se vuelve crucial en este proceso. Es un acto de resistencia en sí mismo. Como dice Bogart, esas limitaciones arquitectónicas se convierten en oportunidades para transformar la percepción del espacio, no sólo como un lugar de cura, sino como un espacio donde se puede vivir, crear y conectar (Bogart, 2001). Ahora bien, si

---

rompen. Como menciona Bogart, estas producciones ofrecen oportunidades que no siempre son posibles dentro de un teatro convencional, como trabajar con escenarios complejos o espacios que serían demasiado costosos de recrear en un teatro cerrado.

podemos transformar este espacio, ¿por qué no también una escuela o un parque? Espacios donde los niños con enfermedades o diversidad funcional a menudo son estigmatizados, podrían igualmente ser reimaginados como lugares inclusivos y adaptados a las necesidades de todos.

3. EL RELATO

Con respecto a la estructura dramatúrgica, ¿cómo es el proceso creativo?, ¿cómo se crea el relato en un contexto tan sensible como el hospitalario? ¿Cómo se garantiza que los verdaderos protagonistas, los niños, sean quienes cuenten su historia?

El proceso de creación del relato en este proyecto parte de una premisa fundamental: los menores son narradores activos de su propia experiencia. Para ello, es necesario crear un espacio de confianza y generar herramientas para compartir sus historias en libertad y sin juicios, del mismo modo que se hace con los padres o tutores. Uno de los principios básicos es no forzar la narrativa; se les ofrece un marco, pero son ellos quienes deciden qué parte de su historia compartir y cómo hacerlo. La base del trabajo es el juego, empleando herramientas del teatro documental, del *drama in education* o del teatro foro de Augusto Boal.

4. LA MEDICIÓN

En todo proyecto de intervención social y terapéutica, la medición es una herramienta esencial para evaluar el impacto. Sin embargo, surge la pregunta: ¿qué se mide en un proyecto como Yo cuento? ¿Cómo se mide y, más importante, para qué?

Cualquier intervención terapéutica debe basarse en la metodología científica, de forma que ante cualquier intento de implementar y difundir una terapia hay que considerar que "aquello que no se mide, no existe". Ésta ha sido la forma en que diferentes terapias basadas en el uso de elementos artísticos se hayan incorporado como tratamientos que un médico podría prescribir, como es la musicoterapia en niños con trastorno del espectro autista o la arteterapia en adultos con déficit cognitivo. En este sentido, durante el 2023 se midió el impacto del laboratorio teatral *Yo cuento* en los 17 participantes mediante una valoración neuropsicológica validada antes y después del curso, demostrando que formar parte de esta terapia mejoraba de forma estadísticamente significativa el estado emocional, la adaptabilidad, la gestión emocional y el manejo asertivo de conflictos. Esta evidencia en clave científica es clave de cara a demostrar la validez y eficacia de este método.

Pero la medición plantea una cuestión que va más allá de los números y gráficos. Un desafío es mucho más profundo: ¿Qué se mide realmente en un espacio donde el arte y la terapia se entrelazan?, ¿cómo se miden los cambios sutiles que el teatro y el juego generan en la vida de esos niños y sus familias? Y quizás lo más importante, ¿para qué medimos? Por ahora nos encontramos en el comienzo de esa fase. La verdadera transformación sucede en lo invisible, en esos espacios que no siempre caben en una encuesta o un cuestionario. Estamos buscando no sólo medir los resultados inmediatos, como la mejora en el estado de ánimo o la capacidad de los niños para interactuar mejor con su entorno, también estamos buscando entender y comprender cómo el arte y el juego tienen un impacto transformador con los avances que las neurociencias nos pueden aportar hoy. Uno de los objetivos del proyecto *Yo cuento* es contribuir a la humanización de los espacios hospitalarios, dando voz a muchos de los relatos que ocurren diariamente en ellos.

En este sentido la medición tiene un propósito más significativo: crear un legado. Al evaluar no sólo lo que sucede en el escenario, sino también cómo los pacientes y el público perciben el hospital después de participar en el proyecto. No es sólo cómo el niño, su entorno y la sociedad ven el hospital, sino cómo el hospital mismo cambia para ellos. El arte, como Boal nos enseñó, tiene el poder de transformar no sólo a las personas, sino también los espacios que habitamos (Boal, 2013: 88). En este sentido, medir el impacto de este proyecto implica también medir cómo los pasillos del hospital se convierten en espacios de creación y expresión modificando las relaciones entre los pacientes y los propios sanitarios.

En los próximos años, esta medición deberá ir integrando tecnologías que permitan capturar esas experiencias de una manera más orgánica y menos invasiva. El uso de herramientas como diarios de campo narrativos, donde los niños, familiares y médicos puedan registrar sus experiencias y emociones a lo largo del proyecto, será una forma de capturar esa transformación interna que el teatro provoca. Además, el análisis de los espectáculos debe incorporar la evaluación de cómo la audiencia —médicos, familiares y otros pacientes— recibe esas historias. ¿Qué emociones se despiertan en ellos?, ¿cómo cambian las dinámicas dentro del hospital después de cada función? Ribagorda sugiere que el análisis de un espectáculo debe incluir el impacto en la percepción del público, lo que en un hospital puede generar un cambio significativo en la relación médico-paciente (Ribagorda, 2018: 39). Al final, la medición en *Yo cuento* no se trata sólo de números, se trata de entender profundamente cómo el arte cambia la vida de los niños, de sus familias, de los médicos y del hospital mismo.

5. EL JUEGO

¿Qué estrategia utilizan para poder llevar a cabo estos proyectos?

El juego ¿qué es lo que realmente sucede cuando un niño juega en medio de un hospital? Ahí donde el dolor y la incertidumbre parecen dibujar los límites de su mundo, el juego abre una puerta, una grieta en ese espacio cerrado. Porque jugar no es sólo moverse o distraerse, es una forma de vivir, de resistir y de transformar la realidad. Así como Johan Huizinga nos recuerda en *Homo Ludens*, el juego no es una actividad menor, es una fuerza esencial en la construcción de la cultura y la humanidad. En el juego, dice Huizinga, "los límites de la vida ordinaria son dejados atrás" (Huizinga, 1938: 27). Y esto, precisamente, es lo que ocurre en *Yo cuento*.

Aquí, el juego es mucho más que una herramienta terapéutica. Es un espacio de encuentro donde los niños, cada uno con sus propios límites, encuentran una forma de conectar con su imaginación y con sus cuerpos. ¿Podemos jugar con ellos como jugaríamos con otros niños? La respuesta es tanto sí como no. Sí, porque los niños siguen siendo niños curiosos, tienen el mismo impulso lúdico como cualquiera, están llenos de ganas de explorar, de descubrir. Pero también no porque las barreras de la enfermedad están ahí. No obstante, estas diferencias no deben verse como un obstáculo, sino como una oportunidad para adaptar las dinámicas a sus realidades, para crear nuevos caminos hacia la sanación.

Sue Jennings, una de las pioneras en Dramaterapia, sostiene que los juegos dramáticos crean un espacio seguro para que los niños exploren sus emociones a través de símbolos y metáforas (Jennings, 1999). Es en este espacio, en este "juego", donde los niños pueden dar forma a sus miedos, sus esperanzas y sus desafíos. Lo que hacen no es sólo interpretar personajes, sino jugar con su propia realidad. De alguna manera, están construyendo una historia donde ellos no son sólo pacientes pasivos, sino protagonistas activos que tienen algo que decir. Cuando hacemos alguna presentación no se trata sólo de mostrar una obra terminada, se trata de dejar que el juego siga vivo, que las posibilidades permanezcan abiertas, como un dispositivo que nunca se cierra.

Edith Kramer, nos recuerda que el juego permite que los niños externalicen sus emociones, que den forma a lo que no pueden expresar con palabras. El teatro, entonces, se convierte en un espacio donde esas emociones pueden ser reconocidas y transformadas (Kramer, 2000). En *Yo cuento*, los niños no sólo juegan para escapar de su enfermedad, juegan para entenderla, para integrarla en su vida de una manera diferente. El juego se convierte en una herramienta poderosa de recreación, no sólo de entretenimiento. A veces me pregunto, ¿cómo es que en medio de todo el dolor que hay en un hospital, el juego puede seguir existiendo?, y la respuesta, creo, está en lo que Jacob Levy Moreno, fundador del psicodrama, siempre defendió: el teatro, como el juego, permite que las personas enfrenten situaciones de la vida real en un espacio seguro y simbólico (Moreno, 1972). En ese espacio, los niños pueden jugar a ser ellos mismos, pueden jugar a ser más fuertes, más valientes, o incluso más frágiles, y en ese juego, los límites del hospital se desdibujan. Los pasillos fríos y las batas blancas se convierten en parte de una escenografía que no tiene el poder de encerrar a esos niños. Esos mismos niños que, a través de la Pedagogía del Juego, exploran su creatividad y se reencuentran con la capacidad de jugar, a pesar de sus condiciones físicas. Brian Way decía que el juego dramático permite a los niños "hacer visibles sus sentimientos", y en el hospital, donde muchas veces las emociones se ocultan tras el miedo o la resignación, el juego se convierte en un acto de liberación emocional (Way, 1967).

Así que, cuando pienso en esos niños jugando, no los veo sólo como pequeños actores. Los veo como creadores de su propia historia, transformando el hospital, transformando su realidad. El juego es, para ellos, una manera de retomar el control sobre sus vidas, de tomar esas situaciones que parecen incontrolables y convertirlas en algo lúdico, algo que pueden moldear y explorar. Y en ese proceso, no solo se sanan emocionalmente, también encuentran nuevas formas de vivir. Porque el juego, como decía Huizinga, es lo que hace humana a la vida.

6. EL HUMOR

Los niños, esos mismos que viven atrapados en un ciclo interminable de pruebas médicas, se ríen. Y esa risa, llena de vida cada rincón del hospital. Me acuerdo de una de esas tardes en las que los niños ensayaban:

> ANA: El humor, el doble sentido de los chistes te dice que su cabeza funciona…
>
> LUIS: ¿Recuerdas ese primer chiste?
>
> ANA: ¿Qué le dice un pez a otro pez? *(Pausa.)* Nada.
>
> LUIS: Aquí esto no tiene gracia, pero si lo cuenta Curro sí. Ahora, si quieres que se acuerde de algo, cuéntale un chiste.

El humor en un hospital… suena contradictorio, ¿verdad? Un lugar lleno de batas blancas, salas de espera, y diagnósticos difíciles, donde cada día parece igual al anterior, no parece tener espacio para la risa. Pero, en un proyecto como *Yo cuento*, sucede lo inesperado, entonces entiendes que el humor no es simplemente una forma de pasar el rato. También es resistencia. Es una forma de vivir. El humor ayuda a reducir el estrés, mejora la función inmunológica y cardiovascular, libera endorfinas, reduce la ansiedad y la depresión y permite mejorar las condiciones psicológicas y sociales de los pacientes. Antonio Damasio, en su estudio sobre las emociones, nos recuerda que el humor, y las emociones positivas en general, pueden influir profundamente en nuestra salud, ayudando a reducir el estrés y mejorando nuestra resiliencia emocional (Damasio, 1996).

Sabemos que los tratamientos médicos tradicionales muchas veces no son suficientes. Sí, controlan los síntomas, mantienen a los niños estables, pero hay algo más que se necesita, algo que va más allá de la medicina. Y ahí entra el teatro, el humor, la risa. Jaak Panksepp descubrió, en sus investigaciones, que la risa es parte de algo más primitivo, más profundo: una emoción básica que compartimos con otros mamíferos. Cuando los niños ríen en el hospital, no es sólo un escape temporal, es una forma de conectarse con una emoción tan fundamental como el miedo o la alegría (Panksepp, 1998). Mary Payne Bennett y Cecile Lengacher demostraron que la risa activa las células *Natural Killer* (NK), responsables de combatir infecciones y mantener el sistema inmunológico fuerte. El simple hecho de reír les da a los niños una herramienta más en su lucha diaria contra la enfermedad (Bennett & Lengacher, 2007). Cada carcajada que sueltan en el escenario es una bocanada de aire fresco para su cuerpo, una especie de medicina silenciosa. Otro factor crucial es cómo el humor transforma el ambiente. Los médicos, que generalmente llevan el peso de diagnósticos difíciles, encuentran en la risa una forma de romper con esa rigidez hospitalaria. El humor también sana a los adultos que los rodean. Cann y Kuiper lo dijeron muy claro: el humor mejora las relaciones interpersonales, reduce la tensión y genera vínculos (Cann & Kuiper, 2014). En *Yo cuento*, eso es lo que sucede, la risa se convierte en el lenguaje común entre médicos y pacientes, entre padres y niños, entre la enfermedad y la vida.

Los niños, en sus representaciones, encuentran en el humor la posibilidad de transformar el hospital en un espacio menos intimidante. El humor es una herramienta que desarma el miedo. Las escenas cargadas de risa en las representaciones permiten que los médicos y familiares también se relajen, creando un ambiente en el que la enfermedad no es lo único presente. El humor quita dramatismo al dolor emocional y lo convierte en algo más manejable. Este enfoque permite a los niños tener momentos de ligereza en medio de la pesadez que conlleva su hospitalización.

¿Qué cambios se perciben en los niños que participan en este proyecto?

Hay algo que es evidente: la mejora emocional. El teatro les ofrece un espacio seguro donde pueden ser ellos mismos, donde pueden compartir lo que sienten sin miedo al juicio. Eso reduce la ansiedad, les da un sentido de control sobre su vida, algo que es difícil de encontrar en un entorno hospitalario. Y también para los médicos, médicos y pacientes se encuentran en un plano diferente. Se entienden mejor, porque han compartido algo que va más allá de los tratamientos. Han compartido una historia, una emoción y eso lo cambia todo.

7. LOS APOYOS

¿Qué hace posible un proyecto como *Yo cuento*?

Detrás de todo esto hay una red de apoyo que entiende, al igual que nosotros, el poder transformador del arte y la cultura en un contexto tan delicado como el hospitalario. Por un lado, está ACTAYS (Acción y Cultura para Tay-Sachs), una organización que desde el principio apostó por la unión entre salud y cultura. Su colaboración es clave acompañando a los padres y creando su propio espacio de seguridad y compartir.

A nivel económico ha habido respaldo por parte de ayudas públicas de fundaciones como: Art for Changes – Fundación La Caixa en la convocatoria 2023/24 y Fundación Carasso - Alianzas para una democracia Cultural (2024-2027) ya que acabamos de recibir su apoyo para los siguientes tres años.

Por parte de empresas privadas, Netflix, en la producción de contenidos audiovisuales, como con el cortometraje *Radiografías, y* otras farmacéuticas como *Jazz Pharmaceuticals,* y *UCB Iberia* o entidades como *CCbank o Vía Célere*.

Clave, la colaboración de la Compañía Nacional de Danza, donde una de sus bailarinas participa del laboratorio todos los martes. Espacios culturales madrileños, en especial el Festival Veranos de la Villa sin el que el *site-specific Radiografías* hubiera sido imposible o la Sala Mirador cediendo gratuitamente su espacio para las representaciones de *La fiesta infinita*.

También contamos con una serie de convenios de prácticas con la Escuela Superior de Arte Dramático (ESAD) de Murcia y la Real Escuela Superior de Arte Dramático de Madrid (RESAD) que nos han hecho acoger a cuatro personas en prácticas estos años.

Por último, hay que destacar el respaldo de La Casa Real en la persona de la Reina Doña Letizia, fundamental en la visibilidad de *Yo cuento* a nivel nacional, subrayando en su visita al proyecto en 2023 la importancia de humanizar los espacios hospitalarios a través del arte.

8. CONCLUSIONES

El arte tiene el poder de transformar. En este caso, no sólo estamos hablando de transformar el espacio hospitalario, sino de transformar la vida misma de los niños que lo habitan. A través del teatro, del juego, y del humor, los niños han encontrado una forma de expresarse, de desafiar las limitaciones que la enfermedad les impone, y de reclamar su lugar como creadores y protagonistas de su propia historia. El teatro no sólo les ofrece una vía de escape, sino un espacio donde pueden reconstruir sus narrativas.

A largo plazo, el impacto de *Yo cuento* va mucho más allá de las representaciones teatrales que vemos en el escenario. El verdadero cambio ocurre en la manera en que estos niños perciben su situación, en cómo sus familias y los médicos los ven, y en cómo el propio hospital se reconfigura como un espacio más humano.

Este proyecto abre la puerta a nuevas formas de intervención artística en contextos hospitalarios y en otros espacios donde la vulnerabilidad a menudo es la norma. Y, sin duda, la medición será clave para seguir entendiendo el verdadero alcance de este tipo de intervenciones. Como hemos señalado, no es suficiente medir resultados cuantitativos: el número de participantes o la mejora en habilidades sociales, aunque importantes, no nos cuentan toda la historia. En definitiva, *Yo cuento* es un ejemplo de cómo la combinación del arte el juego y la medicina pueden generar cambios duraderos en la vida de los niños, sus familias y el entorno hospitalario, es también una invitación a repensar los espacios que normalmente consideramos fríos e impersonales, y a descubrir cómo, a través del arte, estos espacios pueden transformarse en lugares de vida, de expresión y de comunidad. Porque si algo hemos aprendido de este proyecto es que, al final del día, el arte no solo nos entretiene, sino que nos cura, nos conecta y, sobre todo, nos recuerda que somos más que nuestras circunstancias[2].

REFERENCIAS BIBLIOGRÁFICAS

BOAL, A. (2013). *Teatro del oprimido*. Barcelona: Editorial Alba.

BOGART, A. (2001). *A Director Prepares: Seven Essays on Art and Theatre*. New York: Routledge.

BENNETT, M. P. Y LENGACHER, C. A. (2007). "Humor and laughter may influence health: III. Laughter and health outcomes". *Evidence-Based Complementary and Alternative Medicine*, 4.2 159-164.

CANN, A. & KUIPER, N. A. (2014). "Humor and social relationships: Integrating social and evolutionary perspectives". *Humor* 27.2, 169-187.

CERVÁN, L.; ESTAIRE, F. Y MIRANDA L. (2023). *Radiografía. Viaje al interior de un hospital*. Libreto de la obra inédito.

DAMASIO, A. (1996). *El error de Descartes. La emoción la razón y el cerebro*. Barcelona: Ediciones Destino. Booket.

HUIZINGA, J. (2007). *Homo ludens: Un estudio sobre el elemento lúdico en la cultura*. Madrid: Alianza Editorial.

---

[2] Una grabación de esta intervención, expuesta por Giuseppe Verasátegui, puede verse en https://canal.uned.es/video/66f3df50e2fd264e9001de22 [24/09/2024].

JENNINGS, S. (1999). *Introduction to dramatherapy: Theatre and healing – Ariadne's ball of thread*. Jessica Kingsley Publishers.

KRAMER, E. (2000). *Art as therapy with children*. Londres: Routledge.

MORENO, J. L. (1974). *El psicodrama*. Buenos Aires: Ediciones Hormé.

PANKSEPP, J. (1998). *Affective neuroscience: The foundations of human and animal emotions*. New York: Oxford University Press.

RIBAGORDA, M. (2018). *El espectador-intérprete: Aproximación neurocientífica a la comunicación y la recepción teatral*. Tesis Doctoral: Universidad Complutense de Madrid.

ENFERMEDAD Y CREATIVIDAD: EL *PHÁRMAKON* DE LA ESCRITURA EN *VUDÚ (3318) BLIXEN* (2024), DE ANGÉLICA LIDDELL

ILLNESS AND CREATIVITY: THE *PHÁRMAKON* OF WRITING ON *VUDÚ (3318) BLIXEN* (2024), BY ANGÉLICA LIDDELL

CARMEN MARÍA LÓPEZ LÓPEZ

Universidad Nacional de Educación a Distancia / SELITEN@T

cmlopez@flog.uned.es

Resumen: Este estudio se propone aproximarse a las poéticas de la enfermedad en *Vudú (3318) Blixen* (2024), obra teatral recientemente publicada por Angélica Liddell y representada los días 10 y 11 de febrero de 2024 en el Centro de Cultura Contemporánea Condeduque de Madrid. A partir de la palabra polisémica griega *phármakon*, que significa tanto veneno como antídoto, enfermedad y cura al mismo tiempo, la propuesta indaga en el lazo entre creación literaria y enfermedad, o en la "enfermedad creativa" en el teatro de Angélica Liddell. Se analizará para ello el mito fáustico de la creación desde coordenadas del teatro postdramático en los ejes del sacrificio, la violencia y el cuerpo enfermo. El teatro de Angélica Liddell entiende la enfermedad desde un triple plano metafórico, simbólico y performativo. En su obra medicina y literatura no funcionan como dominios opuestos, sino como áreas en conjunción, de las que la literatura extrae metáforas y símbolos para nutrir su horizonte creativo.

Palabras clave: Angélica Liddell. *Vudú (3318) Blixen* (2024). Enfermedad. Creatividad. Teatro Posdramático. Pacto con el diablo.

Abstract: This study aims to approach the poetics of illness in *Vudú (3318) Blixen (2024)*, a play recently publised by Angélica Liddell and performed on February 10 and 11, 2024, at the Condeduque Contemporary Culture Center in Madrid. Based on the polysemic Greed word *phármakon*, which means both poison and antidote, disease and cure at the same time, the proposal investigates the link between literary creation and illness, or in the creative illness on Angelica Liddell's theatre. For this purpose, the Faustian myth of the creation will be analyzed from the coordinates of postdramatic theater in the axes os sacrifice, violence and sick body. Angélica Liddell's theathe understands illness from a triple metaphorical, symbolic and performative level. In his work, medicine and literature do not function as opposing domains, but as areas in conjuction, from which literature extracts metaphors and simbols to nourish its creative horizon.

Keywords: Angélica Liddell. *Vudú (3318) Blixen* (2024). Illness. Creativity. Posdramatic Theatre. Pact with the devil.

1. EL TEATRO COMO *PHÁRMAKON*: A MODO DE INTRODUCCIÓN

> *[...] eso es el teatro, el ángel que impide el derramamiento de sangre*
>
> LIDDELL, 2015: 125.

En las poéticas teatrales del primer cuarto del siglo XXI, la dramaturga, actriz, directora de escena y poeta Angélica Liddell

(Figueres, 1966) ostenta un lugar de primer orden en el canon teatral actual[1]. Si bien el sacrificio poético, la violencia o la destrucción son núcleos de significación ampliamente estudiados en su dramaturgia, el vínculo de su obra con la medicina ha alcanzado un relieve menor entre la crítica. La enfermedad, lo patológico, los cuerpos enfermos, rotos o desmembrados construyen un universo de sentido permeado a menudo de metáforas clínicas. Liddell hace gala de la llamada "violencia poética", cuyo cometido es "atacar, atacar sin descanso", a fin de comprender el sentido de lo real, el lado más oscuro de la vida y más allá de

---

[1] Angélica Liddell participó en el XIV Seminario Internacional del SELITEN@T celebrado en Madrid los días 28, 29 y 30 de junio de 2004. Los resultados científicos de este encuentro se recogen en el volumen *Dramaturgias femeninas en la segunda mitad del siglo XX. Espacio y tiempo*, editado por Romera Castillo y publicado en Visor. Liddell publicó en este libro el estudio "Un minuto dura tres campos de exterminio: la desaparición del espacio y del tiempo" (Liddell, 2005: 67-76). A su vez, Romera Castillo (2010: 338-357) ha estudiado la presencia de la dramaturga Angélica Liddell en los Seminarios Internacionales del SELITEN@T y en la revista *Signa*, dando cuando de su importancia en el panorama escénico contemporáneo. Además, las tesis doctorales dedicadas a la obra de Liddell en los últimos años avalan el interés que su producción dramática ha suscitado entre la crítica. Vidal Egea (2010) dedicó una tesis monográfica al teatro de Angélica Liddell en el arco temporal de 1988 a 2009. Traza así una panorámica del teatro en los años noventa a la luz de la generación Bradomín. Se adentra en los caminos de la dramaturgia femenina en España, para abordar seguidamente en las influencias en el teatro de Angélica Liddell, sus rasgos, su lenguaje dramático y el análisis pormenorizado de las obras. Por su parte, Eguía Armenteros (2013), desde la teoría de los motivos y las estrategias dramáticas, analizó el teatro liddelliano como reacción frente a la tensión del entorno y la construcción de una *Weltanschauung* o ideología total formalizada mediante estrategias artísticas. A su vez, Topolska (2014) se centró en el vínculo entre violencia y sexualidad en el teatro de Liddell, sosteniendo que son estos dos vectores los que atraviesan buena parte de sus obras. Por ejemplo, en el llamado *Tríptico de la aflicción*, integrado por *El matrimonio Palavrakis* (2001), *Once Upon a Time in West Asphixia* (2002) e *Hysterica Passio* (2003), piezas que exploran las perversidades y abusos que acontecen en las familias, con el incesto o el asesinato como leitmotivs. Más recientemente cabe citar la tesis de Velasco González (2016) sobre la literatura posdramática de Angélica Liddell, que revela los ejes de su poética escénica desde los postulados del teatro posdramático.

la "represión", "cobardía" y el "adocenamiento" (Liddell, 2015: 36), buscar la lucidez y despertar la conciencia de la sociedad.

Este estudio interroga las poéticas de la enfermedad en la escritura de Angélica Liddell, de los contrarios creación/destrucción que cíclicamente se abrazan en el complejo nudo entre enfermedad y creatividad. La *enfermedad creativa,* que para Liddell epitomiza el teatro, alcanza gran relieve en su obra *Vudú (3318) Blixen* (2024), pieza teatral recientemente publicada en la editorial La uÑa RoTa y representada los días 10 y 11 de febrero de 2024 en el Centro de Cultura Contemporánea Condeduque de Madrid. Esta obra se caracteriza por una fuerte carga poética y voluntad expresiva: alternancia de verso y prosa poética, reconocimiento de un yo lírico que hace gala de recursos estilísticos como la repetición o la ausencia de acotaciones.

Es lícito así aproximarse a algunas claves médicas o clínicas de su escritura teatral, lírica, cuajada de vis dramática. Recorrer los binomios creación/destrucción, enfermedad/creatividad, implicará insertar el análisis de *Vudú (3318) Blixen* (2014) en las paradojas del arte en sí mismo, cuyo alcance epistémico remite a un origen antiguo. En efecto, la palabra polisémica griega *phármakon* (φάρμακον)[2], que significa tanto veneno como antídoto, enfermedad y cura al mismo tiempo, marca las coordenadas del análisis. Ya en el *Fedro* Platón (2008) puso en labios de Sócrates el mito originario de la escritura que haría dialogar al rey egipcio Tamus y al dios Theuth:

[2] En *el Diccionario manual griego. Griego clásico-español,* de J. M. Pabón, en la entrada correspondiente al término griego *phármakon* (φάρμακον) figura esta dualidad: "remedio, medicamento, droga medicinal; droga venenosa, veneno; droga o brebaje mágico, bebedizo, filtro; operación mágica, encantamiento; fig. medio o recurso secreto" (Pabón, 1967: 617).

> SÓCRATES: Pero cuando llegaron a lo de las letras, dijo Theuth: "Este conocimiento, oh rey, hará más sabios a los egipcios y más memoriosos, pues se ha inventado como un fármaco de la memoria y de la sabiduría" (Platón, 2008: 274d).

A lo que Thamus responde sobre los poderes que Theuth atribuye a las letras (la palabra escrita):

> No es pues, un fármaco de la memoria lo que has hallado, sino un simple recordatorio. Apariencia de sabiduría es lo que proporciona a tus alumnos, que no verdad. Porque habiendo oído muchas cosas sin aprenderlas, parecerá que tienen muchos conocimientos, siendo, al contrario, en la mayoría de los casos, totalmente ignorantes, y difíciles, además, de tratar porque han acabado por convertirse en sabios aparentes en lugar de sabios de verdad (Platón, 2008: 274d-275b).

Mientras que para Theuth el conocimiento de la escritura es *fármaco de la memoria y de la sabiduría*, para Thamus es *simple recordatorio*, apariencia de sabiduría y nada más. Lo que interesa del célebre diálogo platónico para explicar el origen de la escritura, que Derrida reinterpretaría en "La farmacia de Platón"[3], es precisamente la ambigüedad semántica y etimológica del *phármakon*, veneno y antídoto al mismo tiempo. Desde el genuino diálogo platónico, todavía no se han delimitado con claridad las propiedades curativas del arte. La escritura es (o puede ser) *phármakon*, ambiguamente cura y enfermedad. Los caminos del arte teatral liddelliano se mueven en ese territorio

---

[3] Nos referimos al ensayo "La pharmacie de Platon", incluido en *La dissémination* (1972), obra clave en el marco de la filosofía de la deconstrucción.

incierto, nebuloso, propicio a la divagación: escribir no parece curar, pero dejar de escribir supondría la muerte, la destrucción definitiva.

2. MEDICINA Y LITERATURA: EL TEATRO DE ANGÉLICA LIDDELL

En el teatro de Angélica Liddell, las afecciones sobre el cuerpo y su representación literaria vienen moduladas por la terminología médica, a fin de expresar en términos clínicos una interpretación sobre la enfermedad y la corporalidad (Bongers, 2006). El dolor, el padecimiento, el sufrimiento o la aflicción, términos provenientes del campo de la medicina hacen inteligibles procesos bioquímicos, reproductivos, anatómicos y mentales del cuerpo humano (Canguilhem, 2004: 33). El estudio del cuerpo humano fue un proyecto que se fraguó en la antigüedad occidental con Hipócrates, a fin de explicar las afecciones corporales desde un enfoque médico-terapéutica. El método hipocrático era indisociable de la observación del cuerpo del paciente, cuya mirada atenta ayudaba a determinar los síntomas y pronósticos. Desde esta cosmovisión las enfermedades eran sentidas como "desórdenes corporales a cuyo respecto puede emitirse un discurso comunicable referido a los síntomas" (Canguilhem, 2004: 34).

Como ha estudiado Canguilhem en sus *Escritos sobre la medicina*, la principal aportación de Hipócrates al ámbito médico fue la comprensión de la enfermedad como un desequilibrio entre los humores del cuerpo (bilis, sangre, flema y atrabilis) (Canguilhem, 2004: 34). La ciencia moderna acogió esta teoría de los humores, cuya pervivencia fue el principal desafío de la medicina occidental desde el siglo XVI[4]. De este modo fue posible diseccionar distintos cuadros clínicos y sus patologías. La literatura, lejos de reproducir los códigos de lectura y las prácticas históricas de la medicina, ofrece un saber alternativo basado en la experiencia artística y humana. Medicina y literatura no funcionan como dominios opuestos, sino como áreas en conjunción, de las que la literatura extrae metáforas y símbolos para nutrir su horizonte creativo. Al subvertir la idea erróneamente aceptada del antagonismo existente entre la ciencia médica y la ciencia literaria, se comprende la permeabilidad de lo médico, lo clínico y lo patológico en la literatura. La medicina produce metáforas, es una institución narrativa, de igual modo que la literatura se afianza en el territorio de la especulación y la exploración médico-clínica.

El teatro de Angélica Liddell se mueve en un triple plano metafórico, simbólico y performativo (Loureiro Álvarez, 2019: 72). Hace de la enfermedad un territorio consciente en el marco de lo teatral. En palabras de Susan Sontag, la enfermedad narrada despierta una serie de "fantasías punitivas o sentimentales" (Sontag, 2008: 3), forjando así un territorio que afianza la creatividad por la vía del discurso metafórico e imaginativo. Las metáforas clínicas emanadas del campo de la medicina y de la psiquiatría son signo de identidad de su dramaturgia. Baste recorrer algunos hitos de su trayectoria teatral, con títulos que semánticamente sitúan la enfermedad y otros traumas afines en primer plano. Así por ejemplo, el llamado Tríptico de la aflicción, compuesto por *El matrimonio Palavrakis* (2001), *Once Upon a Time in West Asphixia* (2002) e *Hysterica Passio* (2003), deja entrever el legado de la *aflictio* o la *hysteria* clásicas, en

[4] Puede citarse a este respecto el importante libro *Anatomy of Melancholy* (1621) de Robert Burton.

piezas que exploran las perversidades y abusos que acontecen en las familias, con leitmotivs de relieve como el asesinato o el incesto. También el nombre de su compañía *Atra Bilis* (Cornago, 2005a) revela el eco del sustantivo atrabilis o el adjetivo atrabiliario, concepto emanado de la medicina que remite la bilis negra o la melancolía (Burton, 2015: 24), uno de los cuatro humores principales del cuerpo humano según las ideas de Hipócrates y Galeno (Canguilhem, 2004: 35).

A su vez, desde una esfera teórica, de pensamiento e ideas sobre el teatro, no es difícil situar la enfermedad como núcleo de la práctica creativa y escénica. Si rastreamos algunos testimonios de Liddell, se percibe una poética de la escritura atravesada por la idea de muerte y enfermedad, donde el dolor es epicentro de la creación:

> Quiero sufrir por el mundo, nada más. Quiero interpretar al hombre, nada más. […] Quiero meter los pies en el desgarro humano, nada más, hablar de ese desgarro, ser ese desgarro, quiero hablar de la angustia del hombre y ser la angustia. Aunque fracase. Quiero hablar de la monstruosidad porque participo, por el mero hecho de haber nacido, de lo monstruoso. Mi elección es el dolor (Liddell, 2015: 25-26).

En esta línea interpretativa, en el libro *Políticas de la palabra* (2005) que Óscar Cornago dedica a las poéticas dramatúrgicas de Esteve Graset, Carlos Marquería, Sara Molina o Angélica Liddell, se evidencia el rescate de la escritura/lectura como enfermedades en sentido radical:

> Cuando lees estás leyendo una especie de enfermedad que luego vas a ver cómo se transforma en el cuerpo. La escena no es el lugar de la realización de la palabra, sino el

> lugar de su acabamiento, el de su final, de su muerte. En la escena el texto va a morir (Cornago, 2005b: 323).

Leer la enfermedad, escribir(la) y transformarla en el cuerpo hasta su destrucción en la escena parece ser un eje clave de lo teatral. Los actos de lectura y escritura como enfermedad conducen al aniquilamiento de la palabra, que viene a morir en la escena. El marco epistémico del teatro posdramático permea esta escritura de la disolución del texto escrito en el acto de representación. El marbete "teatro posdramático" (Lehmann, 2006) alude a la cristalización de realizaciones teatrales que, desde la segunda mitad del siglo XX, reaccionan contra la "hegemonía del texto" (Szondi, 1987). La preeminencia del texto espectacular en el teatro posdramático convierte la escenografía en un "poema escénico" que se compone de recursos heterogéneos, con nuevas estructuras formales, lenguajes híbridos centrados en lo visual y el cuestionamiento de la visión tradicional sobre los géneros. Se consolida así una práctica performativa regida por una configuración no jerárquica de los signos escénicos, lo que dará lugar a tensiones y ambigüedades que desafiarán los límites de la representación. En este marco, los planteamientos del nuevo teatro de los años sesenta del siglo XX en adelante, descritos por Hans-Thies Lehmann en *Postdramatic Theatre* (2006) operan en la práctica escénica de Angélica Liddell. La palabra se convierte instrumento precario, médium de la escritura y nada más, como se lee en "Llaga de nueve agujeros" (2002), texto de Liddell que publicó la revista *Primer Acto*: "La palabra nace afligida, débil, precaria, fatigada, inútil. La palabra nace fracasando, aniquilada, ininterrumpidamente por lo real, inevitablemente frustrada" (Liddell, 2002: 132). También en El sacrificio como acto poético escribe Liddell: Sobre el fracaso de la palabra: "La palabra debe ser la larva que destruya al cuerpo. El cuerpo no le debe dar pie al espectador a la reflexión. La conmoción DENTRO le conducirá a la reflexión FUERA" (Liddell, 2015: 27).

Frente al fracaso de la palabra, la escenificación de sus propios funerales en *Vudú (3318) Blixen* enhebra el itinerario fatal que se deriva de la hamartía o error trágico. En su análisis sobre las estrategias artísticas en el teatro liddelliano, Canale enfatiza la irracionalidad como génesis de la tragedia y la consecuente catarsis espectatorial. El teatro de Liddell golpea al espectador al "recuperar la tragedia, el llanto y la catarsis como punto de partida para construir esas nuevas formas que desarmarán al espectador" (Canale, 2006: 371). Liddell maneja con maestría las categorías clásicas presentes en la *Poética* de Aristóteles con un desencadénate trágico (Garnier, 2012: 34). En *Vudú (3318) Blixen* hay *fatum*, hamartía o error trágico, pero la plasmación escénica de estos motivos clásicos e incluso su formulación en el texto teatral, rompe el lenguaje, lo astilla. Todo en él son fisuras. *Vudú* se articula en cinco partes: "No me abandones", "La hora llegó", "Asteroide (3318) Blixen", "Navidad, Madrid 2022" y "A la muerte yo llamo", concebidas como camino ascensional hasta la aniquilación o la muerte, que es llamada o interpelada en la parte final. La aventura teatral de Liddell en V*udú* presenta dos mitemas o núcleos de significación centrales que se derivan del ambiguo *phármakon* de la creación: el pacto con el diablo para que le conceda el don de la escritura y la escenificación de sus propios finales (un subversivo funeral meta-liddelliano).

3. EL PACTO CON EL DIABLO

A raíz de la leyenda de Fausto, el pacto con el diablo se ha convertido en uno los motivos de mayor arraigo en el teatro.

En la escena europea celebérrimos son los casos de Christopher Marlowe y Lope de Vega, que elevan el pacto con el demonio a categoría de “símbolo poliédrico” donde se concitan distintas esferas culturales en la confluencia de la especulación teológica, el folklore, la legislación civil, la metafísica, la magia, la religión y el arte (Fernández Rodríguez, 2016: 254). Lejos de ser un mito literario periclitado, su semilla inmortal asegura su pervivencia en propuestas dramatúrgicas del siglo XXI como *Vudú (3318) Blixen* de Angélica Liddell.

El mito fáustico de la creación se enuncia como pórtico en la primera parte de la obra. Ellas revelan que la baronesa Karen Blixen, conocida como Isak Dinesen, le entregó su alma al diablo y el diablo le prometió “que cuanto ella experimentara a partir de entonces se convertiría en una historia” (Liddell, 2024: 15). No resulta baladí esta apelación al arte de contar historias al hilo del meteorito al que hace honor la escritora danesa Isak Dinesen. Pero si en la primera parte “No me abandones” se había presentado el cinturón de asteroides que honra a la escritura Isak Dinesen, es en “La hora llegó”, segunda parte de *Vudú*, donde Liddell incide en el pacto con el diablo para que prodigue el don de la escritura. Los elementos fáusticos se convocan desde el íncipit:

> Pactamos con el diablo a fin de que nos otorgue el don de la palabra. La escritura es un don que nos dispensan desde el inframundo. Todas las recompensas del arte proceden de ese pacto. El diablo me ha prometido una obra, a cambio debo desear la desgracia de una persona todos los días de mi vida. He de entregarle a alguien en sacrificio. Bien es sabido, que aquel que desea la desgracia de otros invoca su propia desgracia. Eso es la escritura. Escribir es nuestra desgracia. Respondemos al acertijo del enigma, pero desconocemos el

> enigma que hay en nosotros. "Eres la asesina a la que buscas", me diría Tiresias (Liddell, 2024: 57).

Estas raíces fáusticas que cristalizan de modo preclaro en *Vudú* habían sido ensayadas por Liddell en su trilogía *Actos de resistencia contra la muerte* (2007). Ahí se nombra al escritor como "agorero del demonio" o "profeta maldito" (Liddell, 2007: 78) ofreciendo *in nuce* este pacto mefistofélico. Pero si bien es un motivo literario empleado antes, su formulación dramática en *Blixen* es distinta. La escritura como desgracia inserta lo sacrificial para que el pacto se efectúe. De nuevo prevalece el sacrificio como "acto poético", que compendia para Liddell el sentido de hacer arte. Para que ese pacto mefistofélico no se malogre, debe entregarse una víctima en sacrificio. El sacrificado debe ser otro, no el creador, no la propia Angélica Liddell por mucho que sea ella quien escenifica su muerte e imagina sus propios funerales.

La escritura, pese a todo, justifica la necesidad de seguir viviendo: "Si no me suicido es porque después no podría escribirlo, se lo debo al diablo, le debo la escritura, solo él puede matarme. Es más bello el dolor que su causante. Es más bello el verso que el rapsoda" (Liddell, 2024: 57). La escritura emana del mito fáustico: al igual que Fausto recibe la visita de Mefistófeles para cerrar un pacto que le conferirá poder y juventud a cambio de vender su alma, Liddell pide al diablo el don de la escritura. Por eso Liddell otorga toda la prioridad a la creación frente a su creador, al "verso" frente al rapsoda", Importa más el acto mismo de escribir que su artífice.

Existe, además, otra motivación trágica que impulsa *Vudú (3318) Blixen*: la muerte de los padres de Liddell, como salvoconducto hacia el Mal, a pactar con el diablo y convertirse en bruja o profetisa:

Ha tenido que morir mi padre.
Y ha tenido que morir mi madre.
He tenido que apurar
las heces del horror y la locura
para regresar a este lugar,
al triste origen del Mal,
al sucio culo del diablo,
a este ojo frío y cruel
donde me convertí en bruja,
en maldita,
en escoria del infierno,
profetisa a mi pesar (Liddell, 2024: 19).

El lenguaje escatológico, la locura, el horror, el mal, en definitiva, los síntomas de una enfermedad incurable elevan a Liddell en calidad de "bruja", "profetisa" o "santa" a su pesar.

4. UN FUNERAL META-LIDDELLIANO

El segundo eje de significación se concentra en la idea del funeral meta-liddeano, perfilado desde el inicio de la obra. En la primera parte "No me abandones" Liddell se autoproclama "la Reina maldita de la Muerte" (2024: 24) luciendo "una corona flotante de arrendajos" (2024: 24). Se pregunta si al igual que sus padres, su vida fue *dormir o morir* como un Hamlet redivivo, pero más cáustico e irónico: "Me da la impresión de que respiré solo una vez / y el resto del tiempo lo he pasado muerta" (Liddell, 2024: 25).

El sentido imperante de la corporeidad que será epicentro de la escena se evidencia desde la propia textualidad, con alusiones a la danza en "El peso del mundo": "No dejo de pensar en eso, / en la fuerza de los oráculos, / que aún descuartizados y todo, / seguimos bailando" (Liddell, 2024: 124). El malditismo del lenguaje trastoca los planos ontológicos vida/muerte cuando se dirige al Don Juan que la ha abandonado, causa también de su mal o su enfermedad: "Me rechazaste como novia viva. / Me rechazaste como novia muerta. Escuché mi voz de muerta incluso antes de que muriera" (Liddell, 2024: 21).

Como ha observado Canguilhem en su ensayo *Lo normal y lo patológico*, "lo propio de la enfermedad consiste en venir a interrumpir un curso, en ser propiamente crítica" (Canguilhem, 2015: 103). Las interrupciones, los cortes, vislumbrados en el lenguaje, pero también en las propias coordenadas del acto creativo, revelan una escritura del *phármakon*, ambiguamente veneno y antídoto. De hecho, Liddell, en el estreno de esta obra en Madrid en el Teatro Condeduque los días 10 y 11 de febrero de 2024), expresó: "En vez de descuartizar niños, escribo" (Liddell, 2024). Los cuerpos en *Vudú (3318) Blixen* se descoyuntan, se desarticulan, se rompen. En palabras de Angélica Liddell, "el cuerpo en escena debe herir, le cuerpo debe repugnar, el cuerpo debe hacer daño" (Liddell, 2015: 26). El teatro de Liddell subraya así la identificación del yo de la escritura con "las niñas y las mujeres asesinadas, descuartizadas, violadas" (2012: 164). El sexo y la violencia actúan a su vez como disrupciones de la enfermedad.

La escenificación de sus propios funerales constituye una vuelta de tuerca a los límites de la representación en el teatro, más allá de la autoficción o la performance (Abuín González, 2011: 151; Romera Castillo, 2011: 289; Vidal Egea, 2011: 293; Garnier, 2013: 19; De la Torre Espinosa, 2014: 53). A su vez, se sitúa como lugar idóneo para interrogarse por la génesis de la escritura. ¿Por qué escribe el poeta?, parece clamar la profetisa Liddell: "A diferencia de los rasantes y de los imbéciles, /

el poeta escribe porque se les debe una respuesta a los dioses" (Liddell, 2024: 125-126).

La auto-inmolación de la falsa suicida Angélica Liddell reflexiona sobre el dolor, la vejez o la muerte, como se lee en el poema "El peso del mundo" en la cuarta parte de la obra:

> Me quedo sola con mi dolor,
> entre los nada, los nadie y los ninguno,
> como antes de conocerte,
> como desde hace tantos, tantísimos años.
> Rápidamente llegará la demencia
> y nos lo robará todo,
> nos robará los recuerdos […]
> Lo dice una que vio morir a un padre y a una madre
> con la materia gris derretida en el ácido de la sinrazón,
> sin más recurso en sus lenguas que un mero balbuceo.
> Algún día probaremos la horrible libertad
> de ser solamente viejos (Liddell, 2024: 126).

El "sacrificio poético" de Liddell deviene acto de rebeldía, afirmación del yo y auto-conciencia. Nace de un impulso de auto-inmolación en una especie de ofrenda de su propia vida al escenificar sus funerales en un acto que "implica la máxima vulnerabilidad corporal, que es la máxima vulnerabilidad espiritual" (Liddell, 2015: 102). Desde las coordenadas del teatro posdramático, el acto sacrificial de Liddell puede comprenderse como escala transicional del "dolor representado" al "dolor experimentado" (Lehmann, 2006: 165) para crear arte:

> *Vudú (3318) Blixen* es, probablemente, la obra maestra de Liddell hasta la fecha, la que mejor cifra, descifra y compendia todas sus muertes anteriores. No es el epitafio,

> sino el cenotafio. Un monumento fúnebre sin cuerpo, como el de su admirado Baudelaire en Montparnasse, donde no nos cansaremos de llevar flores, porque la falsa suicida ha escrito una obra sobre su muerte y le ha salido la obra de su vida (Sevilla, 2023).

Medicina y teatro se conjugan para crear una obra irreverente y performativa, en la que hasta la idea de suicidio se ironiza (Ojeda, 2023). El "brillante fracaso" que es *Vudú (3318) Blixen* incorpora "el falso suicidio de la Ofelia más sarcástica" (Sevilla, 2023: 1), que no se matará por el desamor de Hamlet, porque si se mata no podría escribir. De ahí nace nuevamente la anfibología del *phármakon* de la escritura: el veneno que, sin embargo, conduce a la sanación. El funeral meta-liddelliano se despoja de lo lacrimógeno para invocar lo celebrativo, y con ello a los ritos y sacrificios del África negra o las prácticas del vudú para conjurar al diablo situando como médium a la escritora Isak Dinesen.

En *Vudú (3318) Blixen* Liddell cruza mitos y símbolos instituidos en la tradición literaria: coquetea con Fausto y abomina de su díscolo Don Juan; se figura como una falsa Ofelia u Ofelia burlesca. Liddell es fáustica, mefistofélica. Liddell es la contrafaz de Ofelia, más allá de la muerte representada en el teatro. La clave estética radica en la potencia de las imágenes y metáforas médicas, en la exacerbación de la violencia y el sentido de lo sacrificial. Medicina y literatura vuelven aquí a anudarse, a hacerse disciplinas hermanas por la vía de la escenificación de los funerales, el falso suicidio y la auto-inmolación.

5. CONCLUSIONES

Este estudio ha indagado el lazo entre creación literaria y enfermedad, es decir, la *enfermedad creativa* que para Angélica

Liddell constituye el teatro. A la luz de las poéticas de la enfermedad, se han trazado algunos ejes que vinculan medicina y literatura en su obra *Vudú (3318) Blixen (2024)*. Desde las coordenadas del teatro posdramático, el despojamiento de la palabra y su decantación a los mínimos elementos verbales, Liddell ensaya una exacerbación de la violencia y lo sacrificial en la escena. El cuerpo desmembrado, enfermo, y lo escatológico como vertiente de lo feo trazan vías de su poética en los ejes del sacrificio y la violencia vivenciada en escena. Todo ello se concreta en dos ejes de significación fundamentales: el pacto con el diablo y la representación de sus propios funerales. En la primera vertiente, el pacto con el demonio aflora como artificio mefistofélico mediado por la condición precaria de la palabra, por la insuficiencia del lenguaje, que sitúa la escritura como *phármakon*, veneno y curación ambiguamente. En la segunda dimensión, el funeral meta-liddealliano conforma una vuelta de tuerca al sentido de la representación teatral que disloca las categorías ontológicas vida-muerte, lo autoficcional y lo performativo. El resultado estético es una obra irónica donde la performatividad extralimita el sentido irreverente, la superposición de planos y códigos sígnicos integrados en la materia verbal y representacional de la obra. Para ello, Liddell se sirve de metáforas y símbolos emanados de la medicina, que convierten *Vudú (3318) Blixen* en un poema dramático presidido por lo patológico, los cuerpos enfermos, rotos o desmembrados. En síntesis, Liddell ha creado una obra originalísima en la que nada se resuelve, en la que todo dice lo que dice y a la vez su contrario, como la palabra griega *phárkamon* en su ambigüedad semántica, veneno y antídoto[5].

---

[5] Una grabación de esta intervención puede verse en https://canal.uned.es/video/66f3dba75a74225d3d00f9e6 [24/009/2024].

REFERENCIAS BIBLIOGRÁFICAS

Bongers, W. y Olbrich T. (eds.) (2006). *Literatura, cultura, enfermedad*. Buenos Aires: Paidós.

Burton, R. (2015). *Anatomía de la melancolía*. Madrid: Alianza.

Canale, M. (2006). "Forma y política en el teatro de Angélica Liddell". En *Tendencias escénicas al inicio del siglo XXI*, J. Romera Castillo (ed.), 369-382). Madrid: Visor Libros.

Canguilhem, G. (2004). *Escritos sobre la medicina*. Madrid: Amorrortu Editores.

_____ (2015). *Lo normal y lo patológico*. México: Siglo XXI Editores.

Cornago, Ó. (ed.) (2005a). "*Atra Bilis* o el rito de la perversión". *Archivo Virtual de Artes Escénicas*. Disponible en https://bit.ly/2NO8bjk [15/06/2024].

_____ (2005b). *Políticas de la palabra: Esteve Graset, Carlos Marquerie, Sara Molina, Angélica Liddell*. Madrid: Fundamentos.

De la Torre Espinosa, M. (2014). "Rupturas del pacto escénico: narrativa y discurso en el teatro de Angélica Liddell". *Telón de fondo*, 20, 53-67.

Derrida, J. (1972). *La Dissémination*. Paris: Seuil.

Eguía Armenteros, J. (2013). *Motivos y estrategias en el teatro de Angélica Liddell*. Tesis Doctoral Universidad de Granada. Disponible en línea: https://digibug.ugr.es/handle/10481/31733 [17/06/2024].

Fernández Rodríguez, N. (2013). "Pactar con el diablo en la escena europea: Christopher Marlowe y Lope de Vega". *Anuario Lope de Vega. Texto, Literatura, Cultura*, XXIII, 253-269. DOI: https://doi.org/10.5565/rev/anuariolopedevega.195 [15/06/2024].

GARCÍA RODRÍGUEZ, C. (2012). "La (com)pasión de Angélica Liddell o la imposibilidad del erotismo". En *Erotismo y teatro en la primera década del siglo XXI*, J. Romera Castillo (ed.), 163-177. Madrid: Visor Libros.

GARNIER, E. (2012). *Lo trágico en femenino: dramaturgas españolas contemporáneas*. Bilbao: Artezblai.

_____ (2013). "Entre autoficción y documental: el teatro-performance de Angélica Liddell". *Ínsula*, 19-24.

LEHMANN, H-T. (2006). *Postdramatic Theatre*. Traducción de Karen Jürs-Munby. New York: Routledge.

LIDDELL, A. (2002). "Llaga de nueve agujeros". *Primer Acto* 295, 132-137.

_____ (2005). "Un minuto dura tres campos de exterminio: la desaparición del espacio y del tiempo". *En Dramaturgias femeninas en la segunda mitad del siglo XX. Espacio y tiempo*, J. Romera Castillo (ed.), 67-76. Madrid: Visor Libros.

_____ (2007). *Y los peces salieron a combatir contra los hombres. Y como no se pudrió... Blancanieves. El año de Ricardo. Trilogía. Actos de resistencia contra la muerte*. Bilbao: Artezblai.

_____ (2011). *El matrimonio Palavrakis. Once upon a time in West Asphixia. O hijo mirando al infierno. Hysterica Passio. Lesiones incompatibles con la vida*. Bilbao: Artezblai.

_____ (2015). *El sacrificio como acto poético*. Madrid: Con Tinta Me Tienes.

_____ (2024). *Vudú (3318) Blixen*. Segovia: La uÑa RoTa.

LOUREIRO ÁLVAREZ, K. (2019). "Una aproximación a la poética teatral de Angélica Liddell". *Siglo XXI. Literatura y Cultura Españolas* 17, 61-80. DOI: https://doi.org/10.24197/sxxi.0.2019.61-80 [03/09/2024].

OJEDA, A. (2023). "*Vudú (3318) Blixen*, de Angélica Liddell entre el suicidio y la alegría de vivir". *El cultural*, 19/11. https://www.elespanol.com/el-cultural/escenarios/teatro/20231119/vudu-blixen-angelica-liddell-suicidio-alegria-vivir/811038891_12.html [03/09/2024].

PABÓN, J. M. (1967). *Diccionario manual griego. Griego clásico-español*. Madrid: Vox.

PLATÓN (2008). *Fedro*. Introducción, traducción y notas de E. Lledó. Barcelona: Gredos.

ROMERA CASTILLO, J. (2010). "Estudio de las dramaturgas en los Seminarios Internacionales del SELITEN@T y en la revista *Signa*. Una guía bibliográfica". En *Teatrología. Nuevas perspectivas. Homenaje a Juan Antonio Hormigón*, M. F. Vieites y C. Rodríguez Alonso (eds.), 338-357. Ciudad Real: Ñaque.

_____ (2011). *Pautas para la investigación del teatro español y sus puestas en escena*. Madrid: UNED.

SEVILLA, G. (2023). "Flores para un cenotafio". Recomana.cat. https://recomana.cat/obres/vudu-3318-blixen/critica/flores-para-un-cenotafio [03/09/2024].

SONTAG, S. (2008). *La enfermedad y sus metáforas*. BarceRomera (201lona.

SZONDI, P. (1987). *Theory of the Modern Drama*. Minneapolis: University of Minnesota Press.

TOPOLSKA, E. M. (2014). *El vínculo entre sexualidad y violencia en el teatro de Angélica Liddell*. Tesis doctoral. Universidad Autónoma de Barcelona (UAB). Disponible en: https://tdx.cat/handle/10803/133344#page=1 [12/07/2024].

VELASCO GONZÁLEZ, M. (2016). *La literatura posdramática: Angélica Liddell*. Tesis doctoral. Universidad Complutense de Madrid. Disponible en: https://hdl.handle.net/20.500.14352/21956 [14/07/2024]

VIDAL EGEA, A. (2010). *El teatro de Angélica Liddell (1988-2009)*. Tesis Doctoral Universidad Nacional de Educación a Distancia (UNED). Disponible en: https://www2.uned.es/centro-investigacion-SELITEN@T/estudios_sobre_teatro.html [10/07/2024].

_____ (2011). "Las Acciones en el teatro de Angélica Liddell". En *El teatro breve en los inicios del siglo XXI*, J. Romera Castillo (ed.), 289-297. Madrid: Visor Libros.

VIDALES, R. (2023). "Angélica Liddell pone al público en pie en la escenificación de su propio funeral". *El País*, 19/11/. https://elpais.com/cultura/2023-11-19/angelica-liddell-pone-al-publico-en-pie-en-la-escenificacion-de-su-propio-funeral.html# [03/09/2024].

EL CUERPO ENFERMO EN *EL PESO DE UN CUERPO*, DE VICTORIA SZPUNBERG

THE SICK BODY IN *EL PESO DE UN CUERPO*, BY VICTORIA SZPUNBERG

BEATRICE BOTTIN
Université de Pau et des Pays de l'Adour
beatrice.bottin@univ-pau.fr

Resumen: *El peso de un cuerpo* de Victoria Szpunberg aborda una realidad social delicada y dolorosa (las dificultadas de la clase media para atender a un enfermo). La creadora se inspiró en su propia experiencia cuando tuvo que atender a su padre tras sufrir un ictus. Evoca una experiencia familiar, casi universal, desgarradora y alegre, que indaga lo más profundo del cuerpo enfermo del ser humano en una situación de dependencia. También propone una crítica del sistema sanitario, de la burocracia que se despreocupan de los enfermos y de sus familiares a través de una puesta en escena transdisciplinar tintada de humor.

Abstract: *El peso de un cuerpo* by Victoria Szpunberg tackles a delicate and painful social reality (the difficulties of the middle class in caring for a sick person). The creator was inspired by her own experience when she had to care for her father after suffering a stroke. It evokes a familiar, almost universal, heartbreaking and joyful experience, which explores the depths of the human being's sick body in a situation of dependency. It also proposes a critique of the health system, of the bureaucracy that neglects the sick and their families through a transdisciplinary mise-en-scène tinged with humour.

Palabras clave: Veronica Szpungberg. *El peso de un cuerpo*. Teatro. Cuerpo Enfermedad. Intermedialidad.

Keywords: Veronica Szpungberg. *El peso de un cuerpo*. Theater. Body. Disease. Iintermediality.

Victoria Szpunberg nació en Buenos Aires en 1973. Afincada en España desde 1977, tras el exilio de su familia, se licenció en Dramaturgia y dirección en el Institut del Teatre de Barcelona y es titular de un Máster en Estudios teatrales de la Universidad Autónoma de Barcelona. Dramaturga, directora y profesora, dirige actualmente el área de Dramaturgia del Institut del Teatre. Su carrera teatral abarca colaboraciones con diferentes coreógrafos, adaptaciones teatrales y dirección escénica. Reivindica su afán de libertad a través de creaciones transdisciplinares que oscilan entre distintos géneros: teatro de texto, performance, danza, instalaciones sonoras, etc.

Me muevo con flexibilidad del teatro de texto a la dramaturgia para danza, al teatro de corte más performativo o a las instalaciones sonoras. Me siento incapaz de defender un estilo por encima del otro, esas son discusiones para teóricos, o para artistas celosos de sus propias fórmulas y de su propio personaje. Para mí, cada obra tiene sus peculiaridades. Lo que intento siempre es zambullirme con la máxima profundidad y, sobre todo, estar atenta de no ocupar el centro. Me interesa la tradición y la técnica, pero más la desobediencia y la libertad (https://www.contextoteatral.es/victoriaszpunberg.html [20/06/2024]).

El peso de un cuerpo, primero, se interpretó en catalán y luego, se estrenó en castellano en la sala Francisco Nieva del Teatro Valle-Inclán de Madrid, a finales de noviembre de 2022, puesta en escena por la propia dramaturga. Posteriormente, se publicó el texto en la editorial del Centro Dramático Nacional (Szpunberg, 2022). Victoria Szpunberg aborda en la obra una realidad social delicada y dolorosa —las dificultadas de la clase media para atender a un enfermo— a través de los temas del envejecimiento, la enfermedad y la dependencia. La creadora se inspiró en su propia experiencia cuando tuvo que atender a su padre —Alberto Szpunberg, el famoso poeta argentino— que falleció en 2020, a raíz de una complicación debida a la COVID-19:

> No es autoficción ni dramaturgia del yo pero sí está basada en la experiencia con mi padre, cuando comprobé la escasa ayuda que podía prestarme el sistema sanitario público y la enorme cantidad de dinero que requiere atender adecuadamente a un anciano enfermo. Hablo de mucho, mucho dinero (Ojeda, 2022: e l.).

La enfermedad, la muerte, incluso la resurrección, son temas que han explorado otros dramaturgos y que han sido objeto de varios estudios. Marcos Rosenzvaig, autor del volumen *El teatro de la enfermedad*, entre sus distintos análisis, contemplaba *Los derechos de la salud* (1907), una obra de Florencio Sánchez, como "la desesperada búsqueda de Luisa por desvelar su mal. Los que la rodean están empeñados en disfrazar su enfermedad, en negar la verdad tuberculosa de su próxima muerte" (Rosenzvaig, 2009: 43). Ni que decir tiene que la medicina y la dolencia marcaron la vida y la obra de Antonin Artaud para quien la enfermedad era la prueba fundamental de la crueldad de la vida y la manifestación del fracaso de la creación (Artaud, 1946). Para él, los llamados estados patológicos, los episodios delirantes y la toxicomanía estaban al servicio de una visión poética, de un mensaje revolucionario. Gracias a una espectacular inversión de valores, el poeta-dramaturgo se convirtió en un alienado enfrentado a la incomprensión de un mundo degenerado (Artaud, 2003). Los creadores del siglo XXI también han abordado el tema del cuerpo enfermo y enfermado. *Lo bueno de los animales, es que te quieren sin preguntar nada*, de Rodrigo García (2000)[1], es, según su propio autor, "una obra literaria, un extenso poema que necesita reírse de la enfermedad y que reclama dignidad para morir y para vivir". En el prólogo de su obra, *Tumbada blanca en blanco,* Carina Maguregui explica al lector que:

> El centro gravitatorio de la obra es Ángela Zaño, paciente-víctima de un encarnizamiento terapéutico que la hace rebotar entre quirófanos y terapias intensivas. La protagonista -como otros pacientes que atraviesan este calvario con ella- cae en las manos de aquellos médicos que rinden culto al dios positivista de la curación del cuerpo-cosa y olvidan que el ser humano tiene una trascendencia, algo que excede las posibilidades económicas y tecnológicas: lo intangible, la sensibilidad personal (Maguregui, 2006: 7).

En su proyecto creativo *Anatomía poética*, Elena Córdoba (2006) propuso una observación minuciosa de los órganos, de los músculos y de los huesos del ser humano. Para ello, contó con la colaboración de médicos, científicos y más particularmente del doctor en cirugía Cristóbal Pera (Bottin, 2024). Angélica Liddell (2009) rindió un homenaje a la violonchelista Jacqueline Du

[1] Una obra creada en 2015 donde se habla de sexo, de la familia, del hospital, de los métodos de adiestramiento de perros y bebés, de parejas y de religión. Rodrigo García retoma los tabúes mortificantes de las sociedades encerradas por la dictadura militar: tanto la dictadura que oprimió a Argentina, como la dictadura franquista en España.

Pré, fallecida a los cuarenta y dos años de una enfermedad devastadora, en la obra *Te haré invencible con mi derrota* (Bottin, 2009). En cuanto a la investigación teatral, Francisco Gutiérrez Carbajo ofreció un estudio de "La representación de la enfermedad en Antonia Bueno y Diana de Paco" (Gutiérrez Carbajo, 2018). José Romera Castillo analizó en su artículo, "Semiótica, pandemias, COVID-19 y teatro", "las plagas que han azotado a la humanidad; así como las diversas y eminentes producciones, tanto en el ámbito literario como en el teatral, que han generado" (Romera Castillo, 2022: 27). La enfermedad, el cuerpo enfermo suscitan sentimientos ambivalentes y contradictorios. Fascinan a la vez que repelen. En cuanto a la medicina, los avances científicos y materiales hubieran tenido que contribuir a un auge de la confianza hacia sus poderes curativos y aliviadores. Desafortunadamente, el sistema sanitario del siglo XXI defrauda casi por completo la lógica esperada, sobre todo cuando se trata de pacientes en situación de completa dependencia.

El peso de un cuerpo cuestiona los motivos por los cuales sufre un cuerpo que se encamina hacia una deshumanización provocada por el sometimiento a las leyes y al otro. La obra evoca una experiencia prismática, tanto misteriosa como familiar y natural, desgarradora y alegre, que indaga en lo más profundo del cuerpo enfermo del ser humano, en una situación de imprescindible asistencia. También propone una crítica del sistema sanitario, de la burocracia y de los gobiernos que, pese a la legislación, se despreocupan de los enfermos y de sus familiares. La obra de Victoria Szpunberg es una ilustración contemporánea de los temas ya abordados por Michel Foucault en el ensayo *Nacimiento de la clínica,* que el filósofo anunciaba en el *incipit*: "Il est question dans ce livre de l'espace, du langage et de la mort ; il est question du regard" (Foucault, 1983: 17). *Nacimiento de la clínica* iniciaba una crítica de la institución médica y de su poder normativo sobre los individuos:

> La maladie n'est plus un faisceau de caractères disséminés ici et là à la surface du corps et liés entre eux par des concomitances et des successions statistiquement observables ; elle est un ensemble de formes et de déformations, de figures, d'accidents, d'éléments déplacés, détruits ou modifiés, qui s'enchaînent les unes aux autres selon une géographie qu'on peut suivre pas à pas (Foucault, 1983: 138).

El peso de un cuerpo se divide en 19 escenas —cada una de ellas con un título propio— y de un epílogo opcional que lleva el número 20[2], como si se tratase de los capítulos de una novela corta. A lo largo de la obra, la dramaturga reflexiona sobre una preocupante situación social que, pese a las medidas legales, no parece haber mejorado. La protagonista se enfrenta a numerosas dificultades a la hora de asumir los cuidados específicos —los tratamientos, la asistencia— que necesita su padre, tras sufrir un ictus, y que desorganizan su vida privada. Parece involucrada en una especie de círculo vicioso y se siente como un hámster encerrado en su rueda convertida en una espiral infernal. Se trata a la vez de un grito de soledad y de ira ante la imposibilidad de esta mujer de clase media de atender a su padre en una situación de dependencia. La enfermedad cerebral degenerativa de la que padece, le hace absolutamente dependiente. Padre e hija viven

---

[2] *Escena 1, Ictus. Escena 2, Ambulancia. Escena 3, Hospital. Escena 4, Plegaria. Escena 5 ,Familia. Escena 6, Público. Escena 7, Alucinación. Escena 8, Entrevista. Escena 9, Fuga. Escena 10, Final de fiesta. Escena 11, Familia 2. Escena 12, Público 2. Escena 13, Residencias. Escena 14, Dinero. Escena 15, Caída. Escena 16, Vínculos. Escena 17, Alucinación 2. Escena 18, Familia 3. Escena 19, Regreso. Escena 20, Epílogo opcional.*

en un cuarto sin ascensor. Olga no puede traerlo a casa. Sus dos hermanas no parecen muy dispuestas a ayudarla. Busca una residencia geriátrica y, para colmo, el padre comunista y mujeriego acaba internado en un centro dirigido por las Hermanitas Hospitalarias del Sagrado Corazón del Opus Dei. Los costes son muy altos, la atención pésima y el reconocimiento de máxima dependencia por parte de la administración es desesperantemente lento. La institución religiosa en donde ha ingresado sigue cobrando mensualmente sus honorarios. Olga pierde su trabajo, ya no puede pagar la plaza de su padre y conseguir otra en una residencia pública se queda en un sueño.

Con humor y humanismo, Victoria Szpunberg describe un cuerpo que sufre y que lleva en sí la encarnación de un calvario, un sacrificio, una pasión. La protagonista, desfasada por la desesperante situación, dialoga con Iván, el celador que se irá convirtiendo en un "fiel" escudero:

> OLGA.— (...) No tenemos ascensor. Al menos, está vivo. ¿Se recuperará, verdad? Si yo lo he podido subir, seguro que podemos bajarlo, entre los dos, mientras tu compañero aparca. No encontrará lugar, este barrio es imposible. Un piso sin ascensor en medio de un laberinto. No sabía que su cuerpo era tan pesado. Se ve tan delgado, pero sí que pesa, sí. Él es todo lo que tengo[3]. Me he asustado. He pensado que se me moría encima, que no llegaríamos a casa. ¿Qué hacemos? ¿Me entiendes cuando te hablo? ¿Por qué no dices nada?
>
> IVÁN.— Porque... Porque us-us...us-usted...
>
> OLGA.— Trátame de tú.
>
> IVÁN.— Tú no te callas (Szpunberg, 2022: 24).

[3] Una frase que Olga repite varias veces a lo largo de la obra.

Sin darse cuenta, Olga toma conciencia del estado del padre, que ya no es lo que era, y se refiere a él como un cuerpo que pesa, un cuerpo ya desprovisto de su ser.

La dramaturga se refiere a la obra de Chejov, *Las tres hermanas*, para presentar a la familia desunida alrededor de un padre rusófilo y marxista. La protagonista debe cuidar de su padre, ex-militante del Partido Comunista en Cataluña, cuyas facultades tanto físicas como mentales le van abandonando. Las otras dos hermanas, Masha e Irina[4] —interpretadas por la propia Laila Marull en el montaje a través de videollamadas— se quedan voluntariamente alejadas tanto físicamente del barrio humilde de Barcelona donde conviven con los yonkis —Masha está casada y vive en Andorra e Irina viaja por Rusia—, como emocionalmente:

> OLGA.— Nunca se sabe dónde empieza una historia, dónde está exactamente el principio. Se supone que primero va el principio, luego el nudo, para acabar con el desenlace… Pero la vida nunca es así. Nosotras somos tres hermanas, yo soy la mayor. Mi madre se marchó cuando era pequeña porque se lo veía venir, después vinieron las otras mujeres, algunas intentaron hacer de madre, otras no, pero yo siempre he estado con él. Él es todo lo que tengo. Ya sé que esto se parece un poco a la obra aquella de las tres hermanas de Anton Chejov, pero no, nuestra historia es nuestra historia y punto (Szpunberg, 2022: 36).

Al principio de la obra, Olga cree que encontrará ayuda y consuelo en sus hermanas, al revés, las dos hermanas se despreocupan de la incómoda realidad.

[4] Las tres hermanas tienen el mismo nombre que las de la obra de Chejov.

OLGA.— Ya, saludos a tu marido.

MASHA.— Gracias. No llores. Haz de ser fuerte.

OLGA.— Sí.

MASHA.— Cuando nos veamos, escucharemos Iggy, como hacíamos antes. *Candy baby*.

OLGA.— *Candy baby*.

MASHA.— Beautiful, beautiful girl from the north.

OLGA.— Eso tú. A papá no le gusta cuando escuchamos canciones en inglés. La lengua del imperialismo, dice.

MASHA.— Del imperialismo… ¿Por qué no te lo pones? Iggy te animará.

OLGA.— No, ahora no me apetece escuchar música. ¿Sabes? Me gustaría rezar… Pero no sé por dónde empezar… No es que crea en Dios, pero en estos momentos necesito creer en algo trascendente. "Las personas necesitamos encontrar la fe, si no la existencia está vacía… Vivir y no haber por qué los pájaros vuelan, por qué los niños nacen, por qué las estrellas brillan… Si no podemos comprender por qué vivimos, la vida resulta ser una broma". Me he acordado del libro que nos leía papá cuando vivíamos juntas, ¿te acuerdas? (Szpunberg, 2022: 34-35).

Masha escucha a su hermana, pero ni la anima, ni la apoya, sino que la invita a escuchar *Candy baby* de Iggy Pop, el último vínculo que parece unir a las hermanas. La canción es una plasmación de los sentimientos experimentados por la protagonista. Masha adopta una actitud bastante fría y distanciada como lo demuestra el uso del imperativo: "no llores"; "haz de ser fuerte" (Szpunberg, 2022: 34). Olga encuentra una especie de refugio, al evocar los recuerdos de infancia, cuando el padre les hacía la lectura. Cabe notar, la educación ideológica y el compromiso político que el progenitor militante intentó transmitir a sus hijas desde niñas. No les leía cuentos de hadas, sino que las sensibilizó a una reflexión filosófica mediante el ensayo de Schopenhauer, *El mundo como voluntad de representación*. Olga experimenta una gran soledad y una inmensa desesperación al enfrentarse a las dificultades provocadas por el estado de salud de su padre y las reacciones inesperadas y desconcertantes de su entorno familiar. La única persona dispuesta a hacerle caso, a animarla y escucharla y a acompañarla en las situaciones más críticas, es el celador tartamudo, una especie de ángel de la guarda, "un ángel" (Szpunberg, 2022: 38), "un mensajero[5]" (Szpunberg, 2022: 65), dice Olga. Por otra parte, encuentra una escucha atenta y empática con el público a quien se dirige en varias ocasiones: "¡Si alguien tiene una solución en esta sala que la diga ahora mismo o que calle para siempre!" (Szpunberg, 2022: 80). Olga habla con todas y todos, necesita amparo. Hace comentarios sobre los otros personajes y la acción, canta, baila, grita, sonríe. La escena 6 titulada "Público" es un claro ejemplo del deseo de establecer una complicidad con los espectadores, del deseo de romper la cuarta pared. Olga es una víctima secundaria de un sistema fracasado. El ánimo, se la conceden el público e Iván, ya que sus hermanas han renunciado a combatir y el sistema la abandona.

La música vuelve en la escena 9 "Fuga" que se desarrolla en un pub donde suena *The Passenger* de Iggy Pop. Olga, algo ebria, intenta huir de la realidad y se deja llevar por la nostalgia de los recuerdos y de las discusiones con el padre a quien lo le gustaba "la música del imperialismo" de Iggy Pop, Patty Smith, David Bowie y de los Groovecrew. La protagonista emprende un viaje imaginario que acaba al ritmo de *Candy baby*: "*Candy,*

[5] Le anuncia la noticia que "le han con-con-cedido el-el-el grado tres de la ley de de-de-de dependencia. Recibiréis una-una-una ayuda eco-económica" (Szpunberg, 2022: 75).

Candy, candy I can let you go. All my life you're hauting me. I love you" (Szpunberg, 2022: 64). Una declaración de amor al padre, una toma de conciencia desgarradora de una necesaria e inevitable separación.

Pese a todo, Victoria Szpunberg trata de ofrecer una visión a la vez sosegada, despiadada, e incluso humorística, de la dependencia y de los dramas que genera. En la "Exposición de motivos", la Ley 39/2006, de 14 de diciembre, de *Promoción de la Autonomía Personal y Atención a las personas en situación de dependencia* indica:

> La atención a las personas en situación de dependencia y la promoción de su autonomía personal constituye uno de los principales retos de la política social de los países desarrollados. El reto no es otro que atender las necesidades de aquellas personas que, por encontrarse en situación de especial vulnerabilidad, requieren apoyos para desarrollar las actividades esenciales de la vida diaria, alcanzar una mayor autonomía personal y poder ejercer plenamente sus derechos de ciudadanía (https://www.boe.es/buscar/pdf/2006/BOE-A-2006-21990-consolidado.pdf)[6].

Olga va a comprobar en qué medida la ley parece haberse quedado en un sueño. Pese a las promesas, las personas vulnerables siguen siendo un peso para la sociedad y la familia. Olga

[6] El texto precisa también que, en España, los cambios demográficos y sociales están produciendo un incremento progresivo de la población en situación de dependencia. Por una parte, es necesario considerar el importante crecimiento de la población de más de 65 años, que se ha duplicado en los últimos 30 años, para pasar de 3,3 millones de personas en 1970 (un 9% ciento de la población total) a más de 6,6 millones en 2000 (16,6% ciento). A ello hay que añadir el fenómeno demográfico denominado "envejecimiento del envejecimiento", es decir, el aumento del colectivo de población con edad superior a 80 años, que se ha duplicado en sólo veinte años.

no puede asumir los costes para mantener a su padre en casa y tiene que despojarse de lo poco que tiene para para la residencia. La ayuda económica que le ha concedido la ley de dependencia tarda en llegar y no sufraga todos gastos.

La obra parte tiene un giro totalmente diferente de la de Chejov, como lo pone de realce Olga: “Esto parece un bucle. *(Al público.)* Ojalá yo hubiera podido empezar esta obra diciendo ‘hoy hace un año que murió nuestro padre, exactamente un año’, que es como empieza la obra del escritor ruso, pero no, este duelo es un letargo infinito…” (Szpunberg, 2022: 86). La protagonista, como cualquier hija, nunca hubiera pensado llegar a desear la muerte del padre, sinónimo aquí de liberación y sobre todo de dignidad. En la escena 3 que se desarrolla en el “hospital”, como lo indica el título, reina la confusión, la incertidumbre tras el choque emocional. Olga está perdida, como Teseo en el laberinto, no sabe cómo actuar, a quien dirigirse, aunque necesita tener respuestas. Cede al pánico. Intenta reflexionar, interroga al personal sanitario, en vano. La dramaturga alude a la situación de los hospitales en España, la falta de personal, de tiempo y de recursos para atender a los pacientes, así como a sus familias, como se debería:

> OLGA.— Perdón, no me callo… ? Le estoy molestando? Perdón, necesito que alguien me explique qué está pasando. Hace rato que se han llevado a mi padre y nadie me dice nada. Hace horas que no me siento. Hemos estado mucho rato en el pasillo esperando, muchas horas, seis, siete, ya ni sé… […] ¿Y yo, me tengo que quedar aquí también? Mañana trabajo. No, no quiero molestar, pero es que no sé si tengo que avisar. ¿Aviso en el trabajo? ¿Se morirá? ¿Aviso a la familia? ¿Vivirá verdad? ¿Pido la baja? no puedo, no tengo derecho a la baja, no tengo familia. ¡¿Qué hago?! ¿Se han de esperar las pruebas del TAC craneal, dicen? ¿RM craneal?

> ¿Puede ser una ruptura de un vaso sanguíneo del cerebro… hemorragia? ¿Obstrucción de los mismos vasos? ¿En este caso, se trataría de un trombo originado en el corazón y que recibe el nombre de isquémico? ¿Me lo puede volver a explicar? Me gustaría apuntarlo todo. Ya sé que hay mucha gente. No. Nunca he sido el centro del mundo… El centro, yo, qué sarcasmo (Szpunberg, 2022: 25).

La jerga médica, detrás de la cual se esconden los médicos, acentúa el desconcierto y nadie es capaz de darle explicaciones claras. Se opera una deshumanización, tanto de los pacientes como del personal sanitario. El médico que se encarga del caso del padre parece recitar el diagnóstico como un robot:

> VOZ DEL MÉDICO SUPERPUESTA.— Hay que hacer cirugía para hematoma subdural crónico (HSDC) es la acumulación lenta de sangre entre el cerebro y la membrana que lo rodea. El HSDC es un tipo común de hematoma cerebral (intracraneal). Hay que hacer un drenaje también (Szpunberg, 2022: 28).

Olga acaba por conseguir una plaza en el centro especializado de la Congregación de Las Hermanitas Hospitalarias del Sagrado Corazón de Jesús, con la esperanza de que atiendan a su padre de la mejor manera posible y que se mejore. Todo lo contrario, el estado del padre va decayendo, allí no hacen más que mantenerle arrinconado, descuidado, abandonado a su suerte.

> OLGA.— Me dijeron que le darían la medicación adecuada. Mi padre está totalmente ausente. Lo he encontrado dormido en la silla, varias veces. Con la cabeza colgando y lleno de babas. Está peor que antes.

> DIRECTORA.— Su padre tenía graves episodios de alucinaciones que están disminuyendo.
>
> OLGA.— Pronto no tendrá episodios de ningún tipo. Lo estáis matando (Szpunberg, 2022: 58).

Tras la caída del padre en la residencia, debe ser operado. Se mezclan los pensamientos de Olga con fragmentos del diálogo mantenido con un médico sarcástico que tiene prisa. El personal sanitario desbordado se limita a proporcionar respuestas sucintas, rápidas y opacas, de forma casi mecánica:

> MÉDICO.— La operación de fémur no es especialmente complicada, pero su padre tiene posibilidades de no superarla. Le pondremos una anestesia local porque la total sería de alto riesgo. igualmente, hay riesgo quirúrgico debido al aneurisma.
>
> [...] Soy médico, intento dar la información de manera objetiva.
>
> [...] Y ahora disculpe, tengo mucho trabajo, los quirófanos están llenos (Szpunberg, 2022: 82-83).

La sanidad pública está atravesando una profunda crisis y los enfermos padecen un doble castigo, una doble pena, la enfermedad y la penuria de los hospitales. “Ahora, por ejemplo, se ha hecho caca, las enfermeras están colapsadas, dicen que todo el sistema sanitario está colapsado” (Szpunberg, 2022: 86), repite Olga en un momento de desesperación. La medicina, las infraestructuras sanitarias sufren de los recortes y ya no tienen ni el tiempo ni los medios para tranquilizar a los familiares y proponer alternativas para atender correctamente a los ancianos dependientes. Reina un caos en el hospital, los pacientes se quedan en el pasillo y en las residencias, se les abandonan delante de la tele.

La salud del padre va degradándose y su cuerpo lleva todos los estigmas de la vejez y de la enfermedad. El cuerpo enfermo se encamina hacia una lenta degeneración. Las fuerzas le abandonan, ya no reconoce a su hija, tiene alucinaciones (Szpunberg, 2022: 37) y “se queda mirando un punto fijo” (Szpunberg, 2022: 26 y 27), una frase que Olga reitera a lo largo de la obra. El padre ya es un hombre, es un niño viejo que tiene que llevar un mono pijama porque, según la directora de la residencia, “se manipula el pañal por la noche, se lo arranca a pedazos” (Szpunberg, 2022: 60). Olga se niega a verlo retroceder de tal manera: “no quiero ver a mi padre con ese baberito de plástico, reclinado en una silla, luchando para coger el tenedor, o para no cogerlo, la lucha consiste en no perder la dignidad” (Szpunberg, 2022: 61). En primera instancia, el monopijama simboliza el deterioro del padre y la toma de conciencia por parte de su hija. En segunda instancia, se convierte en una obsesión y en un Santo Grial ya que solo existe una tienda donde se pueda comprar a un precio exorbitante. Lo que la obliga a acudir a un anticuario ruso anticomunista, encarnación del capitalismo, para vender sus pertenencias más valiosas y adquirir el monopijama. Esta búsqueda despierta un sentimiento de tremenda angustia en Olga, mientras que a Masha, le provoca una exasperante indiferencia. Masha no comparte la empatía de su hermana. Ella tiene una imagen distinta del progenitor, no lo admira, cultiva más bien una especie de rencor hacia él: “¿Todavía lo defiendes? Sus valores solo han traído penurias. Que si Rusia, que si Rusia, los valores de papá solo han traído penurias” (Szpunberg, 2022: 71). Masha piensa haber encontrado la obra de la que le habló Olga en la escena 5 “Familia”, y que el padre les leía de niñas pero se equivoca, no se trataba del *rey Lear*. Mediante la evocación de Shakespeare, Masha revela una versión propia de la historia familiar, una visión que difiere de la de su hermana y parece corresponder más a la realidad vivida:

> MASHA.— Espera que la tengo aquí. *El rey Lear*.
>
> OLGA.— No es esta. La que te decía se llama *Las tres hermanas*, de Anton Chejov, un escritor un ruso, como le gusta a papá. Todo ruso.
>
> MASHA.— Pues esta también va de tres hermanas y un padre, dos que son malas, y una pequeña que es buena y que quiere al padre más que las otras. El padre tiene una buena herencia para repartir. La obra es un poco bestia porque al final se mueren todos, el padre también.
>
> OLGA.— Qué suerte.
>
> MASHA.— ¿Qué?
>
> OLGA.— Nada. Me refería a la herencia que se quedó la tía.
>
> MASHA.— ¿Quieres dinero?
>
> OLGA.— Sí.
>
> MASHA.— Sabes que no tenemos dinero.
>
> OLGA.— Tengo que comprar un monopijama.
>
> MASHA.— ¿Un qué?
>
> OLGA.— Nada (Szpunberg, 2022: 71).

El desenlace del *rey Lear* es funesto y prefigura el inevitable y fatal destino del padre. En última instancia, el monopijama se convierte en un trofeo, "un tesoro" (Szpunberg, 2022: 75) y en una efímera señal de esperanza al llegar la noticia de la futura ayuda económica despierta la compra compulsiva de tres monopijamas.

El padre se ha convertido en un prisionero, doblemente encerrado, en un monopijama y en la cárcel de su propio cuerpo. En los ritos griegos, la deposición del cadáver en un lecho abría la ceremonia de la prótesis. Se trataba de apropiarse del cuerpo expuesto, de contemplar el yo que desaparecía sin morir. Sin embargo, aquí, el público nunca verá el cuerpo enfermo del padre, no aparece en el escenario. La silla de ruedas, la camilla, siempre vacías y a las que se dirige Olga, lo personifican. Giorgio Agamben considera los hospitales psiquiátricos como lugares de deshumanización donde los enfermos pierden su identidad para desaparecer en la masa de las "singularités quelconques" (Agamben, 1990: 88). Una teoría que podríamos aplicar a la residencia geriátrica que acoge al padre exmilitante comunista. Allí se convierte en un cuerpo dócil y un alma esclavizada sometida a un poder soberano, un dispositivo que lo controla:

> En donnant une généralité encore plus grande à la classe déjà très vaste des dispositifs de Foucault, j'appelle dispositif tout ce qui a, d'une manière ou d'une autre, la capacité de capturer, d'orienter, de déterminer, d'intercepter, de modeler, de contrôler et d'assurer les gestes, les conduites, les opinions et les discours des êtres vivants. Pas seulement les prisons donc, les asiles, le panoptikon, les écoles, la confession, les usines, les disciplines, les mesures juridiques, dont l 'articulation avec le pouvoir est en un sens évidente, mais aussi, le stylo, l'écriture, la littérature, la philosophie, l'agriculture, la cigarette, la navigation, les ordinateurs, les téléphones portables et, pourquoi pas?, le langage lui-même, peut-être le plus ancien dispositif dans lequel, il y a plusieurs milliers d'années déjà, un primate, probablement incapable de se rendre compte des conséquences qui l'attendaient, eut l'inconscience de se faire prendre (Agamben, 2007: 32).

La puesta en escena se aleja por completo del drama realista. Se escenifica el mundo paralelo del padre, en el que Olga se ve sumergida. Un universo originado por la enfermedad, las divagaciones y alucinaciones del padre y las situaciones grotescas y crueles generadas por el sistema sanitario. El espacio sonoro y luminotécnico contribuyen a invitar al público a reflexionar acerca de un debate necesario sobre la definición de lo humano en el mundo moderno y de la atención a los mayores, en un ambiente desfasado y transgresor, a veces festivo. El espacio sonoro con las composiciones musicales de Carles Pedragosa y Sabina Witt desempeñan un papel fundamental en la puesta en escena. El primero interpreta a Iggy Pop, va pasando de intérprete a músico creando distintos sonidos y melodías para crear un ambiente onírico. Con David Marcé, tocan y cantan en directo y multiplican los papeles —el celador empático y tartamudo; un doctor; un ruso prestamista de origen judío, que odia a Lenin, a Stalin y a Putin; la madre superiora que dirige la residencia geriátrica con mano de hierro—. La puesta en escena se aleja de cualquier tipo de realismo y se recurre a la intermedialidad para proponer imágenes ilusorias que resignifican lo que va aconteciendo. Parte de un escenario muy sencillo, casi vacío, para ir creando un microcosmos. Los distintos espacios a través de los cuales se mueven los actores y las actrices —el hospital, el piso, la residencia, el despacho del cambista, de la directora de Las Hermanitas, la sala de fiestas— se divisan a través de las palabras, de los objetos —la camilla, la silla de ruedas, las sillas de una incómoda sala de espera de hospital— y de la música que también evoca la historia de la familia y las luchas pasadas del padre —*Candy baby* y *The Passenger* de Iggy Pop; *Hasta siempre*; *La Internacional*—. La música y las imágenes delirantes hacen referencia al pasado comunista del enfermo, a "la realidad paralela" (Szpunberg, 2022: 60) que ve y que cobra todo su sentido en el escenario gracias a las coreografías y a las canciones. La escena 7 "Alucinación" y la 17 "Alucinación 2" trasladan al público a un espacio delirante, donde se cruzan pacientes, líderes comunistas, cabezudos en silla de ruedas.

Para concluir, Victoria Szpunberg pone en escena a un yo que bien podría ser un nosotros/nosotras. Se trata de una aproximación autobiográfica y visual que se centra en un cuerpo ausente en el escenario, pero omnipresente en el texto, así como en el montaje. La dramaturga rinde un homenaje a su padre, a los padres, así como a todas las hijas que se han enfrentado a la triste realidad de acompañar a un familiar hacia el final del camino. La escenificación de esta experiencia social e íntima opta por ofrecer una especie de celebración a través de un espectáculo híbrido. La intertextualidad permite abordar cuestionas delicadas y compartir recuerdos personales. La música y las canciones refuerzan el ambiente festivo y las situaciones humorísticas a pesar de la gravedad del tema. El estilo anafórico, el uso de la repetición, refuerzan la sensación laberíntica experimentada por la protagonista que lucha desenfrenada contra el desinterés de su familia, los médicos desengañados, la fría burocracia, las residencias geriátricas convertidas en hogares para moribundos. Victoria Szpunberg parte de un drama personal, social, político, para abordar una indignante realidad, sin nunca caer en el dramatismo. El inevitable y funeste desenlace es una liberación saludable que convierte la obra en una oda a la vida y a la resistencia[7].

REFERENCIAS BIBLIOGRÁFICAS

ANÓNIMO. "Sobre la autora Victoria Szpunberg". *Contexto Teatral*. Disponible en línea: https://www.contextoteatral.es/victoriaszpunberg.html [19/06/2024].

[7] Una grabación de esta intervención puede verse en https://canal.uned.es/video/66f3dc8d488a9b422105f7c2 [24/09/2024].

Agamben, Giorgio (1990). *La communauté qui vient, théorie de la singularité quelconque*. Paris: Éditions du Seuil.

_____ (2007). *Qu'est-ce qu'un dispositif ?* Paris: Rivages.

Artaud, Antonin (1946). *Les malades et les médecins*. Disponible en línea: https://classes.bnf.fr/echo/poesieaction/#:~:text=*Les malades et les médecins, écrit et dit par Antonin, 8 juin 1946 (extrait).&text=La matière, à la fois,'interné psychiatrique d'Artaud* [19/06/2024].

_____ (2003). *Pour en finir avec le jugement de Dieu*. Paris: Gallimard.

Boletín oficial del estado (2006). https://www.boe.es/buscar/pdf/2006/BOE-A-2006-21990-consolidado.pdf.

Bottin, Beatrice (2012). "Le théâtre de la douleur d'Angélica Liddell". *Bulletin Hispanique* (Université Michel de Montaigne, Bordeaux III) 114.2, 775-798.

_____ (2019). "La *Anatomía poética* de Elena Córdoba, entre cuerpo y alma". En *Teatro (auto)biografía y autoficción (2000-2018) en homenaje al profesor José Romera Castillo*, G. Laín Corona y R. Santiago Nogales (eds.), vol. III, 453-469. Madrid: Visor Libros.

Córdoba, Elena (2008). *Anatomía poética*. Disponible en línea: http://anatomia-poetica.blogspot.fr [19/06/2024].

Chéjov, Anton (2015). *Las tres hermanas*. Madrid. Alianza Editorial.

Foucault, Michel (1983). *Naissance de la clinique*. Paris: Presses Universitaires de France (PUF).

García, Rodrigo (2009). *Lo bueno de los animales, es que te quieren sin preguntar nada*. En *Cenizas escogidas: obras 1986-2009*, 141-211. Segovia: La Uña Rota.

Gutiérrez Carbajo, Francisco (2018). "La representación de la enfermedad en Antonia Bueno y Diana de Paco". En *Mu-*

jeres en (con)ciencia, M. García Lorenzo, H. Guzmán, M. D. Martos Pérez y A.I. Zamorano (coords.), 59-78. Madrid: Universidad Nacional de Educación a Distancia.

LIDDELL, ANGÉLICA (2011). *Te haré invencible con mi derrota*. Segovia: La Uña Rota.

MAGUREGUI, CARINA (2007). *Tumbada blanca en blanco*. Buenos Aires: Editorial Teatro. Mención Primera Obra Argentores. Disponible en línea también: https://textodromo.wordpress.com/wp-content/uploads/2009/07/libro-tumbada.pdf [19/06/2024].

OJEDA, ALBERTO (2022). "La obra teatral que surge de la experiencia de cuidar a un padre enfermo". Disponible en línea: https://www.elespanol.com/el-cultural/escenarios/teatro/20221130/obra-teatral-surge-experiencia-cuidar-padre-enfermo/722178181_0.html [19/06/2024].

ROMERA CASTILLO, JOSÉ (2022). "Semiótica, pandemias, COVID-19 y teatro". *Signa: revista de la Asociación Española de Semiótica* (sección monográfica I. *Semiótica y relatos de actualidad*) 31, 27-37. Disponible en línea también: https://www.cervantesvirtual.com/obra/semiotica-pandemias-covid-19-y-teatro-1158842/ [19/06/2024]. Una versión ampliada se publicó como "Pandemias, COVID-19, literatura y teatro", en Luna Bermúdez y Belinda Palacios (eds.), *Nuevos acercamientos a la literatura hispánica sobre la pandemia de COVID-19* (Madrid: Visor Libros, 2024, 33-53).

ROSENZWAIG, MARCOS (2009). *El teatro de la enfermedad*. Buenos Aires: Editorial Biblos.

SÁNCHEZ, FLORENCIO (1910). *Los derechos de la salud*. Edición digital a partir de *Teatro completo* de Florencio Sánchez. Buenos Aires: Claridad. Disponible en línea: https://www.cervantesvirtual.com/obra-visor/los-derechos-de-la-salud--0/html/ [19/06/2024].

SHAKESPEARE, WILLIAM (2007), *El rey Lear*. Madrid: Austral Teatro.

SCHOPENHAUER, ARTHUR (2010). *El mundo como voluntad y representación*. Madrid: Alianza Editorial.

SZPUNBERG, VICTORIA (2022). *El peso de un cuerpo*. Madrid: Centro Dramático Nacional.

ENTRE LA VIDA Y LA MUERTE. ESCENAS FAMILIARES DE UN ENFERMO DE CÁNCER EN *TERAPIA ANTIDOLORE*, DE LAURA FORTI

BETWEEN LIFE AND DEATH. FAMILY SCENES OF A CANCER PATIENT IN *PAIN THERAPY*, BY LAURA FORTI

MARIA ANGELICA GIORDANO PAREDES
Universidad Nacional de Educación a Distancia / SELITEN
agiordano@flog.uned.es

Resumen: El teatro de Laura Forti está siempre relacionado con sus vivencias, su personalidad y sus entornos familiares. Es así como nos acerca a uno de sus dramas en el que la enfermedad sirve de hilo conductor para extraer las miserias interiores de una familia cuyo padre, moribundo y víctima de una generación egoísta y amante del ahorro antes que de afectos y caricias, se enfrenta a cada uno de sus hijos a través de un análisis interior en busca de la felicidad. Los hijos resultan ser el reflejo de su falta de afecto y enfrenta la muerte en la más completa desolación. Todas las escenas se desarrollan en el hospital y se van enlazando con la vida frustrada de cada uno de los personajes, mientras el cáncer de estómago devora despiadadamente cada esperanza de redención y arrepentimiento de un padre que no supo dar ni recibir un mínimo gesto de amor.

Palabras clave: Teatro. Medicina. Laura Forti. *Terapia antidolore*. Enfermedad. Relaciones familiares.

Abstract: The theater of Laura Forti is always connected to her experiences, her personality, and her family environment. This is how she takes us closer to one of her dramas in which illness is used as a common thread to extract the inner miseries of a family whose dying father, a victim of a selfish generation that values saving money over love and affection, confronts each of his children through an inner analysis in search of happiness. The children turn out to be a reflection of his lack of affection, and then faces death all alone. All the scenes take place in the hospital and intertwine with the frustrated lives of each character, while stomach cancer ruthlessly devours every hope of redemption and repentance from a father who neither knew how to give nor receive the slightest gesture of love.

Keywords: Theater. Medicine. Laura Forti. *Terapia antidolore*. llness. Family Relationships.

1. INTRODUCCIÓN

El teatro italiano contemporáneo *post-eduardiano,* que sigue el canon literario de Pirandello y Eduardo De Filippo (Rotondi, 2018), nos acerca a una realidad en la que la escena es una transparencia de lo que ocurre en la sociedad italiana. El autor no puede dejar de identificarse con su obra y de reflejar en ella sus peripecias existenciales tanto intrínsecas como extrínsecas, en personajes que son el reflejo de su propio deambular por la vida y de sus relaciones familiares y sociales. Se trata de un teatro regional que surge de la necesidad de expresar una realidad social y se extiende a todos los escenarios nacionales con ese reflejo del modo de actuar y de ser de los italianos. El teatro de Laura Forti, escritora y dramaturga florentina, no deja de transmitirnos esas sensaciones que nos recuerdan los conflictos familiares de Pirandello y los trasfondos de la sociedad napolitana de De Filippo. Esa conexión sociocultural e histórica entre el personaje y el individuo que ha sido y no ha dejado de ser es lo que más nos intriga y despierta nuestro interés por la dramaturgia de Laura Forti.

Este trabajo pretende, por lo tanto, analizar en profundidad el texto teatral *Terapia antidolore*, de Laura Forti, no sin antes hacer un recorrido por la obra de la escritora y su importancia en el teatro italiano contemporáneo de las dos primeras décadas del siglo XXI, haciendo hincapié en la temática del teatro y la medicina. Aunque en este caso, se plantea la enfermedad como causa y consecuencia de emociones desencajadas y frustradas.

La metodología utilizada consiste en el análisis pormenorizado de cada una de las escenas y de los personajes en una estrecha relación entre enfermedad y medicina, enlazando el deambular de vidas pasadas, cuyas consecuencias en el presente y el futuro están íntimamente relacionadas con las emociones, y el desenlace, a través de la muerte, que promete nuevos rumbos más esperanzadores.

2. EL TEATRO DE LAURA FORTI

La obra teatral de Laura Forti se divide en dos partes. Por un lado sus textos teatrales (*testi teatrali*), surgidos de su propia vida y de la relación con su familia y con los demás, con la sociedad actual. Por otro lado, sus dramaturgias (*drammaturgie*), cuyas fuentes han sido una gran variedad de documentos y artículos reelaborados, como bien indica la autora en su página web, se trata de fantasías narrativas que se alimentan de la realidad y encuentran una nueva vida en el teatro (Forti, s.f.).

2.1. *Testi teatrali*

Pesach/Passaggio y *Le nuvole tornano a casa* (2004) encajan el tema de la familia y las mujeres marginadas que luchan por un lugar digno en la sociedad que las arrastra hasta situaciones indeseadas y dolorosas. En relación con estos textos teatrales, Dragone, nos habla de experiencias de teatro social y las clasifica en experiencias generacionales relacionadas con los jóvenes y los mayores, experiencias de género en las que entran las mujeres discriminadas sexualmente, experiencias marginales relacionadas con los sectores más pobres y desfavorecidos de la sociedad (reclusos, drogadictos, nómadas, extranjeros) y experiencias de índole periférica o local (2000). Es un teatro que responde a una realidad social y la representa para buscar soluciones.

Dentro de esta misma temática de experiencias de género, de mujeres que luchan por una vida mejor, está *Blu,* la historia de Conci, una chica siciliana de diecinueve años que sueña con una vida mejor en un lugar donde se pueda sentir más libre de tomar sus propias decisiones; sin embargo un embarazo imprevisto y un noviazgo comprometido la sumerge en un lago de incertidumbres e indecisiones. "*Blu* è un viaggio di andata e ritorno dalla piccola provincia del Sud alla grande metropoli del Nord, nel corso del quale i sogni di una ragazza si trasformano, perdono innocenza, subiscono violenze ma non si spengono " (Pignedoli, 2000-2024: 1).

Nema problema e *Odore di santità*, junto a *Blu*, constituyen una trilogía de textos teatrales que denuncian las vidas miserables de los marginados de la sociedad, dando voz a las complejas relaciones con el mundo que los circunda y a esa esfera de afectos y emociones tan compleja para ellos (Pignedoli, 200-2024).

También en *Tale madre tale figlia* (2009) reaparece el tema de género, dos generaciones de mujeres marcadas por el mismo destino, luchadoras y enfrentadas a los monstruos interiores de la inseguridad y a los exteriores de la sociedad, implacable, vigilante y repulsiva. *La badante/Una storia di fantasmi* (2008), enfrenta otro tema social como es la explotación de los inmigrantes extracomunitarios en el trabajo doméstico.

2.2. *Drammaturgie*

Para Laura Forti, *Drammaturgie*, son todos aquellos textos reelaborados a partir de otros documentos y materiales de archivo, publicados y difundidos, pero que se transforman en guiones teatrales y en personajes fantásticos alimentados por la realidad. A menudo, se trata de textos que surgen de la improvisación de los actores o que están relacionados con la historia florentina y judía (Forti, s.f.). Como la misma dramaturga expresa: “Per me il testo deve essere verificato in scena e possibilmente rilavorato con attori e regista. E poi il testo è scritto per qualcuno: il pubblico. Per questo mi piace rilavorarlo finchè non ha raggiunto una comunicazione (il più possibile) ottimale” (Forti, s.f.). De estas palabras entendemos que se trata de un proceso largo de elaboración, decantación y corrección hasta llegar al texto definitivo. Forman parte de Drammaturgie: *Le vicende di Carlo e Alice*, *L’ultima generazione*, *Storia di Charlotte*, *Città di fango*, *L’Arno scorre a Firenze*, *Lagerpurim*, *Via da Freedonia/A proposito di Israele*, *Trilogia della responsabilità: vuoti a perdere*, *Trilogia della responsabilità: di razza*, *Trilogia della responsabilità: dimmi*.

3. *TERAPIA ANTIDOLORE*

Terapia antidolore forma parte de la colección de *Testi teatrali*. Es un texto teatral basado en la enfermedad cuyas causas y consecuencias están relacionadas con los afectos y desafectos familiares que podrían haber sido la medicina pero que, en realidad, terminan siendo el detonante de la muerte del padre, enfermo de cáncer. Este texto está relacionado con otras obras teatrales de la autora de dramas familiares y de evidente corte autobiográfico. Nos recuerda mucho a su novela *Forse mio padre* (2020), sobre todo en el tipo de relación conflictiva y compleja que mantienen los personajes: el padre, la madre y los tres hijos.

El texto teatral fue publicado por primera vez en Italia, en la Revista *Sipario*, en 2006, pero en 2010 fue publicado en Francia por la editorial L'Halmattan, en lengua francesa, y en este país ha tenido mayor éxito y representaciones teatrales, como la mayor parte de su dramaturgia. La misma autora explica esta situación en una entrevista concedida a Flavia Foradini de la revista *Sipario*:

> i miei testi lì vengono rappresentati semplicemente perché c'è lavoro, c'è mercato e c'è interesse per la drammaturgia [...] in Italia è molto difficile che le opere dei nuovi autori arrivino ad una messinscena completa e anche quando ci arrivano, il problema più grave è che non circolano e gli autori non riescono mai ad affermarsi veramente (Foradini, 2006: 70).

Así, Laura Forti encuentra mayor acogida e interés en Europa, Francia, Austria, Alemania, Suiza, principalmente. En Alemania ha encontrado un ambiente donde "c'è un interesse diverso per la cultura come valore, un grande lavoro sul territorio y sulla formazione degli spettatori" (Foradini, 2006: 71). Este interés ha hecho que todas sus obras tengan una gran acogida en los principales teatros alemanes y por eso ha encontrado, fuera de Italia, un mayor reconocimiento de sus obras.

Terapia antidolore es la historia de una familia que se reúne alrededor de un padre moribundo en un hospital, el único escenario en el que se mueven los personajes, entre la habitación y la sala de espera. Mientras el cáncer devora lentamente la vida del padre, sus hijos (dos hijas y un hijo), encuentran el momento de reunirse para hablar de sus desatinos, pasados y presentes, y de sus vidas desencajadas y diferentes que los ha alejado de los afectos familiares. El padre, en el delirio provocado por la morfina que le alivia el dolor, confiesa su relación con una mujer mucho más joven que él, una fugitiva de Kosovo que está esperando un hijo suyo. Esta confesión acelera en sus hijos las discordias acumuladas a lo largo de sus vidas e incrementa las diferencias agregando nuevas emociones que alimentan los celos, el racismo y la envidia. El sufrimiento del padre no encuentra alivio en los corazones desmigajados de sus hijos y la sanación no es posible para un desahuciado en cuerpo y alma.

Los personajes: las hijas (Gina y Giulia), el hijo (Lele), una mujer extranjera que está en la sala de espera (Donna Nigeria), el padre y su joven amante kosovar, Dragana.

En cuanto a la presencia de personajes extranjeros, Mauceri y Nicolai nos hablan de un teatro *creolo-transculturale*, muy frecuente en la dramaturgia italiana contemporánea:

> Anche nel teatro italiano contemporaneo si trova la poetica del diverso e l'intento di questa ricerca è di mettere in luce il contributo notevole dei lavori teatrali sulla presenza e sulle tematiche degli stranieri. Il teatro, per il rapporto che istaura tra pubblico e attori, tra scena e vita, è particolarmente adatto a esplorare la diversità, perché crea uno spazio in cui lo sguardo dello spettatore e quello dell'attore sono in una relazione diretta e presente, complicando il rapporto tra oggetto e soggetto [...] Riteniamo che il teatro creolo-transculturale sia quello più innovativo e fruttuoso sul piano culturale e artistico perché mette sulla scena non solo la presenza dello straniero ma offre lo spunto per una possibile convivenza ed evoluzione insieme (Mauceri y Nicolai (2016: 7-9).

Donna Nigeria encarna ese personaje africano tan común en la cultura italiana, tierra de inmigración, y cuya presencia está cada vez más activa en el teatro contemporáneo. Es una mujer nigeriana sin nombre que está en la misma sala de espera del hospital donde se encuentra el padre, sufriendo el accidente de su hijo y a la espera de las peores noticias porque ha sufrido un accidente y a lo mejor le tienen que amputar un pie. "Donna Nigeria – Sta molto male. Il piede. Forse devono tagliare" (Forti, 2006: 77). El hijo de Donna Nigeria comparte habitación con el padre y con otro hombre que se queja siempre. La mujer expresa, desesperada, que no la dejan entrar a ver a su hijo; sin embargo, mantiene la esperanza debido a su creencia religiosa.

> Donna Nigeria – Ho mio figlio qui. Un brutto incidente. Sta molto male. Il piede. Forse devono tagliare. Lele – Mi dispiace. Donna Nigeria – Ha due vecchi in stanza. Uno si lamenta sempre, l'altro dice parolacce. Hai qualcuno qui? Lele – Quello delle parolacce. Mio padre. Ha il cancro. Donna Nigeria – Morirà? Lele – Spero di no. Donna Nigeria – Gesù lo accompagnerà. Lele – È ateo. Non crede in Gesù. Donna Nigeria – Gesù accompagna lo stesso, non fa differenza (Forti, 2006: 79).

Es un personaje importante porque mantiene el hilo de la acción entre los demás personajes desesperanzados, dándoles ánimo a través de la fe cristiana, incluso para el padre hay esperanza, aunque sea ateo. Es curioso que sea precisamente una mujer africana la que transmita estos valores católicos, muy alejados de la filosofía de vida de todos los miembros de la familia del padre, atrapados en el egocentrismo como única forma de existencia. Donna Nigeria da un matiz diferente y obliga a los demás personajes a reflexionar sobre su propia existencia. Es una mujer sabía que, no obstante, su situación consigue dar una lección de vida, de humildad y de valentía a los demás personajes. Es un personaje necesario para mantener el equilibrio de la acción., aunque en ella también hay un gran dolor debido al accidente de su hijo para quien si ve que la medicina pueda ayudarlo: "Donna Nigeria – Forse con cure può tornare a camminare. Ma devono fare un'operazione" (Forti, 2006: 86).

D'Antonio (2019) ve a los personajes extranjeros en el teatro como la relación entre la escena y la vida, o mejor dicho, la exploración de la diversidad y la marginalidad. Por lo tanto, la presencia de personajes extranjeros intensifica la relación entre objeto y sujeto.

El otro personaje extranjero es Dragana, la amante del padre, una chica de veinticuatro años, kosovar, que está embarazada. Aparece como único elemento sanador entre todos los personajes porque dará a luz una nueva vida y representa la armonía y el amor que no ha tenido toda la familia. Es la única esperanza sanadora de una vida que termina pero que en realidad continúa. Sin embargo, las hijas del padre no la aceptan porque la ven como intrusa y ladrona: "Sarebbbe il colmo per nostro padre, essere derubato in punto di morte da un'extracomunitaria" (Forti, 2006: 84).

El teatro "trasculturale" al que se refiere D'Antonio (2019) pone en escena al personaje extranjero y su cultura y reduce las distancias entre los diferentes comportamientos interculturales. Desde el punto de vista teatral no hace más que unificar diferentes técnicas y tradiciones con la finalidad de crear nuevas formas de expresión respetando las originarias.

La primera escena inicia en la sala de espera de un hospital donde se reencuentran Gina y Lele. "Gina è seduta, con lo sguardo assente. Tira fuori dalla borsa il cellulare, fa per comporre un numero ma lo ricaccia subito dentro quando vede Lele, suo fratello. Porta in mano diverse sporte della spesa di plastica" (Forti, 2006: 74). Gina y Lele intercambian palabras sobre el estado de salud del padre, sobre la madre que no soporta más el carácter del padre y de su separación y sobre la mujer de Lele que lo ha abandonado también. Gina le explica a Lele el grave estado de salud del padre y las pocas posibilidades de recuperación que tiene, bajo la sorpresa de Lele que lo había visto bien hacía un mes.

> Gina – Stanotte ha vomitato due volte. Lele – Cristo, ci sarà pure qualcosa da fare. Gina – Hanno detto che è molto grave. Che il tumore c'era già da chissà quanto tempo. È molto debilitato. Lele – Non ci credo, fino a un mese fa era pieno di forze. Andavamo perfino a correre la mattina. Gina – Succede sempre così. Arriva all'improvviso. Lele – Possibile che non riescano a capire dov'è questo cancro? Gina – Forse è partito da quel neo strano che si è fatto togliere, ricordi? Forse è partito da lì. Lele – Sta succedendo troppo in fretta. C'è qualcuno con lui nella stanza? Gina – Un ragazzo con la gamba maciullata. Un incidente. Gli è passato sopra un camioncino. Lele – Che allegria. Metterlo in una stanza a pagamento? Gina – Oh certo, vai a dirlo a lui. Sai come la pensa sui soldi e sul risparmio. Lele – Sta morendo e pensa a risparmiare. Gina – Lui crede che sia un'ulcera. Lele – Che storia! Forse dovremmo cominciare...Gina – No. Con il suo carattere sarebbe peggio. Molto peggio. Lele – Già. Ha sempre avuto il terrore della morte (Forti, 2006: 74).

Lele y Gina se ponen de acuerdo para no decirle la verdad al padre sobre el cáncer que padece y buscan la manera de contárselo sin que él sospeche que se está muriendo. Mientras tanto, Gina se da cuenta de que Lele ha cogido unas cuantas chucherías en la máquina y sale el tema de la obesidad y de la dieta. Lele está pasando por un momento muy difícil en su vida. Por un lado, el padre enfermo, postrado en la cama de un hospital, y por otro lado, la separación de su mujer que lo ha echado de casa. Está cansado de hacer dieta y no perder peso. Su obesidad es también parte de sus problemas existenciales. "Sono stufo di stare a dieta. Digiuno e ingrasso non capisco di cosa mi riempio [...] Guarda: barrette dietetiche ai cereali, gallette di riso soffiato, a pranzo formaggio molle. Ecco qui il risultato! No, è di altra merda che mi sto riempiendo. Prima la separazione in casa, ora nostro padre" (Forti, 2006: 74).

Laura Forti construye un personaje basado en su propia familia, el hermano del que habla también en *Forse mio padre*, aunque en la novela lo encierran en un manicomio porque lo consideran demente por su forma de ser, fuera del canon masculino establecido por su madre. La enfermedad está presente en ambas obras, la obesidad y la demencia, pero en realidad se trata de un personaje con afecciones emotivas más que físicas y con un carácter sensible difícil de entender en esa sociedad para un hombre. "La presunta malattia mentale di mio fratello venne considerata un disonore, qualcosa da nascondere, da cui prontamente dissociarsi, etichettarono la sua sensibilità come esaurimento nervoso e la curarono con internamenti in ospedali psichiatrici ed elettroshock" (Forti, 2020: 12).

Lele está muy afectado por la separación, y la noticia de que al padre ya le están suministrando morfina y que ha iniciado la terapia antidolorífica, lo sumerge más en la tristeza. La enfermedad del padre no tiene cura, no hay medicina que lo pueda salvar, solo paliativos para disminuir el dolor: "Hanno cominciato con la morfina. Lele – La terapia antidolore? Siamo già a questo punto? Gina – Per ora solo degli oppiacei blandi [...] Sono piccole dosi, per ridurre la tossicità" (Forti, 2006: 75).

Gina es médica y alrededor suyo hay una variedad de pacientes con diferentes tipos de enfermedades, también su hija, adolescente, está enferma y debería operarse de amigdalitis. Está muy cansada porque, además de sus pacientes, tiene que atender a su familia y los quehaceres de casa. La enfermedad del padre la está llevando al agotamiento físico. "Gina- [...] Finisco di fare ambulatorio ai miei vecchietti e vado dritta a risentire la prima guerra mondiale [...] infilando termometri e preparando gargarismi [...] Mi ritrovo a stirare alle tre del mattino. Ora, per movimentare el tran tran, c'è la variante dell'ospedale e papà che sta morendo" (Forti, 2006: 75).

La segunda escena se desarrolla en la habitación del hospital donde está ingresado el padre, quien intercambia unas palabras con Lele sobre su enfermedad. Los hijos decidieron mentirle para evitarle un gran disgusto considerando que siempre le ha tenido mucho miedo a la muerte; sin embargo, el padre sospecha que tiene algo mucho más grave de una úlcera por la intensidad del dolor.

> Padre – Sto morendo. Lele – Non dire così papà. Padre – Cosa mi succede? Lele – Non succede niente. Padre – Dite che è un'ulcera, ma fa troppo male per essere un'ulcera. Lele – I dottori hanno detto che è normale avere un po' di dolore. Padre – Questo non è un po' di dolore. Stamani stavo meglio, ora fa di nuovo male, come se fosse un fuoco dentro, una bocca che mi mangia (Forti, 2006: 76).

El padre se siente solo y pregunta por su esposa a quien quiere a su lado para que lo cuide. Lele le recuerda que están separados; pero el padre insiste en que el deber de su esposa es estar a su lado en esos momentos tan difíciles y dolorosos. “Padre – Ci dev’essere una donna al capezzale di uno che muore. Sto male mi viene da vomitare” (Forti, 2006: 76). El padre, además, se preocupa por la salud de su hijo a quien ve obeso: “Padre – Saresti un bel ragazzo peccato che tu non riesca a perdere neanche un etto. Lele – Invece ho buttato giù diversi chili. Padre – Dobbiamo tornare a correre la mattina” (Forti, 2006: 76). El padre se queja del hospital y lo descrive como un lugar silencioso donde el tiempo pasa muy lentamente y la muerte se asoma por cada rincón. Esa muerte a la que tanto le teme y de la que quiere huir porque no quiere morir. “Padre – In questo posto c’è troppo silenzio, tutto il giorno. Tutto scorre lentamente. Il dolore ha un ritmo lento, un tempo infinito che ti scava dentro. Sembra di stare in una strana prigione. Io ho bisogno di voci, di informazioni, capito, non di lamenti. Qui c’è gente che muore. Ma io alla morte gli vado in culo. Non voglio morire ore. Toccati” (Forti, 2006: 77). Lele desespera porque se siente impotente. Siente que su padre muere lentamente y él no puede hacer nada ni siquiera por sí mismo: “Mio padre sta morendo. E io mi sento lontano. E molto grasso” (Forti, 2006: 77).

A propósito del teatro y la enfermedad que podemos apreciar en el texto teatral de Laura Forti donde la medicina no encuentra lugar ni psíquica ni físicamente, García Rojas (2024), hace referencia a la salud y a la medicina en términos dramáticos, interpretando el último extremo de la intervención médica como la dramatización del pasaje entre la “catarsis” y el “éxtasis mortal”. “Esta forma de experimentar la muerte se puede vislumbrar desde la puesta en escena (exteriorización) de una imaginación (interior) para poder expresar aquello que lo enferma” (García Rojas, 2024: 2). Es la misma sensación que experimenta el padre en *Terapia antidolore*.

En la tercera escena, fuera del hospital, Lele y Gina hablan de la terapia del padre y de las posibilidades de recuperación. También critican la manera en que los médicos tratan al paciente, con poca sensibilidad, y así lo siente el padre por ser mayor. La quimioterapia es la única medicina que podría salvarle la vida:

> Lele – Questa chemioterapia, servirà a qualcosa?
> Gina – Ci proviamo.
> Lele – Potrebbe anche farlo star male.
> Gina – Per questo c'è la morfina.
> Lele – Forse dovremmo lasciarlo morire. Forse è la sua ora.
> Gina – Che stai dicendo?
> Lele – Non lo so.
> Gina – È un uomo forte. Finché c'è possibilità lotteremo (Forti, 2006: 78).

También el padrastro de Laura en *Forse mio padre*, murió de cáncer y ella misma padeció la enfermedad: "Mauro morì di un tumore e io ereditai la mia parte [...] Ho avuto un cancro diagnosticato come maligno che si è scoperto poi essere benigno, lasciandomi tuttavia addosso una paura terribile" (Forti, 2020: 15). Isabel Ordaz define el cáncer como una entidad amoral que, al igual que el demonio, se apodera del ser humano como un parásito sin ofrecer nada a cambio, y lo devora a su antojo.

En la cuarta escena, Gina y el padre sostienen una conversación, en la habitación del hospital, sobre sus vidas pasadas, los recuerdos y los momentos felices del padre y la madre. La enfermedad sale a flote y Gina intenta, una vez más sostener la mentira, pero el padre entiende que tiene cáncer: "Sto per morire, vero? Me lo stai nascondendo [...] La morte mi ha sempre spaventato tanto. Ho fatto di tutto per stare bene" (Forti, 2006:

79). Gina intenta transmitirle optimismo y le dice que se curará. García Rojas habla del cruce entre la vida y la muerte como expresión de la existencia humana, "en oposición a esa cultura de trasmundo que solo busca enaltecer la salud por encima de la enfermedad, como si estar sano y estar vivo fuera estar libre de la enfermedad y de la vida. En contra de la inmortalidad del hombre está la poesía y el teatro. La poesía es la sombre de la muerte y por tanto de la vida" (García Rojas, 2024: 5).

En la quinta escena, el padre se encuentra solo en su habitación y llama a la enfermera para quejarse del señor que está en su habitación y no lo deja descansar. Su compañero de habitación está solo y no soporta el dolor. La enfermera no aparece y el padre le dice a la muerte: "Non mi prendi sai, neanche questa volta. Vattene via, ho da fare" (Forti, 2006: 80).

En la sexta escena, fuera del hospital, aparece Giulia, la otra hija que aun no había llegado. Discute con Gina ya que siempre han tenido una relación muy compleja y manifiesta no estar de acuerdo con ocultarle al padre la verdad sobre su enfermedad. Gina le confirma que el padre se está muriendo porque le acaban de comunicar el diagnóstico como resultado de la biopsia: "cancro allo stomaco, è abastanza come dettaglio? Ormai è certo, la biopsia lo ha confermato" (Forti, 2006: 80). Las dos hermanas que siempre se habían llevado mal se sienten unidas por el mismo sentimiento de impotencia por la enfermedad del padre a quien ven alejarse cada segundo más de la vida. A pesar de sus vidas separadas y de sus diferencias, ambas se sienten unidas por el amor paternal. Este sentimiento hacia los padres forma parte de nuestra cultura occidental, ese sentido de apego y responsabilidad que nos caracteriza como núcleo familiar y que nos une solo en momentos muy puntuales como en la enfermedad y la muerte. "Non può esserci identificazione tra padri e figli, tra cittadini di diversi Paesi, fra persone che fanno lavori diversi: quindi la diversità è la garanzia dello sviluppo dei rapporti fra gli uomini" (Meldolesi, 2012: 357). Sin embargo, Giulia define al padre como una persona egoísta que nunca trató bien a la madre ni a sus hijos y solo pensaba en ahorrar por lo que no se permitió ningún placer. La medicina puede tener cabida y éxito cuando las emociones que unen a los personajes acogen la esperanza y luchan por la curación. En el caso del padre, la enfermedad forma parte de la vida misma que incluye a toda la familia. Todos los personajes están enfermos y ninguno cree en la recuperación que sí les transmite Donna Nigeria, el único personaje que desborda esperanza y que, en su fe, intenta coser las vidas descocidas de la familia del padre.

La séptima escena se desarrolla en la habitación del padre. Giulia y el padre hablan del tiempo que llevaban sin verse, del aspecto físico de Giulia, demasiado delgada, y de sus éxitos como actriz y del teatro. Es un personaje que nos recuerda a Laura Forti y a su vida y sus relaciones complejas que expresa en la novela *Forse mio padre*. El padre empieza a confundir a las personas y, sin querer, sale a relucir el recuerdo de su amante, de quien sus hijas desconocen la existencia, pero empiezan a dudarlo. Gina lo atribuye a los efectos de la morfina: "La morfina allevia il dolore ma ti fa vedere cose che non ci sono. O ti fa dire cose strane. Diceva che mi ha dato da bere a una fontana. Ma non parlava di me, era confuso" (Forti, 2006: 81).

La octava escena se lleva a cabo fuera del hospital. Gina llama por teléfono al centro de prevención oncológica y le explican todo lo que ocurrirá con el padre y cómo acabará:

> Gina – Cerco di capire se facciamo bene a non dirgli niente. Insistono a dire che la chemioterapia non serve e in

> fondo so che è così ma non ce la faccio a lasciarlo andare. Mi hanno detto che la sua morte non sarà semplice. Neanche quella. Si corre il rischio che soffra molto anche per morire. Mi hanno descritto quattro o cinque modi diversi in cui potrebbe succedere. Per soffocamento [...] Potrebbe venire soffocato dal suo vomito, oppure il cuore potrebbe esplodere (Forti, 2006: 83).

Lele les cuenta a sus hermanas que fue a la casa de su padre, pero no estaba sola. Había una mujer joven embarazada. Así sale a la luz la relación del padre con la chica kosovar, a quien intentó ayudar y terminó enamorándose.

En las últimas escenas aparece Dragana que quiere ver al padre. Le lleva flores y comida. Lo mima y quiere cortarle la barba. Se preocupa por su aspecto y se acerca para darle todo su cariño. Dragana es la antítesis de la familia del padre. Ella es la luz y la medicina. Aunque la muerte se acerca con pasos agigantados, Dragana representa la esperanza con la maternidad. A pesar de las emociones negativas que despierta en las hijas y en Lele. Se acerca al padre para lavarlo: "Voglio lavare bene. Voglio togliere un po' di questo male" (Forti, 2006: 91). La familia del padre se pierde en sentimientos de rencor, envidia, racismo y odio, acrecentando aun más su enfermedad y se olvidan de los últimos minutos de vida del padre, esos en los que la armonía y el amor dan descanso a las penas del alma. Todos discuten fuera mientras dentro, en la más completa soledad, el padre llama a sus hijas para que lo acompañen en el momento final, pero no encuentra respuesta. Aparece Donna Nigeria, portadora de esperanza, "Ho sentito che si lamentava. Padre – Mi lamento perché sto per morire [...] Dove stanno i miei figli? Mi hanno lasciato solo! Aspettano solo che crepi" (Forti, 2006: 92). Donna Nigeria le canta una canción y luego le da un beso: "Come avrei voluto essere stato baciato così, Come vorrei avere più tempo. Non posso avere altro tempo?

En la última escena entran los hijos a la habitación con Dragana y el padre aprovecha para imaginar que está haciendo una foto con toda su familia unida: "Questa è la foto che volevo da tanto. Ma scivolo, la schiena, il collo. In possa. Su. Ciao. Più vicini. Così" (Forti, 2006: 93). Muere con la mirada fija en toda su familia, en esa última foto que se llevará con él eternamente. Dragana es la única que deposita flores en su pecho y le entrecruza las manos. La medicina después de la muerte. Y esa medicina consigue sanar también a los hijos que se sienten serenos y ligeros después de la muerte del padre. " Giulia – Eppure, oggi è la prima volta dopo tanto tempo che riesco a respirare. Gina – Sì. È bellissimo respirare" (Forti, 2006: 94).

3. CONCLUSIONES

Laura Forti es más que una escritora, es también un personaje que comulga con sus inspiraciones y dialoga con sus actores y actrices, para transmitir a los espectadores la esencia de la naturaleza humana, entre emociones y sensaciones, sentimientos perdidos o irrealizados y oportunidades desvanecidas por no haber sabido ser ni haber sabido dar. Es curioso pero todos sus personajes nos recuerdan a nosotros mismos, embullidos por nuestros propios defectos.

Terapia antidolore es la representación de una parte de la vida de Laura Forti, estrechamente relacionada con su familia, pero principalmente con ese padre que nos describe y revela en *Forse mio padre*. El texto teatral expresa el drama que viven muchas familias con esa enfermedad que caracteriza nuestro siglo, el cáncer, para la que no hay medicina que la pueda curar en estadios avanzados como es el caso del padre, el personaje central de la obra, alrededor del cual giran conflictos familiares, emociones y sensaciones cuya única cura podría ser el perdón, regenerador de esperanza y sanador de expectativas, que es lo que se consigue en el clímax con la muerte que sella el final de una travesía y el inicio de una nueva vida en los personajes que finalmente pueden respirar con libertad.

La finalidad de analizar detalladamente el texto teatral ha sido posible gracias a la colaboración de su propia autora y a la información detallada que ofrece en su página web personal, además de una exhaustiva investigación sobre crítica teatral y teatro italiano del siglo XXI, aunque escasean las publicaciones específicas sobre la obra en cuestión que, más que estudiada, ha sido representada en variados teatros europeos. En Italia todavía no se ha considerado lo suficiente el teatro de Laura Forti lo que ha creado inconvenientes para llevar a cabo esta investigación. Nos gustaría, por lo tanto, seguir estudiando la dramaturgia de esta escritora para contribuir así a su difusión en los ámbitos científico, teatral y cultural[1].

REFERENCIAS BIBLIOGRÁFICAS

D'ANTONIO, F. (2019). "*La trilogia del naufragio* di Lina Prosa (2003-2013): un teatro tra due frontiere". *California Italian Studies* 9.1, 1-20.

DRAGONE, M. (2000). "Esperienze di teatro sociale in Italia". En *I fuoriscena. Esperienze e riflessioni sulla drammaturgia nel sociale*, Claudio Bernardi, Benvenuto Cuminetti y Sisto Dalla Palma (eds.), 61-124. Milano: Euresis Edizioni.

[1] Una grabación de esta intervención puede verse en https://canal.uned.es/video/66f3da62a46be2e8ab046ad4 [24/09/2024].

FORADINI, F. (2006). “Laura Forti. Il mio teatro”. *Sipario* 681, 70-72.

FORTI, L. (s.f.). “Laura Forti autrice teatrale”. Disponible en línea: www.lauraforti.it. [05/08/2024].

_______ (2006). “Terapia antidolore”. *Sipario* 681, 73-94.

_______ (2010). *Thérapie anti-douler*. París: L’Harmattan.

_______ (2020). *Forse mio padre*. Firenze: Casa Editrice Giuntina.

GARCÍA ROJAS, H. (2024). “El teatro y la enfermedad. *El viaje a la sierra de los Tarahumaras* de Antonin Artaud”. *Kalagatos. Revista de Filosofía* 1.21, 1-9.

MAUCERI, M. C. Y NICOLAI, M. (2016). *Nuovo scenario italiano. Stranieri e italiani nel teatro contemporaneo*. Roma: Edizioni Ensemble.

MELDOLESI, C. (2012). “Forme dilatate del dolore. Tre interventi sul teatro di interazioni sociali”. *Teatro e storia* 33, 357-378.

ORDAZ, I. (2024). *La vida en otra parte. Viaje alrededor del cáncer*. Barcelona: Roca Editorial de Libros.

PIGNEDOLI, D. (2000-2024). “*Il dramma del mese Blu* di Laura Forti”. *Dramma.it La casa virtuale della drammaturgia contemporanea*. Disponible en línea: https://www.dramma.it/index.php?option=com_content&view=article&id=7635:blu-di-laura-forti&catid=52&Itemid=44 [05/08/2024].

ROTONDI, A. (2018). “Per la definizione di un canone teatrale-letterario italiano contemporaneo (con particolare risalto a Luigi Pirandello ed Eduardo De Filippo)”. *Quaestiones Romanicae* VI, 870-879.

EL CÁNCER Y EL TRASTORNO DEPRESIVO EN *LA ÚLTIMA CENA*, DE IGNACIO AMESTOY, COMO METÁFORA DE LA ENFERMEDAD MORAL DE EUSKADI EN LOS AÑOS DE ETA

CANCER AND DEPRESSIVE DISORDER IN *THE LAST SUPPER* BY IGNACIO AMESTOY, AS A METAPHOR OF THE MORAL DISEASE OF THE BASQUE COUNTRY IN THE YEARS OF ETA

MIGUEL ÁNGEL MURO
Universidad de La Rioja
miguel-angel.muro@unirioja.es

> *Las metáforas patológicas siempre han servido para reforzar los cargos que se le hacen a la sociedad por su corrupción o injusticia.*
>
> SUSAN SONTAG, *La enfermedad y sus metáforas.*

> *Algunos hablan de "la enfermedad moral de la sociedad vasca en los años ochenta". No recuerdo que en el resto de España hubiera una salud muy diferente.*
>
> IÑAKI URIARTE, *Diarios 2004-2007.*

Resumen: El propósito de esta comunicación es reflexionar sobre el cáncer y el posible trastorno depresivo que aquejan, respectivamente, a los dos agonistas de *La última cena* (2012) de Ignacio Amestoy, interpretando estos padecimientos como posibles metáforas de la situación moral colectiva del País Vasco con el terrorismo de ETA. La obra escenifica el reencuentro de un padre escritor y socialdemócrata, y un hijo "activista"/terrorista, previo a su última cena y al previsto suicidio de ambos, que también puede ser entendido como metáfora de una "tragedia" y de un fracaso colectivo.

Palabras clave: Teatro. Enfermedad. Cáncer. Depresión. Suicidio. Muerte. *La última cena*. Ignacio Amestoy. País Vasco. ETA. Socialdemocracia. Fracaso. Tragedia.

Abstract: The purpose of this communication is to reflect on the cancer and the depressive disorder that afflict, respectively, the two protagonists of *The Last Supper* (2012) by Ignacio Amestoy, interpreting these illnesses as possible metaphors for the social situation of the Basque Country with ETA terrorism. The play, which reflects on the tragedy, stages a reunion of a writer and social-democrat father, and an "activist"/terrorist son prior to their suicide, which can be understood as a metaphor for a collective failure.

Keywords: Theater. Disease. Cancer. Depression. Suicide. Death. The Last Supper. Ignacio Amestoy. Basque Country. ETA. Social democracy. Failure. Tragedy.

1. ENFERMEDAD INDIVIDUAL Y "ENFERMEDAD" SOCIAL. EL CÁNCER Y EL TRASTORNO DEPRESIVO COMO METÁFORAS DE UNA "ENFERMEDAD" SOCIAL, MORAL Y POLÍTICA

Ignacio Amestoy dramatiza en *La última cena* las horas finales que pasarán juntos, en la casa familiar[1], un padre y un hijo,

[1] La "casa del padre", en el campo, con huerta y espacio natural para cazar, algo tan del imaginario "mítico" vasco, plasmado en el famoso (e inevitable) poema de

solos ya en la vida, cuyas trayectorias ideológicas y vitales los han mantenido separados durante doce años y los han llevado a decidir el suicidio como solución a unas existencias que creen o saben agotadas y fracasadas. En el caso del hijo hay un cáncer terminal como causa última de esa decisión final, y en el del padre un posible trastorno depresivo, con pérdida de ilusión por la vida, en el que tiene un peso decisivo la falta de relación con el hijo y la aversión a sus ideas. El cáncer de Xavier no se convierte en el objeto central de la obra: no hay exposición de síntomas ni mostración de un deterioro físico en el enfermo[2] pero la enfermedad actúa desde sus cimientos y lo hace con potencia como causa de la decisión de volver a casa porque quiere que sea su propio padre quien le quite la vida que le dio (planteamiento, sin duda, muy unamuniano). Mayor presencia tienen los síntomas del trastorno de Íñigo puestos de manifiesto en su discurso. Desconozco cuánto meditó Amestoy qué problemas físicos y anímicos aquejarían a sus personajes, pero considero un acierto los elegidos porque funcionan bien como complementarios en esta obra: el cáncer del hijo y el hijo como "cáncer" y, como resultado, la muerte, omnipresente en la obra y en aquella sociedad del terror[3].

Gabriel Aresti "Defenderé / la casa de mi padre" (Juaristi, 1997: 346-348).

[2] A la manera de Tom Hanks en *Filadelfia* o Ed Harris en *Las horas*; más cerca, en este sentido, de la discreción de *Tan solo el fin del mundo* de Jean Luc Lagarce).

[3] *La última cena* tiene en su médula la muerte. Por delante y al lado de las muertes casi inminentes de los protagonistas, están la de la esposa y madre, la de Pedro, el hijo y hermano, la de una prima atropellada por un camión e, incluso (pero ha de ser tenida en cuenta porque tiene su peso afectivo) la del perro, *Txuri*, cuya ausencia nota Xavier nada más llegar y cuya muerte dolorosa conoceremos en la confesión del padre: otra eutanasia implorada, como la del hijo. Y, caso aparte, por su relevancia, por haber intervenido la violencia "política" o, meramente, criminal en ellas, la de Maite (compañera de Xavier, quizá en una acción violenta), la de las víctimas de Xavier ("Tus víctimas", le dice su padre, y él no lo niega), singularizadas y materializadas en su compañera sentimental a la que lleva a la muerte, a la que "asesina" (aquí sí utiliza

La última cena admite, a este respecto, una lectura simbólica en el ámbito de lo colectivo, donde esa pequeña y diezmada familia y sus componentes supervivientes pueden ser entendidos como representaciones de la sociedad vasca (y española e, incluso, mundial), y la enfermedad de uno y el estado anímico del otro como metáforas de una(s) sociedad(es) "enferma(s)".

Es evidente que, en este caso, es el cáncer la enfermedad que se presta con más facilidad a esta trasposición simbólica tanto por su sugerencia semántica como porque ya tiene un largo recorrido como metáfora de males que aquejan a grupos sociales. De hecho, son numerosas las referencias al cáncer como metáfora de una "enfermedad social" cuando se trata del País Vasco (Urrutia, 2011; Fernández y Domínguez, 2018: 68 y Morán, 2003: XXVIII y 29, entre muchas otras) y no sería extraño que, de forma consciente o inconsciente, esta especie de *topos* argumental indujera a Amestoy a marcar con esta enfermedad a uno de sus dos agonistas[4].

La depresión profunda, como problema psicológico, es menos plástica, por lo que tiene menos condiciones para servir de tenor en una metáfora socio-política aunque no sería extraño que consiguiera serlo porque cada vez somos más sensibles a este tipo de enfermedades y esta, además de tener varios rasgos

---

este término). El peso de la muerte hace que se convierta en personaje en el último diálogo de la obra. Si la cena es demasiado abundante para los dos, Íñigo propone invitar a la Muerte (esa muerte de *El séptimo sello* de Bergman), que, de hecho, ya se ha invitado por la decisión de suicidarse que han tomado padre e hijo, y a la que creen vencer porque son ellos quienes han decidido. No es una Muerte, sin embargo, que tenga relación alguna con las víctimas del "conflicto", este ya ha quedado fuera del debate entre padre e hijo para esos momentos finales de la obra.

[4] Como puede haber influido también el hecho de que algún etarra fuera excarcelado por padecer un cáncer terminal (como Esteban Nieto, por ejemplo) o que Mario Onaindía (miembro relevante de ETA, después arrepentido) muriera a causa de un cáncer intestinal en 2003.

coincidentes con el cáncer, amenaza con ser tan devastadora en lo psicológico y afectivo como aquel en lo físico[5].

2. RASGOS DEL CÁNCER QUE SE TRASLADAN A LA METÁFORA SOCIAL

El conocido ensayo de Susan Sontag *La enfermedad y sus metáforas*, comienza señalando una evidencia respecto al cáncer y su efecto en el imaginario contemporáneo y a cómo el temor (el terror) que suscita obliga a la metáfora eufemizante: "Dos enfermedades conllevan, por igual y con la misma aparatosidad, el peso agobiador de la metáfora: la tuberculosis y el cáncer" (1996: 13). En un pasaje posterior, Sontag señala otro aspecto relevante (que bien podría referirse también al trastorno depresivo): "Cualquier enfermedad importante cuyos orígenes sean oscuros y su tratamiento ineficaz tiende a hundirse en significados. En un principio se le asignan los horrores más hondos (la corrupción, la putrefacción, la polución, la anomia, la debilidad). La enfermedad misma se vuelve metáfora" (Sontag, 1996: 61).

No cabe duda de que el cáncer es una enfermedad que ha poseído y todavía posee un halo mítico terrorífico por su cualidad misteriosa (a pesar de que la ciencia pueda explicar con claridad los procesos de proliferación celular cancerosa) y, en algunos de sus tipos, letal, mortal. Cuando se adopta como metáfora de la "enfermedad" social se activa de forma, por lo general, inconsciente el temor a algo que invade un cuerpo, lo corroe en un proceso más o menos largo, pero siempre angustioso, y lo mata.

---

[5] La sintonía emocional que experimentamos ante cuadros de Munch o de Hopper o en la lectura de *Bajo el volcán* de Lowry o en el visionado de *Melancolía* de Lars von Trier, apunta en esa dirección. Jon Juaristi (1997:31) trata de entender la esencia emotiva del nacionalismo vasco como un sentimiento melancólico desarrollado en bucle por la pretendida pérdida de la patria.

Es curioso, no obstante, que el cáncer se aplique como metáfora social cuando se trata de una enfermedad *individual y no colectiva*: no es una epidemia ni una pandemia como lo fue la peste o ha sido recientemente la COVID 19[6]. Pero sí es acertado utilizar al cáncer como metáfora social porque transmite una sensación suplementaria de *violencia destructiva* que recoge bien la existente en la sociedad. Frente al trastorno depresivo, que cursa sin aparente violencia, esta sí tiñe lo relativo al cáncer, tanto en lo relativo al proceso tumoral y al efecto consuntivo que causa en el cuerpo humano o en el social (la "invasión" de órganos o colectivos e instituciones), como al tratamiento ("bombardeos" químicos, "aniquilar" a las células cancerosas, "extirpar" el tumor[7]). Algo de esta violencia implícita se convierte en una cierta culpabilización del enfermo que se da con el diagnóstico; de forma más o menos consciente (y con alguna irritación, también más o menos consciente), se culpa al propio enfermo de su enfermedad, de haberla desarrollado, de persistir en ella y de no querer curarse.

3. CAUSAS Y CONSECUENCIAS DEL "CÁNCER SOCIAL" EN EUSKADI EN *LA ÚLTIMA CENA*: UNA TENSIÓN DESTENSADA

No se especifican, en el diálogo de *La última cena, las causas del cáncer* físico que padece Xavier (genéticas, alcohol, tabaco, obesidad…)[8] pero sí se señalan varias del "cáncer" me-

---

[6] También inspiradora de numerosas obras de teatro (Romera Castillo, 2022).

[7] Abundando en este aspecto "material", cárnico, hay otro sentido del cáncer que aparecerá cuando se utilice como metáfora, como es el de la excrecencia, la protuberancia, algo anómalo en el cuerpo que puede y debe sajarse y extirparse y que utilizarán los partidarios de los "cirujanos de hierro", por lo general, militares poco dados a sutilezas en el tratamiento de problemas.

[8] Y esto puede deslizar, de forma sutil, la creencia mágica en un castigo "divino".

tafórico de la sociedad vasca de esas décadas, así como alguno de sus efectos, el más evidente de los cuales es el de la depresión porque se sustancia en el padre.

La última cena sitúa en su centro el "conflicto vasco" y, más en particular, la forma dolorosa en que ha dividido a una familia. Muerta la madre por causas naturales (aunque tras un parto muy difícil) y el hijo mayor por la droga (quizá afectado por la muerte de la madre y tras militar en la banda/organización terrorista), los dos varones restantes, padre e hijo, tienen diferentes posturas ante la violencia imperante en el País Vasco. El hijo es miembro de ETA (aunque no se expliciten estas siglas), mientras que el padre ha sido defensor, de forma pública, de soluciones socialdemócratas para la convivencia y, por tanto, contrario a la violencia terrorista de forma frontal (y se entiende que también a la "guerra sucia"). Este enfrentamiento, que los separó radicalmente durante doce años, y que será parte importante en la decisión del padre de suicidarse por tener una clara y aguda consciencia de fracaso vital[9], provoca los esperables momentos de tensión que buscan esclarecer las causas de la distancia entre padre e hijo y, con ello, la convivencia en esa región/nacionalidad.

La última cena toca asuntos muy espinosos relativos a la violencia en el País Vasco como ser o no un "cazador furtivo" (en el sentido de cazar hombres), "conocerse o no", ser o no un mafioso, un capo o un cerebro de la "organización", estar ante una guerra o una locura, la licitud u ociosidad de ser un intelectual, si es o no equivocado pensar que la poesía de la moderni-

[9] Ignacio Amestoy reconoce su presencia en este personaje: "No puedo decir que en el personaje del padre de Xabier no volcara yo parte de mis desilusiones ante la realidad que estaba mutando, tanto en lo político y en lo social, como en lo cultural" (Amestoy, 2023: 390).

dad es la política (¿se entiende por poeta alguien idealista, los miembros de ETA, por ejemplo?), el activismo terrorista como valentía o huida, como revolución o involución (¿Xavier es un "revolucionario?", "¿Los poetas, al fin, resultaron ser vulgares asesinos?, ¿no?"; 2012: 100) o si la actividad intelectual y artística ("la razón") pueden o no aportar luz y solución al enfrentamiento asesino y si quedan o no "filósofos". Estas últimas cuestiones, en particular, son las que llevan a la muerte al padre, que se declara vencido, "fracasado" como intelectual "por no saber conectar con el ciudadano de su tiempo" (2012: 102) y, curiosamente, "podrido" (adjetivo que Sontag vinculaba al imaginario popular sobre el cáncer y con el que el hijo, "corroído" él mismo por el cáncer, le apostrofará en un momento de especial tensión: "¡Púdrete!").

La exposición más clara de los "programas" que separan radicalmente a padre e hijo la hace Xabier, justo cuando empieza a producirse el acercamiento afectivo entre ambos, después de que haya comunicado a su padre su enfermedad: "XABIER.- Nos han separado demasiadas cosas. [...] Cosas, digamos, esenciales ... Tú has sido un defensor a ultranza de la democracia liberal y yo no. Tú has creído en la palabra, en la literatura, en el teatro, y yo no. Tú no has creído en la violencia como fuerza transformadora, yo sí... Tú has tenido tu utopía, yo la mía." (2012: 111). No se nombran, sin embargo, el odio al que se considera un enemigo, la incapacidad para convivir y la falta de empatía con el otro, que sufre y muere, que subyacen a esas otras manifestaciones.

Hay mérito, desde luego, en el planteamiento de estas cuestiones, pero lo cierto es que estas discrepancias tan profundas casi no pasan de su enunciación polémica porque se desactivan pronto y no llegan a debatirse de forma consistente.

En unas ocasiones, se esquivan como sucede cuando Xavier rehúsa entrar en la discusión, capital, de si el "conflicto" ha sido o no una guerra o una locura (2012: 112): pero, entonces, ¿en qué discusión va a entrar?; además de que la invocación a la "locura" en esa disyuntiva no excluyente (y falaz[10]), hace entrar en juego otra metáfora social poderosa y engañosa: no hay casos de "locura colectiva", esta "locura" no puede ser aducida como eximente. O cuando a la pregunta, esencial también, de si Xabier tiene las manos manchadas [de sangre, aunque no se dice], no hay respuesta y, ya hacia el final, se retoma y el "activista" confiesa que "Sólo me arrepiento de una muerte." (2012: 122) y cuenta la historia de la compañera de la organización, con la que mantenía una relación afectiva, a la que llevó a la muerte por una sospecha (sin confirmación) de que fuera un topo de la policía. Pero no llegamos a saber por qué se arrepiente, ¿porque sigue sin estar seguro?, ¿porque la quería y hubiera deseado perdonarla? En ningún caso da la impresión de que sea por humanidad, por dar valor a una vida humana, ni la de esta ni la de las otras víctimas de su organización terrorista. Pero no hay claridad en esto.

Hay otro factor que resta posibilidades de profundización en estos asuntos y es que se tira por elevación, al situar Xavier el problema en el escenario global y en la economía capitalista, como si ETA tuviera un pensamiento económico anticapitalista (¿comunista?) y, en lo político, la democracia liberal hubiera fracasado (como admite el padre sin discusión… y sin nombrar a los GAL: el epítome del fracaso democrático). Y, en fin, como colofón tras recuperar su sintonía afectiva, padre e hijo dicen ver superadas sus enormes diferencias porque ya se consideran

---

[10] La verdadera oposición habría de plantearse entre guerra y acciones terroristas. Como poco y recurriendo a otra figura retórica, a una "guerra sucia" (como si las hubiese "limpias").

"fuera del tiempo" por la cercanía de la muerte: este sí es, sin duda, un argumento definitivo.

No tengo claro, a este respecto, si el andamiaje cultural de esta obra, tan abundante y explícito (el hijo pródigo, Abraham e Isaac, Caín, la tragedia, Séneca...) sirven para profundizar en la situación personal de los dos personajes o es, más bien, un recurso que resulta irónico, distanciador, algo evasivo[11]. Y me sucede algo parecido con el importante valor dado a la noción de tragedia en la obra, que también se metaforiza con facilidad.[12]

En algunos asuntos, además, es difícil entender la fácil aceptación del padre de las tesis del hijo. Por ejemplo, Xavier cree que el suicidio del padre será su "triunfo" [el del Íñigo] y el padre lo

[11] Por ejemplo, Íñigo dice haber escrito su último artículo sobre la otredad en Unamuno, cuando lo más pertinente en esas circunstancias hubiera sido hacerlo sobre el nacionalismo. Algo parecido sucede cuando el autor presenta la muerte inminente de sus personajes como un sacrificio, invocando el pasaje bíblico de Abraham e Isaac. Pero ¿por qué es un sacrificio? No porque Xavier o, incluso su padre, vayan a inmolarse ellos mismos o a inmolar una víctima a los dioses como agradecimiento, sumisión o petición alguna. Es un sacrificio porque el autor quiere que la obra transcurra por esos cauces, creyendo (quizá con razón) que alcanzará mayor altura y densidad significativa empapándose del mito y de lo sagrado. Pero no hay tal sacrificio.

[12] Ignacio Amestoy concibe y presenta *La última cena* como una tragedia, fiel a su compromiso con esta forma teatral (Huerta Calvo, 2012), y, de hecho, la noción de tragedia se convierte en un componente sustancial de la obra, bien integrado en la trama porque Íñigo, el padre, es autor de teatro y, más en particular, de tragedias y trata de iluminar y explicar su propia situación y la del hijo desde presupuestos trágicos. Pero no hay aquí destino actuante en esta dolorosa peripecia humana (aunque se ha invocado con alguna frecuencia), y es algo fácil la sentencia de que nada es trágico hoy día porque todo es trágico (2012: 96), o la de que todo son guerras, todo tragedias (2012: 103). En otro giro, sentencia Íñigo que no hay tragedias porque ya no cae "sobre el ser humano la sombra de lo divino" (2012: 106) y Xavier matiza que no se trata de lo divino (una ficción) sino de lo sagrado; curiosa reflexión para alguien que acaba con vidas humanas por razones "políticas" aunque pueda admitirse que ha sacralizado a la "patria". Y tiene peligro el ejemplo que pone Íñigo del acierto de Esquilo al hacer decir a Antígona que mató a su marido con su diestra mano, "una mano de artista" (2012: 107), porque cabe preguntarse si también la mano de los etarras y/o de los policías o miembros de la "guerra sucia" era "una mano de artista".

admite ("Me vas entendiendo"; 2012: 101), pero ¿de verdad un suicidio como ese puede ser un triunfo?; o, cuando, en otro momento, Xavier poetiza de forma algo tópica, diciendo que cuando está a punto de ver su ideal al otro lado de la montaña, "un vendaval, tan inexplicable como inoportuno, te precipita a los pies de la montaña …" (2012: 113) y el padre entonces remite a Sísifo (que, por lo menos, tiene la piedra de su condena, dice) aunque con ello pueda estar evocando la repetición incesante de la violencia y los atentados, las extorsiones, las expulsiones de Euskadi, el miedo, el odio…

Creo que, en el fondo, estos momentos de tensión de la obra se suavizan o desactivan muy pronto y sin que, prácticamente, pueda dar fruto porque el esquema ideológico que subyace a la obra no es el trágico de Clitemnestra y Orestes sino el bíblico del regreso del hijo pródigo y en él ya está desactivado de antemano cualquier problema pasado; en el presente solo queda comprensión, acogida, alegría por la vuelta del hijo que se fue y perdón. Y donde hay perdón no hay tragedia. Y es que en esta obra el verdadero enfrentamiento entre padre e hijo se da más en lo afectivo que en lo ideológico ("Yo quiero que me mates. Ese es el conflicto [de "su" tragedia]: un hijo quiere que su padre le mate"; 2012: 120), aunque por debajo se encuentren las cuestiones "políticas" y, como en estas, ya esté previsto el abrazo del cariño y de la paz con el que culminará el reencuentro. Aunque se hable de odio: ("¿Me odias a mí tanto como a él [a Pedro]?; 2012: 99), de olvido radical ("Hasta ayer, cuando me dijiste que venías… tú estabas tan muerto como Pedro"; 2012: 99) y todo parezca a punto de romperse apenas producido el reencuentro, la obra va hacia su núcleo afectivo, hacia el abrazo que supera mediante el afecto cualquier diferencia y distancia[13] y, tras él, con

[13] "XABIER.- Abrázame… / ÍÑIGO.- ¿ Como entonces? /XABIER.- Más fuerte …" (2012: 133)

todo allanado, la cena, la última cena en la que se concita, con la comida y el *txacolí*, el pasado afectivo, las habilidades generosas de la cocina, la casa, la huerta y la tierra con ella, la caza y el territorio amado. Sobre estos momentos no tienen jurisdicción ni la enfermedad ni la muerte.

4. TABÚ Y EUFEMISMO COMO SÍNTOMAS DE UNA ANOMALÍA EN LA CONVIVENCIA. DIFICULTADES PARA DIALOGAR

Uno de los síntomas más acusados y reconocibles en el denominado "conflicto" vasco (y podría decirse que en todos los "conflictos") es, justamente, la enorme dificultad para nombrar y dialogar que, con frecuencia, conlleva una resignificación de palabras clave y la proscripción de otras, convertidas en tabúes y sustituidas por eufemismos; el primero de ellos, posiblemente, sea este de "conflicto". En *La última cena* este problema se presenta ya en el *dramatis personae* cuando a Xavier se lo define como "activista" y no como "terrorista"[14]. Tardará en aparecer este término hasta el final de la obra cuando, ya reconciliados, el padre planifique el suicidio de ambos con el coche y aventure la noticia en los periódicos: "el que fueran un escritor y un terrorista los que muriesen sería ya lo de menos... Dos muertos más en accidente de automóvil" (2012: 136).

"Nunca habíamos hablado tanto como hoy" (2012: 128), reconoce con agrado Xavier, el hijo, hacia el final de la obra. No ha habido diálogo entre padre e hijo hasta este momento de la despedida definitiva. Pero antes de alcanzar la armonía, el diálogo no fluye, más bien es penoso. Es relevante en la obra el hecho de que Íñigo sea escritor, hombre de palabras, frente a

[14] Claro que en *Betizu, el toro rojo*, Patxi Bisquert, ex militante de ETA, se definía a sí mismo como "aventurero marxista"... (1996: 89).

Xavier, hombre de acción violenta porque esta contraposición es sustancial en esta ficción y lo fue en la realidad social, una de las causas y consecuencias del "cáncer" social y de la depresión a que llevó a buena parte de la sociedad.[15] En estas circunstancias el diálogo es casi imposible y tiende al silencio hostil: así, se producen los silencios a las primeras intervenciones del otro, la falta de cooperación en los asuntos, las interrupciones, la respuesta a las afirmaciones con el mismo enunciado pero interrogativo, como cuestionándolas.

Amestoy sitúa al frente de su obra una cita de María Zambrano sobre la confesión en la que esta pensadora subraya su condición paradójica: con ella se quiere huir, dejar atrás algo que atormenta, pero, al mismo tiempo, se quiere traer ese algo, "dejarlo ahí, realizarlo" (2012: 89); y esta cita avanza la importancia de esta modalidad comunicativa en la obra. Tras los balbuceos casi penosos de diálogo entre el padre y el hijo, ambos pasan a un enfrentamiento dialéctico que culmina en un acercamiento afectivo muy estrecho en el que (o con el que) se producen sendas confesiones de episodios y vivencias muy valiosos y representativos de los personajes: el padre confiesa el miedo que le tiene al hijo (aunque no sea muy creíble porque lo remite a lo doloroso de su nacimiento para la madre), el hijo confiesa el asesinato de su pareja en la organización (es difícil no pensar en Yoyes), el padre, entonces, refiere cómo mató de un tiro a su perro, *Txuri*, ya muy viejo (una especie de eutanasia), y luego, como colofón, hay un recuerdo cargado de cariño que los une: el de la travesura de Xavier que se esconde en el desván y provoca la inquietud tremenda de su padre que lo busca angustiado hasta

[15] El primer reproche del hijo al padre, recién llegado a la casa, es, precisamente, sobre la palabra: "**ÍÑIGO.-** Solo tengo palabras. / XABIER.- Como siempre. / **ÍÑIGO.-** Menos que siempre, y pocas ya son mías" (2012: 91).

que el perro, *Gorri*, ladra "delatando" al niño, "traicionándolo", como sigue diciendo y pensando el adulto que, sin duda, tiende a entender el mundo desde una psicología poco o nada flexible hacia el otro y sus motivaciones.

5. EL ELEFANTE EN LA HABITACIÓN

En el aspecto político y social de este drama, hay dos agentes imprescindibles (sin contar a la Iglesia vasca), que ni siquiera se nombran pero que forman parte del sustrato del enfrentamiento: el nacionalismo, con su apoyo activo o pasivo a ETA, y el Estado y sus fuerzas y cuerpos de seguridad con su labor represiva y/o garante del orden, primero franquistas y después demócratas. Es llamativo que solo se nombre a la policía, casi de pasada, como una entidad que vigila y controla y puede aparecer para detener al "activista", que, además, es desdeñada por el padre: "La policía no es tonta, pero tampoco tan lista", dice el padre. Porque esta policía que no es tan lista fue sujeto y objeto de la violencia, causa y víctima del terror. Del nacionalismo no sabremos nada por esta obra.

Y es que da la impresión de que hay temor a levantar ampollas (nueva metáfora de la enfermedad) porque no es solo que se sortee o escamotee el papel de estos agentes, sino que uno de los problemas más graves, la licitud de los asesinatos cometidos por ambas partes, se resuelve con esta exclamación del padre, el socialdemócrata, con otra metáfora de este tipo: "¡Qué locura! Entre unos y otros, se está asesinando el espíritu, el conocimiento, el arte … Lo mejor del ser humano" (2012: 100) Pero, siendo cierto, se obvia que lo primero que se está asesinado es a personas, a seres humanos. Y, además, los asesinan personas (como Xavier en este caso), no un impersonal "se está asesinando".

Otro aspecto que chirría en la obra es el exabrupto del padre: “La puta política” (2012: 118) culpándola del cambio y posterior muerte de Pedro, su brillante hijo mayor. Claro es que estas afirmaciones del padre pueden justificarse desde la lógica interna de la obra en la que es un personaje que ha perdido toda fe y considera fracasados sus ideales, sus principios, sus valores; pero, aun así, se trata de una deriva peligrosa porque la política lo es todo: la causante de los problemas cuando se ejerce mal y la solución a los problemas cuando se desarrolla con honestidad, la única solución.

6. ANÁLISIS CLÍNICOS DE *LA ÚLTIMA CENA*

A la luz de lo que he ido exponiendo, *La última cena*, en cuanto metáfora de la “enfermedad” de la situación del País Vasco, presenta ella misma unos “resultados clínicos” desiguales. Yo he subrayado, sobre todo, aquellos que se alejan de los “valores de normalidad”: la desactivación prematura de los asuntos a debate, la falta de profundidad, las respuestas débiles e insatisfactorias o la ausencia de dos (o tres) de los actores imprescindibles del “conflicto”. Pero considero de justicia subrayar también lo valioso de esta propuesta en cuanto a haber planteado el problema con el componente de la enfermedad y de elegir el cáncer y el trastorno depresivo con su solución final en el suicidio como consecuencia de la imposibilidad de seguir (con)viviendo, del fracaso vital, con los sentidos añadidos a la situación socio-política (miedo, violencia, dolor, muerte…). Y lo mismo puede decirse de haber puesto sobre la mesa un buen número de aspectos polémicos y hacerlo mediante un diálogo tenso, bien problematizado, llevado desde los titubeos y la reticencia inicial, a la confesión y a la fluidez final.

El mero hecho de haber confeccionado la obra encarando el problema del País Vasco ya es meritorio porque llama la atención la (relativa) escasez de obras de teatro que traten el problema del terrorismo de ETA, al menos de forma directa (Fox, 2016: 19-20). Y esto extraña porque se trata de un asunto del mayor calado con casi un millar de víctimas (la mayor parte de ellas asesinadas), que envenenó (¿y sigue envenenando?[16]) la convivencia en el País Vasco y que se mantuvo activo durante décadas. Siendo el teatro un arte de compromiso con la sociedad estrecho e inmediato, esta parquedad en obras tiene cualidad de anomalía. Y la tiene más todavía cuando se constata que la narrativa literaria (novelas y relatos breves), el cine de ficción, los documentales y la televisión (de Pablo, 2017; de Pablo, Mota Zurdo, López de Maturana, 2019) sí han tratado el tema y lo han hecho con frecuencia y muchas veces con muertos en el asfalto, sin esperar a su resolución y a la disminución del riesgo de atraer la violencia sobre sus creadores (temor, por otro lado, tan comprensible)[17].

7. PRECAUCIÓN: LAS METÁFORAS LAS CARGA EL DIABLO

Comenzaba con dos citas, de las muchas que podrían aducirse, en las que se remitía a la problemática socio-política vasca (y española) mediante metáforas de enfermedad. Quiero terminar, sin embargo, con otra cita que anima a evitar el desplazamiento semántico por el peligro de eufemización que pueda conllevar y exige nombrar la realidad de forma denotativa, unívoca.

---

[16] *Altsasu*, de María Goiricelaya, estrenada en 2021, es una obra de teatro documental sobre el estallido de violencia contra dos guardias civiles y sus parejas en un bar de Alsasua, en octubre de 2016. ETA anunció el cese de su" actividad armada" en octubre de 2011.

[17] Como parece ser el caso de Koldo Barrena, seudónimo utilizado por el autor de una tetralogía sobre los crímenes de ETA, por temor a que tomaran represalias contra él.

Es de Gregorio Morán y dice así: "¿Habremos de pensar que la sociedad vasca es una sociedad enferma porque no frena taxativamente la violencia sino que la alimenta? ¿Por qué enferma? Las ideologías no son variantes de la psicopatología. El nacionalismo no es una patología, sino una concepción del mundo" (2003: XXVIII-XXIX)[18].

REFERENCIAS BIBLIOGRÁFICAS

AMESTOY EGUIGUREN, I. (1996). *Gernika, un grito. 1937. Betizu. El toro rojo*. Prólogo de Mariano de Paco. Epílogo de Eduardo Pérez-Rasilla. Madrid: Fundamentos.

_____ (2012). *Doña Elvira, imagínate Euskadi. La última cena*. Prólogos de Jorge Urrutia y Ricardo Doménech. Madrid: Fundamentos.

_____ (2023). "Para empezar, unos pimientos fritos. Sobre *La última cena*". En *Teatro, ecología y gastronomía en las dos primeras décadas del siglo XXI*, J. Romera Castillo (ed.), 387-400. Madrid: Verbum.

DE PABLO, S. (2017). *Creadores de sombras. ETA y el nacionalismo vasco a través del cine*. Madrid: Tecnos.

DE PABLO, S.; MOTA ZURDO, D. Y LÓPEZ DE MATURANA, V. (2019). *Testigo de cargo. La historia de ETA y sus víctimas en televisión*. Bilbao: Beta III Milenio.

FOX, M. (2011). "El terrorismo en el teatro de Ignacio Amestoy: de lo particular a lo universal". *Signa* 20, 59-77. Disponible también en línea: https://www.cervantesvirtual.com/obra/el-terrorismo-en-el-teatro-de-ignacio-amestoy-de-lo-particular-a-lo-universal-terrorism-in-the-theatre-of-ignacio-amestoy-from-the-particular-to-the-universal/ [25/06/2024].

[18] Una grabación de esta intervención puede verse en https://canal.uned.es/video/66f3e1679b53abdfed0bda12 [24/09/2024].

_____ (2016). "La práctica terrorista de ETA en el teatro español: la tetralogía de Koldo Barrena". *Krypton* 7, 19-26.

FERNÁNDEZ SOLDEVILLA, G. Y DOMÍNGUEZ IRIBARREN, F. (2018). *Pardines. Cuando ETA empezó a matar.* Prólogo de Fernando Aramburu. Madrid: Tecnos.

HUERTA CALVO, J. (2012). "Ignacio Amestoy y el compromiso con la tragedia: *La última cena*". *Gestos. Revista de teoría y práctica del teatro hispánicos* 27.53, 61-77.

JUARISTI, J. (1997). *El bucle melancólico. Historias de nacionalistas vascos*. Madrid: Espasa-Calpe.

MORÁN, G. (2003). *Los españoles que dejaron de serlo. Cómo y porqué Euskadi se ha convertido en la gran herida histórica de España*. Barcelona: Planeta.

ROMERA CASTILLO, JOSÉ (2022). "Semiótica, pandemias, COVID-19 y teatro". *Signa: revista de la Asociación Española de Semiótica* (sección monográfica I. *Semiótica y relatos de actualidad*) 31, 27-37. Disponible en línea también: https://www.cervantesvirtual.com/obra/semiotica-pandemias-covid-19-y-teatro-1158842/ [19/06/2024].

SONTAG, S. (1996). *La enfermedad y sus metáforas y El SIDA y sus metáforas,* Traducción de Mario Muchnik. Madrid: Taurus.

URRUTIA, I. (2011). *Diarios 2004-2007*. Logroño: Pepitas de calabaza.

EL MÉDICO: DE UNA NOVELA AMERICANA A UN MUSICAL ESPAÑOL

THE PHYSICIAN: FROM AN AMERICAN NOVEL TO SPANISH MUSICAL

MANUEL LAGOS GISMERO

ICCMU – UCM / Académico de las Artes Escénicas de España

manuellagosg@gmail.com

Resumen: *El médico* es un musical de Félix Amador sobre la novela de mismo título de Noah Gordon, con música de Iván Macías, estrenado en el Teatro Nuevo Apolo el 17 de octubre de 2018. Iván Macías y Félix Amador asumen el reto de convertir en musical la novela de Noah Gordon, tras el éxito en librerías y después en cines de la película dirigida por Philipp Stölzl y estrenada en 2013. El musical toma una base clara en los grandes títulos del repertorio internacional, con *Los miserables*, como modelo de musical épico. La aparición de la medicina, como incipiente ciencia, la figura protagonista de un joven que culmina sus aspiraciones sociales dedicándose a la investigación en este campo, lo convierten en una obra escénica donde la parte científica y la vinculación con la profesión de médico serán el objeto de esta investigación.

Palabras clave: *El médico*. Teatro. Musical. Medicina. Novela.

Abstract: *The Physician* is a musical by Félix Amador based on the novel of the same title by Noah Gordon, with music by Iván Macías, premiered at the Teatro Nuevo Apolo on October 17, 2018. Iván Macías and Félix Amador take on the challenge of turning Noah Gordon's novel into a musical, after the success in bookstores and then in cinemas of the film directed by Philipp Stölzl, released in 2013. The musical takes a clear basis in the great titles of the international repertoire, with Les Misérables, as a model of epic musical. The appearance of medicine, as an incipient science, the leading figure of a young man who culminates his social aspirations by dedicating himself to medicine, make it a scenic work where the scientific part and the link with the profession of doctor will be the object of this research.

Keywords: *The Physician*. Theatre. Musical. Physician. Novel.

1. INTRODUCCIÓN

El teatro musical ofrece un amplio paraje de novelas que han sido reescritas como libretos, como obras dramáticas, que dotan de un argumento y de unas posibilidades estilísticas que sirven al compositor para engarzar sus inspiraciones y crear una nueva obra de arte. La poética que rige todo teatro musical obliga a un nuevo encaje de la obra original en el nuevo molde para el que se trabaja. Podemos asegurar con certeza que tanto autor dramático como compositor refunden la obra original, la reescriben, y generan un nuevo producto literario, a veces semejante y a veces muy distinto al original y pasan el tiempo de creación entre refundiciones; aunque pesa siempre el carácter conservador y la circunstancia habitual de lograr un producto pensado para mantener los sistemas de producción implícitos a este género y el gusto del gran público que sigue el teatro musical, por lo que se trabaja y ofrece, en la mayoría de los casos, una traslación respetuosa con el aroma de la obra literaria elegida.

En el ámbito de la literatura escénica parecería más discreta la reescritura de la obra dramática original en obra musical, pero no es así tampoco y el peso de la reescritura consigue una nueva obra teatral con mayor o menor fortuna. Claros y muy estudiados son los ejemplos que ofrece nuestro teatro romántico al convertirse en libreto de ópera, y así en ocasiones el resultado puede mejorar su comprensión, como en el caso de *Don Álvaro*, y en otros convertirla en una obra ininteligible, como en el caso de *El trovador*. Lo que es evidente es que autores literarios escénicos que forman parte del firmamento de las letras hispánicas, como Ángel de Saavedra o Antonio García Gutiérrez, son absolutamente desconocidos para el gran público y sus obras más significativas no ocupan su merecido puesto en el repertorio ni en las temporadas de teatros públicos o privados de ningún lugar del mundo, mientras que sus reescrituras en teatro musical siguen abarrotando teatros y ofreciéndose en singulares propuestas y lecturas con una frecuencia inaudita, logrando así que estos autores y sus obras hayan trascendido su origen y olvido posterior para convertirse en hitos indiscutibles del teatro musical universal[1].

Estamos ante una tradición que ha dado numerosos y buenos frutos, y que los autores de *El médico* han continuado para mantenerla en la cartelera del siglo XXI pues, como veremos más adelante, son numerosos los títulos que ellos han aportado, donde la inspiración en obras literarias de consumo se convierte en la base creativa de grandes títulos del repertorio del teatro musical.

---

[1] Nos referimos a *Il trovatore* ópera en cuatro actos de Salvatore Cammarano y a *La forza del destino* ópera en cuatro actos de Francesco María Piave, ambas con música de Giuseppe Verdi.

2. LA NOVELA COMO INSPIRACIÓN EN EL TEATRO MUSICAL

Los creadores de teatro musical siempre se han fijado en obras literarias anteriores o coetáneas a su creación para reescribirlas y generar una base idónea para sus composiciones. Los ilustres ejemplos de novelas que han desembocado en el teatro con música exceden en mucho el carácter introductorio ante la obra de Noah Gordon que nos ocupa, pero es necesario centrar esta obra actual como uno de los últimos eslabones de un histórico panorama internacional en el que las novelas han obtenido a través de su reescritura momentos de indudable valía y proyección hasta nuestros días.

Dentro del teatro musical la ópera ha ofrecido célebres adaptaciones que en el caso de las novelas nos trae a la memoria *La novia de Lammermoor* de Walter Scott, *La dama de las camelias* de Alejandro Dumas, *Escenas de la vida bohemia* de Henri Murguer o *Madame Crysanthème* de Pierre Loti; por citar famosos ejemplos de novelas que hoy son revisitadas continuamente a través de las óperas *Lucía di Lammermoor, La traviata*, *La boheme* o *Madama Butterfly*[2]. Con procesos de reescritura tan sabrosos como el de *Traviata* que procede de una novela que pasa a obra de teatro y se consuma en ópera, al igual que ocurre con *Madama Butterfly* que transita de la novela a la obra teatral escrita por David Belasco para Broadway y después regresa a Europa para convertirse en ópera y volver de nuevo a Broadway transformada en el musical *Miss Saigon*[3]. Por su relevancia para el devenir de la ópera contemporánea aporto dos ejemplos más de novela que

---

[2] Nos referimos a *Lucía di Lammermoor*, ópera en tres actos de Salvatore Cammarano con música de Gaetano Donizetti, *La traviata*, ópera en tres actos de Franco María Piave con música de Giuseppe Verdi, *La boheme*, ópera en cuatro actos y *Madama Butterfly*, tragedia japonesa en tres actos ambas de Luigi Illica y Giuseppe Giacosa con música de Giacomo Puccini.

[3] *Miss Saigón* musical de Richard Maltby, Claude-Michel Schönberg y Alain Boublil, estrenado en el teatro Drury Lane de Londres en 1989.

muta en ópera: *La ciudad muerta* (título original en alemán, *Die tote stadt*), ópera en tres actos con música de Erich Korngold y libreto en alemán de Paul Schott, seudónimo del padre del compositor, Julius Korngold, basado en la novela corta *Bruges-la-Morte*, de Georges Rodenbach y *Bomarzo* ópera de Alberto Ginastera basada en la obra homónima de Manuel Mujica Lainez.

También el musical anglosajón nos ofrece hermosos ejemplos de reescritura de novela con *Showboat, Oliver, Les miserables* o *The Phantom of the opera*[4]. Línea estilística en la que se engarza y viene a sumarse la célebre novela de Noah Gordon, compartiendo sitio en el listado con Edna Ferber, Charles Dickens, Victor Hugo o Gastón Leroux. Si en el ámbito de la ópera veíamos cómo las novelas pasaban a obra de teatro y luego terminaban en libreto; en el caso de los musicales[5] es frecuente observar cómo tras la novela viene la versión cinematográfica y esta inspira la construcción del libreto. En nuestro caso, *El médico*, no va a ser singular en su proceso de reescritura cronológico donde la novela primero pasa a guion de película cinematográfica y desemboca después en un libreto o texto teatral que aporta situaciones y momentos de lucimiento, que aprovechará el músico a la hora de componer la partitura.

3. TEATRO MUSICAL ESPAÑOL BASADO EN NOVELAS

El teatro musical español nos ofrece un panorama rico en ejemplos de reescritura o adaptación de novelas (Espín Templa-

[4] *Showboat* musical de Oscar Hammerstein II y Jerome Kern, *Oliver* de Lionel Bart, *Les miserables* de Alain Boublil y Claude-Michel Schönberg y *The Phantom of the opera* de Charles Hart, Richard Stilgoe y Andrew Lloyd Webber.

[5] En el 24 Seminario internacional del Centro de Semiótica Literaria, Teatral y Nuevas Tecnologías, sobre *Teatro y música en los inicios del siglo XXI*, se dedicó un apartado a los "Musicales" (Romera Castillo, ed., 2016: 487-556). *Vid*. al respecto los trabajos de José Romera Castillo (2011 y 2016).

do, 2009: 1096). Creemos necesario referir algunos de los títulos más interesantes, intentando transmitir la conciencia de la existencia más que el análisis de esta. El éxito de la novela realista en la literatura española fue paralelo a la recuperación del teatro musical que bajo la denominación de zarzuela ofreció grandes éxitos a partir de la segunda mitad del siglo XIX, rápidamente Galdós se convirtió en fuente de inspiración y *Trafalgar* se estrena como ópera en 1890, las novelas de don Benito provocan más de cuarenta títulos de teatro musical, entre estos títulos destacan *Marianela*[6] y *Cádiz*[7], cuya marcha ha quedado en los repertorios de banda de todo el país. La presencia de la obra en prosa de Galdós en la vida teatral de entre siglos queda patente en las parodias musicales, género célebre en esa época, que reciben sus novelas; así cabe recordar *La de don sin din*[8] sobre *La de San Quintín*, o *El camelo*[9] sobre *El abuelo*.

La zarzuela grande adaptó novelas a lo largo de su prolífica existencia, así ocurrió con *El niño de la bola* de Pedro Antonio de Alarcón convirtiéndolo en el famoso título *Curro Vargas*, texto de Joaquín Dicenta y Manuel Paso y música de Ruperto Chapí. Pero nuestros compositores no solamente se fijaban en novelas españolas también volvieron la mirada a escritores como Víctor Hugo y así nace *Quasimodo* de José Barret y música de Felipe Pedrell. Como reflejo en la zarzuela hispanoamericana sucede lo propio y en Cuba la novela *Cecilia Valdés* de Cirilo Villaverde se convierte en zarzuela de la mano de Agustín Rodríguez y Sán-

[6] Jaime Pahissa le pone música en 1923 al texto teatral que realizan los hermanos Álvarez Quintero sobre la novela.

[7] Federico Chueca y Joaquín Valverde ponen música al texto teatral de Javier de Burgos basado en el citado *Episodio Nacional*.

[8] Salvador María Granés pone música a la parodia lírica escrita por Enrique Ayuso Miguel en 1894.

[9] Rafael Calleja Gómez pone música a la humorada escrita por Gabriel Merino en 1904

chez Arcilla, música de Gonzalo Roig, estrenada en La Habana en 1932. En la segunda mitad del siglo XX destacan en Madrid los estrenos de *La venta de los gatos*, según la leyenda de Bécquer, con música de José Serrano y texto teatral de los hermanos Álvarez Quintero y *Black el payaso*, opereta con música de Pablo Sorozábal y libreto de Francisco Serrano Anguita basada en la novela *La princesse aux clowns* de Jean-José Frappa. En las dos primeras décadas del siglo XXI el escritor Félix Amador y el compositor Iván Macías se han acercado a la novela en varias ocasiones así han trasladado a la escena *Germinal* (2016) de Émile Zola, *El tiempo entre costuras* (2021) de María Dueñas, *La historia interminable* (2022) de Michael Ende, *Los pilares de la tierra* (2024) de Ken Follet y por supuesto *El médico* (2018) de Noah Gordon, obra que nos ocupa.

4. LA MEDICINA, INSPIRACIÓN TEMÁTICA EN EL TEATRO MUSICAL

En este sentido no podemos dejar de hacer referencia a obras emblemáticas de nuestro teatro musical que cuentan con la presencia de la medicina, de la ciencia, como un pilar básico en su devenir argumental. Son títulos que han gozado de nuevas producciones escénicas a lo largo de este primer cuarto de siglo XXI, títulos que están en la mente de todos, que son una referencia del teatro popular con música y que han interesado a nuestros nuevos creadores. Así Alfredo Sanzol se acerca en 2019 a la zarzuela en tres actos *El barberillo de Lavapies*[10], cuyo protagonista, LAMPARILLA, no solamente presume de "poner sinapismos y echar sanguijuelas" (Larra, 2019: 46) sino que se reconoce como:

---

[10] Estrenada en el teatro de la Zarzuela en 1874 con texto de Luis Mariano de Larra y música de Francisco Asenjo Barbieri.

Ahora soy barbero,
y soy comadrón,
y soy sacamuelas,
y soy sangrador.

La ciencia de la medicina tiene una aparición constante en obras que tanto gustan de reflejar la vida cotidiana, así Nuria Castejón en 2024 ha ofrecido una nueva lectura, que viene a sumarse a las ofrecidas por Sergio Renán en 2006 y por José Carlos Plaza en 2013, todas en el teatro de la Zarzuela, de la emblemática obra de Ricardo de la Vega y Tomás Bretón, *La verbena de la Paloma*[11], donde a través de la figura del boticario, DON HILARIÓN, se nos reconoce el avance de la ciencia en un cantable que ha quedado como cita habitual en la conversación contemporánea: "Hoy las ciencias adelantan / que es una barbaridad" y que hace referencias al uso de la química y sus avances entre "purgantes, aceite de ricino, limonada y opio" (Vega, 2006: 81-82). La aparición de la medicina va vinculada siempre al humor y a la relación íntima, quizá erótica, que se produce entre paciente y doctor, así lo vieron en el teatro de la Zarzuela Jaime Martorell en 2000 y Amelia Ochandiano en 2010 quienes recuperaron la escena de la consulta del emblemático título *La del soto del parral*[12]: "Míreme *usté*, que malita que estoy / todo el cuerpo me da temblores" (Fernández de Sevilla, 2000: 84).

La profesión del médico ha sido objeto siempre de parodia y burla, no olvidemos la aparición del DOTTORE en la Commedia dell'Arte italiana y desde su aparición este arquetipo ha provocado títulos como *Las inyecciones* o *el doctor Cleofás Uthof vale*

[11] Estrenada en el teatro de Apolo en 1894, escrita por Ricardo de La Vega con música de Tomás Bretón.

[12] Estrenada en el teatro de La Latina en 1927, escrita por Luis Fernández de Sevilla, Anselmo Carreño con música de Reveriano Soutullo y Juan Vert.

más que Voronoff de Pedro Muñoz Seca con música de Jacinto Guerrero, estrenada en 1927 en el teatro Romea de Madrid con clara referencia al cirujano Serge Voronoff (Casares, 2006: I, 945); tampoco debemos olvidar la crítica implícita a la profesión de médico en el famoso “coro de doctores” de *El rey que rabio*[13], que ha tenido dos propuestas escénicas diferentes en lo que va de siglo, una de la mano de Luis Olmos en 2007 y otra de la mano de Bárbara Lluch en 2021:

> Doctores sapientísimos
> que yo he estudiado bien,
> son, en sus obras clínicas,
> de nuestro parecer:
> *Fermentus virum rábicum*
> *que in corpus canis est,*
> *mortales sont per accidens,*
> *mortales sont per sé.*

Aparte del latín camelístico no se libra en el mencionado coro ni el mismísimo Hipócrates, ni por supuesto la eterna duda de la ciencia (Ramos Carrión, 2007: 116-117): “Y de esta opinión / nadie nos sacará: / ¡el perro está rabioso… / o no lo está!”.

5. REESCRITURA DE LA NOVELA EN LIBRETO DE TEATRO MUSICAL

El médico es un musical compuesto por Iván Macías y escrito por Félix Amador, autores de otros grandes musicales como *Germinal, El tiempo entre costuras, ¿Quién mató a Sherlock Holmes?*, *La historia interminable* y *Los pilares de la tie-*

[13] Estrenada en el teatro de la Zarzuela en 1891, escrita por Miguel Ramos Carrión y Vital Aza, con música de Ruperto Chapí.

rra. Curiosamente todos estos títulos están basados en novelas de gran recepción en el momento de su publicación, lo que nos plantea que un gran éxito editorial no solamente tiene entre sus opciones de futuro convertirse en película o serie de emisión en televisión o en plataformas digitales, sino que el teatro musical es también una baza idónea para su proyección.

El encargado de reescribir la novela en texto teatral es, como acabamos de apuntar, Félix Amador, quien ha cultivado en su extensa carrera como escritor campos tan diversos como teatro, novela, ensayo, poesía, traducción y narrativa breve[14]. El autor de la música es el compositor Iván Macías, miembro de la Academia Nacional de Artes Escénicas de España y considerado por la crítica especializada como uno de los mejores pianistas españoles de su generación[15]. En el ámbito del teatro musical privado es fundamental la productora que se encarga de poner en marcha el proyecto y hacerlo realidad fue obra de los propios creadores a través de la empresa Escrito en las estrellas S.L. y después ha sido Beon Entertainment, una empresa líder en el sector del espectáculo desde hace más de quince años, la encargada de mantener su trayectoria[16] en los escenarios desde

[14] Ha publicado cuatro novelas, dos libros de relato y un ensayo, siendo traducido al inglés, al portugués y al italiano. Llega al teatro musical cuando colabora con el compositor Iván Macías, escribiendo libreto y letras para el musical *Germinal*, inspirado por la obra de Zola y estrenado en 2015. Juntos, han colaborado también en *¿Quién mató a Sherlock Holmes?* y *Los pilares de la tierra*, entre otras.

[15] Con tan sólo 13 años obtiene el título de profesor de piano con Matrícula de Honor por unanimidad y Premio Honorífico fin de carrera. Finalmente, logra el Máster en Composición e Instrumentación de Música para cine y televisión por la Berklee Collegue of Music (Boston). Desde los 18 años compagina su labor artística con la labor docente, siendo el creador y director del Liceo Municipal de la Música de Moguer, centro de referencia de la formación musical y escénica.

[16] En 2019 produjo el espectáculo *500+1* con artistas de la talla de Rosana, Jorge Drexler, José Mercé entre otros. En plena pandemia puso en marcha el festival cultural Bekultura Fest en tres ciudades diferentes: Madrid y dos en Sevilla, dando

2018 hasta nuestros días, en 2024, casi siete años de éxito que muestran el músculo de creación nacional frente a una globalización evitable (Romera, 2011: 328-336), por la cartelera del espectáculo en cuestión están transitando grandes nombres de la interpretación del teatro musical como Talía del Val, Daniel Diges o Gerónimo Rauch encarnando los personajes protagonistas de la función.

El musical se estrena en el teatro Nuevo Apolo de Madrid el 17 de octubre de 2018, con el siguiente reparto: Rob J. Cole (Adrián Salzedo), MARY (Sofía Escobar), Sha (Alain Damas), Barber (Joseán Moreno), Avicena (Ricardo Truchado), Agnes (Noemí Mazoy), MIRDIN (Raúl Ortiz), Karim (Juan Delgado), Qandrasseh (Beltrán Iraburu), Merlin (Fernando Samper), Fritta (Álvaro Puertas), Meir (Alberto Aliaga), y los niños Diego Poch, Paula González y Noelia Rincón. El equipo artístico cuenta en iluminación con Luis Perdiguero. Efectos especiales: Jorge Blass. Vestuario: Lorenzo Caprile. Escenografía: Alfons Flores. Coreografía: Francesc Abós. Dirección de escena: José Luis Sixto. Y dirección musical: Oscar Martín Castro. De todos estos magníficos profesionales hay que destacar el trabajo realizado por Lorenzo Caprile en el vestuario y la interpretación de Joseán Moreno en el personaje de BARBER, dos puntales imprescindibles de la citada producción.

Su argumento es muy conocido dada la repercusión obtenida por la novela, cuyo número de lectores es incalculable y al éxito obtenido por la película. No obstante, nos permitimos recordar aquí su contenido en breve sinopsis: desde la Inglaterra

---

cobertura a todo tipo de registros. Ese mismo año, 2019, fue la productora la que, a través de la autoría e idea original de su CEO Dario Regattieri, creó *Antoine*, el musical que cuenta la historia de Antoine de Saint-Exupéry, el creador de *El principito*. Ha realizado la coproducción del musical *¿Quién mató a Sherlock Holmes?* dedicado al personaje creado por Conan Doyle.

del siglo XI la vida es miserable para el pequeño Rob J. Coe, que al quedar huérfano descubre que sus manos pueden predecir la muerte. Recorre Inglaterra al lado de un barbero, llegan a Londrés y allí conoce, por un judío, que el mejor médico del mundo es Avicena y que, este, se encuentra en Persia; Rob en su afán de convertirse en un gran médico decide ir a su encuentro y aprender su ciencia. En la travesía por el desierto conoce a la judía Mary que le enseñará todo lo que necesita saber para ser un buen judío. Ya en Isfahán, nada será fácil para el joven Rob J. Cole, que se tiene que hacer pasar por judío para poder estudiar con Avicena. Rápidamente se gana el favor del Sha, pero una plaga y la guerra harán la vida más difícil al médico Rob; quien, casado con Mary y con sus hijos, volverá a su país natal para, desde allí, difundir a Europa los conocimientos aprendidos con Avicena.

Esta historia se ofrece a través de casi veinte números musicales[17] divididos como sigue: *Prólogo:* N° 1. El diablo en Londres. *Acto I:* N° 2. "El barbero ya llegó". N° 3. "Para hacerte mayor". N° 4. "El viaje". N° 5. "Hoy por fin". N° 5 b. "El barbero ya llegó" (repetición). N° 6. "Hoy partiré". N° 7. "La caravana". N° 8. "Ai-di-di-di-dai". N° 9. "Escrito en las estrellas". N° 10. Isfahán. N° 11. Final del primer acto. *Acto II*. N° 12. "Canción de los estudiantes". N° 13. Aria del Sha. N° 14. "Lejos de ti". N° 15. Los cuatro amigos. N° 16. Shalom. N° 17. Canción de Mary. "En la tormenta". N° 18. "Soñaba". N° 18 b. "Hoy por fin" (repetición). N° 19. Final: La ciudad gris.

Iván Macías y Félix Amador asumen todo un reto al convertir en musical el bestseller de Noah Gordon. Tras el éxito en

---

[17] La orquestación de la obra precisa de: "Violín concertino, dos violines, viola, violonchelo, contrabajo, clarinete Sib, bajo, flauta, oboe, corno inglés, 2 trompas, trompeta, fliscorno, trombón, trombón bajo, percusión y teclados" (Amador, 2018: 11).

librerías y después en cines de la película dirigida por Philipp Stölzl, estrenada en 2013. El musical toma una base clara en los grandes títulos del repertorio internacional, con *Los miserables*, como modelo de musical épico. A partir de ahí se traza una obra con los elementos propios de nuestra zarzuela grande, es una obra con diversas localizaciones, itinerante, tipo *Los sobrinos del capitán Grant* o *El niño judío*, y con un regusto oriental que nos hace pensar en *El asombro de Damasco*[18]. De hecho, el personaje del SHA está escrito en base a moldes vocales líricos, al igual ocurre con el coro, con la profusión de intervenciones e importancia de este y el uso del ballet para ecos folclóricos del mundo judío y musulmán. Todo ello es propio al mundo de la opereta, y de ahí ha evolucionado al musical, término acordado para este tipo de obras en nuestro país, dado que nadie va a pensar en reutilizar el término zarzuela[19].

En el proceso creativo seguido desde la novela al musical, pasando por el guion cinematográfico, queremos destacar la síntesis como un ejercicio que va más allá de las variantes entre lenguajes tan diferentes. Excedería los límites de este artículo avanzar aquí en las coincidencias y diferencias, pero nos parece importante citar motivos como la "panacea universal" (Gordon, 1992: 53) que se convierte en una especie de talismán que

---

[18] Las obras citadas son *Los sobrinos del capitán Grant* de Ramos Carrión y Manuel Fernández Caballero estrenada en el teatro Príncipe Alfonso en 1877, *El asombro de Damasco* y *El niño judío*, ambos títulos de Paso, Abati y Pablo Luna estrenados en el teatro Apolo en 1916 y 1918 respectivamente.

[19] Tras consultas realizadas a través de la productora, medios de comunicación y espacios escénicos, la respuesta siempre coincide: si se denominan zarzuelas a este tipo de obras, que en puridad yo creo que lo son, se perdería un importante sector del público que identifica el término zarzuela con el término "algo trasnochado". En consecuencia, estamos ante un problema de carácter sociológico, que influye en la creación y que mueve a que los autores no empleen la rica denominación genérica a la que nos tenían acostumbrados y se hayan encajonados en el término "musical" como denominación única y exclusiva, inherente a "algo moderno, actual".

los autores del musical incluirán como cita en el resto de sus estrenos posteriores y que entona Barber en su pregón (Amador, 2018: 7):

> Les da vitalidad
> y cura todo mal
> pues todos sus problemas
> esto va a solucionar.
> (…) Cuando llega el dolor
> y no encuentras solución,
> la panacea es lo mejor.

La novela ofrece recursos que no se escapan a la percepción del compositor y así la referencia musical "Ai, di-di-di-di-di-di, ai, di-di di, di -tarareó Rob finalmente" (Gordon, 1992: 282) acaba convirtiéndose en el número musical número 8: Ai-di-di-di-dai, de clara inspiración en el folklore judío y en musicales que abordan el mismo tema como *El violinista en el tejado*[20]: "Sigue a tu corazón / Ai-di-di-di-dai / Todo está en los libros. / Es la tradición" (Macías, 2018: 11).

Las diferencias coinciden plenamente con aquellas situaciones a las que el guion cinematográfico no atiende, un trabajo que contó con la presencia activa y asesoramiento del propio Noah Gordon, lo que avala el cercenar partes de la novela que son inasumibles en la producción cinematográfica y por supuesto en la consecución de un musical, por duración y por efectividad escénica. Así las partes segunda y quinta de la novela son reducidas convenientemente, aportan al discurso narrativo de la novela, pero no son imprescindibles en el transcurrir de la pelí-

---

[20] *Fiddler on the roof* (1964) es un musical de Sheldon Harnick, Joseph Stein y música de Jerry Bock.

cula o de la representación escénica. Lo que sí llama la atención y queremos incidir en ello es el juego entre realidad histórica y ficción narrativa y cómo este se mantiene más allá de la obra de Noah Gordon en los demás lenguajes y poéticas posteriores; en esta línea creativa vamos a fijarnos como muestras significativas en la ciudad de Isfahán y en el eje protagónico de una figura fundamental para el tema que nos ocupa en el presente estudio: el científico y médico Avicena.

La ciudad de Isfahán o Ispahan en la novela, da nombre a la tercera parte de esta (Gordon 1992: 259-309) y en esta parte es definida como: "Las calles eran sinuosas y de ellas salían callejones. Las casas y sinagogas habían sido levantadas con piedras o ladrillos antiguos que se habían desteñido hasta adquirir un tono rosa pálido" lo que en el musical tiene su composición propia, el número 8 que nos presenta una ciudad con ecos en operetas tan célebres como *Kismet*[21]:

> Bienvenidos a Isfahán,
> el desierto se acabó,
> pasen a la gran ciudad
> con más de mil palacios.
> Bienvenidos a Isfahán,
> perla bajo el cielo azul (Amador, 2018: 13).

El caso es que Isfahán en la actualidad es la tercera ciudad más importante de Irán y tiene unos dos millones de habitantes que todavía recuerdan la época de Malik Shah I hacia 1073 como uno de sus periodos más prósperos y donde las artes y las ciencias florecieron y lograron que escuelas como la de Avicena

---

[21] *Kismet* (1953) musical de Charles Lederer, Luther Davis Robert Wright y George Forrest sobre la obra original de Edward Knoblock y partitura basada en temas de Alexander Borodin.

irradiaran sus conocimientos y avances al resto de la civilización islámica[22]. En la novela aparece con su nombre sin latinizar: Ibn Sina y habitualmente es tratado como "el Maestro" y reconoce en el protagonista sus dones y facultades: "Sé descubrir dónde hay un hombre que puede ser médico, y en ti percibo la necesidad de curar, una necesidad tan intensa que quema" (Gordon, 1992: 327). En la novela y en la película es un personaje[23] que tiene un lugar preeminente, no así en el musical donde no tiene ningún momento de lucimiento personal, como sí le sucede al SHA, cuya aria "Qué gran quimera este juego es", número 13 de la partitura, es de singular belleza. AVICENA, como personaje en el musical, logra la proyección de su figura en cuanto a que es citado continuamente y a que configura la representación del Maestro a través de sus frases musicales cuyo contenido roza más la filosofía que la medicina: "El poder no conoce amistad / te aconsejo prudencia mostrar", "Guerra y poder implican sangre y dolor" o "La vida se mueve / no sabes qué vendrá". Su construcción dramática recuerda más al lorquiano PEPE EL ROMANO que a la figura monumental que a Ben Kingsley le habían otorgado en la película. Quizá el momento más glorioso

[22] Avicena, cuyo nombre completo era Abu Ali al-Husayn ibn Abd Allah ibn Sina, nació en el año 980 en la ciudad de Afshana, ubicada en la provincia de Jorasán, en lo que hoy es Uzbekistán. Desde temprana edad, demostró un gran interés por el conocimiento y una capacidad excepcional para el aprendizaje. Durante su infancia, Avicena recibió una educación privilegiada gracias a su padre, quien era gobernador de una región del Imperio Samánida. En el campo de la medicina, Avicena es considerado como un pionero y uno de los mayores exponentes de la medicina islámica. Sus obras han sido fundamentales en la formación de profesionales de la salud durante siglos. Sus contribuciones en el ámbito de la anatomía, la fisiología y la farmacología siguen siendo estudiadas y valoradas en la actualidad. Algunas de las obras más destacadas de Avicena son *El Canon de Medicina* y *El libro de la curación*, donde abordó temas médicos y filosóficos. (Historia Universal, 2023).

[23] El personaje de Avicena en la película es interpretado por el célebre actor británico Ben Kingsley.

de AVICENA en el musical sea el Final, número 19 de la partitura (Amador, 2018: 25):

La ciencia es tu fe,
huye de la ciudad.
Confío en ti,
el fruto de mi estudio
pongo en tus manos hoy.

En estos dos ejemplos históricos: la vida de Isfahán bajo el Sha y la vida de Avicena, vemos como avanza la historia de una novela en su vuelco a los parámetros y necesidades de la poética del teatro musical, implícitamente el espectador, como el lector, sienten que, si están ante una ciudad existente en la actualidad y ante un personaje histórico, todo ello dota de una verdad poética al resto de la acción y nos convierte en testigos de una realidad histórica, de un pedazo de vida que siguiendo a Giordano Bruno: "se non è vero, è ben trovato".

6. CONCLUSIÓN

El médico es una novela publicada en 1986 dentro del género de ficción histórica que toma como base argumental la medicina, la orientación profesional de un joven que anhela adquirir conocimientos y va en busca de uno de los científicos más importantes de la historia: Avicena. Todo ello se mantiene en el musical, incluidos los avances en curación de lo que se denominaba "mal del costado", así como la aparición de la peste y la búsqueda de sanación de esta, un musical cuyo estreno se produce en 2018 curiosamente a las puertas de otra epidemia: el covid-19. La sociedad, gracias a la dedicación y avances médicos ha superado una pandemia más en su historia, y ha continuado asistiendo a un musical que busca igualar los resultados en la recepción de la novela, más de diez millones de ejemplares vendidos en el caso del libro y en el caso del musical superando ya las setecientas representaciones.

El médico viene a demostrarnos la buena salud que goza el teatro musical español y a plantarle cara a otras producciones del mismo género de otras latitudes, en esa fiebre del oro tal y como ha denominado el profesor Romera que nos encontramos en nuestras carteleras (Romera, 2016: 511-532), y nos hace creer que hay un futuro prometedor para la creación futura de musicales de cuña hispana cuando nos avanzan el estreno de *Los pilares de la tierra* y queda patente el éxito obtenido por el resto de sus obras, todas basadas, como hemos dicho en novelas de amplia venta, una marca de la casa. Así como es marca de Amador y Macías el número 9 de la partitura de la obra aquí analizada (Macías, 2018: 12), seguramente el motivo musical más inspirado que han escrito y que mayor proyección ha obtenido hasta el momento, y que curiosamente tiene una singular vinculación con la ciencia a través de la astrología:

> En las estrellas está escrito
> nuestro destino de principio a fin
> y tú no puedes decidir.
> Sigamos siempre nuestros sueños.
> El universo nos ayudará.
> Escrito en una estrella está.
> En una estrella está[24].

[24] Una grabación de esta intervención puede verse en https://canal.uned.es/video/66f518e6d9e878478a075f92 [25/09/2024].

REFERENCIAS BIBLIOGRÁFICAS

AMADOR, F. (2018). *El Médico*. Programa grande. Madrid: Teatro Nuevo Apolo.

CASARES RODICIO, E. *et al. (*2006). *Diccionario de la zarzuela*. 2 vols. (2.ª ed. corregida y aumentada). Madrid: ICCMU.

ESPÍN TEMPLADO, M. P. (2009). "Los clásicos y la zarzuela: de refundiciones, adaptaciones y parodias". *En buena compañía. Estudios en honor de Luciano García Lorenzo,* Joaquín Álvarez Barrientos *et al.* (eds.), 1095-1112. Madrid: CSIC.

FERNÁNDEZ DE SEVILLA, L. (2000). *La del soto del parral*. Libro programa del teatro de la Zarzuela. Madrid: INAEM.

GORDON, N. (1992). *El médico. Nueva novela histórica*. Barcelona: Plural.

HISTORIAUNIVERSAL.ORG (2023). *Biografía de Avicena*. /historiauniversal.org/Avicena [03/09/2024].

LARRA, L. (2019). *El barberillo de Lavapiés*. Libro programa del teatro de la Zarzuela. Madrid: INAEM.

MACÍAS, I. (2018). *El Médico*. 2 CD. Madrid: Versus editorial.

RAMOS CARRIÓN, M. (2007). *El rey que rabió*. Libro programa del teatro de la Zarzuela. Madrid: INAEM.

ROMERA CASTILLO, J. (2011). "Sobre teatro musical y globalización en España ahora". En su obra, *Teatro español entre dos siglos a examen,*328-336. Madrid: Verbum.

_____ (2016). "Musicales en España en la actualidad: la fiebre del oro". En *Teatro y música en los inicios del siglo XXI*, J. Romera Castillo (ed.), 511-532. Madrid: Verbum.

ROMERA CASTILLO, J., ed. (2016). "Musicales". En *Teatro y música en los inicios del siglo XXI*, J. Romera Castillo (ed.), 487-556. Madrid: Verbum.

VEGA, R. (2006). *La verbena de la Paloma*. Libro programa del teatro de la Zarzuela. Madrid: INAEM.

TEATRO Y SALUD MENTAL

REPRESENTACIÓN Y DELIRIO EN *EL TEATRO DE LAS LOCAS*

REPRESENTATION AND DELIRIUM AT *EL TEATRO DE LAS LOCAS*

MARÍA DOLORES BLASCO MENA (LOLA BLASCO)
Universidad Carlos III de Madrid / Dramaturga
mdblasco@hum.uc3m.es

Resumen: *El teatro de las locas* es una obra de teatro que se creó a partir de una investigación sobre la representación de una enfermedad: la histeria. Una patología que ha sido puesta en cuestión en numerosas ocasiones y que se ha vinculado tradicionalmente a las mujeres o a aquellos atributos entendidos como femeninos. La obra analiza la imagen de la locura en términos de género, así como la responsabilidad del arte a la hora de perpetuar estereotipos a través de la representación. La desviación de lo normativo ha sido motivo de estigma y de encierro, desviación a la que se han entregado multitud de artistas. *El teatro de las locas* pone en cuestión dicha normatividad y hace del arte y del delirio un medio para la subversión política[1].

Palabras clave: Teatro. *El teatro de las locas*. Representación. Delirio. Histeria. Dramaturgia española. Dramaturgas españolas.

---

[1] Investigación realizada en el marco del proyecto "PERFORMA3. Teatro sin teatro: teoría y práctica del no actor en la escena española contemporánea (PID2023-149349NB-I00B) (2024-2028), financiado por MCIU /AEI /10.13039/501100011033 / FEDER, UE.

Abstract: *El teatro de las locas* is a play that was created as a result of a research into the representation of an illness: hysteria. A pathology that has been questioned in numerous occasions and that has traditionally been linked to women or to those attributes understood as feminine. The work analyses the image of madness in terms of gender, as well as the responsibility of art in perpetuating stereotypes through representation. Deviation from the normative has been a source of stigma and confinement, a deviation to which many artists have devoted themselves. The teatro de las locas questions this normativity and turns art and delirium into a mean of political subversion.

Keywords: Theatre. *El teatro de las locas*. Representation. Delirium. Hysteria. Spanish Dramaturgy. Spanish Women Playwrights.

1. TEATRO E HISTERIA: INTERSECCIONES ESCÉNICAS

A lo largo de este trabajo quisiera dar cuenta de algunas cuestiones que estuvieron presentes durante la investigación para la creación de mi obra *El Teatro de las locas*. Una investigación para la cual estuve investigando en París (Maison Antoine Vitez) y en Aviñón (La chartreuse- Centre national des écritures du spectacle) en el verano del 2022 y que, finalmente, pude llevar a escena este mismo año entre el 23 de febrero y el 31 de marzo en el Centro Dramático Nacional.

Jerzey Grotowsky en su famosa obra *Hacia un teatro pobre* (Grotowski, 1987) rechaza la teatralidad superficial. Considera como virtud la simplicidad escénica, la búsqueda de la esencia actoral como una revelación en la que prima el cuerpo como instrumento de expresión y la autenticidad en la relación entre actor y espectador. "La nuestra es una vía negativa" dirá Grotowsky, "no una colección de técnicas, sino la destrucción de obstáculos" dirá (Grotosky, 1987: 11), y es evidente que, a lo largo de la Historia del teatro, esta indagación sobre la verdad escénica, esta búsqueda, si se me permite, de sinceridad, nos ha llevado a múltiples manifestaciones teatrales en las que la inclusión de no-actores ha dado lugar a piezas escénicas de muchísimo interés en las que anida, en algunos de los casos, un cuestionamiento de las artes escénicas desde una perspectiva política. Siguiendo algunas de las propuestas del siglo pasado propiciadas por Bertolt Brecht y desarrolladas en mayor medida por Augusto Boal en su Teatro Foro, encontramos en este momento un sugerente panorama teatral en el que los límites entre actor y espectador, entre persona y personaje se disipan, y los roles se intercambian con facilidad. Esto es algo que sucede con frecuencia, por ejemplo, en la dramaturgia confesional de la que he dado cuenta en otras ocasiones.

No obstante, fue una dinámica inversa la que me motivó a crear *El teatro de las locas*. Una dinámica en la que personas, pacientes diagnosticadas como histéricas (una enfermedad marcada por el sesgo de género), fueron obligadas por el neurólogo francés Jean- Martin Charcot (1825-1893) a la representación constante, a convertirse en actrices y formar parte del espectáculo de sus conferencias públicas de los viernes y sus *Lecciones de los martes* (Charcot, 2003), haciendo de la forma teatral una norma científica. Conferencias, espectáculos, en los que era habitual la propia Sarah Bernhardt, quien acudía (al igual que otros actores de la Comédie- Française) a ver a "las locas" con el fin de realizar una interpretación más realista, alejada de la afectación y los ademanes propios de la época, en búsqueda de una verdad escénica profunda. Una verdad que surgía de los gestos de las no-actrices (aunque actrices) de Charcot. A este interés de los actores de la Comédie en presenciar a las pacientes de la Salpêtrière, seguramente contribuyó la relación que Charcot mantenía con Guillaume Duchenne (1806-1875), relación que se fraguó cuando este último acudió al hospital a buscar a la hermana de Bernhardt que estaba siendo tratada en el mismo por su adicción a la morfina. Duchenne enseñó a Charcot cómo estimular un nervio y un músculo surgiendo ahí la base del electrodiagnóstico y Charcot utilizó los experimentos de Duchenne para cincelar a los actores con el fin de modificar su expresión facial y crear personajes "a lo Shakespeare". Y es que Charcot se inspiró en el teatro y en la representación pictórica para explicar sus teorías, de ahí que no deja de ser curiosa esta retroalimentación del teatro y la pintura a la medicina y de nuevo al teatro y a la pintura, ya que el mecanismo de la fisonomía humana y el análisis electrofisiológico de las pasiones tuvo gran éxito entre los actores y artistas plásticos, gozó de gran popularidad. Si tenemos en cuenta que Charcot fue a su vez maestro de Freud (quien asumiría algunas de sus teorías para el posterior desarrollo del psicoanálisis), y también que sobre bases psicoanalistas se han asentado algunas de las técnicas de actuación contemporáneas (ahí tenemos, por poner un ejemplo, las llevadas a cabo por Lee Strasberg en su particular aplicación del sistema de Stanislavsky), considero que puede resultar estimulante realizar este recorrido de ida y vuelta a la luz de algunas muestras del teatro más contemporáneo en el que se ponen en juego la exploración de roles, la exposición de traumas, la reconstrucción identitaria y su consecuente catarsis. Asimismo, lo acontecido en su día en la Salpêtrière, la realidad histórica, ha sido motivo de inspiración para una serie de obras artísticas lo que hace que sea pertinente plantearse el porqué de esta fascinación o interés.

En el ámbito de la narrativa un ejemplo popular sería *El baile de las locas* de Victoria Mas (Mas, 2021), que a su vez fue llevado al cine por Mélanie Laurent hace tres años. Pero también podríamos hablar de otras obras que, aunque menos conocidas son, sin embargo, relevantes para este estudio. Tal es el caso del onírico cortometraje *Augustine* de Jean-Claude Monod y Jean-Cristophe Valtat, estrenado en 2011, un año antes que la película con el mismo título de Alice Winocour. De nuevo en el ámbito narrativo cabría mencionar *El libro de Blanche y Marie* de Per Olov, (Olov, 2007), que parte de lo real, pero juega con la ficción de un posible encuentro entre Blanche Withman, (paciente de Charcot y luego enfermera de la Salpêtrière que acabó con ambos brazos amputados por la radio), y la científica Marie Curie, así como la novela gráfica *Histeria* de Richard Appignanesi y Oscar Zárate (Appignanesi y Zárate, 2016).

El año pasado se estrenó en el TEA (Tenerife Espacio de las Artes) la exposición *Histeria. La trasgresión del deseo*, en la que se establece una interesante reflexión entre lo sucedido en la Salpêtrière y la fascinación que las histéricas produjeron entre los surrealistas creando performances donde las emulaban. Dentro de las artes escénicas podríamos hablar (en el ámbito profesional) de la pieza breve *Photographies* de A (Keene, 2017), del dramaturgo australiano Daniel Keene a partir de la cual se creó la performance con el mismo título dirigida por Ariane Moret en 2018[2]. Mi investigación sobre este tema me llevó a estrenar este mismo año *El teatro de las locas* en el Centro Dramático Nacional (Blasco, 2024). Una obra en la que el espectador juega un papel decisivo, así como la entrada y salida de los actores a sus respectivos roles o la ausencia (en algunos de los casos) de

[2] Estreno en 2018 en el marco de la biennale Vevey Images: https://www.bilbaotheatre.com/photographies-de-a.html [11/10/ 2024].

personaje, entendido este último como la etiqueta, como el diagnóstico del que quieren escapar una y otra vez.

2. LE ENFERMEDAD DEL SIGLO

Foucault, en su *Historia de la locura en la época clásica*, (Foucault, 1964) se va a referir al hospital de la Salpêtrière, en París, como un lugar que no ofrecía tratamientos ni cuidados sino exclusión:

> Desde luego, un hecho está claro, el Hospital General no es un establecimiento médico. Es más bien una estructura semijurídica, una especie de entidad administrativa que, al lado de los poderes de antemano constituidos y fuera de los tribunales, decide, juzga y ejecuta (Foucault, 1964: 39).

Y es que, tal y como señala el filósofo, la soberanía de jurisdicción con la que operaban en dichos hospitales tras lo que el pensador denominó como el "gran confinamiento" va a ser absoluta. Un encierro que va a comenzar a partir del año 1656 con un decreto, una reforma, apenas una reorganización administrativa, impulsada por factores como el crecimiento de la población urbana, el aumento de la pobreza, la marginalidad y una serie de cambios en las estructuras políticas y sociales. Estos factores contribuyeron a una mayor preocupación por el control social y a la regulación de la conducta que se consideraba como desviada, lo que representó un cambio radical en la forma en que la locura era percibida. En realidad, el gran confinamiento fue un medio para ejercer el control sobre aquellos sectores de la sociedad considerados marginales o peligrosos. No se encerró solo a enfermos mentales, también fue el hogar de ladrones, mendigos, revolucionarias o prostitutas. Las instituciones psiquiátricas y penales se convirtieron en instrumentos de disciplina y poder donde se aplicaron técnicas de vigilancia y castigo: "Para ese efecto los directores tendrán estacas y de suplicio, prisiones y mazmorras, en el dicho hospital y lugares que de él dependan, como ellos lo juzguen conveniente" (Foucault, 1964: 39). Y ese es el marco que se va a encontrar Pinel, antecesor de Charcot a su llegada al hospital y que va a inmortalizar Fleury en un cuadro donde aparece Pinel "liberando a las locas de sus cadenas". Los alienistas que trabajaron bajo las órdenes de Pinel experimentaron asimismo con terapias poco ortodoxas, pero no va a ser hasta la llegada de Charcot en el que "las locas" van a convertirse en un auténtico fenómeno, una suerte de *freak show*, un espectáculo que va a aglutinar a su alrededor a gran parte de la sociedad burguesa de la época que se sentía atraída por estas mujeres (las cuales eran expuestas con muy poca ropa), y por la enfermedad de moda, la histeria. Una enfermedad que venía siendo documentada desde los tiempos de Hipócrates, que fue el que le puso el nombre a la misma (histeria, de *hystera*, útero) y a la que va a hacer referencia en su libro *De las enfermedades de las mujere*s. (Hipocrátes, 2003). Una enfermedad a la que también se va a referir Platón, y que resume de la siguiente manera en su *Timeo* (Platón, 1872):

> Por el mismo motivo, en las mujeres la matriz y la vulva no se parecen menos a un animal ansioso de procrear; de manera que si permanece sin producir frutos mucho tiempo después de pasada la sazón conveniente, se irrita y se encoleriza; anda errante por todo el cuerpo, cierra el paso al aire, impide la respiración, pone al cuerpo en peligros extremos, y engendra mil enfermedades (Platón, 1872: 262).

Y aunque Galeno en su momento ya consideró ridículas estas teorías del útero errante, (así como su tratamiento que consistía en obligar al útero a volver a su sitio estimulándolo con perfumes y vapores y que se siguió utilizando hasta 1910), y aunque pensó que la histeria podía darse tanto en hombres como en mujeres, sus opiniones no van a ser tenidas en cuenta hasta que la enfermedad va a alcanzar su máxima notoriedad en la sociedad puritana del XIX de la mano del personaje que aquí nos ocupa: Jean- Martin Charcot. Cuyas teorías acerca de la histeria (un "cajón de sastre" en el que cabían las más variadas patologías) lo catapultarían a la fama. Como expresó de forma irónica Guy de Maupassant en un periódico local en 1882:

> ¿Estás enamorada? Eres histérica ¿Eres indiferente a las pasiones que conmueven a otros? Eres histérica, pero una histérica casta. ¿Engañas a tu marido? Eres una histérica, pero una histérica sensual. ¿Robas piezas de seda de una tienda? Histérica. ¿Mientes? Histérica ¿Eres codiciosa? Histérica. ¿Estás nerviosa? Histérica. ¿Eres a fin de cuentas lo que son todas las mujeres desde el principio de la historia? ¡Histérica! ¡Histérica![3].

Jean-Martin Charcot fue un neurólogo francés al que le debemos algunos descubrimientos de mucho interés en la historia de la medicina y también alguno de sus momentos más bochornosos. Entre sus hallazgos está el de ser el primero en describir la esclerosis lateral amiotrófica y en tanto que desarrolla el concepto de trauma en 1885, sentará las bases de lo que luego sería el psicoanálisis. Tratará la histeria como una enfermedad de la psique, eso sí, sin abandonar la idea de que la histeria tiene

[3] https://www.bbc.com/mundo/noticias-57160451 [11/10/2024].

que ver con lo genital y con la herencia familiar. Su discípulo y gran admirador Freud, también asentará sus pesquisas sobre las mismas bases y también recurrirá al teatro para darle explicación al comportamiento humano. Después de Galeno, Charcot fue el único que planteó que la histeria podía ser sufrida por hombres y mujeres de la misma manera. Sin embargo, fueron más las mujeres encerradas en el pabellón regentado por el neurólogo. Esto fue así porque a través del diagnóstico, la sociedad vio una forma de deshacerse de aquellas mujeres cuyo comportamiento les resultaba hostil, o cuya herencia querían controlar, o cuyas ideas o forma de vida resultaban por entonces escandalosas. De entre los hombres que corrían la misma suerte, Charcot especificaba que la histeria se daba más entre profesiones dudosas, generalmente artistas, o personas pertenecientes a la clase obrera. También en alcohólicos o afeminados. En cualquier caso, para Charcot la enfermedad fue real. Tanto que llegó a experimentar con la hipnosis dándola por algo constatable en sus *Lecciones de los martes* (Charcot, 2003), donde más que un espectáculo lo que creó fue un circo romano asegurando que sus pacientes hipnotizadas no podían sentir ningún dolor. Allí, y frente a su grupo de alumnos, Charcot realizó punciones y retorció brazos, (esto pese a las quejas de algunas de las mujeres). Charcot creía que sólo los sujetos cuyo sistema nervioso era más débil podían ser hipnotizados y traumatizó a estas personas haciéndoles revivir una y otra vez situaciones terroríficas, como en un ensayo que nunca acaba, un ensayo eterno, provocándoles más problemas que soluciones en su afán de demostrar su teoría del trauma. Tal y como señala Héctor Pérez Rincón en El teatro de las histéricas (Pérez Rincón, 2003):

> Charcot nunca sospechó que sus pacientes pudieran disimular los síntomas que sabían que se esperaban de ellas, o que la repetición de estas crisis dramáticas frente al público hubieran podido ser maquinadas por los asistentes o por los alumnos tras bambalinas con el fin de satisfacer a su maestro. Para algunos historiadores, Charcot fue víctima de hábiles comediantes y simuladoras excelentes (Pérez- Rincón, 2003: 58).

El médico, llegó a clasificar las crisis en cuatro fases bien diferenciadas: convulsión, clownismo, pasión y delirio. Es en las últimas fases en las que aparecían las posturas pasionales y las enfermas podían recrear aquello que las había hecho enfermar.

Charcot elegía para sus exposiciones aquellas pacientes que eran capaces de pasar por las cuatro fases, que podían habitar un ciclo histérico completo. En el pabellón de mujeres de la Salpêtrière, las mujeres que habían sido diagnosticadas de histeria convivían con las epilépticas y hay quienes dicen que lo que hicieron fue copiar los gestos de las epilépticas ante el miedo de no salir nunca de allí si eran consideradas incurables ya que, como ya he mencionado, el encierro y el aislamiento estaban a la orden del día y Charcot necesitaba sujetos con los que realizar sus experimentos. Valga este extracto de sus *Lecciones de los martes* (Charcot, 2003):

> En los casos de histeria en jóvenes lo primero que hay que hacer es separarlos de sus madres. Mientras están con sus madres no hay nada que hacer. Llevar a este chico a un establecimiento hidroterapéutico y dejar que su madre le acompañe no serviría de nada. Más valdría llevarle a un establecimiento donde no hubiera hidroterapia a condición de que su madre no lo siguiese. A veces el padre es tan insopor-

table como la madre, lo mejor es quitar de en medio a los dos (Charcot, 2003: 88).

De ahí que las mujeres compitieran entre sí realizando gestos cada vez más histriónicos en busca de llamar la atención del doctor y sus discípulos. Rincón señala que en *El manual diagnóstico y estadístico de las adicciones* de la Asociación Psiquiátrica Norteamericana la enfermedad de la Histeria aparece en su cuarta versión con, entre otras, la siguiente acepción: "trastorno histriónico de la personalidad". El neologismo *histrio* era entre los romanos el nombre de los actores que participaban en las bufonerías, significa comediante, pero en un sentido despectivo. Charcot y el resto de médicos convirtieron a las pacientes en actrices, sí, en bufonas con las que entretener la vulgaridad de sus pasiones.

3. LA REPRESENTACIÓN DE LA HISTERIA

Didi- Huberman (2007), en la *La invención de la histeria* cuenta, no sin cierta sorna, cómo la histeria, tal y como la concibe Charcot, termina con su propia muerte. En su ensayo se centra en cómo Charcot utilizó la fotografía en el Hospital de la Salpêtrière para documentar y, en cierto modo, inventar la narrativa visual de la histeria. El médico no solo medía muy bien las pausas o los tonos de voz para que el espectáculo nunca decayera, también utilizó, durante sus conferencias, las, por aquel entonces, novedosas proyecciones. Charcot siempre se consideró un artista era un gran aficionado a la pintura y él mismo no paraba de pintar y hacer bocetos. De algunas de sus pacientes sacó moldes de escayola, como en el mito de Pigmalión, pero a la inversa. Charcot desposeía de carne a sus pacientes las "muñequizaba". Y utilizaba la fotografía en su afán de dar objetividad y mostrar ante el mundo las cuatro fases de lo que llamó *hysteria major*, creando un extenso archivo de imágenes que buscaban legitimar esta condición como una enfermedad neurológica real. La fotografía servía, no solo para documentar, sino también para estudiar los síntomas, proporcionando una aparente evidencia visual de la misma. Sin embargo, el incipiente desarrollo de la fotografía no permitía tomar rápidas instantáneas y esto haría que el público de Charcot supiese que esas fotografías solo podían tomarse desde el fingimiento. ¿Por qué eran entonces tan multitudinarias las convocatorias? Huberman se inclina hacia el placer artístico que las locas provocaban en el público:

> Hasta hoy nos han llegado las series de imágenes [...] ahí aparece todo: poses, ataques gritos, "actitudes pasionales", "crucifixiones", "éxtasis", todas las posturas del delirio. Parece como si todo estuviese encerrado en esas fotos porque la fotografía era capaz de cristalizar idealmente los vínculos entre el fantasma de la histeria y el fantasma del saber. Se instaura así un *encanto* recíproco: médicos insaciables de imágenes de "la Histeria" e histéricas que consienten e incluso exageran la teatralidad de sus cuerpos. De este modo, la clínica de la histeria se convirtió en espectáculo, en invención de la histeria. Se identificó incluso soterradamente con una especie de manifestación artística. Un arte muy próximo al teatro y a la pintura (Humerman, 2007: 7-8).

Y, sin duda, debió de haber cierto placer estético. El propio Charcot se refería a sus pacientes como su "museo vivo". Didi-Huberman cree que las imágenes producidas en la Salpêtrière contribuyeron a estigmatizar a las mujeres diagnosticadas con histeria de tal modo que Charcot no se centró en documentar una enfermedad, sino que también participó en su creación y manipuló la narrativa visual. Las fotografías que recoge el libro han quedado como testimonio de algo más que de una enfermedad, de la influencia que el teatro tuvo en la misma. Por poner algunos ejemplos, obligó a las enfermas a posar ataviadas como personajes de Shakespeare (tal y como estos personajes nos han llegado a través de la pintura). Así, las enfermas eran obligadas a posar durante horas ataviadas como Ofelia o Lady Macbeth. Charcot encontró en la pintura la inspiración para crear una enfermedad y también su justificación. Así en su obra *Los endemoniados en el arte*, analiza diferentes obras de Rubens y justifica que, lo que Rubens vio para pintarlo fueron crisis histéricas y no posesiones demoniacas como se creía. Pero "el médico estaba tan poseído por el síntoma como los histéricos […] el mismo demonio de la pintura que a él le poseyó, poseyó a la postre a sus enfermos, que veían sus pinturas en su despacho y en muchas de las paredes de la Salpêtrière" Caigas en Charcot (2000: 19).

La fotógrafa Julia Montilla, en *Enajenadas, Ilustraciones médicas de la locura* (Montilla, 2016), trata de cómo, paulatinamente, a lo largo de la Historia, lo que se ha entendido como desviación o enajenación ha ido inclinándose del lado de lo que tradicionalmente hemos entendido como femenino:

> Tales cambios serán significativos para el paso desde una concepción masculina a una idea femenina del trastorno. Al disociar la masculinidad de la rabia y la tristeza, dichas cualidades, excesivamente emocionales sufrirán un cambio de género relacionándose posteriormente con la enajenación de las mujeres (Montilla, 2016: 18-19).

Si en la Antigüedad un hombre enajenado o desviado era un hombre furioso o iracundo, con el pasar de los años la expresión de las pasiones, la tristeza o la melancolía, rasgos atribuidos a las mujeres, han pasado a ocupar ese lugar, haciendo de la enajenación y de su representación una cuestión de género. Como declara Montilla, la enajenación expresa que sea imposible el pensamiento y por tanto la existencia en sí. El catalogar de enfermas, de locas a las pacientes de la Salpêtrière, la necesidad de encerrarlas dentro de un diagnóstico las transforma en no-personas. Esa deshumanización que se produce tras el diagnóstico es la que hace que se pueda experimentar con ellas, es la que hace que otros disfruten observando esa experimentación. Cuanto mayor es la deshumanización mayor es la obscenidad, una obscenidad que debe leerse en clave de género ya que, si bien Charcot pensaba que la histeria se daba en mujeres y en hombres, siempre pensó en las mujeres como seres más débiles y por tanto inferiores y en los hombres histéricos como hombres afeminados que se dejaban llevar por sus pasiones. Freud siguió con los mismos pensamientos que Charcot y por eso no tuvo reparos en publicar el caso de Dora, lo que escandalizó a la sociedad vienesa de la época dado que Ida Bauer no había dado su consentimiento para su publicación.

Algo parecido puede verse en Montdevergues, el hospital donde murió encerrada la escultora Camille Claudel y que todavía funciona como hospital psiquiátrico. Camille se negó, desde que entró en Montdevergues, a crear nada. Nunca quiso hacer una escultura allí (pese a que la animaron a ello), no quería dejar en ese lugar nada suyo, nada de sí. Sin embargo, una pequeña parte en uno de los últimos edificios del hospital, en el lateral izquierdo, ha sido habilitado como museo. Han restaurado suelos y puertas, para dejarlo como estaba cuando Camille vivía. Y allí, entre camisas de fuerzas y camas con correas, puede leerse por completo el historial médico de Camille. Sorprende la diferencia con la que se trata a la escultora si visitas a pocos kilómetros el hospital Saint Paul de Mausole donde trataron a Vang Gogh, y donde lo único que se expone ante el turismo son reproducciones de los cuadros del pintor. En Montdevergues puede leerse lo que Camille hizo cada día hasta que murió. Puede leerse el informe del médico a la familia diciendo que estaría mejor con los suyos. En una de esas proyecciones cíclicas propias de los museos, se cuenta la historia de Camille, les han cedido una obra suya para exponerla. Camille jamás salió del hospital. Ni siquiera ahora. Se ha quedado encerrada, para siempre.

4. *EL TEATRO DE LAS LOCAS*

Adentrándonos ya en *El teatro de las locas*, la obra que escribí y estrené este mismo año en el Centro Dramático Nacional, es importante destacar su carácter metateatral. La pieza es una comedia ácida, una tragicomedia que aborda la enfermedad mental no solo como una patología, sino también como una construcción imaginaria. La obra se estrenó a finales de febrero y el reparto estuvo compuesto por cuatro actrices y un actor: Pepa Zaragoza, Alda Lozano, Nieves Soria, María Pizarro y Alberto Velasco. La escenografía fue de Luis Crespo, la iluminación de Juanjo Llorens, el vestuario de Pier Paolo Álvaro, los visuales de Elena Juárez, la música en directo estuvo a cargo de Vidal y el movimiento escénico lo firmó María Cabeza de Vaca.

La investigación que me llevó a esta obra comenzó durante la pandemia del COVID-19. Yo fui una de las muchas personas que acabó encerrada en un hospital y esto me generó un trauma profundo. En los inicios de la pandemia, y con el terror invadiendo las calles, decidí hacer una obra sobre el encierro, concretamente el hospitalario, y así fue como llegué a ese otro gran confinamiento, el de la Salpêtrière. En el hospital de la Salpêtrière una vez al año se organizaba un baile y las enfermas se disfrazaban de la mejor manera posible para llamar la atención de quienes allí acudían por el morbo que les producía bailar con las locas (no olvidemos el componente erótico que esto tenía, en la época del corsé y el puritanismo). Ese baile era para muchas de ellas un anhelo, la posibilidad de una salida. Durante la investigación para la pieza encontré un deseo de una de las pacientes (Augustine), más que un deseo una certeza, una especie de mensaje en una botella. Decía "algún día alguien hará una obra sobre nosotras". Con *El teatro de las locas* he recogido ese mensaje, las he sacado a bailar, he redimido (como diría W. Benjamin) su sufrimiento cogiéndolas de la mano.

A la investigación de lo ocurrido en la Salpêtrière se unió el descubrimiento de un trabajo liderado por Rafael Huertas: *Cartas desde el manicomio* (Villasante, 2018) en el que se recogen los testimonios de personas ingresadas en la Casa de Dementes de Santa Isabel de Leganés. El libro recoge las cartas de los enfermos, cartas que nunca fueron enviadas, cartas del más profundo desconsuelo. Fue ahí cuando decidí que *El teatro de las locas* fuese una obra coral, una obra atemporal en la que cinco actores interpretan a diez o incluso doce personajes, pero que incluye otras muchas voces, que está tejida de todas ellas.

La pieza está estructurada en cuatro partes: "Convulsión", "Circo", "Pasión" y "Delirio!". Cada una de estas partes responde a lo que Charcot entiende por la gran Histeria, lo que vendría a ser un ataque histérico perfecto, con su principio, nudo y desenlace. La premisa era que, en un primer momento, el espectador no supiese que los personajes estaban verdaderamente encerrados en un hospital, por lo que jugué con la ambigüedad de lo que parecían ser los ensayos de una compañía de actrices, una huelga por las malas condiciones laborales. Algo que tampoco se aleja en exceso de la realidad misma. Aunque suelo hacer una escritura de gabinete, en esta ocasión muchas partes se han ido reescribiendo durante los ensayos. A esto ha contribuido el hecho de que haya podido encargarme de la propia dirección de la obra, así como de la flexibilidad con la que ha trabajado mi equipo. Lo que me ha permitido una exploración constante *in situ* que, en mi opinión, ha sido muy enriquecedora. Tal fue la tortura de los cambios en los papeles que me permití, incluso, hacer guiños al respecto. Valgan como ejemplo las siguientes frases pronunciadas por Alberto Velasco: "yo, por ejemplo, no soporto a las autoras que utilizan palabras retorcidas. Ni tampoco a las personas con peluca. Mienten sobre lo que hay en su cabeza" o "mi experiencia me ha permitido constatar que la locura se da, en proporción mayor, entre los actores. ¡Como abusa esa gente de su memoria! Cada día tienen que aprender un nuevo papel, o cambiar su papel en función de los caprichos del autor de turno" (Blasco, 2024)[4].

En "Convulsión" la carga política se hace más evidente y establece lo que será el tono de la pieza en la que pasado y presente coexisten al mismo tiempo. Así, estamos en el XIX en el hospital de la Salpetrière, pero estamos también en el siglo XXI o incluso en la Edad Media al mismo tiempo. Esto me lo pude permitir gracias a que introduje un personaje La mística, que tiene la capacidad de ver pasado y futuro. Por ello en esta primera parte se tratan temas de actualidad política, pero también estética, en una suerte de rebelión sobre el estado de las cosas y de los tiempos. Volviendo al carácter asambleario que tenía el teatro en la Antigua Grecia, aunque pronto descubriremos que estas mujeres no tienen ni voz, ni voto:

---

[4] La obra *El teatro de las locas* no ha sido publicada hasta la fecha.

La vieja gloria- De todos modos, eso no importa. Lo importante ahora es que no podemos seguir como títeres sin cabeza asumiendo órdenes absurdas que no tienen sentido y que, además, van a contracorriente. Y con esto quiero decir en contra de la opinión general, de las tendencias artísticas, del sentido del gusto y del decoro.

(Pausa.)

La cobarde- Sólo ha dicho que nos pongamos shakespearianas.

La suplente- ¿Qué es ponerse shakespeariana?

La colérica- *(Al público.)* Que trabajemos a partir de nuestros traumas, pero como si fuéramos personajes de Shakespeare.

La vieja gloria- ¿Quién hace eso?

La mística- ¿El qué? ¿Lo de contar sus traumas?

La vieja gloria- ¡En un escenario!

La colérica- Eso lo hace todo el mundo (Blasco, 2024).

Así, la incitación a la rebelión de las enfermas, la necesidad de "no seguir actuando", los problemas que tratan en sus debates sobre si hacer o no un referéndum, el desencanto que se produce al sentirse exiliadas del mundo y, por tanto, de la participación activa de la historia. La convicción de ser ciudadanas de segunda y que, en algunos momentos se equipara con la de los inmigrantes etc. Va desvelando poco a poco las características específicas de estos personajes que podría decirse que funcionan como arquetipos y cuya denominación está determinada por una mirada externa. *La vieja gloria, La cobarde, La mística, La colérica* y *La suplente* son etiquetas que les preceden determinadas por la pasión que las domina, el lugar que ocupan en un determinado grupo social o un rasgo de carácter a ojos de un tercero que observa. Algunos de ellos, como en la obra de Pirandello, desean rebelarse, salir del juego de roles, no desean seguir con la actuación, pues la máscara y el juego de roles está fagocitando su identidad. Están siendo absorbidos por la narrativa. Su existencia biológica (tal y como plantea Agamben en Homo Sacer) se ha convertido en un lienzo en la que se inscriben significados sociales y políticos. La persona, se desdobla en la figura del personaje, y este desdoblamiento implica una teatralización de la existencia humana: "Nos simplifica deliberadamente (dirá La vieja gloria) centrándose en un rasgo de nuestra personalidad y no en lo que somos en conjunto" (Blasco, 2024), dirá, entendiendo como salida la idea de una identidad colectiva en pos de la identidad individual que ya les ha sido negada. De este modo la multiplicación de roles podría llevarse hasta el infinito. Por poner un ejemplo, La vieja gloria firma a su vez como Las brujas de Macbeth, pero contiene rasgos de un personaje histórico real, Theroigne de Mericourt, feminista e icono de la Revolución francesa que acabó sus días encerrada en La Salpetrière. Esto se acentúa todavía más en el personaje de La suplente, que irá repitiendo las frases del resto de las actrices al carecer de identidad en un intento de pertenecer al grupo. Su identidad desdibujada, se verá acrecentada con la elección de su papel, un personaje perdido y finalmente, será a través de este personaje que escucharemos la voz de Charcot al final de la obra:

> La suplente- Aunque algunos de los personajes, siempre se rebelan. Son unos inadaptados, por eso acaban aquí. Porque no se adaptan. Fíjense que tengo un caso. Es un pobre infeliz. Un saltimbanqui. Trabajaba en las barracas de la feria. Un Freak Show. La gente le lanzaba comida, mientras lo observaban, como Dios lo trajo al mundo. Un espectáculo. He intentado introducir en él la idea de diferentes personajes. Pero siempre acaba rebelándose. Siempre acaba preguntán-

> dose por su existencia. No sé quién soy, va diciendo por ahí. No sé cuál es mi personaje. Así que al final, le he obligado a repetir palabras. Como si fuera un loro. Cada día le cambio el papel, intentando conseguir uno con el que se sienta cómodo. Pero no lo consigo. Hoy, sin ir más lejos, le he entregado mi propia identidad. Y ahí está, ante ustedes, haciendo de mi mismo. Pero estoy seguro de que en algún momento perderá las formas. En algún momento, volverá a su naturaleza (Blasco, 2024).

En *El teatro de las locas*, mientras se dan cita personajes como Ofelia, Lady Macbeth, Juana de Arco o incluso Cardenio, el loco (haciendo alusión a la obra perdida de Shakespeare y al propio Cervantes y su Quijote), también se escuchan los ecos de Jane Avril (la musa de Toulouse-Lautrec) o del pintor Gericault, que fue tratado en ese mismo hospital aquejado de melancolía y al que incluso se le facilitaron allí mismo los cadáveres para crear su gran obra maestra *La balsa de la medusa*. Evidenciando los lazos que existen entre la idea de la locura y como esta se alimenta de la representación y viceversa *ad infinitum*. Menos suerte tuvieron, sin embargo, aquellos de los que no sabemos nada o de los que tenemos pocos registros, como es el caso de Augustine (que se convirtió en la musa de los doctores por sus arrebatadas interpretaciones y cuyas actitudes pasionales recuerdan a los éxtasis de Santa Teresa) de Augustine y de tantas otras.

El juego de roles se atisba asimismo en un sexto personaje, que a su vez puede entenderse como mi propia voz y la de Charcot al mismo tiempo y que en escena fue representado por un maniquí, por una marioneta. Esta asimilación con Charcot la encontré al comprender la agresión que se ejerce de forma inherente en aquel que observa y que analiza lo observado. Así, la función de un director tomando notas y un médico haciendo lo propio, no son tareas que difieran en exceso. Además, Charcot tuvo que darles directrices a sus actrices, por lo que de nuevo el espejo funciona en ambos sentidos. Por otro lado, el maniquí también jugaba diferentes roles y, por momentos, aludía a los cuerpos torturados de las propias víctimas. Por último, me parece interesante resaltar que también el público, que en un principio cree observar el espectáculo, acaba convirtiéndose en un personaje en sí mismo, un personaje que es incluido en la acción de la obra y que pasa de ser observador a ser observado con toda la violencia que ello implica:

> La suplente- En primer lugar, quisiera dar las gracias al público. Por favor, no me aplaudan. Sepan ustedes que admitimos silbidos, pitidos, y todo tipo de insultos. Ofender, injuriar o herir es, a veces, inevitable. Los insultos, depende de la intención con la que se digan, pueden resultar incluso atractivos, peores cosas se oyen por las calles. Además, cuando sabes que no vas a conseguir nada con razonamientos, cuando sabes que la partida está perdida, en esos casos solo queda el insulto, el ataque. El espíritu humano es capaz de producir todo tipo de escarnios e injurias con prolífica espontaneidad, y la ofensa más pertinente se produce cuando más la necesitamos. Eso sí, hay que tener en cuenta que los insultos, las injurias, son como las procesiones, siempre vuelven a su punto de partida (Blasco, 2024).

En la segunda parte "Circo" (la denominada fase clónica por Charcot o clownismo) se trata de un espectáculo al más puro estilo de un *freak show*. Las pacientes/ actrices, se suben a un diminuto escenario portando sus personajes encima, y narran sus historias una a una mientras que los espectadores se convierten en los *vouyeurs* de sus sufrimientos, de sus desviaciones y de sus diagnósticos. Así, La vieja gloria/ Las brujas de Macbeth, La cobarde/ Ofelia, La colérica/ Lady Macbeth, La mística/Juana de Arco y La suplente/ Cardenio, el loco van desfilando mostrándonos sus vergüenzas, sus obsesiones. Hacen un espectáculo para salvarse, para salir de ahí:

> La cobarde- Mamá, mamá, no me maquillaré más. Te lo prometo. Ni acortaré más mi falda dándole vueltas y más vueltas en la cintura. Estoy actuando, como usted quiere: no publico con facilidad lo que pienso, presto a todos oídos y a pocos la voz, huyo siempre de protestas y disputas, y le pongo a mi conversación un precio muy alto. Si el otro día le dije esas cosas, fue por la quinina que me dieron. Pero ya estoy mucho mejor, ya puedo volver a casa. ¡Soy honesta! ¡Soy honesta! La quinina es buena para los dolores, pero la pone a una de mal humor. Pero es que le tengo miedo a las enfermedades. A la muerte no, pero a las enfermedades… Y aquí hay malaria, hay sífilis, hay peste. ¡Una epidemia mamá! ¡Mamá, mamá! Tú te irás a ver las fiestas y yo me quedo aquí encerrada. Pero no puede ser tan malo, lo de ser un putón, digo. Pues puta fue la que me sacó a mí del río, y puta también la que lavó con sus lágrimas los pies de Cristo. Perdóneme, madre, pero es que yo quería morir como he vivido, en pecado consciente. Porque, por desgracia, el mundo no huele a flores frescas, el mundo huele a pis y a sudor humano (Blasco, 2024).

Pero lo único que van a conseguir durante estas sesiones es el estigma del diagnóstico:

> NOTAS DE DIRECCIÓN: RUBIA, DE COMPLEXIÓN LINFÁTICA Y GRANDES SENOS. NUMEROSAS

> PECAS. SUFRE DE IMBECILIDAD Y TENDENCIAS SUICIDAS (Blasco, 2024).

Algunos de los pacientes encerrados no solo en la Salpêtrière sino en tantos otros manicomios estaban verdaderamente enfermos, pero otros simplemente fueron encerrados por ser hombres afeminados o mujeres cuya conducta social se consideraba como una deviación. Algunos maridos querían deshacerse de sus esposas. Algunos hermanos querían quedarse toda la herencia, o no soportaban la libertad sexual de sus hermanas (tal fue el caso de Paul Claudel que jamás perdonó a Camille por considerarla una libertina y por haber abortado).

> Lady Macbeth- Sí, la familia es un gran bien o un gran mal, y si bien se dan ejemplos de paz en algunas, en otras la tiranía prevalece, el escándalo se hace lugar. Y que te quede bien claro, yo no he desnacido a nadie, a nadie. Porque si no se ha llegado a nacer, no se puede desnacer. Yo he abortado, que no es lo mismo (Blasco, 2024).

En la tercera parte, "Pasión·, me centré en las torturas a las que fueron sometidas estás pacientes y tantas otras a lo largo de la historia. Como si se tratara de una lección escolar, los personajes entran y salen de sus personajes para contarnos cómo son esos exámenes, esos juicios y experimentos a los que eran sometidas. Experimentos que, como ya he mencionado han quedado recogidos en las *Lecciones de los martes (*Charcot, 2003) y que leídos desde el presente provocan verdadero espanto. Como cuando en una ocasión una paciente se queja tras una punción, pero el doctor Charcot, sin dirigirse a ella, dice que no puede sentir dolor porque está hipnotizada, negando de este modo la evidencia ante un público que se convierte en cómplice del sufrimiento.

Por último, "Delirio" hace alusión a dos espacios y tiempos. Estamos en uno de los shows de hipnosis de Charcot que llegó a considerar la misma como una ciencia exacta y un método de curación para las enfermas, y a la vez estamos en la ilusión, en el delirio que el propio doctor ha introducido en la mente de sus pacientes. Así, durante esta parte vamos saltando de un plano a otro, el del doctor, que, por boca de La suplente, nos explica cómo funciona la psique y cómo puedes introducir en la misma una idea si la paciente es altamente sugestionable (para él las histéricas lo eran), y el plano onírico, lugar de evasión de las propias enfermas. Fernando Colina en *Locas letras variaciones sobre la locura de escribir* (Colina, 2007) describe como la palabra delirar proviene etimológicamente de delirare que significa "salirse del surco". Para estos personajes, al igual que para el Quijote de Cervantes, el delirio es una forma de subversión, un viaje de no retorno que las aleja más y más de la realidad que desprecian. Que les aporta una salida y que les permite escribir su historia.

La vieja gloria- Ya sabía yo que lo conseguiríamos, solo teníamos que seguir luchando.

La mística- Pero estamos a la deriva, en una balsa.

La colérica- *(A la cobarde.)* A la deriva, en el exilio.

La cobarde- ¡Ah!

La vieja gloria- ¡Pero hemos escapado de la cárcel!

La mística- Pero estamos a la deriva.

La cobarde- No era una cárcel, solo era un hospital.

La colérica- ¿Y por qué tenemos que estar en una balsa? ¿Qué hay del lulu?

La cobarde- ¿Y dónde podríamos estar?

La mística- En un crucero…

La cobarde- ¿Qué es un crucero?

La mística- Un lujo hortera tan ansiado como envidiado por la clase trabajadora.

La vieja gloria- ¿Qué?

La mística- Un barco con una decoración cutre basada fundamentalmente en el brillo, en el que hay piscina, pista de hielo o incluso un teatro.

La colérica- ¡Me gustan los cruceros! ¡Me gusta el brillo! (Blasco, 2024).

5. ALGUNAS CONSIDERACIONES SOBRE LA PUESTA EN ESCENA

A nivel interpretativo, el trabajo con las actrices y el actor se ha planteado siempre desde lo formal, a partir del trabajo corporal. Si bien, *El teatro de las locas* es una obra de texto, me interesaba que las actrices no accedieran a él a través de la investigación o de la palabra, sino que lo trabajasen partiendo de lo corporal que, a partir de la forma, buscásemos la sinceridad del texto. Las inspiraciones para trabajar lo corporal junto a María Cabeza de Vaca fueron dos. Por un lado y, dado que a Charcot le gustaba pintar y se refería a sus pacientes como su "museo vivo", trabajamos a partir de diferentes cuadros como podrían ser *La balsa de la medusa* de Gericault (también sus monomanías), *La libertad guiando al pueblo* de Delacroix, *La lección de la Salpetrière* de Brouillet, o el famoso cuadro de Fleury con *Pinel liberando a las locas*. También con algunos cuadros de Rubens donde aparecen los endemoniados, así como cuadros de Füssli, en los que representa a las brujas de Macbeth o a Lady Macbeth sonámbula. Con todo esto, además de la improvisación se compuso la imagen del movimiento cuyo peso recayó sobre todo en la tercera parte de la obra, en Pasión, precisamente por ser esta parte la más apegada a lo testimonial. El hecho de trabajar de este modo tenía también otra razón de ser. Si, como se desprende de lo mencionado con anterioridad, existía cierto complejo de Pigmalión en Charcot a la hora de moldear a las pacientes y de hacerlas comportarse como él quería, tenía sentido que esta puesta en escena reflejase, del mismo modo, esta problemática.

También fue motivo de inspiración "el Turco" -mencionado por Benjamin en *su Tesis sobre el concepto de Historia* (Benjamin, (2021)- un autómata que jugaba al ajedrez del que se decía que tenía dentro un enano que manejaba las cuerdas. Esto me pareció una excelente metáfora de lo que Charcot hacía a sus pacientes. De ahí que le propusiese al escenógrafo emular las baldosas rojas y blancas que había visto en Montdevergues (el hospital donde estuvo Camille) y que bien podían hacer alusión a esta suerte de ajedrez sangriento. El espacio y el vestuario, de inspiración barroca, obligaba a los espectadores a estar dentro de la escena, lo cual tenía sentido en ese juego ilusorio en el que has de preguntarte: ¿Quién es el loco? ¿Quién vigila a quién? ¿Qué es realidad y qué forma parte de la ficción? También en una línea barroca aposté por la meta-teatralidad llevada a su máxima expresión. Un teatro, el María Guerrero, que tiene dentro un teatro, que a su vez tiene dentro un teatro etc. Así, tras las cortinas (como en las tragedias shakesperianas) se encontraba una verja que encerraba al público en la representación. Las cortinas, a su vez, funcionaban como mecanismo de proyección para visualizar las imágenes en las que habían quedado encerradas las enfermas para siempre. Las proyecciones contribuían a lo fantasmagórico en una suerte de multiplicación de imágenes, de espejismos, que conectan pasado y presente evidenciando que la igualdad (por mucho que se utilice como discurso político) todavía no se ha hecho efectiva.

"¿Qué es una mujer?" se preguntaba Shakespeare en su época y parece que la pregunta sigue siendo la misma en pleno siglo XXI. *El teatro de las locas* no pretende responder a esta cuestión de forma categórica, pero sí contribuir al imaginario de lo femenino. Nace de la necesidad de contar el relato en primera persona[5].

REFERENCIAS BIBLIOGRÁFICAS

APPIGNANESI, R. Y ZÁRATE, Ó. (2016). *Histeria*. Barcelona: ECC Ediciones.

BENJAMIN, W. (2021). *Tesis sobre el concepto de historia y otros ensayos sobre historia y política*. Madrid: Alianza.

CHARCOT, J.M. (2000). *Los endemoniados en el arte*. Jaén: Del Lunar.

_____ (2003). *Lecciones de los martes*. Jaén: Del Lunar.

COLINA, F. (2007). "Locas letras (Variaciones sobre la locura de escribir)". *Frenia* 7.1,

DIDI-HUBERMAN, G. (2007). *La invención de la histeria. Charcot y la iconografía fotográfica de la Salpêtrière*. Madrid: Cátedra.

FOUCAULT, M. (1964). *Historia de la locura en la época clásica*, vol. I. Disponible en https://patriciolepe.wordpress.com/wp-content/uploads/2007/06/foucault-michel-historia-de-la-locura.pdf [11/10/2024].

GROTOWSKY, J. (1987). *Hacia un teatro pobre*. Madrid: Siglo XXI Editores.

HIPÓCRATES (2003). *Tratados hipocráticos*. Madrid: Gredos.

[5] Una grabación de esta intervención puede verse en https://canal.uned.es/video/66f3dd50a1b27d3e870f41d4 [24/10/2024].

Keene, D. (2017) "Photographies" de A. Séverine Magois. Trad. en *Pièces courtes 3*. Paris: Éditions Theatrales.

Más, V. (2021). *El baile de las locas*. Barcelona: Salamandra.

Montilla, J. (2016). *Enajenadas. (Ilustraciones médicas de la locura femenina en el siglo XIX)*. Madrid: Brumaria.

Olov, P. (2007). *El libro de Blanche y Marie*. Barcelona: Ediciones Destino.

Pérez-Rincón, H. (2025). *El teatro de las histéricas. De como Charcot descubrió, entre otras cosas, que también había histéricos*. México: Fondo de Cultura Económica.

Platón (1872). *Obras completas*. Patricio de Azcárate ed. Tomo 6. Madrid: Medina y Navarro.

Villasante, O. (2018). *Cartas desde el manicomio. Experiencias de internamiento en la Casa de Santa Isabel de Leganés*. Madrid: Los libros de la Catarata.

ENCIERRO Y REDENCIÓN EN *EL TEATRO DE LAS LOCAS*, DE LOLA BLASCO

CONFINEMENT AND REDMPTION IN *EL TEATRO DE LAS LOCAS*, BY LOLA BLASCO

JULIO E. CHECA PUERTA
ReDiArt-XXI – Universidad Carlos III de Madrid
jcheca@hum.uc3m.es

Resumen: La obra dramática *El teatro de las locas* (2024), escrita por la dramaturga española Lola Blasco (1983), ofrece una aproximación crítica a la feminización de la locura y a las prácticas del encierro en la Modernidad, organizada a partir de las experiencias conocidas del neurólogo Jean Marie Charcot, en el hospital de la Salpetriêre, en París, quien se sirvió de la hipnosis para avanzar en el estudio de la histeria a finales del siglo XIX. Además, esta obra propone un inteligente juego metateatral con el que se cuestionan diferentes estereotipos femeninos relacionados con la salud mental, con la disidencia y con formas de estigmatización de las mujeres en la sociedad contemporánea.

Palabras clave: Teatro. Lola Blasco. *El teatro de las locas*. Encierro. Redención.

Abstract: The dramatic work *El Teatro de las Locas* (2024), written by the Spanish playwright Lola Blasco (1983), offers a critical approach to the feminization of madness and the practices of confinement in Modernity, organized from the known experiences of the neurologist Jean Marie Charcot, at the

Salpetriêre hospital, in Paris, who used hypnosis to advance the study of hysteria at the end of the 19th century. Furthermore, this work proposes an intelligent metatheatrical play with which different female stereotypes related to mental health, dissidence and forms of stigmatization of women in contemporary society are questioned.

Keywords: Theater, Lola Blasco, *El Teatro de las locas*, Confinement, Redemption.

El teatro de las locas, de Lola Blasco[1], se estrenó el 23 de febrero de 2024 en la sala de la Princesa del teatro María Guerrero (CDN), con la dirección de la propia autora[2]; al mismo tiempo que la sala principal acogía un nuevo montaje de *La casa de Bernarda Alba*, de Federico García Lorca, esta vez con dirección de Alfredo Sanzol. Es muy probable que la programación del CDN no pensara en la coincidencia de dos montajes, uno clásico y otro de reciente factura, conectados estrechamente por representar dos formas del encierro de un grupo de mujeres, a saber, las cinco hermanas y la abuela del texto lorquiano, y las cinco actrices/locas del texto de Blasco. En cierto modo, las diferentes formas de clausura, desde el convento-cementerio en que permanecen confinadas las cinco hermanas del drama lorquiano, más el desván en que está encerrada su abuela, María Josefa, hasta el teatro-hospital de la Salpetriêre, en el que se encuentran

[1] Agradezco a la autora que me haya permitido acceder al texto de la obra, todavía inédito.

[2] Reparto: Alda Lozano, María Pizarro, Nieves Soria, Alberto Velasco, Vidal (músico) y Pepa Zaragoza. Equipo artístico: Luis Crespo (Escenografía), Juanjo Llorens (Iluminación), Pier Paolo Álvaro (Vestuario), María Cabeza de Vaca (Movimiento), Elena Juárez (Video), Salomé Flor (Ayudante de dirección) y Aída Argüelles (Creación imagen previa). Producción del CDN.

las locas de Blasco, traza un recorrido tragicómico que subraya la feminización de la locura, en sus diferentes manifestaciones. Entre ambos grupos se pueden reconocer buena parte de los estereotipos femeninos de la locura moderna que, a diferencia de la agresividad y violencia que caracteriza la representación de los varones locos, está fuertemente relacionada con la provocación sexual o la insatisfacción. Como subraya Julia Montilla, ya en el año 1850 el número de mujeres recluidas en los manicomios era superior al de los hombres (Montilla, 2016), lo que supone:

> una clara transformación en la comprensión del trastorno como un desorden de género en el que las enamoradas victorianas, las melancólicas o las teatralmente agitadas internas de la Salpetriêre dominarán el campo cultural de las representaciones de la locura. Estos estereotipos están relacionados con el miedo que despertaba el empoderamiento político de las mujeres, su emancipación sexual o el crecimiento de la prostitución y las enfermedades de trasmisión sexual (Montilla, 2016: 32).

Existe una amplia literatura que se ocupa de diferentes aspectos relacionados con la intersección entre discapacidad, salud mental y género (Lagarde, 1990; Ruiz de la Rosa y González Alonso, 2020: Checa y Gómez, 2022) –o salud mental, si preferimos acudir a la terminología de uso más generalizado–, así como del encierro (Foucault, 1972; Goffman, 2012). Algunos acercamientos teóricos se refieren directamente a la idea de invención, como en el caso de la histeria (Didi-Huberman, 2007), o, no sin las correspondientes dosis de provocación, de fabricación o de mito de la locura (Szasz, 2006 y 2008). Del mismo modo, podemos considerar un nutrido conjunto de textos literarios en los que se tematizan los trastornos mentales, muchos de ellos creados por escritores que conocieron personalmente la experiencia del encierro. En el caso de las autoras, resultan emblemáticos algunos títulos literarios de muy diferente adscripción genérica –memorias, novelas, poemarios, dramas–, como *La campana de cristal* (Sylvia Plath) *Yo no soy la señorita Chevalier*, de Hersilie Roui, *Viaje al manicomio* (Kate Millet), *La otra verdad* (Alda Merini), *Memorias de abajo* (Leonora Carrington) o el texto dramático *Psicosis 4.48* (Sarah Kane). Aunque cada uno de los muchos ejemplos que podríamos citar aquí nos ofrecen una descripción del sufrimiento provocado por el trastorno psíquico y las vicisitudes por las que pasaron cada una de estas autoras, en muchas de ellas se ofrece un relato escalofriante sobre su encierro en el manicomio, similar al que hallamos en otras descripciones de la vida carcelaria o de los campos de trabajo y de exterminio. Así describe Leonora Carrington su experiencia en el manicomio:

> En Covadonga me arrancaron brutalmente las ropas y me ataron con correas, desnuda, a la cama. Don Luis entró en mi habitación a mirarme. Yo lloraba copiosamente, y le pregunté por qué me tenían prisionera y me trataban tan mal. Se marchó inmediatamente sin contestarme. Luego volvió a aparecer frau Asegurado. Le hice varias preguntas. Me dijo: "No tiene más remedio que saber quién es don Luis: viene todas las noches a hablar con usted; usted le contesta de pie encima de la cama, según su voluntad". Yo no recordaba nada de eso. Me juré a mí misma que, a partir de ese momento, me mantendría vigilante día y noche, no dormiría y protegería mi conciencia. No sé cuánto tiempo permanecía atada y desnuda. Yací varios días y noches sobre mis propios excrementos, orina y sudor, torturada por los mosquitos, cuyas picaduras me dejaron un cuerpo horrible: creí que

> eran los espíritus de todos los españoles aplastados que me echaban en cara mi internamiento, mi falta de inteligencia y mi sumisión. La magnitud de mi remordimiento hacía soportables sus ataques. No me molestaba demasiado la suciedad (Carrington, 1995: 42-43).

Aun siendo muy distintos entre sí y formando parte, casi, de todo un género literario, las obras citadas coinciden en subrayar de qué modo las mujeres fueron víctimas recurrentes de eso que Foucault denominaría "El gran encierro" (Foucault, 1972), sometidas a tratos inhumanos, sin que, necesariamente, fueran personas enfermas y, aun en el caso de que lo hubieran sido, que se pudiera justificar de algún modo la violencia y las humillaciones infligidas. Lo que identificaba a todas las personas socialmente inadaptadas, bien fuera por la locura o la neurosis, entre otras causas, era la experiencia común de la angustia. Esta condición ha quedado a menudo opacada por otros aspectos tal vez más atractivos para la representación, o menos ásperos. Como ya mostró hace algunos años Ana Martínez Pérez Canales, gran parte de estos sujetos, hombres y mujeres podrían ser considerados "disidentes" (Martínez. 2015). En todo caso, como afirmaba Foucault:

> Se sabe bien que en el siglo XVII se han creado grandes internados; en cambio, no es tan sabido que más de uno de cada 100 habitantes de París ha estado encerrado allí, así fuera por unos meses. Se sabe bien que el poder absoluto ha hecho uso de *lettres de cachet* y de medidas arbitrarias de detención; se conoce menos cuál era la conciencia jurídica que podía alentar semejantes prácticas. Desde Pinel, Tuke y Wagnitz, se sabe que los locos, durante un siglo y medio, han sufrido el régimen de estos internados, hasta el día en que

> se les descubrió en las salas del Hospital General, o en los calabozos de las casas de fuerza; se hallará que estaban mezclados con la población de las Work-houses o Zuchthäusern. Pero casi nunca se precisó claramente cuál era su estatuto, ni qué sentido tenía esta vecindad, que parecía asignar una misma patria a los pobres, a los desocupados, a los mozos de correccional y a los insensatos. Entre los muros de los internados es donde Pinel y la psiquiatría del siglo XIX volverán a encontrar a los locos; es allí —no lo olvidemos— donde los dejarán, no sin gloriarse de haberlos liberado. Desde la mitad del siglo XVIII, la locura ha estado ligada a la tierra de los internados, y al ademán que indicaba que era aquél su sitio natural (Foucault, 1972: 80).

Aunque los textos de García Lorca y de Blasco se sitúan históricamente en los últimos años del siglo XIX y comienzos del siglo XX, permiten una lectura sobre la locura, el confinamiento y la exclusión en clave de presente, como prueba la vigencia del texto lorquiano en nuestros días y la sintonía que encontramos en la comedia de Blasco con otros textos literarios actuales. La autora muestra a menudo interés por actualizar hechos y experiencias amontonados en el curso de la historia, como otra manifestación de la barbarie, para lo cual acude a textos literarios, mitos o personajes históricos que le permiten crear un complejo tejido de recursos intertextuales y de referencias culturales o históricas. Así, en un texto anterior, *Siglo mío, bestia mía* (2016), Lola Blasco proponía un diálogo entre su Yo de ficción y el personaje del Piloto, quien le preguntaba acerca de qué quería escribir, a lo que ella respondía que de su crisis personal. El Piloto cerraba la conversación afirmando que eso no le interesaba a nadie. Sospecho que el Piloto se equivoca, pues parece evidente que existe una producción literaria abundante que nos habla de crisis personales, sobre todo de mujeres cuya salud mental no puede definirse como satisfactoria; antes bien, al contrario. No es este el momento de ofrecer aquí una extensa relación de títulos o de tipologías, ni siquiera de matizar más esta afirmación; pero sí me gustaría citar, a modo de ejemplo muy reciente, la novela de Mar García Puig, *La historia de los vertebrados* (2023), pues mantiene esclarecedores puntos de contacto con el texto dramático de Blasco y ayudaría a entender mejor esa conexión entre la historia pasada y el presente, en lo que se refiere a la intersección entre género y locura a la que nos referíamos más arriba. Las razones para este interés podrían hacernos sospechar, como siempre, de los extraños mecanismos de la industria editorial, de las modas académicas o del gusto particular de un grupo o de una generación. Sin embargo, en uno de sus últimos informes[3], la Cruz Roja ofrecía interesantes consideraciones acerca de la intersección entre género y salud mental, tales como la especial vulnerabilidad de las mujeres con problemas de salud mental, la desigualdad estadística en cuanto a incidencia de los trastornos mentales entre hombres (30%) y mujeres (70%), que se explica por la presión de los estereotipos, la sexualización de los cuerpos o las brechas socioeconómicas, así como la interiorización de normas sociales y valores culturales, entre otras causas. Además, algunos datos ofrecidos por la Organización Mundial de la Salud[4] subrayan el aumento de la depresión y la mayor probabilidad de que las mujeres experimenten trastornos depresivos mayores que los hombres. Para el caso de España, según el proyecto ESEMeD sobre trastornos mentales, la prevalencia de la depresión a lo largo de la vida es

[3] Cruz Roja, 18 de abril de 2024, "Salud Mental y Mujer: interseccionalidad", en https://www2.cruzroja.es/-/salud-mental-y-mujer-interseccionalidad [07/10/2024].

[4] https://www.who.int/es/news-room/fact-sheets/detail/depression [07/10/2024].

de entre un 5 y un 7.5% en los varones, y de entre un 13 y un 16% en las mujeres. Esto es: "ser mujer es el segundo factor de riesgo para sufrir depresión, por detrás de los antecedentes familiares". Creo que son aproximaciones suficientes para ayudar en la explicación, pero añado la siguiente cita:

> El trastorno mental más frecuente es el episodio depresivo mayor, que tiene un 3,9% de prevalencia-año y un 10,5% de prevalencia-vida. Después del episodio depresivo mayor, los trastornos con mayor prevalencia-vida son la fobia específica, el trastorno por abuso de alcohol y la distimia. Los factores asociados a padecer un trastorno mental son el sexo femenino, estar separado, divorciado o viudo, y estar desempleado, de baja laboral o con una incapacidad[5].

En efecto, la divulgación científica sostiene que los trastornos psiquiátricos que con mayor frecuencia aparecen asociados a la depresión de la mujer son los trastornos de ansiedad, seguidos por los somatomorfos (síntomas orgánicos crónicos asociados a angustias, etc.), trastornos por consumo de sustancia o alcohol y trastornos de la conducta alimentaria. Las mujeres presentan tasas significativamente mayores de trastornos psiquiátricos comórbidos (tener más de una enfermedad) en relación a los hombres. Esta feminización de la locura o del trastorno psíquico no puede entenderse como algo reciente, así como tampoco lo es la reclusión de individuos, ni las aproximaciones desde los diferentes ámbitos del saber experto. Naturalmente, en el periodo en que prevaleció el paradigma mágico-religioso de la discapacidad, la locura fue entendida como un asunto de índole moral que

[5] https://www.sciencedirect.com/science/article/abs/pii/S0025775306719698 [07/10/2024].

debía ser tratado a través de prácticas relacionadas con el alma, en el territorio de la posesión demoníaca y de la brujería, como se puede apreciar en este exorcismo medieval:

> Te conjuro, ¡oh, matriz!, por nuestro señor Jesucristo, que anduvo sobre los mares con los pies secos, curó a los enfermos, ahuyentó a los demonios, resucitó a los muertos, cuya sangre nos ha redimido [...] por él mismo te conjuro para que no dañes a esta sierva de Dios Nuestro, para que no ocupes su cabeza, ni cuello, ni garganta, ni pecho, ni oídos [...] ni corazón [...] ni entrañas, ni vejiga, ni muslos, ni piernas [...]; sino que permanezcas quieta en el lugar que Dios te señaló, a fin de que esta sierva de Dios Nuestro recupere su salud (Huertas, 2014: 47).

Pero no faltaron prácticas quirúrgicas, como la extracción de la piedra de la locura, ni otras relacionadas con la expulsión del diferente, como la conocida nave de los locos, a lo largo de la dilatada historia de la locura (Porter, 2002). Algunas referencias a la historia de la locura y a diferentes prácticas relacionadas con su tratamiento se encuentran en el subtexto de la obra de Blasco, quien se ocupa, sobre todo, de lo sucedido, ya en el siglo XIX, en el hospital de la Salpetriêre, donde desarrolló su trabajo el famoso neurólogo Jean-Martin Charcot, quien centró buena parte de sus trabajos en el estudio de la histeria, para lo cual se sirvió de la técnica de la hipnosis y propició un avance significativo en el estudio de las enfermedades nerviosas, aunque no exento de polémica, como se encarga de mostrar el texto de Blasco y han subrayado distintos acercamientos a su labor:

> En sus conferencias sobre casos [Charcot] replica los síntomas histéricos sometiendo a las pacientes a hipnosis

> e induciéndoles artificialmente las cuatro fases de la crisis. La teatralización de las lecciones levantó controversia en su tiempo. Charcot fue acusado de crear una atmósfera circense en la que entrenadas enfermas interpretaban para él [...] Charcot pretenderá reproducir, repetir, copiar, a través del cuerpo de sus pacientes, un cuadro. La medicina girará en torno al lenguaje del cuadro y dará al síntoma el término de cuadro clínico (Montilla, 2016: 117 y 145).

En efecto, este "pequeño Napoleón" ofrecía semanalmente unas sesiones teatrales, en las que sus pacientes, generalmente mujeres bajo los efectos de la sugestión, actuaban para un público de unas cuatrocientas personas. Con cierta probabilidad, la práctica de Charcot no estaría muy lejos de los famosos Salones, en los que Diderot ofrecía lecciones de arte a personas distinguidas, seguramente con un propósito divulgativo no exento de ciertas dosis de vanidad o de arrogancia. El optimismo ilustrado, primero, y el positivista después, facilitarían, sin duda, estas prácticas y ayudarían no solo a profundizar en el conocimiento de las afecciones del alma, sino también a extender una serie de imágenes y de comportamientos que pudieran ser asimilados por los espectadores. Sin embargo, no hay que olvidar que, pese a las mejores intenciones posibles, tal y como sostiene Rafael Huertas, "Si el alienado es, como afirmaban los clásicos, un "extranjero de sí mismo", si el psicótico es un exiliado de la palabra, si la despersonalización o los procesos disociativos provocan sensaciones de distanciamiento o de desconexión subjetiva con el cuerpo, pero, sobre todo:

> si al loco se le excluye socialmente negándole sus derechos de ciudadano, se convierte en una no-persona. Una no-persona que permanece recluida en un no-lugar. El mani-

> comio aparece así como un no-lugar, en el sentido de Marc Augé (1992); como un espacio de no pertenencia, de tránsito —pues los pacientes esperan, nueva paradoja, salir de él enseguida—, como un recinto de exclusión en el que a ese sentimiento de no pertenencia se le añade la negación de la identidad, el lenguaje no compartido, la soledad, el silencio y, en suma, la alienación (Huertas, 2020: 25).

De este modo, creo que *El teatro de las locas* propone una mirada oportuna y muy actual, no exenta de controversia, no solo a estas prácticas médicas y a su correlato teatral, inspirado fundamentalmente en las obras de William Shakespeare, según era práctica habitual del doctor Charcot, sino también a cuestiones relacionadas con la feminización de la locura y la pervivencia de imágenes y estereotipos perniciosos. Como ya hemos apuntado arriba, este texto de Lola Blasco responde a muchas de las constantes de su escritura: intertextualidad, ficción a partir de la historia o de personajes históricos, fragmentación y construcción diseminada, analogías, conexión simbólica y sentidos no unívocos, entre otras. No obstante, su principal valor reside, a mi juicio, no tanto en el hecho de recrear, con un texto inteligente y un espectáculo bien armado, algunos hechos y personajes históricos, sino en establecer un sutil diálogo con el presente y adoptar un cierto propósito redentor, a la manera benjaminiana, para tantas mujeres víctimas de los abusos a los que, en este caso, fueron sometidas durante años dentro de la institución psiquiátrica, con la complicidad de la clase médica o religiosa, así como de sus familiares y de otros agentes sociales, pues las causas del encierro podían venir provocadas también por una petición de divorcio, por un deseo de no tener hijos o por la simple disputa por una herencia:

> Ya me han dicho que quieres casarte con la hija de tu jefe, que es gente de bien, buena gente… Por eso quieres que me declaren demente y anular nuestro matrimonio, encerrarme, de por vida, en este manicomio. ¿Es por eso que me reduces la pensión y me mandas con los pobres, donde nadie tiene hacia mí un trato distinguido? (Blasco, 2024: 35).

Muchas de estas mujeres, perfectamente lúcidas, vivieron encerradas durante años convencidas de la injusticia del trato recibido y ansiosas por ver el día de su liberación. Si al comienzo de este trabajo nos referíamos a las muchas e importantes escritoras que habían dado cuenta de sí mismas y de sus respectivos encierros a través de textos que, cuanto menos, les habían proporcionado la reparación de la fama literaria, es indudable que esa reparación ha excluido a la mayoría de mujeres anónimas que, en algunos casos, dejaron testimonios escritos que nunca llegaron a sus destinatarios. Algunos de estos testimonios le sirven a Blasco, muchos años después, para construir una ficción sobre la que descansan las experiencias de estas mujeres anónimas, encerradas contra su voluntad y confiadas en que llegarían a vivir el final de sus encierros. Sus testimonios se confunden, como veremos, con los de otros personajes femeninos del teatro universal, con quienes comparten las lacras del estigma social y el destino de la clausura. De sus falsas esperanzas nos precisa Rafael Huertas lo siguiente:

> Esta emoción ansiosa de la espera, que Barthes relaciona con los epistolarios amorosos (Barthes, 1977), aparece implícita en prácticamente todas las expresiones escritas de los pacientes manicomiales. En el caso de estos pacientes, la espera puede prolongarse durante años de aislamiento supuestamente terapéutico en un espacio de exclusión que

> supone para ellos una suerte de "paratopía"; esto es, una ubicación paradójica, un lugar que no les es propio, al que no les vincula ningún sentimiento de pertenencia, un lugar "imposible" en el que no deben ni tienen por qué estar. Esta impresión paratópica puede rastrearse en buena parte de los escritos estudiados: "este no es mi sitio", "yo no tendría que estar aquí", "me dijiste que saldría de esta casa", "sácame pronto", "no puedo seguir aquí ni un día más", "a ver si vienes a buscarme que yo no puedo estar aquí", "usted habrá observado que yo no estoy loca" (Villasante, 2018: 23).

Desde un punto de vista estructural, el texto de Blasco se organiza en cuatro partes, que se inspiran en los trabajos del doctor Charcot sobre la histeria, como ya hemos señalado, a saber, a) Convulsión; b) Circo; c) Pasión y d) Delirio. Desde el inicio de la obra, la autora nos ofrece las claves técnicas y los asuntos que se irán desplegando a lo largo del texto. El comienzo abrupto ya propone un juego de evocaciones y referencias intertextuales, a través de la imagen de las cinco mujeres y del caballo desbocado, que remite por igual a *la vida es sueño*, *La casa de Bernarda Alba* o la Soledad Montoya del *Romancero* y el célebre Marco Cavallo, de Franco Basaglia:

> El 25 de febrero de 1973, en Trieste, una comitiva en la que participaban enfermos y médicos abrió una brecha en el muro del manicomio de San Giovanni y salió a desfilar por la ciudad en torno a un gran caballo de color azul, construido con madera y cartón-piedra. Era el punto culminante de un intenso laboratorio teatral, que había durado dos meses. Los dos principales promotores del evento fueron G. Scabia, conocido hombre de teatro, y F. Basaglia, el director del hospital y alma de la notoria y polémica Ley 180, de 1978, que

> abolió los manicomios en Italia. El acontecimiento, mítico, de “Marco Cavallo” fue la punta del iceberg de un completo programa de rehumanización de los enfermos. Una experiencia, que aquí se describe, analiza y valora, en la que el teatro ayudó a dar visibilidad y a propiciar la comprensión de un grave problema social (De Miguel y Canuto, 2014: 65).

Además, se plantea desde muy pronto el problema de las relaciones de poder y el orden del discurso, que determina qué cosa sea la normalidad, junto con el encierro o desplazamiento forzoso del diferente: la nave de los locos. Si Huertas acude al término Parotopía, es preciso considerar también de qué manera algunos autores sostienen que la locura se fabrica en los manicomios, como propone el polémico ensayo de Thomas Szasz, para quien la locura sustituyó el estigma de la brujería, como nos recuerda Blasco una y otra vez a lo largo del texto. La autora subraya las claves físicas del espacio de encierro, sin nombrarlo, aunque no faltan las referencias ni las claves históricas sobre la locura dentro de la institución psiquiátrica, con el acto simbólico de romper las cadenas de las locas (Pinel), afín al espíritu de la Revolución Francesa; y el juego metateatral, que evoca las prácticas del doctor Charcot, en la Salpetriêre, de París, junto con sus ideas sobre los traumas como causantes de la histeria. También las brujas, como epítome de las locas, al lado de figuras históricas visionarias o místicas, como Juana de Arco.

De este modo, la primera parte de la obra se ocupa de la complejidad de los diagnósticos y de las clasificaciones, a menudo cosificadores, según queda recogida en algunas caracterizaciones de los personajes: melancólica, ensimismada, colérica, alienada…, pese al denominador común del encierro: manicomios, teatros, cuartos, casas… Con esto, Blasco subraya también la violencia ejercida desde el diagnóstico: "La dirección que se empeña en etiquetarnos según nuestro temperamento en lugar de por nuestros nombres. Nos simplifica deliberadamente centrándose en un rasgo de nuestra personalidad y no en lo que somos en conjunto" (Blasco, 2024: 20). Cuando más arriba me refería a la conexión de la obra con la época actual, creo que la cosificación del diagnóstico y la tensión entre el saber experto y el saber profano ocupan un espacio central dentro de eso que se viene a denominar pospsiquiatría.

Así, la autora hace un recorrido por estas tres etapas de la psiquiatría, desde el siglo XIX hasta nuestros días, que se corresponden igualmente con los tres momentos de las aproximaciones a la discapacidad –paradigmas mágico-religioso, médico y social-cultural–, además de aludir a diferentes formas de sugestión contemporáneas, como el conocido eslógan "Delulu is the Solulu", tan característico de la generación Z. Aun así, dado el problema de espacio, creo que no debo detenerme en estos asuntos, pero no quiero dejar de enumerar algunos otros elementos del texto que, como es característico de la autora, lo convierten en un fascinante juego de citas e intertextualidad. Por ejemplo, las referencias literarias van desde Cervantes y Shakespeare, a través de personajes como Cardenio el Loco, Lady Macbeth y Ofelia, a textos ensayísticos de notable calado en nuestra tradición académica, como M. Foucault o Didi-Hubermann. Sin embargo, a mi modo de ver, lo interesante no es que la autora acuda a textos y referencias clásicos, junto con otros de procedencia anónima, como ya apunté, sino que el propósito de ese ejercicio de intertextualidad mantiene el compromiso ético que subrayábamos arriba al hablar del propósito redentor. En este caso, las figuras estudiadas, a medio camino entre personajes literarios y mujeres anónimas reales, son tratadas con evidente ánimo de revalorizar sus figuras, a la manera en que G. Genette (1989) entiende esas formas de literatura en segundo grado y, en algún caso, de refutar algunas otras, como mostraría la pareja Hamlet-Ofelia. Además, el desplazamiento por épocas históricas, niveles de la fábula y personajes se desarrolla en un espacio sobre el que Blasco evita ofrecer referencias concretas. Es posible que se trate de una cuestión relacionada con el hecho de que la autora sería a su vez la directora del montaje, pues el escenario que se nos muestra reúne suficiente información para ser reconocido como sala de un manicomio o como un teatro. Sin embargo, el texto dramático no presenta marcas discursivas que permitan su localización física, algo que también encontramos en algunos de los textos más conocidos sobre la locura, la esquizofrenia o la depresión, como sería el caso de *Psicosis 4.48*, de Sarah Kane.

Si la primera parte, "Convulsión", abre varias líneas dramáticas, entre la metateatralidad y la evocación histórica de algunos hitos, en la segunda parte se nos propone un escenario como espacio teatral, al tiempo que se mantiene la evidencia de un personaje latente, Charcot, que mueve los hilos de la tramoya. Las actrices ofrecen ya una imagen ambigua, pues cada una de ellas "dice ser"; no es. Además, al término de cada escena breve se ofrecen unas "notas de dirección", en las que se reconoce la aproximación clínica de Charcot sobre la lipemanía, las alusiones a la melancolía depresiva de Esquirol, etc. Así, el primer grupo de mujeres dicen ser las brujas de Macbeth –de la estirpe de las brujas y de las profetas–, pero parecen pacientes de Charcot: "mientras nos dejan sin vestidos y nos dan una paliza, girando alrededor […] con nuestra cara ensangrentada, justo antes del desmayo" (Blasco, 2024: 28); pero el juego de intertextualidad no esconde una intención política:

> Queridísimo Napoleón, solo queríamos decirle que somos víctimas de un satánico enredo que nos ha llevado a esta casa de locas donde nos pasamos el día haciendo calceta […] Quieren que no volvamos a reunirnos jamás. Somos vigiladas constantemente y maltratadas de continuo (Blasco, 2024: 29).

A continuación, Ofelia se presenta como una joven criada que se dirige a su madre. Blasco ofrece aquí, como decíamos arriba, un interesante ejemplo de literatura en segundo grado, en el que propone la revalorización del personaje de Ofelia, algo que ha sido una constante en las imágenes femeninas propuestas por la autora: Marie, Yerma, Jo, Miranda, etc. La locura de Ofelia -uno de los grandes lugares comunes en el teatro occidental–, aparece ligada al desamor mucho menos que a la represión del deseo, a la insatisfacción vital o a la marginalidad que puede provocar la lucidez. Asimismo, la locura de Juana de Arco "sugiere imbecilidad y tendencias suicidas" (Blasco, 2024: 32), pero queda asociada al característico arrebato místico y visionario con que se relacionaba la locura en la Antigüedad, pero también a la estigmatización de la mujer disidente:

> ¿Ocupada?, me preguntó, y en esa historia del género no me extendí mucho, no fuera a ser que, por despecho, me acusase de hereje y de blasfema. Basta que una sea mujer, para caérsele las alas. A la mínima nos tachan de brujas, de endemoniadas […] De ahí que el otro día intentase escapar. Aunque ya he visto que no estaba entre tus planes el que lo hiciese todavía, pues me cogieron las monjas, que son todas malas y envidiosas, y me pegaron mientras me decían: "Vuelve para dentro, marimacho", a mí, que soy tan femenina que si me viera Voltaire lloraría de odio. "En tu biología solo debe estar la apetencia de un marido" (Blasco, 2024: 33).

Un segundo personaje shakespeariano que entra en escena, Lady Macbeth, se presenta como el ejemplo de la insatisfacción conyugal y de la imposición de una vida doméstica no deseada: "yo he abortado [...] nunca he querido ser madre" (Blasco, 2024: 35). Sin embargo, antes anuncié la importancia de los análisis que ofrece el profesor Huertas para la construcción de esta obra, pues la elaboración del personaje, asociado a la imagen de Medea, se nutre de unos textos tan interesantes como las cartas desde el manicomio, recopiladas por este investigador, quien establece una importante diferenciación entre las locas artistas y las locas anónimas, a las que denomina "las otras locas":

> Hasta aquí, hemos analizado testimonios de mujeres locas que fueron escritoras o intelectuales reconocidas. No cabe duda de que su fama o su prestigio como artistas han contribuido a una cierta visibilidad de lo que supone ser una mujer psiquiatrizada, pero, como es lógico, la gran mayoría de las mujeres que caen bajo la jurisdicción de la medicina mental no fueron novelistas ni poetas. Muy pocas tuvieron la posibilidad de dejar por escrito sus experiencias salvo en aquellos casos en los que haya sido posible identificar otras fuentes, a las que ya hemos recurrido con frecuencia en este ensayo, procedentes de mujeres anónimas que desde las instituciones manicomiales escribieron cartas a destinatarios concretos, pero sin ánimo de que fueran publicadas ni leídas por más gente. Los dos casos que se exponen a continuación corresponden a las misivas de dos mujeres ingresadas en el antiguo Manicomio de Leganés (próximo a Madrid), y me parece que ilustran, una vez más, hasta qué punto ser mujer y estar loca marcó un itinerario vital y un destino (Huertas, 2020: 16).

Por último, la presentación de Cardenio el loco, no solo remite al personaje de Cervantes o al supuesto de Shakespeare, sino también a la aportación del propio Charcot sobre la histeria, pues desestima la idea de que se trate de una enfermedad propia de mujeres para relacionarla también con los varones, sobre todo aquellos que muestran "afeminamiento". De nuevo esta figura se construye acudiendo a textos literarios, pero igualmente a las ya nombradas Cartas desde el manicomio: "me metió en un taxi, entre dos loqueros…" La idea de que Cardenio sea un personaje perdido, con esos cambios de humor, etc., ayuda a explicar las notas de Charcot cuando se refiere a individuos con ecopraxia, ecolalia, coprolalia, síndrome de Tourette o, lo que más adelante se denominará "identidad desdibujada". Además, de nuevo la propuesta de Blasco traza un fino recorrido desde el pasado hasta el presente, pues la caracterización "afeminada" de Cardenio, que se corresponde con el papel de la Suplente y del propio Charcot, se nos presenta en la función como un claro exponente de género fluido.

La tercera parte, "Pasión", arranca con una reflexión sobre las posibilidades del arte para representar adecuadamente el dolor, junto con un catálogo de hombres ilustres que se ocuparon de la locura, en sus diferentes acepciones, desde Pinel y Esquirol a Babinski, Tourette o Freud, muchos de ellos retratados, junto con Charcot, en el célebre cuadro con el que André Brouillet inmortalizó al grupo que conformó la "Edad de Oro de la Hipnosis", todos ellos inequívocos detentadores de un saber experto que nada parecía conocer del sufrimiento de estas mujeres, cuyo saber profano, en su doble acepción, se reivindica en la obra:

> La vieja gloria. Hay ciertas profesiones que inclinan hacia lo que llamamos… desviación. Los pintores, los escrito-

> res, los artistas, en general. Estamos siempre ante la mente de personas… desviadas. ¿Quién puede mostrar mejor el sufrimiento? Todas. El que sufre (Blasco, 2024: 40).

Sin embargo, no ser capaces de ponerse en el lugar del otro, no les impidió formular teorías descabelladas y prácticas aberrantes: la *vagina dentata*, las duchas de agua fría, las inserciones rectales, el cinturón de castidad, la extirpación de ovarios, la lobotomía, o los electroshocks. Además, Blasco apunta al hecho de que, además del género, la clase social fue determinante a la hora de entender la distinta suerte que corrieron muchas de estas mujeres: "La histeria se aloja bajo los andrajos de los desclasados, de los mendigos, y de lo vagabundos… Y quizás, también, en los presidios. Se los reconoce por el olor" […] ¿Da igual si son mujeres u hombres? Eso da igual" (Blasco, 2024: 53). Conviene advertir que muchas de las réplicas de esta parte de la obra proceden de textos extraídos del libro anteriormente citado, *Cartas desde el manicomio*, lo que sin duda consolida el hilo conductor con el presente y con la experiencia histórica vivida en este psiquiátrico de Leganés.

La última parte, "Delirio", nos devuelve al espacio de la representación teatral, pero una vez han desaparecido las caretas. Charcot-La Suplente-Cardenio el Loco se dirige en primera persona al auditorio, a la manera en que Franz Wedekind propuso su prólogo para *La caja de Pandora*, antes de ocuparse de Lulú, o como García Lorca nos propuso en *El Público* para referirse al teatro bajo la arena, o como los directores de circos, casas de ferias o barracas de freaks captaban igualmente al público. En todos estos casos, la conciencia del espectáculo como un lugar otro es una constante. Esta parte, que podría haber sido convencionalmente la que abriera el espectáculo, se deja para el final, lo que permite haber dejado abierto el juego de la imaginación entre los lectores y espectadores de la obra, aunque no se renuncia a ofrecer algunas claves de la misma:

> Pasen y vean. El espectáculo va a comenzar. Les voy a mostrar un cuadro sobre las miserias humanas. Sobre las pasiones. Un cuadro que no estaría completo si yo mismo no me hubiese representado en él, pues ha sido mi mano la que ha estado detrás, todo el tiempo. Ha sido mi mano la que ha trazado esta historia. Voy a intentar explicarme mejor. (Blasco, 2024: 65).

No obstante, aunque la clausura de la obra le corresponde a Charcot, a través de un largo parlamento final, la autora no renuncia a introducir de nuevo la necesidad del teatro como parte fundamental de un proceso redentor: "La mística. Algún día alguien hará una obra donde seremos las protagonistas." (Blasco, 2024: 70). De este modo, *El teatro de las locas* permite un doble juego escénico que, a través de la metateatralidad y del recurso de la intertextualidad, ofrece una mirada redentora sobre el encierro femenino a lo largo de la Modernidad y establece interesantes paralelismos sobre las relaciones contemporáneas entre la enfermedad mental y el género[6].

REFERENCIAS BIBLIOGRÁFICAS

BEGA MARTÍNEZ, RENATA (2020). "La locura de las mujeres: prisión y subterfugio". *Ambigua Revista de Investigaciones sobre Género y Estudios Culturales* 7, 115-130.

---

[6] Una grabación de esta intervención puede verse en https://canal.uned.es/video/66f3ddd6572219815c002edc [24/09/2024].

BLASCO, LOLA (2016). *Siglo mío, bestia mía*. Madrid: INAEM.

CARRINGTON, LEONORA (1995). *Memorias de abajo*. Madrid: Siruela.

CHECA PUERTA, JULIO Y GÓMEZ GARCÍA, ALBA (2022). *Diversidad funcional en clave de género*. Berlin: Peter Lang.

DE MIGUEL Y CANUTO, JUAN CARLOS (1973). "Teatro y antipsiquiatría en Italia: el caso de Marco Cavallo (1973)". *Quaderns de Filologia: Estudis Literaris* XIX, 65-83.

DIDI-HUBERMAN, GEORGES (2007). *La invención de la histeria. Charcot y la iconografía fotográfica de la Salpetrière*. Madrid: Cátedra.

FOUCAULT, MICHEL (1972). *Historia de la locura en la época clásica*, México: Fondo de Cultura Económica.

GARCÍA PUIG, MAR (2023). *La historia de los vertebrados*. Barcelona: Random House.

GENETTE, GÉRARD (1989). *Palimpsestos. La literatura en segundo grado*. Madrid: Taurus.

HUERTAS, RAFAEL (2014). *La locura*. Madrid: CSIC.

— (2020). *Locuras en primera persona. Subjetividades, experiencias, activismos*. Madrid: Catarata.

KANE, SARAH (2006). *Ansia/Psicosis 4.48*. Buenos Aires: Losada.

LAGARDE Y DE LOS RÍOS, MARCELA (1990). *Los cautiverios de las mujeres: madresposas, monjas, putas, presas y locas*. México: Universidad Nacional Autónoma de México.

MARTÍNEZ PÉREZ CANALES, ANA (2015). *El yo disidente. El autoexilio en la locura*. Madrid: Uno editorial.

MERINI, ALDA (2019). *La otra verdad*. Madrid: Mármara.

MILLET, KATE (2019). *Viaje al manicomio*. Barcelona: Seix Barral.

MONTILLA, JULIA (2016). *Enajenadas. Ilustraciones médicas de la locura femenina en el siglo XIX*. Madrid: Brumaria.

PLATH, SYLVIA (2019). *La campana de cristal*. Barcelona: Random House.

PORTER, ROY (2002). *Madness: A brief History*. Oxford: Oxford University Press.

ROUY, HERSILIE (2015). *Yo no soy la señorita Chevalier: memorias de una loca*. Madrid: Siglo XXI.

RUIZ DE LA ROSA, CARMELA Y GONZÁLEZ ALONSO, SILVIA (2020). "Feminización de la locura. Psicopatología con perspectiva feminista". *AEGT: Revista de Terapia Gestalt* 40, 1-15.

SZASZ, THOMAS (2006). *La fabricación de la locura*. Barcelona: Kairós.

— (2008). *El mito de la enfermedad mental. Bases para una teoría de la conducta personal*. Madrid: Amorrortu.

VILLASANTE, OLGA; CANDELA, RUTH ANA Y OTROS (2018). *Cartas desde el manicomio Experiencias de internamiento en la Casa de Santa Isabel de Leganés*. Madrid: Catarata

ALIENACIÓN Y DESTERRITORIALIZACIÓN EN ESCENA. DRAMATURGIA DE *LEJANA: DIARIOS DE ALINA REYES*, DE JOSÉ SANCHIS SINISTERRA

ALIENATION AND DETERRITORIALIZATION ON STAGE. DRAMATURGY OF *LEJANA*: *DIARIES OF ALINA REYES*, BY JOSÉ SANCHIS SINISTERRA

YUE WANG
Universidad Normal de China Central
yuewang517@gmail.com

Resumen: El artículo analiza la representación de la esquizofrenia y el sujeto mutante en la dramaturgia de *Lejana: Diarios de Alina Reyes*, de José Sanchis Sinisterra. El objetivo es indagar en los procedimientos escénicos de la versión teatral del relato cortazariano y proponer una lectura de la imagen del ser escindible en la escena. Para ello, se identifican primero las estrategias empleadas por Sanchis Sinisterra para adaptar escénicamente el tema de la subjetividad, y se examina su tendencia a ampliar la teatralidad desde la frontera entre lo dramático y lo épico. Finalmente, se investiga la enunciación y el cronotopo de *Lejana: Diarios de Alina Reyes*, y se muestra cómo la obra introduce una perspectiva amplia en torno a la condición esquizofrénica y la identidad.

Palabras clave: José Sanchis Sinisterra. *Lejana: Diarios de Alina Reyes*. Reescritura. Esquizofrenia. Mutación identitaria.

Abstract: The article analyzes the representation of schizophrenia and the concept of mutant subject in the dramaturgy of

Lejana: Diarios de Alina Reyes by José Sanchis Sinisterra. The aim is to explore the scenic procedures in the theatrical adaption of Cortázar story and to propose an interpretation of the image of the divisible being on stage. To achieve this, the strategies employed by Sanchis Sinisterra to stage the theme of subjectivity are first identified, followed by an examination of his tendency to expand theatricality at the boundary between the dramatic and the epic. Finally, the enunciation and chronotope of *Lejana: Diarios de Alina Reyes*. *Variations on Cortázar* are investigated, showing how the work introduces a broad perspective on the schizophrenic condition and identity.

Keywords: José Sanchis Sinisterra. *Lejana: Diarios de Alina Reyes*. Rewriting. Schizophrenia. Identity mutation.

1. INTRODUCCIÓN

Desde los orígenes de la tradición teatral, la reescritura ha desempeñado un papel importante en la generación de nuevas posibilidades dramáticas surgidas de la fusión de géneros. A pesar de la diversidad —y la divergencia— de los enfoques metodológicos aplicables a esta práctica, que abarcan desde la teoría literaria y textual, la teoría de la recepción, y los estudios de performance hasta la línea del teatro comparado, la hibridación y la alteridad se presentan como la "marca fundante" (Balestrino de Adamo, 1997: 17) de la reescritura y subyacen a la totalidad de los estudios. La creación como encuentro y espacio donde dialogar lo propio con lo ajeno, reflejada eficazmente en la imagen del espejo biselado (Laurette, 1982), permite un replanteamiento de la expresión teatral contemporánea.

Desde la fundación de El Teatro Fronterizo en 1977, la reescritura constituye la labor central del quehacer teatral de José

Sanchis Sinisterra, uno de los referentes imprescindibles de la escena española actual. A lo largo de su dilatada trayectoria, el dramaturgo y director valenciano ha demostrado una clara tendencia a ampliar la teatralidad mediante la integración de recursos de territorios contiguos al teatro, entre los que destaca la narrativa. En este género descubre el autor un procedimiento de autocuestionamiento que somete su creación en continuas renovaciones (Sanchis Sinisterra, 2012: 11-13), lo que contrasta el conservadurismo presente en las artes escénicas, resultante de las convenciones vigentes de la espectacularidad. A partir de ello, propone una revisión sistemática de la teatralidad, cuyo resultado se recoge en la elaboración de la noción *narraturgia* (Sanchis Sinisterra, 2006) y una escritura centrada en la exploración de la estructura común de lo épico y lo dramático, de donde nace la reescritura de obras de Joyce, Kafka, Melville, Sábato, Beckett, y Cortázar, escritor que ha influido de manera profunda en la constitución intelectual, estética y política del dramaturgo.

En 2003, Sanchis Sinisterra llevó a cabo la adaptación escénica de *Lejana: Diario de Alina Reyes*, su segunda dramaturgia sobre Cortázar después de la reescritura de *Carta de la Maga a bebé Rocamadour*, en 1985. La selección del hipotexto no es casual, pues la problemática mental aparece como tema constante en la escritura de Sanchis Sinisterra, explorada en obras como *Los figurantes* (1988), *Naufragios de Álvar Núñez* (1991), *El lector por horas* (1996) y, sobre todo, *La máquina de abrazar* (2002) y *Flechas del ángel del olvido* (2004), dos piezas expresamente dedicadas a la indagación de la mente humana. En *Lejana: Diario de Alina Reyes*, el dramaturgo retoma el tema del trastorno mental, y establece un doble tratamiento de la esquizofrenia: por un lado, escenifica la connotación simbólica y corporal de dicha condición y, por otro, deconstruye la estructura narrativa reposicionándola en un diseño dramático que permite repensar los límites entre la narratividad y dramaticidad.

A partir de esta premisa, este trabajo se propone analizar la dramaturgia de *Lejana: Diario de Alina Reyes*, enfocándolo en su enunciación discursiva y su disposición espaciotemporal, entendidos estos aspectos como los más relevadores para identificar el diseño dramático de Sanchis Sinisterra. Con este objetivo, se examinan primero las principales características de la narración en el drama actual y las diversas formas que el dramaturgo ha adoptado para teatralizar textos que tratan de la subjetividad y la alienación. Finalmente, se analizará la imagen del sujeto esquizo en la obra y se explorará cómo la obra intenta presentar la condición esquizofrénica desde la complejidad de la mente humana.

2. NARRACIÓN Y REPRESENTACIÓN DE SUBJETIVIDAD EN EL TEATRO DE SANCHIS SINISTERRA

De acuerdo con las propuestas de Jean Pouillon (1970), César Segre (1981) y Oscar Tacca (1989), la tradición teatral y su naturaleza mimética presentan un modelo de enunciación incompatible con la composición narrativa, difícilmente desentrañado a través del análisis narratológico de cuestiones como la voz, el punto de vista y el nivel narrativo. Sin embargo, en la escena actual se observa una creciente incorporación de técnicas narrativas que parecen difuminar cada vez más la oposición milenaria entre mímesis y diégesis. Paralela a la reconstrucción de las instancias enunciadoras escénicas, en cuya línea se inscriben los aportes teóricos de Jurí Veltrusky (1990), Anxo Abuín González (1997) y Brian Richardson (1988), la tendencia de los dramaturgos contemporáneos a emplear la focalización cambiante y múltiple, técnica propia en la narrativa, ha contribuido a la contaminación de formas.

La estructura diegética del teatro reviste diversas formas en la escena moderna. Desde "la dramaturgia en primera persona" (Iglesias Feijoo, 1982: 519) de Buero Vallejo, conocida por la provocación de los efectos de inmersión, hasta el teatro épico de Brecht, pasando por autores como Harold Pinter y Samuel Beckett, la palabra tiende a sustituir la acción como eje conductor de la trama en la escritura dramática. En el caso de la obra de José Sanchis Sinisterra, la indagación en la narración en el drama se asocia firmemente a la exploración de la condición psíquica de los personajes, tales como se manifiesta en obras como *Naufragios de Álvar Núñez* (1991) y *Monsieur Goya (Una indagación)* (2019). En ellas, la adopción de una focalización interna alienta la construcción de la estética onírica del texto, proyectada en la identidad inestable del personaje y la invasión de la sinrazón en la realidad. La exposición de la dimensión imaginaria u onírica de la consciencia es referida por José Luis García Barrientos como resultado de la subjetividad de la visión dramática (1991: 160), una hipótesis compartida por Uspensky, quien propone añadir el punto de vista psicológico a la clasificación convencional de la focalización narrativa. La propuesta de ambos implica un cambio sustancial en la temporalidad, que pasa de ser un orden lineal para convertirse en uno plástico, susceptible de la percepción intrínseca del personaje focalizado.

Al considerar la narración en drama, la dramaturgia de textos narrativos constituye un caso particular debido a la transgresión de géneros que conlleva. Genette (1989b) ha ofrecido, en esta línea, una visión completa de las variantes de la transformación modal. Aunque no es nuestro objetivo discutir la categorización de Genette, su propuesta nos sirve como punto de partida para analizar el procedimiento dramatúrgico de Sanchis Sinisterra al adaptar la narrativa a la escena[1]. En la versión de Sanchis Sinisterra de *Un médico rural* (2020), de Kafka, el dramaturgo transforma la narración originalmente con "focalización interna"[2] (Genette, 1989a: 220) en una enunciación fusionada por la heterogeneidad de voces de personajes secundarios. En contraste con este proceso, que Genette describe como desfocalizador (1989b: 366), encontramos la adaptación de *Carta de la maga a bebé Rocamadour* (1996), donde Sanchis Sinisterra pone en relieve la interiorización de Ossip Gregorovius, un personaje que es jamás focalizado en *Rayuela*. El flujo de conciencia de Gregorovius empieza en el momento en que la acotación indica un cambio de iluminación, lo cual señala la alteración modal entre diálogos y monólogos interiores en la representación.

En *Cronopios rotos* (2010), la adaptación más reciente de Sanchis Sinisterra de la obra de Cortázar, la variación del modo enunciativo se establece a partir de un conglomerado de textos

---

[1] La razón por la cual no utilizamos en este trabajo la teoría acuñada por el propio Sanchis acerca de la adaptación teatral es, entre otras, para situarnos en un paradigma que permita una lectura de su obra con una perspectiva más amplia. Sin embargo, insistimos que su aporte teórico en este campo no es menos importante, ya que ha sistematizado las reflexiones sobre la narración en escena a través de estudios e investigaciones rigurosas. Estos resultados pueden consultarse en las siguientes obras: Sanchis Sinisterra (2003), *Dramaturgia de textos narrativos*. Ciudad Real: Ñaque; Sanchis Sinisterra (2006), "Narraturgia". *Revista de la Asociación de Autores de Teatro*, 26,19-25; y el ensayo titulado "El teatro fronterizo, taller de dramaturgia", publicado por primera vez en la revista *Pipirijaina*, 1982, 29-44, y recogido en Sanchis Sinisterra (2002). *La escena sin límites. Fragmentos de un discurso teatral*. Ciudad Real: Ñaque, 186-201.

[2] El término recibe diferentes tratamientos por la parte de la crítica narratológica. Equivale, para citar a algunos, a la "visión con" según Pouillon (1945: 79-91), a la expresión *narrador= personaje*, propuesta por Todorov (1974: 177-179), o a la "visión limitada" de Lubbock (2016: 68). Para mantener la coherencia metodológica, adoptamos aquí la perspectiva de Genette (1989a y b), sobre cuya base teórica se sostiene el análisis de la narración en este trabajo.

diversos —los relatos *Torito* y *Graffiti*— para configurar una acción pluralizada. Estos dos relatos, aunque diferentes en estilo y temática, comparten rasgos esenciales en su composición formal: en ambos, un narrador interpela a un narratorio silencioso, relatando una historia basada en su experiencia personal que, pese a situarse en contextos diversos, remite a un sentido de fracaso y a la tentación de seguir luchando. A partir de esta instancia enunciativa, la versión teatral da forma corporal al narratario, convirtiéndolo en el hilo conductor que une dos discursos distintos.

3. ESQUIZOFRENIA Y DESTERRITORIALIZACIÓN EN LA DRAMATURGIA DE *LEJANA: DIARIO DE ALINA REYES*

En las adaptaciones de Cortázar mencionadas anteriormente, el dramaturgo fomenta una reelaboración que refleja la tensión existencial del sujeto. En *Lejana: Diario de Alina Reyes*, esta tensión lleva a la protagonista a una búsqueda de ser en la alteridad que le conduce finalmente a una "destrucción esquizoanalítica" (Vásquez Córdova, 2012: 127). La propuesta de Sanchis Sinisterra para representar esta desintegración personal reside en la yuxtaposición de voces y espacios que se presentan como disociados en el relato de Cortázar. En el cuento, la narración se lleva a cabo primordialmente a través de la voz autodiegética de Alina Reyes, quien relata su creciente consciencia de la invasión de fuerza ajena, la de "la lejana", que termina alienándola en su realidad cotidiana. Esta usurpación de la otredad es enunciada, con un brusco cambio de tono, por un narrador heterodiegético que mantiene la identidad anónima en el relato.

A diferencia de la separación nítida entre voces y tiempos diferentes en el cuento, la versión teatral comienza con la recitación de un hombre quien, sentado en una mesa de escritorio ubicada en el centro de la escena, lee en voz alta los últimos párrafos del cuento, en los que se describe la transformación de Alina Reyes. Simultáneamente al flujo de su soliloquio, se percibe el desplazamiento de dos mujeres que salen de los laterales del proscenio; una de ellas, que interpreta el papel de Alina, narra en primera persona fragmentos del de Alina Reyes. De esta forma, desde el inicio de la obra se provoca una insólita coagulación de la temporalidad, que prepara al espectador para un mundo donde la vigilia y la imaginación se entretejen: el territorio escénico que ocupa el hombre se sitúa dentro de la dimensión temporal que corresponde al momento concluido de la historia y su recitación empieza por el punto en que todo ya ha ocurrido, es decir, el final de la mutación, mientras que las dos mujeres marcan el desarrollo de la metamorfosis. La amalgama temporal está acompañada, a su vez, por la duplicación del espacio, destacada por la contraposición entre el espacio estable y concreto al que pertenece el actor, quien narra la mutación desde una perspectiva distanciada de la historia, y el territorio psíquico de las dos mujeres, cuyas figuras borrosas representan el espacio interior de Alina Reyes, quien, cansada de su vida burguesa, pretende huir de su mundo mediante el encuentro con la otra.

La integración de un personaje inexistente en el cuento, el del actor recitante, instala una perspectiva objetiva de lo representado, cuyo tono se distingue radicalmente de la voz sensorial e incoherente de Alina. Pero la importancia de su presencia en escena va más allá de la recombinación de dos cronotopos y sugiere asimismo un traspaso de la frontera discursiva dentro del mundo ficcional. Al asumir la narración extradiegética final del relato, el recitante se sitúa en un nivel inmediatamente superior al que se encuentran las mujeres narradas. Sin embargo, lo insólito emerge cuando el monólogo del hombre-narrador y el de Alina Reyes van entrelazándose hasta que, de pronto, las dos enunciaciones se juntan y se fusionan:

> MUJER 1. — Si ahora ella estuviera realmente entrando en el puente, sé que lo sentiría ya mismo y desde aquí. Me acuerdo que me paré a mirar el río, que batía contra los pilares, como enfurecido…
>
> HOMBRE. — Y la mujer del puente se apretó contra su pecho, y las dos se abrazaron rígidas y calladas en el puente, con el río trizado golpeando en los pilares (Sanchis Sinisterra, 2014: 111).

El cruce de dos voces distanciadas en tiempo-espacio y en el nivel discursivo ontológico insinúa una paulatina irrupción de lo otro, en cuyo contexto empieza a instalar la representación de una mente escindida y enajenada.

Una expresión central a la crisis existencial de la protagonista es la recurrencia a los juegos de imágenes y palabras que, al principio como método para combatir el insomnio, y que se convierten en un leitmotiv en su habla. Entre estos juegos, Alina descubre del palíndromo y el anagrama la existencia de la otra, a quien intenta aferrar para rellenar el vacío vivencial y la "carencia inapelable" (González, 1974: 246) que siente: "Salvador Dalí, *Avida Dolares*… Alina Reyes, *es la reina y*… *Es la reina y*… Alina Reyes… *Es la reina y*…" (Sanchis Sinisterra, 2014: 108; la negrita es del autor). Sin embargo, la antítesis social y cultural que constituye Alina Reyes y la mendiga advierte la imposibilidad de una comunicación e integración verdaderas.

En el escenario, este fracaso del ser completo se vislumbra a través del conflicto entre la voz y el cuerpo. En su narración del fragmento del diario fechado el 28 de enero, Alina Reyes convoca un incierto recuerdo sobre su encuentro con la mendiga en Budapest: «llegaba a la terrible ciudad y era de tarde. Andaba por la Dobrina con paso de turista, el mapa en el bolsillo de mi vestido azul, hasta una plaza contra el río» (Sanchis Sinisterra, 2014: 110). El uso del pretérito imperfecto apunta al aspecto concluso de la llegada a la ciudad y que, no obstante, contradice con el distanciamiento físico que aún persiste entre Alina y su ser imaginario. Sus pasos hacia la otra crean el espejismo de una reunión inminente, pero el desajuste entre su enunciación y la manifestación corporal indica lo ilusorio del evento.

No debe olvidar que, en la escena, el desplazamiento en el puente constituye por sí un anagrama vivo. Los cuerpos de ambas mujeres, en la teorización de Deleuze y Guattari (2010) sobre el sujeto-esquizo, se entienden como una especificación material que simboliza multiplicidades no totalizables. El anhelo de devenir otra, como se revela en la dramaturgia, le lleva al sujeto a un proceso de desterritorialización. Al salir de su espacio propio y caminar hacia la otra, uno deja de dibujar límites y se dispone a abandonar la identidad autodefinida.

En este procedimiento de alejarse a sí mismo en busca de posibilidades abiertas a la otredad. La metáfora del puente, arraizada en la posición simétrica de las dos actrices, alude intertextualmente al encuentro a deshoras en "Satarsa" (*Deshoras*), otro relato cortazariano con referencia al palíndromo, y a la relación dialéctica Oliveira-Traveler en *Rayuela*, definida tanto por la diferencia como la unión inextricable. La sensación de "vivir partido" y de "estar en dos lugares y en ninguno" (Salas, 1980: 93) tiene como consecuencia la descolocación que sufre la mujer esquizofrénica. Esta experiencia fracturada se ve agravada por una propensión que privilegia la pulsión y la rebeldía, lo que la conduce a una disociación cuerpo-mente, representada en la escena desde la pluralidad simbólica de las figuras femeninas.

Para presentar escénicamente la mutación y los mundos comunicantes, el dramaturgo ha incorporado los sistemas minimalistas repetitivos, recurso escénico que ha sido experimentado en muchos de sus textos, la mayoría de los cuales se recogen en *Pervertimientos y otros gestos para nada* (1987). Los gestos y desplazamientos de Alina y su doble, en tanto "actemas" (Sanchis Sinisterra, 2018: 101) de la dramaturgia actoral, esquivan en lo posible la figuralidad mimética al no reflejar una interacción humana concreta basada en el principio de la causalidad. El mecanismo actoral que sustenta a la interpretación de las dos mujeres tiene como enfoque el reflejo del deseo, elemento que, desde la perspectiva lacaina (2013), se define por su inclinación y atracción hacia el otro. Este deslizamiento hacia el espacio otro le lleva a Alina Reyes a una progresiva desconexión con el mundo material, lo que se manifiesta como un síntoma de la monotonía y la repetición en su habla. La desarticulación discursiva se presenta en consonancia con el modo ligeramente mecánico de sus movimientos, llevando la obra hacia la abstracción y la poeticidad. Por otra parte, la improvisación interpretativa que exige el dramaturgo, expuesta en una de las pocas acotaciones de la obra, señala la tentación de superar un modelo representativo regido por el protocolo impuesto por el autor. La obra demuestra de esta forma una atenuación de la mímesis y la fábula, y pretende devolver al espectador su papel central en la configuración del sentido, apelando a una recepción teatral activa.

El hecho de que la obra prescinde de una representación directa de la trama, entendida como el modo más fácil e inmediato de la reescritura, apunta a la iniciativa de construir la teatralidad desde el propio dispositivo narrativo, es decir, el acto de contar. El retorno a la forma diegética implica un procedimiento de sustracción que atenúa lo explícito, lo que tiene lugar, como hemos visto, no solo en el nivel de la acción física de los actores, sino también en otros dispositivos que articulan la teatralidad. Desde el desnudamiento del escenario, hasta la reducción temporal de la representación y la descuantificación de la noción de público[3], la estética de versión teatral corresponde a una teatralidad menor que aspira a despojar al teatro de elementos indispensables "hasta llegar a esos límites posibles de la teatralidad" (Monleón, 1980: 94).

El discurso teatral es otro ámbito marcado por la economía y la poética de la sustracción. Frente a un discurso afirmativo, pleno y autosuficiente, que aspira a la perfección, la dramaturgia de Sanchis Sinisterra se desarrolla en función de un procedimiento de atenuación de lo explícito, deslizándose hacia un territorio de lo llamado "el vaciamiento de la palabra dramática" (Sanchis Sinisterra, 2002: 246). En concreto, se trata de una condensación discursiva caracterizada por la incertidumbre y el inacabamiento, en donde los significados se revelan no solo en lo expresado, sino también en lo no dicho; una escritura susceptible de "decir lo indecible, de abrir huecos y sombras" (Monleón, 1991:141) en busca de una textualidad susceptible de mostrar la condición traslúcida y poética de la realidad. En este sentido, por un lado, en la versión de Sanchis Sinisterra se identifica la labor reductivista que realiza el dramaturgo para recombinar y condensar fragmentos provenientes de diferentes fechas del diario;

---

[3] La opción por una teatralidad menor implica despojar al teatro de las circunstancias en donde se produce el encuentro entre actores y espectadores, cuya interacción constituye el elemento esencial del hecho teatral, y contribuir a incrementar los factores participativos de los espectadores. Esta preferencia lleva al dramaturgo a optar por las pequeñas salas y a promover espacios alternativos, lo que culmina en la fundación misma de la Sala Beckett, donde se programó el montaje de su dramaturgia *Lejana: Diario de Alina Reyes*.

por el otro lado, la interacción entre Alina y su doble, situada en el borde del silencio, está marcada por el callar y lo indecible.

A pesar de que Alina se acerca a la otra y disminuye el distanciamiento geográfico, la incomunicación persiste a lo largo de la representación, quebrándose solo después del intercambio de sus posiciones, cuando Alina y la lejana "se miran largamente" (Sanchis Sinisterra, 2014: 112). En esta mirada se concluye el viaje hacia la otredad y se insinúa tanto el final como un posible comienzo de una relación definida por la oposición y la complementariedad. Simultánea a esta mirada, que permite concebir el silencio y el fluir del tiempo, se observa al hombre narrador permaneciendo en su lugar a la mesa, "hojeando el diario de Alina Reyes" (Sanchis Sinisterra, 2014: 112). El desenlace de la representación deja la representación en un estado inacabado y propone una continuación a partir de la relación de la complicidad que busca el dramaturgo con su receptor.

En resumen, podemos decir que la versión de Sanchis Sinisterra de *Lejana: Diario de Alina Reyes* propone representar la condición esquizofrénica desde la complejidad de la conciencia humana, en lugar de enfocarse en la manifestación concreta de los síntomas del trastorno. La obra se basa en la percepción de un estado del entre, oponiéndose al modelo dualista de la noción del sujeto y de la realidad, donde este experimenta una mutación identitaria. Entendida como una operación alienada en sí, la hibridación genérica no será la única cuestión que el dramaturgo deba considerar en su reescritura: la poética cortazariana, que conjuga la búsqueda existencial con los rasgos del motivo neofantástico, se sostiene por una concepción continua y porosa del mundo y aparece agravada en *Lejana: Diario de Alina Reyes*, lo que exige un acercamiento propio para su presentación dramática. Consciente de esta condición, la transgresión de la estructura diegética, la permeabilidad del espacio-tiempo y la violación de los fundamentos miméticos causales son algunos de los elementos con los que el dramaturgo somete el tema de la salud mental a un debate más amplio, resistente al discurso logocentrista y lineal de la enfermedad mental. La obra forma parte de los múltiples intentos de Sanchis Sinisterra de enlazar la poética cortazariana con el potencial de la palabra teatral, proponiendo una revisión del hecho teatral desde la noción de lo fronterizo, concepto que atraviesa tanto la práctica de la reescritura como de su visión del mundo y de la mente humana[4].

REFERENCIAS BIBLIOGRÁFICAS

ABUÍN GONZÁLEZ, A. (1997). *El narrador en el teatro. La mediación como procedimiento en el discurso teatral del siglo XX*. Santiago de Compostela: Universidad de Santiago de Compostela.

BALESTRINO DE ADAMO, G. (1997). "La reescritura en prácticas artísticas contemporáneas". *Cuadernos FHYCS - UNJu* 7, 11-20.

CÓRDOVA, M. V. (2012). "Devenir-otro: capitalismo y esquizofrenia en relatos de Cortázar". *Chasqui: Revista de literatura latinoamericana* 41.2, 124-126.

CORTÁZAR, J. (1968). *La vuelta al día en ochenta mundos*. Madrid: Siglo veintiuno.

DELEUZE, G. Y GUATTARI, F. (2010). *Mil mesetas. Capitalismo y esquizofrenia*. Valencia: Pre-Textos.

GARCÍA BARRIENTOS, J. L. (2004). *Teatro y ficción: ensayos de teoría*. Caracas: Fundamentos.

GENETTE, G. (1989a). *Figuras III*. Barcelona: Lumen.

---

[4] Una grabación de esta intervención puede verse en https://canal.uned.es/video/66f3e0e668bebb613900b61c [24/09/2024].

____ (1989b). *Palimpsestos: la literatura en segundo grado*. Madrid: Taurus.

GONZÁLEZ, E. G. (1974). "Figuras y límites". *MLN* 89.2, 232-249.

IGLESIAS FEIJOO, L. (1982). *La trayectoria dramática de Antonio Buero Vallejo*. Santiago de Compostela: Universidad de Santiago de Compostela.

LACAN, J. (2013). *El Seminario de Jacques Lacan. Libro 6. El deseo y su interpretación. 1958-1959*. Buenos Aires: Paidós.

LAURETTE, P (1982). *A la sombra del pastiche: la reescritura. Automatismo y contingencia*. Traducción de Mirka Bonalumi. Rosario: Universidad Nacional.

MONLEÓN, J. (1980). "Entrevista con Sanchis". *Revista Primer acto: cuadernos de investigación teatral* 86, 93-95.

____ (1991). "Testimonio. Sanchis Sinisterra. Un teatro para la duda". *Primer acto: cuadernos de investigación teatral* 240, 133-147.

POUILLON, J. (1970). *Tiempo y novela*. Buenos Aires: Paidós.

____ (2012). *Dramaturgia de textos narrativos*. Ciudad Real: Ñaque.

RICHARDSON, B. (1988). "Point of view in drama: diegetic monologue, unreliable narrators, and the autor's voice on stage". *Comparative Drama* 22.3, 193–214.

SALAS, H. (1980). "Julio Cortázar: la ubicuidad del exiliado". *Cuadernos hispanoamericanos* 364-366, 84-105.

SANCHIS SINISTERRA, J. (2002). *La escena sin límites. Fragmentos de un discurso teatral*. Ciudad Real: Ñaque.

____ (2006). "Narraturgia". *Revista de la Asociación de Autores de Teatro* 26,19-25.

____ (2014). *Tres monólogos y otras variaciones*. Ciudad Real: Ñaque.

____ (2018). *El texto insumiso. Nuevos fragmentos de un discurso teatral*. Ciudad Real: Ñaque.

SEGRE, C. (1981). "Narratology and theater". *Poetics Today* 2.3, 95-104.

TACCA, O. (1989). *Las voces de la novela*. Madrid: Gredos.

USPENSKI, B. (1973). *A poetics of composition: The Structure of the Artistic Text and Typology of a Compositional Form*. London: University of California Press.

VELTRUSKY, J. (1990). *El drama como literatura*. Buenos Aires: Galerna.

LA DEMENCIA Y EL TEATRO: EL ALZHÉIMER EN LA OBRA *LEAR (DESAPARECER)* (2019), DE LOS NÚMEROS IMAGINARIOS

DEMENTIA AND THEATRE: ALZHEIMER'S DISEASE IN THE PLAY *LEAR (DESAPARECER)* (2019), BY LOS NÚMEROS IMAGINARIOS

DAVID NAVARRO JUAN
Universidad Carlos III de Madrid
danavarr@hum.uc3m.es

Resumen: Este artículo estudia la pieza *LEAR (desaparecer)*, estrenada en los Teatros del Canal en 2019 por la compañía de Los números imaginarios. Esta agrupación española, fundada en 2013 y dirigida por Carlos Tuñón, se ha especializado en el teatro experiencial e inmersivo y en la actualización de textos teatrales del repertorio clásico. En el caso del espectáculo que abordamos, la compañía parte del clásico de Shakespeare, *El rey Lear*, para abordar la representación de la demencia senil y de algunas problemáticas asociadas al deterioro cognitivo, tales como la vinculación de la memoria con la identidad, la diversidad funcional, las relaciones de cuidado y la perspectiva intergeneracional. El espectáculo fue el resultado de un proceso de investigación escénica y de creación colectiva apoyado sobre la base de una serie de talleres realizados por los miembros de la compañía junto a personas con alzhéimer y a sus familiares y cuidadores.

Palabras clave: Teatro. *LEAR (desaparecer)*. Los números imaginarios. Demencia. Envejecimiento.

Abstract: This article seeks to analyse the play *LEAR (desaparecer)*, premiered at the Teatros del Canal Theatres in 2019 by Los números imaginarios. This Spanish company, founded in 2013 and directed by Carlos Tuñón, has specialized in experiential and immersive theatre and in updating theatrical texts from the classic repertoire. This play takes as reference Shakespeare's *King Lear*, in order to stage senile dementia and some problems associated with cognitive decline, such us the link between memory and identity, functional diversity, care relationships and the intergenerational perspective. The play was the result of a process of stage research and collective creation supported by a series of workshops carried out by members of the company together with people with Alzheimer's disease and their families and caregivers.

Keywords: Theatre. *LEAR (desaparecer)*. Los números imaginarios. Dementia. Ageing.

> *Kent.— ¡Cómo! ¡Vos sin cubrir!*
>
> *Noble señor, cerca de aquí existe una cabaña; algún cobijo os podrá dar contra la tempestad.*
>
> *El rey Lear:* III, ii, 58-60.

1. INTRODUCCIÓN

De acuerdo con las últimas proyecciones de Naciones Unidas, la población mundial envejece y lo hace a un ritmo cada vez más rápido. Prácticamente todos los países del mundo están experimentando un aumento tanto en el número total como en la proporción de personas mayores. De hecho, según los informes publicados, la población mayor de 65 años crece más rápidamente que la que se encuentra por debajo de esa edad: "the share of the global population aged 65 years or above is projected to rise from 10 per cent in 2022 to 16 per cent in 2050" (United Nations, 2022: ii). Como se sabe, esta transformación social a gran escala —con consecuencias significativas en todos los ámbitos— es más acusada en los países desarrollados. Un estudio recientemente publicado por la revista médica *The Lancet* ha mostrado, por ejemplo, que en el año 2040 "España alcanzará a Japón como el país más longevo del mundo con una esperanza de vida prevista superior a 85 años" (Giovio y Clemente, 2024). Por su parte, el último estudio de la Oficina Europea de Estadística (Eurostat) ha venido a confirmar un indicador demográfico ya conocido al señalar que, en efecto, España fue "el país con mayor esperanza de vida de la Unión Europea en 2023, al situarse en los 84 años, una cifra que se encuentra 2,5 puntos por encima de la media europea" (Abante Asesores, 2024).

Cabe deducir que una mayor esperanza de vida comporta, de manera natural, la diversificación de la casuística que caracteriza la salud de las personas más longevas, así como una mayor pluralidad en las maneras de envejecer. Si bien nos referimos, por tanto, a un segmento de la población particularmente heterogéneo —y al que conviene preservar de toda suerte de generalización o de estigmatización—, puede en todo caso deducirse que el incremento en el número de personas ancianas implica una tasa mayor, en términos absolutos, de trastornos o de patologías directamente asociadas con el envejecimiento, tales como, entre otras, la demencia senil. Esta inexcusable realidad enfrenta a las sociedades contemporáneas a los retos que implican la protección de una serie de personas especialmente vulnerables y la atención a sus necesidades específicas, en aras a salvaguardar su dignidad y sus derechos. No en vano, en este sentido, los denominados sistemas de cuidados y la cuestión de la dependencia han pasado a constituir desafíos prioritarios para el Estado del bienestar en el contexto de las democracias más avanzadas.

Por su parte, las Humanidades y los Estudios Culturales (en particular, los *Ageing Studies* y los *Disability Studies*) han puesto de relieve, en consonancia con las nuevas demandas de la sociedad, la necesidad de tomar en consideración, desde una perspectiva crítica, las imágenes y los relatos que las distintas manifestaciones artísticas han producido y producen en materia de envejecimiento y diversidad funcional, inclusión y exclusión. Con la voluntad de profundizar en el análisis de las formas de representación que las artes escénicas y, en particular, el teatro español contemporáneo han generado en torno a esta acuciante problemática, en este artículo nos detendremos, a modo de estudio de caso, sobre la pieza *LEAR (desaparecer)*, estrenada en los Teatros del Canal en el año 2019 por parte de la compañía de Los números imaginarios y la productora Bella Batalla. El espectáculo parte de una relectura del clásico de Shakespeare para abordar la representación de la demencia senil y, con ella, la de algunas de las problemáticas asociadas al deterioro cognitivo, tales como la vinculación de la memoria con la identidad, la alteración de nuestras capacidades a lo largo de la vida, las relaciones de cuidado y la perspectiva intergeneracional, entre otras.

2. SOBRE LA PIEZA *LEAR (DESAPARECER)*

Tras más de diez años de trayectoria, la compañía de Los números imaginarios, dirigida por Carlos Tuñón y fundada en el año 2013 con una clara vocación experimental, se ha especializado en un teatro de corte experiencial e inmersivo —con una activa participación del público, articulada en torno a la idea de comunidad, y un particular desarrollo de las posibilidades espaciotemporales del acto escénico—, así como en la actualización de textos literarios del repertorio clásico desde la Antigua Grecia hasta el s. XX, pasando, entre otros, por algunos autores clave del Siglo de Oro español[1]. *LEAR (desaparecer)* —el sexto de un total de doce trabajos estrenados hasta el 2023— constituye su segunda aproximación a la producción shakespeariana, tras *Hamlet entre todos*, del año 2016. Merece la pena destacar que el espectáculo que nos ocupa fue el resultado de un proceso de investigación escénica y de creación colectiva apoyado —además de en la relectura del clásico de Shakespeare— sobre la base de una serie de talleres realizados por los miembros de la compañía junto a personas con alzhéimer y a sus familiares, tal y como más adelante pasamos a detallar. Con más de tres horas de duración, la obra fue estrenada en la Sala Negra de los Teatros del Canal y representada entre los días 23 de mayo y 2 de junio[2].

Tras este primer montaje, la compañía —que tiene entre sus señas de identidad el interés por la dimensión procesual de la creación escénica, tanto en la fase de ensayos como durante las representaciones— decidió dar continuidad a la experiencia de los talleres y permitir que el espectáculo continuase evolucionado. Una nueva versión de la pieza pudo llegar a verse repre-

---

[1] Ejemplo de ello es la aproximación a la obra de Calderón de la Barca tanto en la primera pieza de la compañía, *La cena del rey Baltasar* (2013), como en la más reciente: *LA VIDA ES SUEÑO [el auto sacramental]*, estrenada en 2023 (Adillo, 2024).

[2] Ficha del espectáculo (Teatros del Canal, 2019). Dirección: Carlos Tuñón; ayudante de dirección: Mayte Barrera; elenco: Nacho Aldeguer, Jesús Barranco, Enrique Cervantes, Irene Doher, Marta Matute, Alejandro Pau, Gon Ramos, Patricia Ruz, Nacho Sánchez, Irene Serrano y Luis Sorolla; dramaturgia: Gon Ramos, junto al elenco; plástica: Antiel Jiménez; iluminación: Miguel Ruz; técnica de iluminación: Nuria Henríquez; vestuario: Paola de Diego; sonido: Nacho Bilbao; técnico de sonido: Jesús Díaz; movimiento: Patricia Ruz; fotografía: Luz Soria; diseño gráfico: Daniel Jumillas; vídeo: Ales Alcalde; estudiante en prácticas: Leyre Morlán; coordinación de taller: Paula Amor; terapeuta taller: Alberto Sánchez Cañizares; produce: Bella Batalla; productor: Nacho Aldeguer; jefa de producción: Rosel Murillo.

sentada, durante el año 2020, en el Teatro de la Abadía (del 6 al 9 de febrero) y en el Corral de Comedias de Alcalá de Henares (los días 21 y 22 de febrero). Sin embargo, la reposición en los Teatros del Canal, prevista para el mes de mayo, se vio frustrada por las medidas sanitarias impuestas como consecuencia de la pandemia de la COVID-19. En su lugar, en septiembre la compañía ofreció al público interesado la posibilidad de realizar un encuentro con el equipo artístico y de desarrollar una serie de actividades alternativas. Asimismo, la agrupación de Los números imaginarios se valió de esta ocasión para reflexionar junto con los asistentes sobre el impacto de la pandemia tanto para el frágil entramado del teatro independiente español como, por otra parte, para algunos colectivos especialmente vulnerables: personas mayores, enfermas, con discapacidades y/o usuarias de las residencias de atención especializada.

2.1. *El rey Lear* como intertexto

Del clásico de Shakespeare, la compañía de Los números imaginarios toma, sin duda, el tema de la ancianidad, el de la demencia o locura y, por encima de todo, la cuestión de las relaciones personales que nos unen: su naturaleza, su fragilidad, su quiebra, la posibilidad de restaurarlas… Entre estas relaciones se encuentran, naturalmente, los lazos de parentesco; pero también, otro tipo de compromisos, lealtades y afectos que nos vinculan. Como es sabido, en el caso de *El rey Lear*, al ámbito de la relación entre padres e hijos (de manera protagonista, el rey Lear y sus tres hijas; en segundo término, el conde de Gloster y sus dos hijos) se añade el de los lazos existentes entre los sirvientes o vasallos y sus amos o señores (particularmente perdurables, en este sentido, son el recuerdo del conde de Kent y el del bufón). Cualquiera de estas relaciones personales —que lo son también de poder— se encuentra atravesada por dinámicas intrincadas que abarcan desde la confianza hasta el engaño, del amor a la obediencia, o del rencor a la compasión. Si bien resulta imposible realizar aquí un examen exhaustivo del asunto, baste con recordar que, en última instancia, Shakespeare plantea, junto a su mirada sobre la falibilidad del discernimiento humano, un problema de ética básica y una reflexión sobre la justicia o injusticia de nuestros actos, particularmente a propósito del trato que las personas más capaces, fuertes o poderosas dispensan en cada momento a aquellas más vulnerables o necesitadas; dos extremos que, tal y como la obra demuestra, pueden verse repentinamente invertidos.

Con tanta fidelidad al sentido original del texto como libertad creativa en las formas, la compañía dirigida por Carlos Tuñón traslada este planteamiento esencial a nuestro mundo contemporáneo. En su reinterpretación de *El rey Lear*, se ofrece al público una valiosa perspectiva sobre la demencia senil y, por encima de todo, sobre las relaciones de interdependencia, los cuidados y la experiencia de la pérdida. Así, el viejo rey demente se nos aparece en este espectáculo de 2019 como el representante de todas aquellas personas mayores, hombres y mujeres, que atraviesan un proceso de deterioro cognitivo (tal y como, por ejemplo, el del alzhéimer) que de manera irremediable les transforma a sí mismas y a su entorno; también, como la encarnación de quienes, habiendo ocupado una posición dominante y de fortaleza, pasan a encontrarse en una situación de fragilidad, de necesidad o, en algunos casos, ante el horizonte de una muerte social. Por su parte, las hijas de Lear, representantes de la generación más joven, vendrían a representar las distintas maneras y posibilidades de enfrentarse a la responsabilidad de los cuidados, pudiendo o no asumirla, queriendo o no queriendo hacerlo, aprendiendo o no a interpretar este nuevo papel y, en todos los casos, asumiendo el coste y las consecuencias de su decisión. Shakespeare no elude, en su representación de la vejez, de la enfermedad y de las relaciones intergeneracionales las complejidades inherentes a esta problemática, ni dulcifica las asperezas que implica la tarea del acompañamiento a la persona dependiente; tampoco lo hace la compañía de Los números imaginarios.

La relectura de la tragedia de *El rey Lear* que aquí nos ocupa subraya el procedimiento retórico, ya presente en la obra original, mediante el que la imagen de la familia actúa como espejo de una sociedad o comunidad más amplia; en este caso, a propósito de las distintas formas de convivencia que pueden llegar a establecerse entre personas jóvenes y personas mayores, en cualquiera de sus expresiones: el cuidado, el afecto, el aprendizaje, la incomunicación, la imposición, la violencia… Subyace a todos estos supuestos la pregunta respecto de qué normas regulan nuestra vida en común y qué efectos tiene cada una de ellas. Igualmente, merece la pena incidir sobre otra de las ideas fundamentales que recorre tanto el clásico de Shakespeare como la versión libre en la que consiste *LEAR (desaparecer)*: la tormentosa toma de conciencia respecto de la precariedad consustancial a la condición humana y la experiencia de los casi insoportables rigores de una vida a la intemperie, sin protección, sin refugio, bajo las inclemencias de la soledad.

2.2. El taller *Diálogo posible con el alzhéimer* (2018-2020)

Junto a la influencia del clásico de Shakespeare, la pieza *LEAR (desaparecer)* se levanta, como ya se ha mencionado, sobre la base fundamental de un taller cuyos resultados revirtieron directamente en el proceso de creación colectiva de la pieza.

Con el apoyo de los Teatros del Canal, el equipo de Los números imaginarios pudo llevar a cabo una serie de encuentros semanales durante ocho meses, entre octubre de 2018 y mayo de 2019. En una segunda fase, las sesiones tuvieron lugar, con carácter mensual, en el Teatro de la Abadía entre enero y marzo de 2020, hasta que se vieron interrumpidas por la pandemia de la COVID-19. En este taller, los miembros de la compañía compartieron tiempo, espacio y dinámicas de experimentación escénica (baile, improvisación verbal, movimiento, caracterizaciones…) con hasta ocho personas con alzhéimer, acompañadas por sus respectivos familiares. Estas citas, a caballo entre el arte y la vida, terminaron dando lugar incluso a vínculos personales y afectivos que se materializaron, por ejemplo, en la forma de visitas a la casa de algunas de las personas participantes; visitas en las que se practicaban ejercicios creativos de manera distendida o en las que, sencillamente, se conversaba, se escuchaba música o se cantaba, se jugaba a juegos de mesa, se mostraban y realizaban fotografías, se compartían recuerdos y también, algunas desmemorias. El conjunto de la experiencia —parcialmente documentada en vídeo— dotó a la compañía de una comprensión profunda de la realidad que el espectáculo abordaría, así como de una valiosa fuente de inspiración.

El título del taller —*Diálogo posible con el alzhéimer*— da cuenta de la premisa fundamental que vertebró las distintas sesiones: la posibilidad de producir, creativamente, formas alternativas de diálogo con ese *otro*, la persona enferma de alzhéimer, con quien los cauces comunicativos habituales están dejando o han dejado de demostrarse eficaces. En última instancia, la compañía buscó propiciar, mediante la labor artística, un espacio de convivencia, acompañamiento intergeneracional y atención al potencial productivo de las aparentes limitaciones. En palabras de Paula Amor, coordinadora de los talleres:

> Lo que nosotros hemos propuesto ha sido un espacio donde hemos estado todos juntos entendiendo que hay diferentes personas, así como diferentes realidades y diferentes maneras de ver el mundo. Cada propuesta era bienvenida para que la idea que en un principio hubiésemos propuesto se desarrollase y evolucionase hacia donde fuera. [...] En estos talleres no había que responder a ningún tipo de norma social, sino que se propone una alternativa donde todo es posible: bailar, cantar, irse, hablar, rebozarse por el suelo... lo que surja (Martínez, 2020: e.l.).

Puede observarse un interesante correlato entre la necesidad personal y social de tender nuevos puentes con aquellas personas afectadas por la demencia senil y la capacidad de la práctica artística para desarrollar nuevos lenguajes o para ahondar, de manera original, en las posibilidades expresivas de los ya existentes. En el caso del teatro el cuerpo, el movimiento, los objetos, la música, la iluminación y, por supuesto, la dimensión literaria de la palabra se encuentran entre los recursos mediante los que puede llegar a favorecerse que una persona se exprese, o mediante los que puede procurarse el acceso a su sensibilidad, su atención, sus emociones o su memoria, incluso en los casos de deterioro cognitivo a los que aquí nos referimos. A modo de ejemplo, puede citarse el ejercicio de creación e improvisación —también presente en el montaje del espectáculo— en el que cada participante debía mirar a su alrededor y completar una frase encabezada por las palabras “En mi reino veo”. En ocasiones, las observaciones eran realistas; en otras, las afirmaciones resultaban extrañas, divertidas, poéticas y emotivas.

Igualmente, merece la pena destacar el paralelismo que es posible establecer entre la participación de los individuos afectados por el alzhéimer en los talleres y la efectiva inclusión social. De acuerdo con Alberto Sánchez Cañizares, el terapeuta especializado que acompañó el proceso, las sesiones produjeron una serie de beneficios en las personas con alzhéimer, incluso a pesar de que el taller no tenía un objetivo terapéutico. Entre ellos, se contarían la mejora en las memorias sensitivas y a corto plazo, el aumento en la producción comunicativa, la mejora en el estado de ánimo, el incremento en la capacidad atencional y para la concentración, unas mayores creatividad y espontaneidad y un grado más alto de orientación a través del reconocimiento de espacios y personas (Sánchez, 2019b). Sin embargo, es posible que el hallazgo más valioso que se desprende de esta experiencia resida no tanto en el provecho obtenido por las propias personas enfermas como en la decisiva capacidad de estas —ante determinadas condiciones de posibilidad, que la compañía tuvo que aprender a propiciar— para contribuir a la práctica colectiva en curso y para favorecer el proceso creativo emprendido. En palabras del director de la compañía:

> Los participantes del taller tienen clarividencia, hablan, juegan, bailan y recuerdan cosas, pero lo hacen de otra manera, con otro tiempo, con otras reglas. Han estado viniendo todos los sábados desde octubre a un espacio para compartir y donde se les espera, donde pueden ser y estar (Teatros del Canal, 2019: 2).

2.3. Puesta en escena del espectáculo

Sobre las tablas, *LEAR (desaparecer)* es un espectáculo de larga duración en el que, si bien es posible reconocer algunas de las escenas clave de la tragedia de Shakespeare —e incluso las líneas generales del arco dramático de la pieza, desde el desencuentro entre Cordelia y su padre hasta la reconciliación final entre ambos—, la centralidad del texto escrito es mucho más relativa. A lo largo de sus más de tres horas de duración, la representación oscila entre la evocación —libre o literal— de algunos pasajes de *El rey Lear*, la improvisación del elenco junto a los espectadores, el teatro gestual, la revisión de algunas de las dinámicas que habían tenido lugar durante los talleres y, de manera destacada, los usos de la música. Mención especial merecen las ocasiones en las que el escenario opera como un gran salón de baile abierto a la participación de un público que, si lo desea, puede así encarnar uno de los motivos centrales de la obra: los vínculos que se establecen entre las personas, el acto de conocerse o de reconocerse y la posibilidad de acompañarse. En efecto, se trata de una de las varias ocasiones de la representación en las que, de acuerdo con los principios del teatro inmersivo, las personas asistentes tienen la posibilidad de intervenir de manera activa:

> El teatro inmersivo devuelve al teatro uno de sus preceptos fundamentales y primigenios: el arte de la reunión, del encuentro. En lugar de representar, es decir, hacer presente algo que ya ocurrió antes, el objetivo es construir algo nuevo en directo, generar una experiencia única que no podrá reproducirse más de esa manera, algo irrepetible porque dependerá de los asistentes al evento. Los espectadores pasarán de ser testigos de la pieza a ser los que construyan la pieza junto al equipo artístico (Tuñón, 2021: e.l.).

Si consideramos que la lúdica interacción que tiene lugar al bailar sitúa en igualdad de condiciones a los distintos integrantes del público, la estrategia inmersiva se revela en *LEAR (desaparecer)* como una decisión estética plenamente coherente con los postulados éticos del espectáculo. Otro tanto puede decirse del procedimiento de desvinculación entre el conjunto del elenco y los personajes, en tanto en cuanto estos rotan en cada función y son asignados indistintamente a cualquiera de los intérpretes. Así, independientemente de su físico, de su género y, por supuesto, de su edad, durante el periodo de representaciones de la pieza todos los actores y las actrices de la compañía hicieron las veces tanto de Lear, viejo rey demente, como de sus jóvenes hijas. En este caso, el propósito de la compañía es doble: por una parte, se problematiza la noción de la identidad al diferenciar entre la persona y sus circunstancias, distinguiendo entre atributos esenciales y rasgos contingentes, tales como la edad, el estado de salud o la función social o familiar que se desempeña en cada momento; por otra parte, se subraya el componente azaroso que en muchas ocasiones subyace a esta clase de coyunturas. Esta reflexión de fondo, profundamente barroca (calderoniana, shakesperiana…), encuentra su reflejo en la muy acusada dimensión metateatral presente, en distintos sentidos, tanto en *El rey Lear* como en la versión contemporánea de Los números imaginarios.

El carácter inmersivo y participativo de la pieza, sumado, según acaba de describirse, a la fluctuación en los roles que los miembros del elenco interpretan, hacen de la improvisación uno de los métodos forzosamente utilizados para llevar adelante cada representación, que se sustenta sobre un delicado equilibrio entre lo que está y lo que no está. Para Tuñón, esta suerte de precariedad necesaria remite, a su vez, a las ideas de pérdida, de incompletitud y de adaptación, indisociables de la experiencia del alzhéimer, entre otras formas de demencia senil. A este respecto, aludiendo una vez más al aprendizaje derivado de los talleres, y a su impronta sobre el espectáculo, el director artístico afirmaba:

> Teníamos muy claro que no queríamos generar nada que fuera estable o permanente, porque no permanece nada, no permanece la memoria, no permanece la relación. Las relaciones se resignifican, los usuarios con Alzheimer y los familiares han resignificado su relación, nos dicen: yo jamás he bailado así con él o con ella, jamás he dicho cosas así en una sala con gente, jamás he visto con estos ojos, de esta manera… Y a la vez hay renuncia, hay pérdida, hay cansancio, hay enfado, hay algo que no se recupera, de ahí que la función siempre es precaria, ningún espectador verá la función completa nunca, ni siquiera si asiste a todas las funciones (Teatros del Canal, 2019: 5).

Por último, merece la pena llamar la atención sobre el uso de periódicos en el montaje. Aun tratándose, en este caso, de creaciones de carácter ficcional (un diario titulado *LEAR*, con distintos tipos de contenido, imaginado por la compañía), los periódicos, distribuidos entre el público al inicio de la representación, aluden a la idea del documento y evocan una función determinada: la de soportar la memoria de lo que ha ocurrido. Es por ello por lo que resulta tan significativo que, a lo largo de la función, sus páginas se rasguen —en alusión a un patrón de conducta repetitiva que en ocasiones puede observarse en los pacientes con alzhéimer—, que el papel se arrugue, se lance por los aires o se arroje al suelo, llegándose casi a alfombrar el escenario. En un momento dado, uno de los intérpretes informa de que en una de las páginas del supuesto periódico se encuentran reunidas todas las palabras que conforman la tragedia de *El rey Lear*; a continuación, rompe esa hoja e invita el resto de los asistentes a hacer otro tanto. A partir de ese momento, el espectador comprende que, en esta ocasión, el argumento del original shakesperiano va a verse sometido, de acuerdo con una lógica poética, al mismo proceso de deterioro cognitivo que el propio espectáculo busca evocar.

2.4. La demencia y el teatro

El *Diccionario de la Lengua Española* (DEL) recoge dos acepciones para la palabra *demencia*, que aquí debemos tomar en consideración: en primer lugar, 'Locura, trastorno de la razón'; después, 'Deterioro progresivo de las facultades mentales que causa graves trastornos de conducta'. Mientras que la primera definición resulta mucho más abierta, y da cuenta de los usos menos precisos del término, la segunda se orienta con mayor especificidad hacia las alteraciones de la salud y el ámbito de las enfermedades diagnosticadas por parte de la medicina moderna, tales como, por ejemplo, el alzhéimer. La distinción es importante, y concierne de manera singular al objeto de nuestro estudio en esta ocasión, puesto que ilustra con nitidez dos formas diferentes de entender —y en su caso, de escenificar— las desviaciones respecto de lo que se considera normal a propósito de las capacidades mentales. En la historia del teatro, resulta característica la tendencia de algunos dramaturgos clásicos a representar, en el contexto de su propio momento histórico, y de acuerdo con las coordenadas culturales propias del momento, un tipo de locura inespecífica, excéntrica y que se hace reconocible, en última instancia, por su valor como artificio literario de corte simbólico. En efecto, para Patrice Pavis, el personaje del bufón —acaso una de las manifestaciones más reconocibles de la figura del Loco— representa:

> el principio orgíaco de la vitalidad desbordante, la palabra inextinguible, la revancha del cuerpo sobre el espíritu (Falstaff), la burla carnavalesca del pequeño frente al poder de los grandes (Arlequín), la cultura popular frente a la alta cultura (los pícaros). El bufón es, como el loco, un ser marginal. Este estatuto de exterioridad le autoriza a comentar impunemente los acontecimientos, en una especie de forma paródica del coro trágico. Su palabra, como la del loco, es a la vez prohibida y escuchada (Pavis, 1998: 58-59).

Frente a este modo tradicional de abordar la demencia, entendida como atributo marcadamente diferencial y estigmatizante —como otredad radical—, y elaborada de manera simbólica (la capacidad del loco para expresar verdades profundas u ocultas, la cordura en su más alto grado, etc.), la pieza que este artículo toma como objeto de estudio resulta ilustrativa de un cierto cambio de paradigma, en correspondencia tanto con una nueva sensibilidad social como con algunas de las corrientes de renovación de las artes escénicas. Por una parte, ha podido comprobarse que el espectáculo de Los números imaginarios centra su interés en el ámbito de las enfermedades mentales diagnosticadas y, en particular, en las formas de la demencia senil, tales como el alzhéimer. Es importante recordar, además, que, tanto en los talleres como en el montaje final, se ha tratado de marcar la diferencia entre la identidad de cada persona y cualquier posible condición derivada de su enfermedad. De hecho, el enfoque desde el que la compañía ha abordado la demencia guarda relación, fundamentalmente, con el principio de inclusión, con la idea de la interdependencia y con la atención, desde el ámbito de los cuidados, a las necesidades específicas de las personas.

Por otra parte, resulta ostensible que en este caso el interés de la compañía por enfermedades neurodegenerativas como el alzhéimer radica en su dimensión literal, no figurada. Mientras que en *LEAR (desaparecer)* sí resulta posible, según se ha señalado, establecer una analogía entre la relación del viejo rey Lear con sus hijas y las dinámicas intergeneracionales que operan a escala social más allá del propio marco familiar o privado, en ningún caso observamos, por el contrario, que se haya depositado sobre la propia demencia una carga metafórica. Antes bien, cabe afirmar que, en buena medida, el espectáculo ha perseguido, entre otros objetivos, visibilizar las complejas realidades asociadas a esta patología y, acaso, desenvolver su posible potencial artístico, partiendo siempre de sus circunstancias concretas. En este sentido, resultan especialmente reveladoras las palabras de Carlos Tuñón cuando, en una conversación mantenida con la investigadora Isabel Guerrero, afirmaba que, durante la experiencia de los talleres desarrollados junto a las personas con alzhéimer y a sus familiares, "lo real claramente se imponía a cualquier plano de ficción al que lo quisiéramos someter" (UNED, 2023: 25:00-27:10)[3].

Sin embargo, frente a esta radical estética de lo real, predominante en la fase de los talleres, el montaje final de la pieza sí introdujo, junto a la práctica performativa, y a las estrategias inmersivas ya referidas, una serie de elementos representacionales, aun subordinados en todo caso a la pauta metateatral o de reteatralización de la escena. El ejemplo más significativo, ya apuntado, es el que reside en el hecho de que la interpretación del personaje del rey Lear —y, con él, la interpretación de cualquier persona mayor afectada por la demencia senil— corriese a cargo de una serie de actores y de actrices jóvenes y sin deterioro

[3] Un estudio pormenorizado sobre la idea de la irrupción de lo real en el teatro contemporáneo se encuentra en el volumen *La escena y lo real en el siglo XXI* (Guerrero y Saura-Clares, 2024).

cognitivo. La evidente contradicción, abiertamente asumida en el espectáculo, entre sus cuerpos, sus capacidades y la realidad representada del alzhéimer se deriva, en este caso, de una decisión ética, a saber, la de preservar a las personas realmente enfermas y vulnerables de cualquier posible forma de exposición o de cosificación. De esta manera, en lugar de forzar su presencia sobre el escenario, se optó por una estrategia diferente: durante las funciones, quienes habían participado en los talleres serían integrados como parte del público; de un público al que, como se ha señalado más arriba, se invitará a sumarse libremente al elenco profesional en algunas de las escenas del espectáculo y a intervenir sobre la representación.

3. CONCLUSIONES

La pieza de Los números imaginarios que hemos tenido ocasión de analizar retoma el clásico de William Shakespeare para proponer, mediante la imagen de la familia y la perspectiva intergeneracional, una reflexión sobre los límites de la comunidad política: sus adentros, sus afueras y las distintas formas de relaciones que pueden establecerse entre quienes la integran. En particular, esta libre interpretación de *El rey Lear* centra el foco de su atención en la idea de la vulnerabilidad —evidente en el caso de las personas con deterioro cognitivo, pero consustancial a nuestra propia condición— , en la noción de la dependencia y, frente al problema de la soledad, en la necesidad de los cuidados. Particularmente interesante resulta, a este respecto, el cuestionamiento que se lleva a cabo de las identidades más marcadas o determinadas, sometidas en esta obra —como en el original shakespeariano— a un proceso de redefinición: el padre y la hija que intercambian sus papeles, el rey transfigurado en mendigo, el enfermo que no es solo un enfermo, el cuidador que necesita ser cuidado…

Según ha podido comprobarse, el espectáculo *LEAR (desaparecer)* —indisociable de la experiencia de los talleres *Diálogo posible con el alzhéimer*— resulta también ilustrativo de los desafíos y de las posibilidades que entraña la representación escénica de la enfermedad mental, un punto de vista extrapolable, en algunos casos, al ámbito de la discapacidad. En esta ocasión, la compañía de Los números imaginarios opta por una aproximación antes literal que simbólica al ámbito del deterioro cognitivo, una realidad que se busca visibilizar y sobre la que no se deposita ningún valor metafórico (el alzhéimer como trasunto de la amnesia colectiva, la locura como lucidez radical, etc.). Por otra parte, la puesta en escena —o la presencia real, no representada— de las personas afectadas por la demencia senil implica una serie de dilemas éticos que conviene tomar en consideración y cuya resolución, no siempre sencilla, impacta de manera directa sobre la estética del espectáculo. El carácter experiencial e inmersivo de la pieza a la que nos hemos referido subraya el componente asambleario del acto teatral, un hecho que nos invita a reflexionar con mayor intensidad sobre qué personas —y qué cuerpos— participan, en qué términos y mediante qué normas, del tiempo y del espacio compartidos.

Sin duda, el proceso de creación y representación de *LEAR (desaparecer)* pone de manifiesto algunas de las facetas de la estrecha correlación entre la inclusión escénica o artística y la efectiva inclusión social. De un lado, surge la pregunta en torno a quiénes tienen acceso a los beneficios que la práctica del arte (entre otras formas de participación en la vida cultural) puede procurar a una persona; en paralelo, merece la pena interrogarse sobre quiénes consideramos que tienen la posibilidad de realizar aportaciones significativas en el ámbito de la creación artística. Resulta del máximo interés reparar en el hecho de que, tal y como se ha observado en este artículo, la capacidad o incapacidad de una persona —por ejemplo, con alzhéimer— para participar en procesos de creación escénica dependa tanto de sus propias características individuales como de las condiciones de posibilidad (entornos, métodos, lenguajes, tiempos…) que se establezcan a tal efecto. Considérese, además, en este sentido, el potencial de la práctica artística para desarrollar nuevos lenguajes o para ahondar, de manera original, en las posibilidades expresivas de los ya existentes, tendiendo puentes entre subjetividades distintas[4].

REFERENCIAS BIBLIOGRÁFICAS

ABANTE ASESORES (2024). "Se confirma: España sigue siendo el país más longevo de la Unión Europea". *Cinco días. El País* (07/06). Disponible en línea: https://cincodias.elpais.com/mercados-financieros/eres-tu-no-tu-dinero/2024-06-07/se-confirma-espana-sigue-siendo-el-pais-mas-longevo-de-la-union-europea.html [09/09/2024].

ADILLO, S. (2024). "Un auto interior*: La vida es sueño* de [los números imaginarios] para la CNTC". *Teatro. Revista de Estudios Escénicos* 36.1, 9. Disponible en línea: https://digitalcommons.conncoll.edu/teatro/vol36/iss1/9/ [09/09/2024].

CONTE, D.; GÓMEZ, A. Y AVENTÍN, M. A., eds. (2024). *Imágenes de la vejez. Diversidad funcional y envejecimiento en las artes escénicas españolas*. Berlín: De Gruyter.

GARCÍA, E. (2019). "Recordar, del latín re-cordis: volver a pasar por el corazón". *Cadena Ser* (19/05). Disponi-

[4] Una grabación de esta intervención puede verse en https://canal.uned.es/video/66f294a472ca60a4dc083ed2 [23/09/2024].

ble en línea: https://cadenaser.com/ser/2019/05/19/cultura/1558276913_223013.html [09/09/2024].

GUERRERO, I. Y SAURA-CLARES, A., eds. (2024). *La escena y lo real en el siglo XXI*. Madrid: Visor Libros.

GIOVIO, E. Y CLEMENTE, Y. (2024). "Los retos de convertirse en el país más longevo: España alcanzará a Japón en 2040". *El País* (24/05). Disponible en línea: https://elpais.com/sociedad/2024-05-24/los-retos-de-convertirse-en-el-pais-mas-longevo-espana-alcanzara-a-japon-en-2040.html [09/09/2024].

INAEM (UNIDAD DE AUDIOVISUALES DEL CENTRO DE DOCUMENTACIÓN DE LAS ARTES ESCÉNICAS Y DE LA MÚSICA) (2020). Videograbación de *LEAR (desaparecer)* del 07/02/2020 en el Teatro de la Abadía.

LOS NÚMEROS IMAGINARIOS (2020a). Grabación de los talleres *Diálogo posible con el alzhéimer*. Disponible en línea: https://vimeo.com/462077809 [09/09/2024].

____ (2020b). Extracto del documental *LEAR (el proceso de desaparecer)*. Disponible en línea: https://vimeo.com/461961146 [09/09/2024].

MARTÍNEZ, N. (2020). "Un Lear para romper las barreras del alzhéimer". *Radio 5, RNE* (06/02). Disponible en línea: https://www.rtve.es/play/audios/todo-noticias/lear-para-romper-barreras-del-alzheimer/5504089/ [09/09/2024].

PAVIS, P. (1998). *Diccionario del teatro*. Barcelona: Paidós.

REAL ACADEMIA ESPAÑOLA (2023). *Diccionario de la lengua española*. Disponible en línea: https://dle.rae.es/ [09/09/2024].

SÁNCHEZ, A. (2019a). "Acompañando a Lear". Texto sin publicar, amablemente facilitado por Carlos Tuñón al autor de este artículo.

____ (2019b). "Cuaderno de bitácora. Memoria y conclusiones finales sobre los talleres de metodología teatral realizados en los Teatros del Canal". Texto sin publicar, amablemente facilitado por Carlos Tuñón al autor de este artículo.

SHAKESPEARE, W. (1995 [1605]). *El rey Lear*. Madrid: Cátedra.

TEATROS DEL CANAL (2019). "Programa de mano". Entrevista de Álvaro Vicente a Carlos Tuñón. Disponible en línea: https://www.teatroscanal.com/wp-content/uploads/2018/06/programa-lear-desaparecer-numeros-imaginarios.pdf [12/09/2024].

TUÑÓN, C. (2021). "Teatro inmersivo (expandir la experiencia teatral desde dentro)". Descripción del taller intensivo teórico-práctico para la RESAD, impartido por Carlos Tuñón. Disponible en línea: https://www.resad.es/eventos2021/carlos-tunon/Teatro-inmersivo-para-web.pdf [09/09/2024].

UNED (CANAL UNED) (2023). "En conversación con Carlos Tuñón", con Isabel Guerrero. Disponible en línea: https://canal.uned.es/video/6540aa1332e2ca0aab516482 [09/09/2024].

UNITED NATIONS (Department of Economic and Social Affairs) (2022). *World Population Prospects 2022. Summary of Results*. New York: United Nations. Disponible en línea: https://www.un.org/development/desa/pd/sites/www.un.org.development.desa.pd/files/wpp2022_summary_of_results.pdf [09/09/2024].

VIDALES, R. (2019). "La memoria rota del rey Lear". *El País* (23/05). Disponible en línea: https://elpais.com/cultura/2019/05/22/actualidad/1558540948_138905.html [09/09/2024].

LA SALUD MENTAL FEMENINA: *ÓRGIA* DE LA RARA

FEMALE MENTAL HEALTH: *ÓRGIA* DE LA RARA

BEGOÑA GÓMEZ SÁNCHEZ
Universidad Internacional de La Rioja / ITEM
begona.gomez@unir.net

Resumen: Este estudio analiza la escenificación de la salud mental femenina por el grupo teatral sevillano La Rara a través de su último montaje teatral *Órgia*. Para ello, se analizarán los principales y más representativos rasgos dramatúrgicos y escénicos de *Órgia*, un montaje ecléctico en el que intervienen conceptos tan heterogéneos como el teatro documento, la autoficción, el teatro ritual, el teatro *verbatim* y la narrativa escénica *transmedia*.

Palabras clave: Salud mental femenina. La Rara. Órgia. Recursos dramatúrgicos. Recursos escénicos.

Abstract: This study analyzes the staging of female mental health by the Sevillian theater group La Rara through its latest theatrical production Órgia. To do this, the main and most representative dramaturgical and scenic features of Órgia will be analyzed, an eclectic production in which concepts as heterogeneous as document theater, autofiction, ritual theater, verbatim theater and transmedia scenic narrative intervene.

Key words: Female mental health. La Rara. Órgia. Dramaturgical resources. Scenic resources.

1. INTRODUCCIÓN

Este estudio analiza la escenificación de la salud mental femenina por el grupo teatral La Rara a través de su último montaje teatral *Órgia*. En este sentido, la exposición de su trayectoria teatral resulta esencial para comprender la poética de este colectivo teatral así como el espectáculo que puede considerarse antecedente del objeto de nuestra investigación, *Frenia*. Para ello, se analizarán los principales y más representativos rasgos dramatúrgicos y escénicos de *Órgia*, un montaje ecléctico en el que intervienen conceptos tan heterogéneos como el teatro documento, la autoficción, el teatro ritual, el teatro *verbatim* y la narrativa escénica *transmedia*.

2. TRAYECTORIA TEATRAL

La Rara es una compañía teatral sevillana fundada por las actrices Rocío Hoces y Julia Moyano, en 2020[1]. Con una marcada propuesta ideológica que busca la "coherencia artística, vital y política" y proyectos que, según declaran, "decidimos trabajar en lo que nos mueve y nos conmueve" (La Rara, 2024d: s. p.). Con una trayectoria aún no muy extensa, todas sus creaciones mantienen hilos conductores comunes que se podrán distinguir en *Órgia*.

[1] Rocío Hoces tiene formación en artes escénicas y además es titulada en Educación Social con un posgrado en estudios feministas. Julia Moyano es actriz, creadora y docente. Estudia arte dramático en la Real Escuela Superior de Arte Dramático de Madrid (RESAD), en la especialidad de interpretación en teatro gestual (La Rara, 2024b, 2004e: s. p.).

Estas coordenadas han sido patentes desde el comienzo de sus creaciones. El primer montaje teatral fue *Si yo fuera madre* (2020), pieza para dos actrices con sus bebés y un dramaturgo sin hijos, en el que Rocío Hoces y Julia Moyano se subían a escena con sus dos hijos para configurar lo que denominan una "'autoficción plural' que no habla desde el 'yo' sino desde el 'nosotras' (La Rara, 2024f: s. p.) y cuestionar qué les ocurre mientras son madres y crían a sus hijos. El concepto de "autoficción plural" se abordará detenidamente en el análisis del espectáculo *Órgia* puesto que forma parte de la base de sus principales rasgos dramatúrgicos.

Seguidamente, y tras el periodo más crítico de la pandemia por COVID-19[2], emprendieron un proyecto de investigación sobre salud mental focalizada desde una perspectiva femenina a través de tres propuestas creativas de distintos formatos: *Frenia* (2022), de "carácter expositivo y performativo"; *Saltar la tapia* (2023, 2024), "proyecto de mediación artística" y *Órgia* (2023), "nuestra verbena, espectáculo escénico" (La Rara, 2024d: s. p.).

Sin embargo, la propuesta antecedente creativo de *Órgia* es *Frenia* cuyo apelativo procede de la abreviatura de la palabra 'esquizofrenia', primer nexo de unión con el tema de la salud mental como "indagación documental y artística en relación a los trastornos mentales con perspectiva de género" (La Rara, 2024a: s. p.). Un conjunto expositivo fruto de la investigación apoyada por el Instituto de la Cultura y las Artes, bajo el programa Banco de Proyectos del Ayuntamiento de Sevilla, realizado el 15 y 16 de octubre de 2022 en la Real Fábrica de Artillería de Sevilla. Los asistentes podían detenerse en las diferentes creaciones, denominadas "paradas" y descubrir la historia y evolución del hos-

---

[2] Sobre las relaciones del COVID-19 con el teatro, puede verse el artículo de Romera Castillo (2022).

pital psiquiátrico de Miraflores en Sevilla, actualmente cerrado y uno de los temas principales que se tratan en el espectáculo de *Órgia*. "Parada maqueta", "Parada video" y "Parada cuerpos" mostraban tres vertientes de este espacio.

El primero, "Parada maqueta", es una maqueta con unos auriculares por los que se podía oír los testimonios del denominado *Batallón*, un grupo de trabajadoras del hospital que en los años setenta trabajaron por el cierre de esta institución. Estas mismas serán también serán las protagonistas en *Órgia*. La "Parada video" es un recorrido por los restos derruidos del hospital psiquiátrico y "Parada cuerpos" es una coreografía recreada en directo por las actrices Rocío Hoces y Julia Moyano.

Por último, existe un antecedente escenográfico de *Órgia* en la "Parada cuerpos" de *Frenia* que es una superficie limitada llena de piedras sobre la que todo el grupo de actrices de *Órgia* interpretan "la coreografía de las gallinas" del cuadro "3. Los manicomios".

Finalmente, la última creación que forma parte de la investigación sobre salud mental con perspectiva femenina es *Saltar la tapia* (2023) que como "proyecto de mediación artística" se centra en la salud mental de los adolescentes a los que da cabida en el hecho escénico. También mantiene relación con el montaje teatral *Órgia* el propio título del proyecto puesto que se trata de un homenaje al Festival de música y artes escénicas que se realizó en el citado hospital psiquiátrico de Miraflores a principios de los años 80, encuentro musical de importancia en los recursos dramatúrgicos y escénicos del espectáculo sobre el que versa este análisis.

Para finalizar con estos apuntes sobre la trayectoria artística de La Rara, se cita la segunda edición de *Saltar la tapia*, realizada recientemente bajo el título de *Amalgama* (24 de abril de 2024), hecho que corrobora cómo desde el comienzo de sus creaciones hasta la actualidad han mantenido un fuerte compromiso con el tema de la salud mental.

3. *ÓRGIA*

3.1. Contexto de la puesta en escena

El montaje teatral de *Órgia* se estrenó mundialmente el 25 de mayo de 2023 en el Teatro Lope de Vega de Sevilla. Su gira en Madrid recayó en el Teatro de la Abadía los días 15 y 16 de junio de 2024[3]. Al igual que su antecedente *Frenia*, este montaje teatral nació de la investigación apoyada por el Instituto de la Cultura y las Artes de Sevilla, bajo el programa Banco de Proyectos, realizado a partir de un texto teatral firmado por las fundadoras de la compañía, Julia Moyano y Rocío Hoces, que consta de tres partes y trece cuadros. Asimismo, durante la hora y cinco de duración de su puesta en escena, se expone una propuesta en la que "la Rara presenta una mirada a la salud mental de las mujeres y hacia sus cuerpos"; de ahí la importancia y el papel destacado de los momentos coreográficos como medio de expresión del mundo interior de lo que se narra en cada momento de *Órgia* (La Rara, 2024c: s. p.).

Alejado totalmente del significado orgiástico al que en la actualidad se asocia, *Órgia*, según el *Breve Diccionario Etimológico de la Lengua Castellana* procede del griego y significa

[3] Creación la Rara. En escena: Nerea Cordero, Eloisa Cantón, Eva Gallego, Julia Moyano y Rocío Hoces. Diseño de luces: Irene Cantero. Espacio sonoro: Eloísa Cantón. Movimiento y coreografía: Natalia Jiménez Gallardo. Mirada externa: Irene Cantero. Asesoría en Verbatim: Lucía Miranda. Real-time video Chica Fábrica. Asesoría video: Álex Peña. Fragmentos de la pieza audiovisual «Frenia» cedidos por La Cura. Sonido: Pedro León. Iluminación y coordinación técnica: Carmen Mori. Vestuario: Gloria Trenado. Con la colaboración especial de Tais Álvarez y Mai Insua. *Órgia* son todas estas voces, y alguna más, resonando juntas (La Rara, 2024c: s. p.).

"misterio o ceremonia religiosa" (Corominas, 1990: 426), caracterizadas por "frenéticas danzas de las ménades" (Diccionario Etimológico Castellano, en línea, 2024). En el texto teatral también se aportan otros rasgos semánticos "¿Sabéis que *Órgia* en la antigua Grecia eran actos colectivos en los que una verdad espiritual iba a ser revelada?" Como resultado, en la puesta en escena se produce un diálogo entre el pasado y el presente de un grupo de mujeres enmarcadas bajo el tema de la salud mental femenina que se distribuyen sobre tres líneas temporales: "el presente que cuenta el pasado, el pasado y el presente que compone el futuro" (La Rara, 2024c: s. p.) y que culmina en la tercera y última parte del espectáculo.

La primera línea temporal la componen el *Batallón* de mujeres trabajadoras que del hospital psiquiátrico de Miraflores de Sevilla que relata desde su presente las atrocidades cometidas en el lugar hasta conseguir que se cerrara en la década de los ochenta del siglo pasado. La segunda línea temporal recrea las vidas de aquellas mujeres que estaban encerradas en el psiquiátrico. La última línea temporal son las propias actrices que cuentan su relación con la salud mental derivada de las formas de vida actuales. Esta yuxtaposición temporal en *Órgia* potencia el planteamiento ideológico ya contemplado desde su primer montaje *Si yo fuera madre* (2020); no se habla de individuos concretos, sino de un colectivo, de *nosotras*. De hecho, al final de la ficha técnica y artística aparece lo siguiente como postulado central de su propuesta: "Órgia son todas estas voces, y alguna más, resonando juntas" (La Rara, 2024c: s. p.).

La escenificación de *Órgia* parte de la correcta conjugación entre distintos lenguajes dramatúrgicos y escénicos tales como el teatro documento, la autoficción *plural*, y la ritualidad de recursos dramatúrgicos y de recursos escénicos al teatro *verbatim* y la narrativa *transmedia*. Todos estos lenguajes cohesionan en armonía gracias a cómo la iluminación y el espacio sonoro integran cada escena, cuadro y parte sin que las transiciones de estos destaquen de manera negativa como momentos que se suceden sin ningún tipo de relación dramatúrgica.

3.2. Recursos dramatúrgicos y escénicos

El primero de los recursos dramatúrgicos que se va a analizar es todo aquello que en *Órgia* procede del denominado teatro documento, una forma de teatro político de la década de los sesenta del siglo pasado cuyo objetivo era crear "conciencia política, información sobre acontecimientos y contextos" (Gimber, 2017: 31) e "informativo pero crítico. Es una investigación" (Vicente, 2016: 39)[4]. La compañía teatral La Rara ya contiene entre sus postulados su conciencia política y con la exposición de las tres líneas temporales de *Órgia*, a través de su citado proceso de investigación, informa sobre sucesos pasados y presentes de la salud mental femenina para que el receptor reflexione y en último término pueda criticar la situación actual.

La "actualización del teatro documento" configura un texto fuente teatral a partir de "las palabras de personas reales que son grabadas o transcritas por un dramaturgista durante una entrevista o un proceso de investigación, o son recogidas de grabaciones existentes tales como las transcripciones de una investigación oficial", posteriormente "son editadas, arregladas o recontextualizadas para formar una presentación dramática" (Vicente, 2016: 37). Acorte a esta actualización del teatro documento, en la creación del texto de *Órgia* cada intervención del citado *Batallón* de trabajadoras del psiquiátrico de Miraflores de Sevilla y de la

---

[4] Sobre el teatro como documento pueden verse las actas del 25 Seminario internacional del SELITEN@T (Romera Castillo, ed., 2016).

recreación de las internas en el hospital proceden de una serie de entrevistas:

> Cada intervención de Carmina, Chavela, Mari y Reme está sacada de entrevistas, no hay invención alguna por nuestra parte, sólo hemos añadido alguna conjunción u otro elemento de ese tipo para conectarlas. Podríamos decir que 5% de lo que dicen es aportación nuestra. El trabajo está en la selección de lo que cuentan y cómo conectarlo entre ellas, de cada una tenemos de 3 a 4 horas de entrevistas, por separado. Los nombres no son los originales, ellas mismas se rebautizaron, decidieron cómo querían llamarse.
>
> En el caso de las historias de vidas de mujeres del psiquiátrico ocurre igual, no son sus nombres reales, y los que contamos de ellas también está extraído, aunque no literalmente, de lo que las trabajadoras nos contaron. Cada nombre, en este caso, conlleva una reparación. Es nuestra manera de honrar esas memorias[5].

En el texto fuente teatral de *Órgia* se contempla todo lo anterior en la primera parte dentro de los siguientes cuadros:

> En el cuadro "2.- El Batallón de Carmina" se presenta a estos personajes y cómo llegaron a trabajar en el hospital de Miraflores. El cuadro "5.- Las Blisters" se adentra en las atrocidades que se cometían en el psiquiátrico con una fuerte crítica a las religiosas que lo gestionaban. En el cuadro "6.- Diagnósticos", en su segunda escena, las trabajadoras de Miraflores aparecen por última vez para relatar los motivos por los que en el pasado eran encerradas de por vida a las mujeres en estos lugares. Todos estos tres cuadros pertenecen

[5] Declaraciones de Rocío Hoces realizadas a través del intercambio de correos electrónicos (8/5/2024).

a la línea temporal primera: la narración desde el presente los nefastos sucesos pasados. El cuadro "7.- Salta la tapia" y el cuadro "8.- Los productos de un manicomio" se enclavan en la segunda línea temporal, el presente hablando del pasado. En el primero de ellos, de breve extensión, se produce la conexión entre el tiempo presente y el pasado del hospital de Miraflores debido a que una de las actrices habla sobre el Festival de música y artes escénicas "Saltar la tapia" y lo que significó para dar visibilidad a la vida del psiquiátrico. En el cuadro "8.- Los productos de un manicomio", las actrices de *Órgia* con sus nombres propios recrean la vida de algunas de las reclusas del hospital de Miraflores.

En definitiva, el texto teatral de *Órgia* se construye bajo una gran parte de los postulados del teatro documento a través de un proceso de actualización de este.

El segundo recurso dramatúrgico para analizar es lo que ellas denominan *autoficción plural*. Para comprender este concepto se expone primeramente lo que significa esta expresión:

> Así, la autoficción teatral consiste en una representación escénica con una narración homodiegética donde se da la coincidencia en la misma persona del dramaturgo, el autor del texto, el actor y el personaje, en la que lo narrado se ubica en una posición ambigua entre el pacto de ficción. Se trata de un posicionamiento híbrido entre estas categorías que introduce el pacto de ficción y el pacto autobiográfico (Gino, 2023: s.p.).

En cuanto al grupo de palabras "autoficción plural"' el matiz que añade la compañía La Rara, les ayuda, según palabras de Rocío Hoces, a "colectivizar el malestar" de la salud mental femenina (Luque, 2023: s.p.). En el propio texto teatral de *Órgia* existe una réplica muy esclarecedora al respecto, emitida por la propia Hoces: "¿Sabéis que no estaremos bien hasta que la última esté bien?". En esta parte del texto teatral procedente de la "autoficción plural" son las propias actrices las que con sus nombres propios reales hablan desde su presente de la relación entre la sobrecarga familiar y laboral de la mujer actual y la salud mental femenina. Las fuentes textuales son las siguientes:

> El relato que corresponde al presente sí son testimonios reales nuestros, pero están al servicio de unos TEMAS que queríamos abordar desde la generalidad, ya que vemos que son patrones generacionales comunes. De ahí ponemos en primera persona nuestras vivencias como reflejo de lo que nos pasa a muchas de nosotras y no con otro fin como pudiera ser el morbo de exponer nuestra intimidad o la catarsis terapéutica[6].

La "autoficción plural" se muestra en el texto de *Órgia* dentro de la primera y segunda parte en los cuadros.

En la primera parte, en el cuadro "4.- Nuestro encierro", cuentan cómo se sentían de oprimidas durante el periodo de confinamiento por la pandemia del COVID-19. En la segunda parte, en el cuadro "9.- ¿Sabéis qué?", narran la relación de las actrices con la salud mental. En el cuadro "10.- No me da la vida", se evidencia la tensión que la sobreocupación familiar y laborar hace mella en la salud mental de las actrices hasta el cuadro "11.- El delirio", en el que muestran con sus cuerpos en movi-

[6] Declaraciones de Rocío Hoces realizadas a través del intercambio de correos electrónicos (13/05/2024).

miento el estado extremo al que han llegado para calmarse con la denominada *Nana de la medicación*.

En resumen, en el procedimiento de "autoficción plural" contenido en el texto de *Órgia* se produce otro proceso de actualización de un recurso dramatúrgico, en este caso el de la autoficción teatral[7].

El último recurso dramatúrgico para analizar se encuentra situado en la tercera parte del texto dentro de los cuadros "12. La vida está en otra parte" y "13. Órgia". Se trata de unos cuadros confeccionados a partir del teatro ritual. Según Patrice Pavis:

> El ritual encuentra su camino en la presentación sagrada de un evento único: acción no imitable por definición, teatro invisible, espontáneo, pero sobre todo desnudamiento sacrificial del actor ante un espectador que, de este modo, expone a luz pública sus preocupaciones y la trastienda de su alma con la esperanza confesad de una redención colectiva (Pavis, 1998: 404).

Dentro de la línea temporal en la que el presente compone el futuro, las actrices de *Órgia* desnudan físicamente sus cuerpos en la "coreo bragas", una bella coreografía acompañada de una composición musical con resonancias renacentistas que las acaba desplomando sobre el suelo, tras revelar completamente su alma y su cuerpo, para así poder alcanzar lo que Pavis denomina la "redención colectiva" en el cuadro penúltimo del espectáculo donde se plasma, según la definición realizada sobre el término 'órgia', una "verdad espiritual". Esta es la última réplica del montaje, una voz en *off* de una de las trabajadoras reales del hos-

---

[7] *Vid*. al respecto las actas del 27 Seminario internacional del SELITEN@T, sobre Teatro, (auto)biografía y autoficción (Laín Corona y Santiago Nogales, eds., 2015).

pital de Miraflores: "REME.- Yo creo que si la gente conociera la locura no le tendría miedo. La locura para mí es escapar de la realidad, sí…fugarse de esta bola. Y no, no se contagia. No".

Finalmente, el último cuadro cuyo título es homónimo al del espectáculo se recrea un "Batallón a ritmo de castañuelas" con el cuerpo como excelente medio de expresión (Luque, 2023: s. p.; Crespo, 2023: s. p.). Las actrices ya vestidas, con una indumentaria plena de colorido y estampados con flores, realizan una danza con resonancias folklóricas a ritmo de cascabeles y castañuelas. Un desenlace esperanzador que, según el planteamiento ideológico principal del montaje, "marca el fin de un clamor y el comienzo de una verbena, ya no hay encierro que nos impida recuperar el gozo" (La Rara, 2024c: s. p.).

A continuación, analizaré los principales rasgos escénicos contenidos en el montaje teatral de *Órgia*. Para comenzar, abordaremos lo que se denomina teatro *verbatim*, partiendo de la definición Méndez Martínez:

> La técnica del teatro *verbatim*, […] es usada dentro de un tipo de teatro llamado documental […] Su técnica se basa en recoger entrevistas que el equipo investigador selecciona en clips de audio significativos. Dichos audios son repartidos entre las personas componentes del elenco (2019: 97).

Con esta primera definición se entra en total relación con el rasgo dramatúrgico analizado con anterioridad, el teatro documento, y con todos aquellos cuadros que se contemplaron ya que formaban parte de las entrevistas realizadas a las trabajadoras de Miraflores. No obstante, el teatro *verbatim* tiene su aplicación exhaustiva para la puesta en escena. Abuín González declara al respecto: "Los participantes en teatro *verbatim* están particularmente preocupados por los idiomas locales, por los tics individuales o por las marcas lingüísticas que singularizan a los testigos y deben respetarse escrupulosamente en las transcripciones" (2016: 286).

En definitiva, el teatro *verbatim* como rasgo escénico es una técnica interpretativa que se trabaja para conseguir la total similitud con el material fuente de las entrevistas. En la puesta en escena, cuando las actrices encarnan al *batallón* de Miraflores portan batas sanitarias y reproducen los acentos de estas según su procedencia geográfica. En ocasiones, se intercalan las voces en *off* de las trabajadoras para que el receptor verifique la total simbiosis con las interpretaciones de las actrices gracias a la técnica del teatro *verbatim*.

El rasgo escénico más complejo del montaje teatral *Órgia* es el uso de la narrativa escénica *transmedia* la cual se trata de "un relato que se proyecta y expande a través de muchos medios y plataformas de comunicación" (Grande Rosales, 2016: 67), propio de las escenificaciones del siglo XXI más innovadoras escénicamente hablando.

Sin embargo, nuestro espectáculo a analizar contiene también medios próximos a la narrativa escénica tradicional para la transmisión del código teatral. Desde la voz y el cuerpo de las actrices, las voces en off de las grabaciones de los trabajadores del psiquiátrico, imágenes proyectadas en movimiento de calles vacías de una ciudad, del descampado del derruido hospital de Miraflores, del Festival la tapia, la música en directo sobre un micrófono y emitida a partir de un ordenador hasta las diversas coreografías de *Órgia* que ponen en primer plano al cuerpo de las actrices como elemento expresivo esencial.

La narrativa *transmedia* se proyecta sobre el telón de fondo negro. Se inicia el espectáculo con la emisión de un *Podcast* del programa real de internet "LOCA YO??? Salud mental y feminismo" y las presentadoras dialogan con las actrices presentando al colectivo teatral de La Rara. En otros cuadros del montaje se aportan datos más objetivos sobre la situación de la salud mental como en los de la primera parte "3. Los manicomios" y "6. Diagnósticos". Con este ejemplo de nueva forma de contar la fábula "asistamos a la incorporación de los medios digitales a la escena generando nuevos modelos escénicos" (Torre Espinosa, 2019: 368).

En la escenificación del cuadro "8. Los productos de un manicomio" las actrices emiten su texto sobre un micrófono mientras son grabadas y emitida su imagen sobre el fondo de la escena en tiempo real. Esta doble perspectiva de medio de difusión de la narrativa *transmedia* permite que el "espacio, limitado al ocupado por los comediantes en el lugar escénico, puede ser desarrollado y visibilizado en un desarrollo *transmedia* mediante la recurrencia a otros medios" (Torre Espinosa, 2019: 367).

Sin lugar a duda, los diversos rasgos dramatúrgicos y escénicos del montaje teatral de *Órgia* permiten que se asista a una creación ecléctica que encaja con naturalidad y claridad la temática de la salud mental femenina.

4. CONCLUSIONES

La propuesta teatral del colectivo La Rara hace honor al apelativo de su grupo. Los rasgos dramatúrgicos y escénicos analizados muestran la disparidad de lenguajes que se pueden encontrar en una puesta en escena contemporánea si bien, a priori, pudiera afirmarse que el resultado final no tendría éxito. A pesar de esto, todo encaja en esta propuesta netamente actual y, por supuesto, arriesgada tanto por su temática, la salud mental femenina, como por la exposición total, física y emocional, de sus intérpretes. Un teatro comprometido socialmente donde el *nosotras* invita a reflexionar sobre el individualismo exacerbado actual.

Cómo logran todo lo anterior dentro de los recursos dramatúrgicos, a través de la actualización del teatro documento y del concepto de autoficción teatral conjugado con el empleo del cuerpo y de la teatralidad del teatro ritual. Sobre lo escénico, novedosos recursos como el teatro *verbatim* y la narrativa *transmedia* insertan momentos en los que se potencia el realismo de la propuesta y la exposición objetiva del tema de la salud mental femenina. Ciertamente, un tema de necesaria visibilidad en esta sociedad que mira hacia adelante sin parar, por el temor de verse de pronto inmersa en un problema de salud física o mental que la detenga de pronto y le obligue a pensar…[8]

REFERENCIAS BIBLIOGRÁFICAS

ABUÍN GONZÁLEZ, A. (2016). "Historia oral, memoria colectiva y comunidad en el teatro del mundo: el caso del teatro verbatim". *Signa. Revista de la Asociación Española de Semiótica* 25, 273-296. Disponible en línea: https://cervantesvirtual.com/hemeroteca/signa [15/05/2024].

COROMINAS, J. (1990). *Breve Diccionario Etimológico de la Lengua Castellana*. Madrid: Gredos.

CRESPO, A. (2023). "Caminos de sanación". *ABC* 26/03/ Disponible en línea: https://www.abc.es/queplan/sevilla/teatro/caminos-sanacion-20230326183826-nts.html [10/05/2024].

DICCIONARIO ETIMOLÓGICO CASTELLANO EN LÍNEA (2024). *Orgía*. https://etimologias.dechile.net/?orgi.a, Consultado el [15/05/2024].

[8] Una grabación de esta intervención puede verse en https://canal.uned.es/video/66f3d9f67951879dc3030b06 [24/09/2024].

GIMBER, A. (2017). *Nuevas poéticas teatrales: el teatro documento posdramático*. Disponible en línea: https://www.ucm.es/data/cont/docs/615-2017-07-06-Curso%20Verano%20Arno%20Gimber.pdf [02/05/2024].

GINO, L. (2023). "Repensando la autoficción desde la escena: una lectura de la paradoja de ser y no ser en la dramaturgia de Sergio Blanco". *Lexis* 47. Disponible en línea: http://www.scielo.org.pe/scielo.php?script=sci_arttext&pid=S0254-92392023000100303 [01/05/2024].

GRANDE ROSALES, M. Á. (2016). "Posibilidades de un teatro transmedia". *Artnodes* 18, 64-72. Disponible en línea: https://raco.cat/index.php/Artnodes/article/view/n18-grande-sanchez/408684 [25/05/2024].

LA RARA (2024a). *Frenia*. https://larara.net/frenia/ [03/05/2024].

____ (2024b). *Julia Moyano*. https://larara.net/julia-moyano/ [03/05/2024].

____ (2024c). *Órgia*. https://larara.net/orgia/ [03/05/2024].

____ (2024d). *Reinicio*. https://larara.net/reinicio/ [03/05/2024].

____ (2024e). *Rocío Hoces*. https://larara.net/rocio-hoces/ [03/05/2024].

____ (2024f). *Si yo fuera madre*. https://larara.net/si-yo-fuera-madre/ [03/05/2024].

LAÍN CORONA, G. Y SANTIAGO NOGALES, R., EDS. (2019). *Teatro, (auto)biografía y autoficción (2000-2018) en homenaje al profesor José Romera Castillo*. Madrid: Visor Libros. Puede verse una grabación en https://canal.uned.es/series/5b2a5c2eb1111f937b8b4569 [10/05/2024].

LUQUE, A. (2023). "'No estamos bien': cuando la salud mental hace a las mujeres doblemente vulnerables". *El diario.es*

08/03/. Disponible en línea: https://www.eldiario.es/andalucia/lacajanegra/teatro/no-salud-mental-mujeres-doblemente-vulnerables_1_10013298.html [10/05/2024].

MÉNDEZ MARTÍNEZ, E. (2019). "Teatro Verbatim. Una metodología de investigación y de creación teatral". *Revista de Artes Performativas, Educación y Sociedad* 1,1, 93-99.

PAVIS, P. (1998). *Diccionario del teatro*. Barcelona: Paidós.

ROMERA CASTILLO, J. (2022). "Semiótica, pandemias, COVID-19 y teatro". *Signa* 31, 27-37. Disponible en línea: https://revistas.uned.es/index.php/signa/article/view/32184/24686 [10/06/2024].

ROMERA CASTILLO, J., ED. (2016). *El teatro como documento artístico, histórico y cultural en los inicios del siglo XXI*. Madrid: Verbum. Puede verse una grabación en https://canal.uned.es/serial/index/id/4695 [10/05/2024].

TORRE ESPINOSA, M. DE LA (2019). "Aproximación al teatro transmedia: *Misántropo*, de Teatro Kamikaze". *Pasavento* VII.2, 365-380. Disponible en línea: https://erevistas.publicaciones.uah.es/ojs/index.php/pasavento/article/view/731/216 [25/05/2024].

VICENTE, C. DE (2016). "El teatro en la realidad: Once notas sobre el teatro documento". *Revista Artescena* 2, 34-45.

DE LA CÁRCEL AL MANICOMIO: LA REPRESIÓN FRANQUISTA EN INSTITUCIONES MENTALES. LA OBRA *ROJO*, CONTADA POR SU AUTOR

FROM PRISON TO ASYLUM: FRANCO'S REPRESSION IN MENTAL INSTITUTIONS. THE PLAY *ROJO*, AS TOLD BY THE AUTHOR

MARCOS GISBERT FERRI
Dramaturgo UNED
marcos@marcosgisbert.eu

Resumen: En la primera posguerra (años 40 y 50 del siglo XX), período en que se centra la obra teatral *Rojo*, los centros psiquiátricos —entonces aún llamados por los especialistas "manicomios"— estuvieron tan superpoblados como las cárceles, bajo un supuesto precepto científico según el cual la ideología contraria al Régimen debía ser tratada como patología mental, una práctica habitual en las dictaduras de hoy y siempre. Este trabajo refiere el proceso de elaboración de la obra mencionada, que puede adscribirse al género-marco del teatro documento, también llamado teatro *verbatim*, de la realidad, testimonial, etc. Como ejes del dispositivo dramatúrgico, se recurre a la noción de *rizoma* tal y como la plantearon Deleuze y Guattari (1980), por la dimensión asignificante y asubjetiva que puede aportar a la estructura dramática, así como al concepto de 'interrupción' que Walter Benjamin (1930) aplicó para definir el teatro brechtiano en la búsqueda de su efecto distanciador.

Palabras clave: *Rojo*. Obra teatral. Teatro documento. Represión franquista.

Abstract: During the Spanish post-war first years (the 40s and 50s of the 20th century), the period the play *Rojo* focuses on, psychiatric hospitals –then still called "madhouses" by the specialists– were as overcrowded as prisons, under an alleged scientific precept according to which the ideology contrary to the Regime would be treated as a mental pathology, this being a common practice in dictatorships today and always. This work recounts the elaboration process of the aforementioned play, pondered under the framework genre of documentary theater, also known as verbatim theater, reality theater, testimonial theater, etc. At its core, the dramatic device borrows the notions of *rhizome* as proposed by Deleuze and Guattari (1980), due to the asignifying and asubjective dimension providing the dramatic structure, as well as the concept of 'interruption' applied by Walter Benjamin (1930) to define Brechtian theater in the search for its distancing effect.

Keywords: *Rojo*. Stage play. Documentary theatre. Franco's repression.

> Estamos cansados del árbol. No debemos seguir creyendo en los árboles, en las raíces o en las raicillas, nos han hecho sufrir demasiado. Toda la cultura arborescente está basada en ellos, desde la biología hasta la lingüística. No hay nada más bello, más amoroso, más político que los tallos subterráneos y las raíces aéreas, la adventicia y el rizoma.
>
> *G. Deleuze* y *F. Guattari*, *Mil mesetas*, I, (2015: 20)

1. CONTEXTO HISTÓRICO Y PRESENTACIÓN DE LA OBRA

El teatro, desde sus orígenes áticos, posee la feliz capacidad de recuperar la memoria de un pueblo, un grupo, un individuo. Sin *Los Persas*, no tendríamos el lamento poético de los derrotados en Salamina; sin la *Numancia* cervantina, habríamos perdido el alegorismo renacentista por el sacrificio de un pueblo ante la llegada de los invasores —una voz ausente en los historiadores romanos y posteriores—; sin *Madre Coraje*, nos resultaría un poco más difícil comprender las encrucijadas personales que se abren ante todo conflicto bélico. Toda obra que se precie, y el teatro al que uno aspira constantemente, *sísificamente* si se me permite la expresión (aunque quizá sin conseguirlo, pero siempre como deseo, y en eso está todo su objeto), intenta alcanzar los límites hasta donde llega lo humano, con sus rabiosas e insoportables contradicciones.

La obra *Rojo* nace de esa voluntad de recuperar la memoria de un pueblo, armando un mosaico de voces y personajes reales, erróneamente concebidos como *anónimos*. Los documentos y testimonios disponibles han permitido recrear esta columna de Trajano de los derrotados, los silenciados, los olvidados por la historiografía oficial del primer franquismo.

Como es sabido, la política del Caudillo se basó desde el primer día en el exterminio del disidente, practicando sistemática y metódicamente el olvido de los muertos, la *damnatio memoriae* que afectó por igual a los opositores que permanecieron en el país. Ellos fueron seguidos y perseguidos hasta límites que aún hoy el relato oficial no ha conseguido abarcar en su totalidad, en especial en el aspecto que afectó a la sobrepoblación carcelaria por motivos políticos, y cómo en muchos casos, esta situación se resolvió psiquiatrizando a gran cantidad de presos, y solo hoy lo sabemos. Presos y presas que fueron derivados a centros de salud mental, entonces aún llamados por los especialistas 'manicomios', convirtiendo así la disidencia política en patología mental, una práctica habitual en regímenes dictatoriales de hoy y de siempre. Como de forma tan acertada señala el psiquiatra, historiador y profesor universitario Enrique González Duro, en su imprescindible obra divulgativa *Los psiquiatras de Franco. Los rojos no estaban locos*, muchos de los vencidos ocultaron su sufrimiento ante la represión y lo soportaron en silencio, pues no podía ser contado. El estigma. Al cabo del tiempo, se ha podido saber mucho de lo que pasaron y que no han podido olvidar. Con todo ello, la pieza *Rojo*, cuyo proceso de composición intentaré detallar en los próximos minutos, está basada en gran medida en testimonios directos de las víctimas, discursos oficiales, conferencias, cartas personales, noticias de prensa o publicaciones en revistas de la época. Todo el material que sirvió de base para la dramaturgia posterior.

La obra pretende acercarse a esta práctica tristemente histórica desde diversos planos: modelo asistencial, psicopatología, higiene mental, psiquiatría y defensa social, psicoanálisis y asistencia psiquiátrica, todo ello basándome en documentos de valor dramático durante el proceso de investigación, en una propuesta a caballo entre el teatro documento[1], la dramatización de hechos reales y la narraturgia dramática basada en testimonios.

Por ello, la obra solo podía ser fragmentaria, no narrativa y parcial, a modo de *collage*, con una estructura que refleje desde su misma disposición el sinsentido que se produjo durante estos años. Es el período que abarca desde el fin de la guerra en el 39 hasta, aproximadamente, 1959, fecha de la inauguración del Va-

[1] Sobre esta modalidad de teatro como documento puede verse Romera Castillo, ed. (2016).

lle de los Caídos, un monumento más a «la Victoria". Esa fecha supuso el final de la política económica autárquica y el inicio del desarrollo económico, cuando el Régimen hubo de empezar a parecer más «neutral" (con todas las comillas necesarias), suavizando la retórica dura de combate y el ensalzamiento de un supuesto pasado glorioso.

El concepto del 'gen rojo' ideado por Antonio Vallejo-Nájera en esos años sobrevuela toda la obra. Ya saben: la delirante y megalómana idea de que el comunismo y el socialismo tienen un origen genético imposible de ser modificado, y que por tanto debe exterminarse. Incluso el mismo Vallejo aparecía como personaje en el primer borrador de la obra, pronunciando sentencias extraídas de algunos de sus discursos. Pero ni como personaje de ficción resultaba verosímil, quedando más cercano al trazo grueso de villano de historieta mala, antes que a la *eminencia gris* en que pretendió transformarlo el Régimen, así que, por ello, rápidamente fue descartado de la tabla de personajes.

2. ESTRUCTURA

El debate entre forma y fondo, estructura y contenido, es inagotable y no hay consenso entre creadores y críticos sobre qué tiene más peso o más carga semántica en el conjunto de la obra. Pero les contaré un secreto: adecuar, hermanar ambos siempre funciona. Si el tema tratado viene presentado en una estructura acorde a él, la obra se vuelve inmediatamente más interesante. Buscando qué forma podía tener una pieza sobre la alienación en términos generales, di con el concepto de 'rizoma' desarrollado por Deleuze y Guattari en su obra *Mil mesetas*, segunda parte del volumen más amplio que titularon *Capitalismo y esquizofrenia*. Aquí desarrollan la posibilidad de una práctica de acción política desde todos los microespacios al alcance del individuo, como una propuesta para combatir el capitalismo desde sus márgenes. Son también muy críticos con las bases mismas del psicoanálisis, tal y como este se desarrolló desde principios del siglo pasado.

Su línea de pensamiento, que me atreveré a resumir brevemente aquí si tal cosa es posible, señala que toda la cultura y el saber se han presentado y transmitido siguiendo una forma de gran árbol, esto es, jerarquizada, vertical, compartimentada, con la metáfora arbórea de las raíces, el tronco, las ramas y las hojas, y en cada una de ellas, unas materias y saberes considerados de más peso que otros. La imagen paradigmática de todo ello vendría representada por el grabado con el árbol del conocimiento realizado por Diderot y d'Alembert en la *Encyclopédie* de 1751, un desplegable de seis páginas que buscaba categorizar las áreas del conocimiento humano situando cada una de ellas en una hoja distinta, como extremidades de un árbol mayor del conocimiento. Estas hojas-materia iban de troncos generales (Filosofía, Matemáticas, Historia o Religión) a hojas «menores" con materias como la Óptica, la Hidrostática o la Minerología.

En cambio, en su propuesta, Deleuze y Guattari acuden al término de la Botánica *rizoma*. El rizoma es un tipo de tallo que crece de manera subterránea y en sentido horizontal, dando lugar al surgimiento de brotes y raíces a través de sus nudos, como lo hace el jengibre. A diferencia del árbol, el rizoma no tiene un centro, sino que a partir de un fragmento del cuerpo o de una única célula, se puede desarrollar un individuo vegetal completo mediante un fenómeno de mitosis.

Para estos dos filósofos franceses, el funcionamiento cognitivo es rizomático: cualquier punto del rizoma puede ser conectado con cualquier otro punto; no está hecho de unidades sino de dimensiones asignificantes y asubjetivas, de direcciones quebradas; está sujeto a las líneas de segmentaridad y de fuga, que siempre apuntan a direcciones nuevas, que pueden ser rotas, interrumpidas en cualquier parte y en cualquier momento, y resurgir nuevamente con nuevas alianzas:

> Se produce una ruptura, se traza una línea de fuga, pero siempre existe el riesgo de que reaparezcan en ella organizaciones que reestratifican el conjunto, formaciones que devuelven el poder a un significante, atribuciones que reconstituyen un sujeto: todo lo que se quiera, desde resurgimientos edípicos hasta concreciones fascistas. Los grupos y los individuos contienen microfascismos que siempre están dispuestos a cristalizar (Deleuze y Guattari, 2015: 15).

El árbol respondería a un modelo estructural que sigue las lógicas del calco y la reproducción, mientras que el rizoma es un modelo productivo y experimental, en una continua «circulación de estados" cuya réplica puede terminar funcionando a modo de máquina abstracta:

> Un rizoma no empieza ni acaba, siempre está en el medio, entre las cosas, *inter-ser*, intermezzo. El árbol es filiación, pero el rizoma tiene como tejido la conjunción «y…y… y…". En esta conjunción hay fuerza suficiente para sacudir y desenraizar el verbo ser. (…) Otra manera de viajar y de moverse, partir en medio de, por el medio, entrar y salir, no empezar ni acabar. La literatura americana, y anteriormente la inglesa, han puesto aún más de manifiesto ese sentido rizomático, han sabido moverse entre las cosas, instaurar una lógica del Y, derribar la ontología, destituir el fundamento, anular fin y comienzo. Han sabido hacer una pragmática (Deleuze y Guattari, 2015: 29).

3. UN ANTECEDENTE CLARO DE ESTRUCTURA RIZOMÁTICA: *TERROR Y MISERIA DEL TERCER REICH*, DE B. BRECHT Y M. STEFFIN

Terror y miseria… fue escrita por Brecht junto con la actriz y escritora Margarete Steffin, una de sus colaboradoras más cercanas. En 1938, desde su exilio en Dinamarca debido al auge del nazismo, ambos terminaban la composición de la obra, que se estrenaría completa en 1941 en Nueva York. La obra está basada en relatos de testigos y noticias aparecidas en la prensa de la época, haciendo del todo un retrato en forma de mosaico de la vida cotidiana en Alemania, en los años posteriores a que Hitler fuera nombrado (que no votado) Canciller.

La obra consta de veinticuatro escenas cortas, algunas muy cortas, independientes entre ellas, cuyo espectro aspira a cubrir todos los estratos sociales de la Alemania de preguerra, optando por convertir a los personajes en tipos, fomentando así la idea marxista del determinismo social («quien nace obrero, muere obrero", idea heredada del naturalismo del teatro y la literatura del XIX para quintaesenciar las injusticias sociales y de clase). Así, los nombres de los personajes figuran como «La Cocinera", «El Obrero", «El Chófer", «La Mucama", pero también cargos políticos y administrativos como «El oficial de las SS", «El Juez", «El Fiscal" o «El Inspector", o los más universales «La Mujer", «El Hombre", «La Madre", «La Hija", «La Anciana". En palabras del propio Brecht, recogidas por el biógrafo Ronald Hayman, todas las escenas conforman «un catálogo de actitudes, las de guardar silencio, mirar por encima del hombro, sentirse asustado: el comportamiento en una dictadura" (Hayman, 1985: 220). Algunas de ellas funcionan a modo de entremeses, otras como suspirillos que apenas llegan a anécdota, pero todas ellas se organizan a modo de colmena —o más bien, de avispero, apunto aquí—, sin seguir una lógica causal ni unitaria, sino que, a modo de rizoma, cada escena-nodo puede ser conectada con cualquier otra sin que haya un centro narrativo o dramático preestablecido, más allá de la vaga idea de la paranoia política (el *terror y miseria* del título) que se va constituyendo en un pueblo camino de un estado totalitario.

Es una obra absolutamente de fragmento que sucede en el *inter-ser* del que hablan Deleuze y Guattari, en un *durante*, y no en el presente atemporal más propio del teatro burgués del XIX. Las direcciones que sigue la obra están continuamente quebradas y resurgen nuevamente renovadas en una continua «circulación de estados". Según se recoge de una carta de Brecht a Erwin Piscator acompañando a la obra, él mismo señalaba: «Creo que el estilo se parece más al de Goya en sus bocetos sobre la guerra civil", algo más parecido a las sátiras de Brueghel que a un retablo trágico o deprimente.

4. SALVANDO LAS DISTANCIAS

Salvando las distancias entre ambas, la obra brechtiana ha servido de modelo directo en la composición de *Rojo* a la hora de proponer un dispositivo dramatúrgico que se pretendiera válido. Se presentan, a modo de sarta, escenas, situaciones, microconflictos que esconden un suceso mayor bajo la forma de escenas entre dos y ocho minutos, sin un plan de obra aparente —lo cual es la base del mismo plan—, alternando espacios y personajes (algunos definidos con nombre propio, otros como personaje-tipo: El Mercader, El Miliciano, El Director Facultativo) bajo el clasema de 'los centros psiquiatrizados como instrumentos de represión política durante el primer franquismo'. De un lado, se busca hacer visible la estructura social encubierta y que hacía posible que esos hechos ocurrieran, algo en la base misma del teatro documento tal y como lo formulara Peter Weiss; es decir, visibilizar la estructura de poder subyacente que esconde el hecho social.

De otro lado, evidenciar aquello de lo que habla Nicolas Bourriaud en su *Estética relacional* al afirmar que, con las nuevas prácticas que van del *happening* de los años 60 del siglo pasado hasta el teatro documento de la actualidad, se produce una transición de la «sociedad del espectáculo" formulada por Guy Debord, a la «sociedad de los figurantes" (Bourriaud, 2015: 28). Según weste autor, en la práctica artística de la contemporaneidad, no prima tanto ya el control de los medios de comunicación como el de los canales de relación intersubjetiva, convirtiendo toda obra en un terreno de experimentación social. Tal sustrato de intersubjetividad toma como tema central un 'estar-juntos', un encuentro asambleario espectadores-obra en una búsqueda de elaboración colectiva de sentido.

La metáfora del rizoma como eje vertebrador de una escena a otra no pretende más que coadyuvar a esta misma idea. Esto impulsó nuevos obstáculos en el proceso de composición de la obra, pues confiere los mimbres para un teatro de marcada tendencia anti-aristotélica, como suele ocurrir en el teatro documento: se plantea un teatro que altera, si no desafía, la lógica tradicional causa-efecto para proponer una disposición de parataxis (la conjunción «y… y… y…" que proponían Deleuze y Guattari), en una suerte de desmontaje del problema clásico de las tres unidades (entendido también como el esquema introducción-nudo-desenlace), la ausencia de un clímax, o la misma noción de personaje, derivando en un teatro cercano al teatro de presentación de informes. Al reproducir documentos de diversas procedencias, aun encarnados en personajes concretos, la obra resultante produce un desbordamiento por acumulación textual (como señaló un crítico inglés para referirse a *El rey Lear*: «Demasiadas palabras…").

Tal dispositivo dramatúrgico buscaba, en la teoría, lograr el tan mentado —pero no por ello menos productivo— distanciamiento brechtiano; incorporar la teatralidad, con el dinamismo del cambio repentino de personajes y situaciones, en la producción misma de sentido; en definitiva, utilizar la idea de interrupción para fabricar una máquina abstracta, como he señalado, que descubra situaciones, antes que ilustrarlas o apoyarlas, según el decir de Walter Benjamin al analizar el teatro épico brechtiano:

> Sin anticipar la difícil investigación sobre la función del texto en el teatro épico, podemos dar por sentado que su función primordial consiste en ciertos casos en interrumpir la acción —lejos de ilustrarla o de apoyarla. (…) Este teatro épico, se ha explicado, no tiene que desarrollar acciones tanto como representar situaciones. (…). El teatro épico no reproduce, por tanto, situaciones, más bien las descubre. El descubrimiento de situaciones se realiza por medio de la interrupción del proceso de la acción (Benjamin, 1998: 20).

El extrañamiento teatral y el asombro épico y distanciado es la interpelación buscada desde el patio de butacas, siendo el autor como primer espectador el más desconcertado y extrañado ante las situaciones que la documentación acumulada pedía desplegar.

5. ALGUNOS EJEMPLOS Y UNA ESCENA

A continuación, concluiré con la presentación de unas pocas escenas resumidas y una completa para dar cuenta del tono y el espectro de personajes y situaciones cubiertos por la obra.

1.1. Falsos centros recreativos

En una de las primeras escenas, un médico pasea con otro por un balneario recién construido mientras le enseña y explica todas las comodidades y expansiones de la instalación: un huerto, un lugar adecuado para ejercicios físicos colectivos y que sirva al mismo tiempo de *solarium*, un rincón de cultura, periódicos murales, clases de educación política y de cultura general, representaciones que animen a los inscritos, etc. Un aparente paraíso en la tierra que solo al final, en una técnica que ya usó con maestría el Buero Vallejo de *La Fundación*, sabremos que se trata de un centro neuropsiquiátrico. Uno de los facultativos termina diciendo: «Esta guerra no es como las otras". Esta frase se extendió entre los expertos sanitarios al percibir que en la guerra del 36 se estaba produciendo un fenómeno nuevo entre los combatientes: las neurosis y psicosis de guerra. Se crearon centros de vanguardia alejados del frente, con todas las comodidades para la laborterapia.

1.2. Luz de gas

Otra escena retrata a Manolo, líder republicano en la clandestinidad, al que han internado como «peligroso" por falta de espacio en la cárcel municipal. La escena es una progresiva luz de gas en que se va induciendo a Manolo a una creencia en su estado mental por tener una ideología contraria al Régimen. El franquismo insertó la peligrosidad social en el terreno político, asimilando al enemigo político con la locura y la anormalidad. La Ley de Vagos y Maleantes (de 1933) amplió su campo de aplicación a supuestos y colectivos que originalmente no estaban en ella. Eran más instituciones tutelares que, en ocasiones, albergaban a disidentes. Frente a ello, se reivindicó una supuesta tradición española inaugurada por el padre Jofré en el siglo XV.

Para esta y otras escenas, guardo una gran deuda de agradecimiento por el volumen histórico coordinado por Ricardo Campos y Ángel González de Pablo *Psiquiatría e higiene mental en el primer franquismo* (2016) y por el relato biográfico *Memorias de un condenado a muerte* de José Leiva (1978).

1.3. La represión en las mujeres «rojas»

Otra de las escenas recupera la historia de Antonia García, militante de las Juventudes Socialistas condenada a muerte en agosto de 1939, que le fue conmutada tras pasar un mes «en capilla". Por documentos y cartas de su puño y letra, sabemos que la trasladaron a la prisión de Claudio Coello y de ahí, a «Quiñones", antiguo Hospital Militar Vigil de Quiñones en Sevilla. Leemos en sus escritos: «Hicieron una prisión de locas en Quiñones y nos llevaron a todas las que teníamos dolores de cabeza. Para ellos, éramos locas. En el patio, había internas con manoteras y grilletes; les ponían un plato de leche en el suelo y bebían con la lengua. Otras estaban en celdas, desnudas y con unas bocas enormes llenas de sangre. Había enfermas de los nervios, locas rematadas no eran; a ellas las volvían locas de las inyecciones, de las duchas frías que les daban". La represión en cárceles y sanatorios se cebó particularmente en las mujeres «rojas". En esa línea, rescato también el testimonio de Leonora Carrington para otra de las escenas, recientemente publicado con el título *Memorias de abajo*. La artista, perteneciente al círculo de surrealistas parisino, se refugió en España cuando su pareja y pintor Max Ernst fue llevado a un campo de concentración en la Francia de Vichy. Ella tuvo que sufrir un ingreso tras otro en varios sanatorios y su relato documenta la falta de escrúpulos de los psiquiatras en sus prácticas con los pacientes durante los años 40.

También han sido de gran ayuda las obras testimoniales *La vida es un río caudaloso con peligrosos rápidos*, relato biográfico de la maestra Alejandra Soler (2009); *Presas en Ventas, Segovia y Les Corts*, de Tomasa Cuevas Gutiérrez (2006); y la compilación epistolar *Cartas desde el manicomio. Experiencias de internamiento en la Casa de Santa Isabel de Leganés* (Villasante *et al.*, 2018).

Por último, reproduzco una escena donde dos internos realizan la terapia ocupacional.

1.4. Escena 14: "Manolo y Puri" (completa)

(Pabellón de penados en el sanatorio nacional de Leganés. Sección de carpintería y sastrería. Manolo y Puri, sentados al lado de una montaña de fajas de cáñamo, confeccionan alpargatas, una detrás de otra. Deambula de arriba abajo una Hija de la Caridad. El suyo es un parloteo en apariencia intrascendente, desdramatizando lo narrado todo lo posible. Ambos detienen su cháchara, canturrean o disimulan cuando perciben cercana la presencia de la religiosa en su hábito y la retoman cuando pasa de largo.)

MANOLO-. Para qué estos trabajos.

PURI-. Al menos nos tienen entre los tranquilos.

MANOLO-. Suerte que me han traído aquí. Cuando llegué, en la Hoja de Entradas y Vicisitudes me apuntaron entre los furiosos.

PURI-. Entre los sucios, los agitados, los furiosos y los tranquilos, francamente prefiero ser de los últimos. Hablando con el Goyo, el enfermero guapo, me dijo un día que es una clasificación basada en la tradición francesa.

MANOLO-. Bien está.

PURI-. Están haciendo reformas. En esta planta de arriba, hay ya una sala de costura, de alfombras, de ebanistería, zapatería y encuadernación.

MANOLO-. Desde luego, se está mejor que Abajo.

PURI-. ¿Cómo es?

MANOLO-. No recuerdo bien. Oí a unos de blanco decir que estaban también renovando las instalaciones con rayos equis, laboratorios, talleres y quirófanos. Me metieron a mí en uno y me dijeron que iba a recibir un tratamiento nuevo. Como ratas de laboratorio nos tratan. Suerte también que yo me he librado del cardiazol. He visto sus efectos en algunos compañeros. El infierno.

PURI-. ¿Qué te hicieron?

MANOLO-. Me tumbaron en una camilla. Me pincharon antes. Eran como unas varillas metálicas a los dos lados de la frente. Había también una caja metálica con varios contadores de aguja. Una sensación terrible, insoportable, como si recibiera descargas eléctricas una detrás de otra. Con frialdad, algo mecánico, como estas alpargatas que estamos haciendo. Tenía entendido que eso es lo que hacen en el cuartelillo para que cantemos. Al terminar, los de blanco estaban entusiasmados y dijeron que la operación había sido un éxito. Pero aquí estoy yo, con mareos y convulsiones, con la saliva rara, y con blancos en la memoria del período que he pasado Abajo[2].

PURI-. Ay, Manolo.

(Silencio.)

[2] El primer electrochoque practicado en España fue en el Sanatorio Psiquiátrico de San Luis de Palencia en 1940, y desde entonces se invitó expresamente a los profesionales a practicarlo como terapia, sustituyendo a la inyección de cardiazol o de insulina, por resultar una técnica cara que requería pagos a la Sección de Higiene.

MANOLO-. Dicen que somos unos resentidos, que tenemos una enfermedad que llevamos en los genes, y que solo nos curaremos en el camino hacia Dios.

PURI-. Manolo, a ti y a mí nos han traído aquí porque en Yeserías[3] estábamos hacinados y no cabía ya ni un alfiler.

MANOLO-. Lo sé, Puri, lo sé.

PURI-. Ay, Manolo, no caigas tú también. Hemos pasado una guerra. Una guerra, Manolo, que a todos nos ha dejado alguna tara. Debemos cuidarnos entre nosotros y seguir en el espíritu fraterno.

MANOLO-. Puri, yo fui un cenetista disciplinado. Acabada la guerra, me detuvieron como a tantos. Fui a parar a la comisaría de la calle Almagro.

PURI-. He oído lo que pasaba allí.

MANOLO-. Sabíamos que era donde iba a comenzar el principio del fin, pero temíamos y deseábamos ver pronto ese angustioso principio. Muchos no saldrían vivos porque se los quedaban en las sesiones de tortura, o directamente se mataban. Otros se traicionaban traspasando el límite de sus fuerzas y se convertían en confidentes de la policía. Los interrogatorios… pues dependían del capricho de los policías o de los falangistas que los ayudaban. Estábamos en manos de uno de los inspectores, el policía jefe de brigada, un tal Moya. Era un morfinómano. A las compañeras, las pegaba y luego decía: ay, pobrecita, y se pinchaba. El otro era Víctor Arribas. Ese, cuando te pegaba, lo hacía como una bestia y decía: sí, sí, porque a mí en la comisaría los rojos me hicieron esto…, y se quitaba la americana. Estábamos en manos de un morfinómano y de un psicópata.

---

[3] Antigua cárcel de Yeserías (Madrid), en la actualidad Centro de Inserción Social Victoria Kent.

PURI-. El cuerpo sí recuerda bien. Esto solo podrá arreglarlo un indulto general[4].

MANOLO-. Mira, Puri, por muchos cacharros que me pongan en la cabeza, no voy a olvidar. Pero esa va a ser mi verdadera condena. Yo también he matado, y eso va a acompañarme hasta la tumba.

PURI-. Por la causa, Manolo. Es por la causa. También yo he fusilado, como cada hijo de vecino. En esta guerra, todos somos unos asesinos.

MANOLO-. En una ocasión, la unidad que comandaba disparó sobre un enemigo que quedaba colgado de un árbol. Hicimos fuego sobre él y se le vio bascular y comenzar a caer, pero se enganchó con el cinturón, con el que se debía haber sujetado antes él mismo. Allí quedó, con la cabeza, las manos y los pies hacia abajo. A veces el viento movía la copa del pino, y el cadáver se balanceaba mientras el árbol crepitaba.

PURI-. Tampoco vamos ahora a leernos todos la cartilla.

MANOLO-. En un pueblo antes rojo, hoy nacional, acabé rendido de marchas y contramarchas, y de la emoción de las fatigas del combate. Había veintitantos heridos de los facciosos en un puesto de la Cruz Roja. Heridos que nosotros pasamos a la bayoneta. También he cargado muertos en camiones.

PURI-. …

MANOLO-. Había que definirse, tomar partido y cargar contra el hermano, contra el conciudadano, contra el amigo, contra el conocido y contra el saludado. En un conflicto de cientos de miles de muertos, ¿por qué no hay ninguna voz que diga 'Yo he matado'? Siempre han sido los otros. Decirlo no me convierte en ningún traidor. Sí, yo he matado, y eso me aleja del hombre, de la marcha fraternal, del ideal

[4] En 1945, se dio un indulto general por todos los delitos cometidos durante la Guerra Civil. Sin embargo, en en agosto de 1951, el propio gobierno reconoció que aún había 861 personas encarceladas por delitos políticos cometidos durante la Guerra.

humanístico, y me acerca a la bestia. Puri, esto ha de ser con la mente, no con el vientre, como personas, no como bestias.

PURI-. Quizás tu lugar no era el frente. Se puede ser útil de formas muy distintas.

MANOLO-. Sí, quizá solo era eso, Puri. Quizá[5].

REFERENCIAS BIBLIOGRÁFICAS

BENJAMIN, W. [1930-1939] (1998). *Tentativas sobre Brecht. Iluminaciones III*, trad. Jesús Aguirre. Madrid: Taurus.

BOURRIAUD, N. [1998] (2015). *Estética relacional*, trad. Cecilia Beceyro y Sergio Delgado. Buenos Aires: Adriana Hidalgo Editora.

BRECHT, B. Y STEFFIN, M. [1938] (2015). *Terror y miseria del Tercer Reich*. En *Teatro completo*, trad. Miguel Sáenz. Madrid: Cátedra.

CAMPOS, R. Y GONZÁLEZ DE PABLO, Á. (coords.) (2016). *Psiquiatría e higiene mental en el primer franquismo*. Madrid: Catarata.

CARRINGTON, L. (2017). *Memorias de Abajo*, trad. Francisco Torres Oliver. Barcelona: Alpha Decay.

CUEVAS GUTIÉRREZ, T. (2006). *Presas en Ventas, Segovia y Les Corts*. Barcelona: RBA.

DELEUZE, G. Y GUATTARI, F. [1980] (2015). *Mil mesetas. Capitalismo y esquizofrenia*, trad. José Vázquez Pérez y Umbelina Larraceleta. Valencia: Pre-Textos.

GONZÁLEZ DURO, E. (2017). *Los psiquiatras de Franco. Los rojos no estaban locos*. Barcelona: Península.

HAYMAN, R. (1985). *Bertolt Brecht*, trad. Jaime Zulaika. Barcelona: Argos Vergara.

[5] Una grabación de esta intervención puede verse en https://canal.uned.es/video/66f51765938eaecd670a59d4 [25/09/2024].

LEIVA, J. (1978). *Memorias de un condenado a muerte*. Barcelona: Dopesa.

ROMERA CASTILLO, J., ED. (2016). *El teatro como documento artístico, histórico y cultural en los inicios del siglo XXI*. Madrid: Verbum. Puede verse una grabación en https://canal.uned.es/serial/index/id/4695 [10/05/2024].

SOLER, A. (2009). *La vida es un río caudaloso con peligrosos rápidos*. València: PUV-Universitat de València.

VILLASANTE, OLGA *et al*. (2018). *Cartas desde el manicomio. Experiencias de internamiento en la Casa de Santa Isabel de Leganés*. Madrid: Catarata.

RESCATANDO LA MEMORIA DE SANTA MARIA DELLA PIETÀ: LAS NARRACIONES TEATRALES DE ASCANIO CELESTINI Y CARLOTTA PIRAINO[1]

PRESERVING THE MEMORY OF SANTA MARIA DELLA PIETÀ: THE THEATRICAL NARRATIONS OF ASCANIO CELESTINI AND CARLOTTA PIRAINO

MARINA SANFILIPPO
Universidad Nacional de Educación a Distancia / SELITEN@T
msanfilippo@flog.uned.es

Resumen: Después de un breve panorama sobre las relaciones entre teatro y manicomio en la Italia de las últimas décadas, se propone el análisis de dos obras vinculadas a la memoria del manicomio romano de Santa Maria della Pietà. Se trata de *La pecora nera* (2005), del narrador teatral Ascanio Celestini e *I quaderni di Lia Traverso* (2006), de la actriz y dramaturga Carlotta Piraino. El primero, especializado en estudiar las relaciones entre individuo e institución, construye su narración a partir de la recopilación de la memoria de muchas personas que o bien estuvieron recluidas en Santa Maria della Pietà o trabajaron ahí. La segunda, en cambio, se centra en los recuerdos de una única paciente, de la que se conserva un diario, publicado en 1996. Dos perspectivas distintas y un mismo formato teatral, para reflexionar sobre el paradigma salud/enfermedad mental a partir de un lugar simbólico para el imaginario de la capital italiana.

[1] Este texto es el resultado del proyecto de I+D "El corpus de la narrativa oral en la cuenca occidental del Mediterráneo: estudio comparativo y edición digital", con referencia PID2021-122438NB-100.

Palabras clave: Ascanio Celestini. Carlotta Piraino. Manicomio. Teatro de la Memoria. Teatro di Narrazione.

Abstract: After a brief overview of the relationship between theatre and asylum in Italy in recent decades, this paper analyses two plays linked to the memory of the Roman asylum of Santa Maria della Pietà. These are *La pecora nera* (2005), by the theatrical narrator Ascanio Celestini, and *I quaderni di Lia Traverso* (2006), by the actress and playwright Carlotta Piraino. Celestini, being a specialist in the study of the relationship between the individual and the institution, constructs his narrative by collecting the memories of many people who were either segregated in Santa Maria della Pietà or who worked there. Piraino, on the other hand, focuses on the memories of a single patient, whose diary was preserved and then published in 1996. We have therefore two different perspectives offered in the same theatrical format to reflect on the mental health/illness paradigm symbolically based on a place which is strongly telling to the inhabitants of Rome.

Keywords: Ascanio Celestini. Carlotta Piraino. Asylum. Theatre of Memory. Teatro di Narrazione.

Derribad la casa de locos
y construid con sus ladrillos
teatros y áreas de juego
KATE MILLETT (2019: 392)

1. INTRODUCCIÓN

Si la representación de la locura está en los orígenes mismos del teatro, en el caso del teatro italiano de los siglos XX y

XXI encontramos que los trastornos psíquicos son un ingrediente fundamental de la dramaturgia y la escenografía de algunas de las experiencias italianas más conocidas internacionalmente, desde la disgregación psíquica pirandelliana de *Sei personaggi in cerca d'autore* hasta los delirios escénicos del *Orlando furioso* de Ronconi, que exasperaban la presencia del desvarío mental en la obra ariostesca, por poner dos ejemplos de resonancia internacional.

A nivel nacional, en el imaginario italiano de las últimas décadas, enfermedad mental, teatro y manicomio están estrechamente vinculados gracias a una serie de experiencias artísticas que, a partir de los años setenta, acompañaron la lucha para que se cerraran los hospitales psiquiátricos y la sociedad dejara de segregar a los "locos". Si el marco legal cambió en pocos años, puesto que la ley 180, más conocida como legge Basaglia fue aprobada en 1978[2], la realidad tardó mucho más en hacer efectiva la norma legal y, mientras tanto, el teatro acompañó esta situación social e individualmente difícil y dolorosa de dos formas especulares: por un lado, como práctica escénica y tallerística dirigida a las personas todavía recluidas en instituciones psiquiátricas[3] y, por el otro, con una serie de textos y performance

[2] Con esta ley, inspirada a los principios del médico psiquiatra Franco Basaglia y su mujer, la activista política Franca Ongaro, Italia fue el primer país en el mundo en decretar la necesidad de cerrar las instituciones psiquiátricas.

[3] No se trata de prácticas exclusivas de Italia: en un artículo en el que describe la experiencia de un taller teatral en un centro de salud en Argentina, Ferraro Pettignano da cuenta de distintas experiencias artísticas internacionales en las que el arte representa o representó una "herramienta de transformación y acompañamiento para los procesos de salud mental" (2024: 314-16). Por otra parte, como ha subrayado Ponte di Pino, "a partire dagli inizi del Novecento, le affinità e gli scambi tra il teatro e le psicoterapie [...] sono stati costanti e fecondi" (2020: 94). Como ejemplos de prácticas teatrales de este tipo en Italia, véase en primer lugar el trabajo del grupo TeatrinGestAzione con los detenidos del manicomio criminal F. Saporito de Aversa, que ha dado como fruto montajes como *La giostra* (de 2009, a partir de *La excepción y*

teatrales que contribuyeron a articular y difundir la memoria de lo que fueron los manicomios y de lo que vivieron las personas en ellos recluidas.

La mayoría de las obras a las que voy a hacer referencia en este estudio pertenecen al teatro social que, en Italia, le debe muchísimo a Giuliano Scabia, uno de los grandes impulsores del teatro de vanguardia italiano de los años sesenta y setenta. El nombre de este gran teórico y creador está indisolublemente vinculado a la experimentación teatral que, junto con el mismo Basaglia, se llevó a cabo en 1972 en el Ospedale Psichiatrico Provinciale de la ciudad de Trieste, experimentación que tuvo como resultado tangible y duradero *Marco Cavallo*[4], una escultura de cartón piedra protagonista de desfiles, performances y otras manifestaciones escénicas a lo largo de, por lo menos, cuarenta años.

Aparte de las acciones seminales de Scabia, poco a poco muchos de los antiguos complejos manicomiales se han transformado en lugares de memoria (contando muchas veces con la presencia de un museo) y también en sedes de proyectos artísticos que están relacionados tanto con el arte contemporáneo en general como con la creatividad de los "enfermos mentales". Dentro de este panorama, en distintas ciudades italianas

la regla, de Bertolt Brecht); *Fratello mio* (de 2011, inspirado en *Cain*, de Lord Byron) o *Che ne sarà dei fiori* (de 2012, inspirado en *Doña Rosita la soltera o el lenguaje de las flores*, de Federico García Lorca). Hablando de Aversa, es de recibo recordar también a Pippo Delbono y a Vincenzo Cannavacciuolo (Bobò), un hombre sordomudo, microcéfalo y analfabeto recluido en el manicomio de Aversa durante treinta años. Delbono lo conoció en ocasión de un taller que impartió en esa institución en 1995 y, fascinado por el talento artístico del supuesto loco, lo contrató como miembro de su compañía teatral, permitiéndole así escapar de la institución psiquiátrica. En España hemos podido disfrutar del trabajo de Bobò en el madrileño Festival de Otoño, en 1999, en el espectáculo *Barboni* (Vagabundos), y en Zaragoza, en 2017, en *Vangelo*.

[4] Para una síntesis en español sobre esta experiencia y la génesis de *Marco Cavallo*, cfr. Juan Carlos De Miguel y Canuto (2014).

existen grupos y realidades teatrales vinculados a los grandes manicomios urbanos y herederos de las actividades de los años setenta y ochenta: en Milán sigue activa Rosita Volani con la asociación Olinda y la compañía teatral TeatroLaCucina en el antiguo hospital psiquiátrico Paolo Pini[5]; en Trieste tenemos a la Accademia della follia de Claudio Misculin, Angela Pianca y Cinzia Quintiliani, un proyecto cultural y teatral en el que, como afirma la web oficial de la ciudad, "si muovono e agiscono attori a rischio, portatori di disagio psichico, fisico e sociale"[6]; mientras que, en Florencia, el grupo napolitano Chille de la balanza, desde 1997 se ha hecho cargo de un pabellón del antiguo manicomio San Salvi. Los Chille no solo han producido espectáculos sobre autores como Antonin Artaud o Dino Campana[7], sino que muchas de sus obras parten de historias vinculadas a la institución psiquiátrica o a vivencias de personas recluidas en el San Salvi[8]. Además, desde 1999, proponen *C'era una volta… il manicomio*, un "paseo teatral y patrimonial" por el complejo urbano del San Salvi guiado por Claudio Ascoli.

Alrededor del tema de la salud mental, la locura y la institución psiquiátrica, en este primer cuarto del siglo XXI, se han estrenado en Italia varios exitosos espectáculos unipersonales que, en grados distintos, se enmarcan en el género del Teatro di Narrazione. Entre ellos, en el siglo XXI, los que mayor recepción han tenido son sin duda *MURI. Prima e dopo Basaglia*, de Renato Sarti (de 2008), *Ausmerzen. Vite indegne di essere vissute*, de

[5] Donde, desde 1997, Volani organiza además el festival *Da vicino nessuno è normale*.

[6] Cf. https://www.triestecultura.it/news/index/id/4979/ [20/08/2024].

[7] El poeta, diagnosticado como esquizofrénico, estuvo recluido en varios manicomios incluido el San Salvi.

[8] Véase, por ejemplo, *Non si raccontano barzellette sui matti* (2017) de Sissi Abbondanza o *Siete venuti a trovarmi?* (2016), creado por Matteo Pecorini a partir del diario de un paciente sansalvino.

Marco Paolini (de 2012) y *La pecora nera*, de Ascanio Celestini (de 2005). Sin embargo, puesto que, a partir de finales del siglo XIX, los manicomios representaron, entre otras muchas cosas, una forma de control social a través del castigo y la reclusión para las mujeres, que se alejaban de (o se rebelaban contra) la configuración de género, exigida por la sociedad, me pareció importante no limitarme a analizar obras de autoría masculina, centradas sobre todo en las vivencias de hombres[9]

Por tanto, después de seleccionar entre los artistas indicados en el párrafo anterior a Ascanio Celestini y su *Pecora nera*, un autor y una obra que conozco a fondo[10], busqué a una autora que pudiera representar un contrapunto significativo y la identifiqué en Carlotta Piraino y sus *I quaderni di Lia* (estrenados en 2006)[11]. Ambos artistas dedican sus obras al antiguo manicomio de Roma, una institución de gran carga simbólica para la ciudad, puesto que existió durante más de cuatro siglos y, entre

[9] Aunque, como se ve claramente repasando las experiencias teatrales italianas recordadas por Cuppone en su artículo sobre teatro y locura en Italia en los últimos cincuenta años (2018), la mayoría de los intérpretes y protagonistas del sector pertenecen al género masculino, al igual que los tres artistas mencionados arriba.

[10] Me he ocupado de Celestini en distintos estudios a lo largo de los últimos veinte años (varios recogidos en publicaciones del SELITEN@T). Además, *La pecora nera* es una obra traducida al español (cf. Celestini, 2010).

[11] Agradezco a la autora el haberme proporcionado el texto inédito de la obra para poder analizarlo y el haber accedido a ser entrevistada en junio de 2024. La grabación de la entrevista, de una hora de duración, forma parte de mi archivo privado. La versión escrita del texto teatral ha quedado invariada desde 2008, cuando la autora percibió que el texto había llegado a una formulación definitiva (sobre cómo las obras de *Teatro di Narrazione* parten de una "partitura performativa" que el artista comparte con el espectador en una lenta puesta a punto del texto a través de muchas puestas en escena que propician una cristalización que puede defirnirse como "oralidad-que-se-convierte-en-texto", cfr. Guccini, 2007: 129-130), aunque ella afirma: "sento che potrebbe essere un po' un cantiere, in cui potrebbero confluire altre cose" (minuto 0:01:23 de la entrevista). *I quaderni di Lia* ganaron el premio Ermo Colle (en 2007) y se han representado en teatros y antiguos manicomios sobre todo del norte y el centro de Italia. Una versión en vídeo se conserva en el Museo della Mente de Roma.

otras cosas, fue el lugar en el que se experimentó por primera vez el electroshock[12].

2. ASCANIO CELESTINI Y *LA PECORA NERA*

Ascanio Celestini (Roma, 1972) es un autor que desde sus primeras obras ha hecho de su *romanità* un signo distintivo, no solo desde el punto de vista lingüístico[13], sino también por el tipo de imaginario que propone en sus narraciones teatrales. Como afirma Andrea Porcheddu, Roma:

> siempre ha sido el centro de los trabajos e investigaciones de Celestini: su zona, el barrio, es más que una dimensión

[12] De ahí el subtítulo de *La pecora nera*: "Elogio fúnebre del manicomio eléctrico". En efecto, en 1938, en el bloque VI de Santa Maria della Pietà, Ugo Cerletti experimentó por primera vez esta "terapia en un ser humano, Lucio Bini, un paciente esquizofrénico. Para una historia completa del Santa Maria della Pietà, cfr. los tres volúmenes editados por Iaria, Losavio y Martelli (2003). La fundación del manicomio se remonta a 1548, cuando algunos jesuitas españoles crean una cofradía que se ocupa de la *Casa et Hospitale de' poveri forestieri et pazzi dell'Alma Città di Rom*a, una institución caritativa dedicada a forasteros, pobres y locos. Es interesante detenerse en pensar como el nombre del hospital pone en el mismo nivel tres situaciones que en principio no tendrían que tener relación: el no disponer de dinero, el hecho de ser ajeno a un lugar y el estar enajenado. La presencia del hospital, que en un principio ocupa un lugar muy céntrico en la ciudad, en aquella época se manifiesta periódicamente de forma parateatral con la participación de los locos en distintas fiestas y procesiones por la ciudad. Entre el siglo XIX y el XX, la antigua institución religiosa se transforma en un manicomio moderno, el más grande de Europa: se inaugura en 1913 en un lugar que, en aquel entonces, representaba la extrema periferia de la capital, Monte Mario. Se construyeron 41 pabellones, diseminados dentro de un enorme parque de 270.000 metros cuadrados, la mayoría de ellos especializados en una tipología concreta de pacientes. Este hospital psiquiátrico cerró definitivamente sus puertas, como consecuencia de la ley Basaglia, solo en 2000. Es comprensible por tanto que la memoria de esta ciudad dentro de la ciudad todavía perviva en Roma y se materialice en un gran número de archivos, testimonios orales y escritos, instalaciones museales como el Museo della mente, publicaciones científicas, literarias, murales de Street Art, obras teatrales y performance de distinto tipo, pero también chistes y expresiones típicamente romanas.

[13] Sobre el tema, cf. Sanfilippo (2017: 330-32).

> geográfica, es más bien una fuerza espiritual, un imaginario sentimental que se trasvasa a la escritura, en perspectiva, y crea poesía (2016: 137).

En el caso de *La pecora nera*, el montaje nació como espectáculo de encargo: se lo pidió al artista el sindicato de izquierdas CGIL con ocasión de su centenario y se estrenó en 2005, después de un intenso trabajo de investigación durante el cual Celestini montó talleres en varias ciudades italianas y entrevistó a antiguos pacientes, pero sobre trabajadores de instituciones psiquiátricas (personal médico y paramédico, monjas, celadores, conserjes, etc.), para en primer lugar recuperar la memoria del que llamó "arcipelago manicomio" (Celestini e Sacchettini, 2006: 7), pero también para empaparse del discurso y las imágenes propios de ese mundo, hasta ser capaz de reproducir con soltura la forma de expresarse de distintas personas. Llegó así a crear una narración teatral muy compleja, en la que la polifonía estructural se esconde detrás de un estilo que no permite ninguna caracterización que ayude a distinguir quien está hablando en cada momento[14]. En realidad, los testimonios que vertebran la obra son dos; el de un enfermero, Adriano Pallotta, y el de un paciente, Alberto Paolini, recluido en el Santa Maria della Pietà desde los 15 años a pesar de no tener ninguna enfermedad mental declarada[15]. Sin embargo, quien asistió a alguno de

---

[14] A este propósito, Puppa subraya que la técnica celestinesca se encuentra en las antípodas con respecto a la de Dario Fo y otros narradores que "si moltiplicano invece in indizi gestuali e fonico-dialettali nelle varie creature evocate" (2011: 615), por lo que la tendencia épica y el rechazo al teatro como representación son mucho más drásticos en Celestini que en los demás narradores teatrales.

[15] Quien quiera puede escuchar las historias de Pallotta y Paolini acudiendo al apartado "Per una storia orale dell'ex Ospedale psichiatrico di Santa Maria della Pietà di Roma", dentro de la web del Ministero della Cultura: del primero tenemos una entrevista del 2007, de casi dos horas de duración (https://tiraccontolastoria.cultura.gov.it/index.php?page=View.ObjectMetaData&id=mdm%3Apallotta) y del segundo

los talleres de Celestini puede reconocer un trabajo minucioso, de engarce de imágenes, expresiones, palabras y anécdotas, un mosaico que se oculta detrás de un discurso torrencial en el que, a pesar del tono uniforme, se intercalan y alternan teselas de distinta procedencia que nos permiten acceder a la perspectiva del mundo que tiene una persona cuyos pensamientos son por lo menos disfuncionales y comprenderla y aceptarla[16].

La narraturgia de Celestini se muestra en *La pecora nera* en su plena madurez; es más, dentro de la trayectoria artística de Celestini, este espectáculo constituye un momento clave de la evolución del autor: en primer lugar, la obra transciende el escenario teatral para transformarse también en un libro y una película[17], inaugurando una etapa en la que Celestini empieza a alternar constantemente distintos medios y formas de expresión (literatura, teatro, radio, cine, televisión, etc.). En segundo lugar, por primera vez el artista deja de narrar desde su identidad propia y asume la de un personaje. Este último es un narrador poco fiable, alguien que abre su historia con la afirmación surreal "Io sono morto quest'anno. Tutti volevano morire quest'anno!" (2006: 3), que empezó a entrar en el Santa Maria della Pietà de niño, porque una de los pacientes era su madre. Esta última estaba siempre atada a la cama porque era violenta tanto que, narra el hijo, después de ver que "manco l'elettricità la riesce

---

una entrevista del 2005, de cinco horas y media (https://tiraccontolastoria.cultura.gov.it/index.php?page=View.ObjectMetaData&id=mdm%3Apaolini). Alberto Paolini durante su estancia en el manicomio escribió cosas sueltas en trocitos de papel que ahora están recogidos en su autobiografía *Avevo solo le mie tasche. Manoscritti dal manicomio* (Roma: Sensibili alle foglie, 2016).

[16] La procedencia de algunos elementos se puede encontrar en *La pecora nera. Il libro* (Celestini, 2011), volumen colectivo que acompaña el DVD de la película.

[17] Estrenada en 2010, el público español pudo verla porque formaba parte del catálogo de Filmin (https://www.filmin.es/pelicula/la-pecora-nera). Existe en DVD (Celestini, 2011).

a curare", le practicaron "un'operazione che gli hanno tagliato certi nervi del cervello" (2006:24), por lo que "adesso è come una pianta" (25). Aparte de la herencia materna, la maestra de primaria del narrador repetía siempre que este era "un debole di cervello, [una] pecora nera" (2006: 10), por lo que la abuela, una campesina pobre, sobornaba a la maestra con huevos frescos para que aprobara al nieto. Después de contar su infancia y un temprano ingreso en el manicomio al que lo aboca su situación de excluido social y cultural, en un determinado momento el narrador afirma "Io sono morto quest'anno. Prima di morire ho conosciuto Nicola" (31) y da paso a la narración de Nicola, después de avisar "è la storia di un matto, non bisogna starci a credere a tutto". Celestini sigue narrando en el mismo tono, pero ahora el espectador sigue la narración de la vida de Nicola y descubre que este nació "negli anni Sessanta. I favolosi anni Sessanta" y era un pastorcillo, con un padre violento y unos hermanos mayores que una noche matan a una mujer. La familia declara que Nicola está loco y lo interna en el manicomio por miedo a que se vaya de la lengua, aunque en realidad el chico no ha entendido lo que ha pasado. A partir de ahí el primer narrador y Nicola se alternan contando su vida en el manicomio, hasta que casi al final, gracias a las palabras de una monja ("tu dici sempre Nicola, Nicola, Nicola… ma lo vuoi capire che Nicola sei tu?", 2006: 82) descubrimos que Nicola es una proyección de la mente del narrador, una especie de amigo imaginario del primero que, de esta forma, logra sobrellevar una vida perdida en una institución que solo lo ha vuelto más inadaptado, marginado y excluido de lo que era al principio:

> So' trentacinque anni che prendo pasticche marziane per curarmi questa paura. E dopo tutto 'sto tempo la paura

> mi ritorma sempre, tutte le sere. Io mi curo e resto sempre ammalato. Ma adesso ho capito perché non riesco a guarire. Perché la paura non è mica una malattia (90-91).

En *La pecora nera*, existe un evidente componente de teatro documento[18] sobre prácticas manicomiales y vivencias de personas consideradas enfermas mentales, pero con Celestini se trata siempre de un tipo de teatro documento muy peculiar, en el que el dato real se reelabora en una dimensión onírica e imaginativa (el eletrochoque es electricidad que logra apagar las bombillas que están demasiado encendidas en la cabeza de los locos, los fármacos como Fargan, Largactil, Serenase o Seroquel son pastillas marcianas, el director del manicomio es también el director del supermercado, etc.).

Con su monólogo, aparentemente errático, Celestini va poniendo de manifiesto hasta qué punto la enfermedad mental puede ser algo creado por (e inherente a) la sociedad y las instituciones más que algo propio de las personas diagnosticadas como locas. Estas últimas, con su mirada extraviada y divergente, muchas veces desvelan una realidad oculta y perversa que la perspectiva institucional recubre con capas de raciocinio aparente. Gracias al expediente de que el narrador, al ser un "loco pacífico", puede salir del manicomio para acompañar a una monja a hacer la compra en el supermercado, Celestini construye un discurso según el cual, en realidad, todas las instituciones (empezando por la escuela que ha etiquetado a un niño marginado como "pecora nera") son igualmente incomprensibles. Además, el paso de una Italia rural y campesina a la Italia "moderna" de los años sesenta solo sirvió para crear más excluidos y para que el mundo del consumismo

---

[18] Sobre esta tipología teatral pueden verse las actas del 25 Seminario internacional del SELITEN@T (Romera Castillo, ed., 2016).

con sus muchos productos que tienen nombres parecidos a los de los psicofármacos (Nesquik, Müller, Parmalat, Aquafresh…) atonte a los individuos y atente contra la salud mental[19].

La última escena de la narración, después de la muerte del narrador, nos muestra la liberación de Nicola y también el funeral del Santa Maria della Pietà, el *manicomio elettrico*, un cadáver larguísimo que no se entiende cómo puede haber vivido a lo largo de tantos siglos, un cuerpo que no desaparece "solo per un errore della burocrazia" (93). Nicola se aleja de ese organismo infecto, logra salir a la plaza y por fin respirar el aire fresco de la noche. Esta imagen cierra la obra con ligereza y acompaña al espectador mientras sale de la sala, porque recordemos que Celestini narra con un ritmo endiablado y teoriza que hay que obligar al público a "correre dietro alla performance" (Pasqualicchio, 2006: 163) para que la recepción no pase por un trabajo racional de reflexión, sino por las imágenes que la narración va evocando. Sin embargo, en algún momento, el espectador se encontrará preguntándose ¿quién es Nicola, si Nicola era el narrador y el narrador dejó de respirar unos minutos antes de que Nicola saliera? Parafraseando a Jeanette Winterson, la tentación es afirmar que a veces el teatro es una forma de sanar la fractura que la realidad crea en la imaginación[20], permitiéndonos recuperar fuerzas para que a las instituciones no les sea tan fácil engullirnos.

---

[19] Como pasa en el caso de Nicola que, como evidencia Bello, "non è (solo) un internato psichiatrico o un "debole di cervello"; ma è il simbolo dell'esclusione sociale perpetrata a più voci a discapito di precise categorie sociali, prima che l'internamento ne aggravasse definitivamente le condizioni di salute. Nicola rappresenta tutti quegli individui che non sono percepiti come tali da una parte della società, e pertanto l'uso intenzionale della violenza contro di essi non costituisce un problema" (2019: 230).

[20] Se trata de consideraciones que se encuentran al final del capítulo de *Why Be Happy When You Could Be Normal?* (Winterson, 2011), cuando la autora enumera los peligros de la literatura según su madre adoptiva.

3. CARLOTTA PIRAINO E *I QUADERNI DI LIA TRAVERSO*

Carlotta Piraino (Roma, 1981) es una dramaturga, directora y actriz teatral, cuyas obras suelen guardar una estrecha relación con los temas propuestos en este seminario del Seliten@t[21]. Además, como Celestini, Piraino parece muy interesada en explorar las historias de su propia ciudad, como demuestran la obra *Togliatti, mon amour* (2020) sobre los clientes de las prostitutas que trabajan en la zona de la avenida Palmiro Togliatti, en periferia este de Roma[22] o el hecho de que actualmente la autora esté desarrollando un proyecto a partir de la recopilación de las historias de vida de emigrantes procedentes de distintos países que viven en su mismo barrio.

Si *La pecora nera* es una obra de la etapa de consolidación de su autor, *I quaderni di Lia* representan en cambio la ópera prima de una joven que, después de participar en uno de los talleres de Celestini sobre el Santa Maria della Pietà, escribió a partir de esa experiencia su trabajo de fin de carrera[23] y su primer texto teatral.

---

[21] Por ejemplo, en *Io vengo dalla luna* (2008), escrita a partir de su propia experiencia de adolescente, la autora indaga poéticamente en un tema a caballo entre la salud física y la mental como es la anorexia, una "enfermedad" que, en la visión de Piraino, la propia sociedad contribuye a engendrar. Esta creadora ha puesto a veces su práctica teatral al servicio de la lucha contra los disturbios alimentarios, con acciones como talleres y seminarios en centros de salud o para ong que se ocupan de este tema. Cf., por ejemplo, el espectáculo *Smile* (2015), que nació de una colaboración con las pacientes de una unidad sanitaria de trastornos de la alimentación. Otra pieza teatral que tiene que ver tanto con la salud física como con la mental es *Strappi* (2009), cuyo tema central es el aborto.

[22] El proyecto teatral de Piraino se materializó en una colaboración con *Furgonaro*, un cliente de prostitutas que ella localizó en el blog "Spotted Togliatti", donde algunos clientes intercambiaban cuentos sobre sus experiencias. El joven aceptó incluso subir al escenario, protegiendo su anonimato con una máscara y un distorsionador vocal.

[23] En el año académico 2004-2005, Carlotta Piraino terminó su licenciatura en *Discipline delle Arti, della Musica e dello Spettacolo*, en la Università degli Studi Roma Tre, con un trabajo de fin de carrera titulado *I quaderni di Lia Traverso. Un*

En el texto académico, Piraino da cuenta del taller con Celestini y de la compleja investigación que llevó a cabo sobre la vida de una mujer, Lia Traverso, que murió con 34 años después de pasar más de siete años de su breve vida en varios manicomios, entre ellos en el Santa Maria della Pietà; Piraino se documentó rescatando todos los escritos de Lia (que escribía de forma casi compulsiva: "potrei vivere senza scrivere? Credo di no", Traverso, 1996: 32), entrevistando a uno de sus psiquiatras y visitando los distintos centros psiquiátricos en los que la mujer estuvo hospitalizada. Posteriormente, la autora construyó *I quaderni di Lia Traverso*, un acto único de 45 minutos que cuenta la hospitalización en el Santa Maria della Pietà de una mujer joven que ingresó voluntariamente en un manicomio afirmando que "fuori non ho potuto trovare il mio posto" (Traverso, 1996: 9). Aquí también tenemos una alternancia de voces: la de la narradora (calificada simplemente como "DONNA" en las acotaciones) se turna con la de la misma Traverso ("DONNA-LIA"), cuando la narradora va leyendo pequeños extractos basados en el único cuaderno que nos queda de los que la joven escribió en los años setenta[24]. En este texto supérstite, Lia Traverso narró el periodo en el que fue paciente del Santa Maria della Pietà y describe su hospitalización como un sinfín de días de inactividad, interminables y siempre iguales; de hecho, en el prólogo al cuaderno que se ha publicado, Nicola Valentino recuerda que escribir para Lia representaba "una risorsa vitale contro l'immobilità e l'inedia

racconto dal laboratorio con Ascanio Celestini (se trata de otro texto inédito, que he podido consultar solo parcialmente). Después de los estudios universitarios, se matriculó en Teatro e Azione, una escuela de teatro privada fundada en Roma en 1983 por Cristiano Censi e Isabella Del Bianco.

[24] Está publicado con el título *D'ogni dove chiusi si sta male* (Traverso, 1996), por la editorial Sensibili alle foglie, fundada por el antiguo brigadista rojo Renato Curcio y dedicada a estudios y testimonios de personas privadas de libertad.

della vita manicomiale" (Traverso, 1996: 14)[25]. Puesto que la mujer repite su nombre con pequeñas variaciones cada pocas líneas (Lia T, Lia Traverso, Traverso Lia, LT…), supongo que la escritura era para ella también una forma de mantener viva su identidad, a pesar de que en el Santa Maria della Pietà no le permitían desarrollar las actividades que le gustaban, ni usar su propia ropa, ni cuidar su imagen (lavándose el pelo, por ejemplo), mientras ella pensaba que si pudiera hacerlos "forse allora mi sentirei me stessa" (Traverso, 1996: 30).

Al contrario de Celestini, Piraino diferencia claramente los momentos en los que habla la narradora (que parece coincidir más o menos con la misma autora, como es típico en gran parte del Teatro di Narrazione) de los que, en cambio las palabras que suenan son las de Lia Traverso. No se trata solo del expediente de leer, sino que a lo largo del espectáculo, las acotaciones indican detalladamente los cambios de luces (luce soffusa cuando lee, piena cuando narra). La autora cuenta que la construcción de la voz de Traverso le planteó muchas dudas, porque, como afirma en la entrevista, "era una persona, ¡non un personaggio!". Le atribuye un tono educado y amable, sin que ninguna característica del discurso ni de la voz indiquen desequilibrios ni alteraciones, respetando el estilo del diario de Lia que transmite malestar, dolor, soledad y aburrimiento, pero no perturbación ni trastorno, aparte de la ya recordada obsesión por firmar continuamente con su nombre usando distintas. Es evidente que Piraino no quiere

[25] Por supuesto, en primer lugar los diarios de Traverso nacieron como tantos otros textos de pacientes psiquiátricos por indicación de su médico: ya desde la época positivista, en las instituciones manicomiales se fomenta el hecho de que los enfermos mentales utilicen distintas formas de escritura del yo para tener información de primera mano sobre sus trastornos, aunque el aislamiento hace que "la escritura se convierta en "un mezzo per restaurare in forma vicaria la comunicazione" (Cavazzoni, 1990: 61).

poner en escena a una "loca", sino dar voz a una persona, al desasosiego de una persona, que no encuentra su forma de estar en el mundo y a la que la institución psiquiátrica no solo no puede ni sabe ayudar, como la dramaturga muestra en una escena surreal en la que la elección de los medicamentos parece depender de una partida de damas[26], sino que la condena a empeorar por falta de estímulos y espacios vitales.

En este sentido, sería interesante también comparar esta obra, por un lado, con una obra teatral del siglo XX como *Lola che dilati la camicia*, de Marco Baliani, Cristina Crippa y Alessandra Ghiglione (1996, basada en la autobiografía de Adalgisa Conti, recluida con 26 años en un manicomio desde 1914 hasta su muerte) y, por otro, con el trabajo que desarrolla otra representante del *Teatro di Narrazione*, Laura Curino, en *Il signore del cane nero. Storie di Enrico Mattei* (2010, obra escrita conjuntamente con Gabriele Vacis), en la que esta segunda autora crea el personaje de una antigua paciente psiquiátrica, Celestina, que narra la vida de Mattei, obsesionada por la misteriosa muerte de este protagonista de la política y la economía italianas de los años sesenta que osó enfrentarse al monopolio energético estadounidense. Este segundo caso es muy distinto al de Piraino y el hecho de poner en escena a una persona que vivió en un manicomio recuerda más bien la estrategia de Dario Fo en *Morte di un anarchico*: el personaje del loco es un pretexto que permite decir lo que se sospecha, aunque no está probado. El personaje de Celestina está caracterizado por la visión de una persona excluida de la sociedad y exhibe un discurso hecho de

[26] Acotación: "La donna chiude il quaderno e lo usa come se fosse un piano su cui inizia lentamente a disporre delle pasticche bianche come su una scacchiera" (Piraino, inédito: 3). Recuérdese que para el narrador de Celestini los distintos medicamentos son "pasticche marziane", es decir, algo que nadie sabe cómo funciona.

frases inconexas y fragmentarias que narran desde una situación de caos psíquico, mientras que la Lia de Piraino se expresa con frases cortas, pero bien desarrolladas, con las que intenta poner orden en sus vivencias y reafirmar su identidad y cordura, como en este ejemplo:

> Vorrei essere NORMALE, vorrei svolgere un'attività e guadagnare, invece vivo alla moda in un ospedale psichiatrico, con l'ATTUALE MALE OSCURO. Oggi la suora mi ha detto che sono smemorata, che ogni giorno mi dimentico qualcosa (perché mi ero dimenticata di portare una sedia dal falegname per farla aggiustare); se non fossi smemorata, le ho risposto, "me ne starei a casa"! E l'infermiera m'ha detto che ho la doppia personalità ed ha molta ragione così = o mi gira troppo bene o mi gira troppo male. È che ti si deforma il cervello, a forza di ubbidire, di fare come vogliono loro!
>
> Vorrei solo sapere precisamente come mi debbo comportare E voi che fareste se foste nel mio caso? Qui solo si annoia e si ingrassa (inédito: 7)[27].

La dramaturga quiere acercar desde el principio el espectador a Lia Traverso y lo hace no a través de las palabras, sino aprovechando el hecho de que la joven llenaba su cuaderno de dibujos. La narradora comenta que el cuaderno aparece un perfil de mujer hecho con una técnica que todas las niñas aprendían en primaria y que Piraino describe en detalle, explicando con palabras que consiste en dibujar una línea curva para la frente, que se convierte en la nariz, que se convierte en la boca… luego se hace

---

[27] En realidad, Piraino usa frases del texto de Traverso, pero las monta en un discurso nuevo. En este fragmento, por ejemplo, la frase "E l'infermiera m'ha detto che ho la doppia personalità ed ha molta ragione così = o mi gira troppo bene o mi gira troppo male" aparece en la página 97 del texto de Lia (1996), mientras que "Qui solo si annoia e si ingrassa" pertenece a la página 42

un ojo entre la curva de la nariz y la curva de la frente, se remata la boca y se cierra el perfil con una cascada de pelo liso o rizado, en zigzag. Acompaña las palabras con el movimiento del dedo y acaba recordando que el dibujo de Lia utiliza esta misma técnica y al lado tiene una inscripción: "Asustada, de Lia T." (Piraino, inédito: 3). De esta forma, Piraino sugiere que Traverso podría ser cualquiera de nosotras; la autora puede adentrarse después en la narración sabiendo que el espectador, por lo menos por un momento, se ha identificado con la protagonista y está por tanto de su parte.

Es notable el equilibrio que la autora ha creado entre los fragmentos del texto de Traverso, con su escritura a menudo extremadamente poética e llena de imágenes sorprendentes ("Qui oltre non ci resisto, a questo vivere seduta, come un'arancia posata su un piatto" Piraino, inédito: 4), y la parte en la que la narradora cuenta la vida (y la muerte) en manicomio de la protagonista, hasta el final en el que las dos perspectivas se van fundiendo poco a poco en la descripción del funeral de Lia, en el que el punto de vista de esta última y sus compañeras de manicomio se superpone a la de la narradora.

Hablando de la óptica de la narradora, gracias al trabajo de documentación, Piraino puede contar también vivencias que no están recogidas en el cuaderno, como el papel protagonista de Lia en "la battaglia dei coltelli"[28], un tema que trata también Celestini[29] y que fue típico de las luchas de los años setenta para

[28] Véase el fragmento de vídeo en youtube: *Carlotta Piraino - Lia Traverso e la battaglia dei coltelli (youtube.com)* [10/0972024].

[29] Cuando lo ingresan, una monja le explica al primer narrador de *La pecora nera* algunas normas del manicomio que forman parte de los "cuidados morales" que hay que imponer a los pacientes y entre ellas: "Niente coltello e forchetta, solo il cucchiaio di legno e il piatto di alluminio. Perché certe posate sono pericolose" (Celestini, 2006: 13).

mejorar la vida en las instituciones psiquiátricas: la reivindicación de poder comer con todos los cubiertos, puesto que si a los pacientes se les hacía trabajar (gratuitamente…) con azadones, martillos, tijeras y otros instrumentos cortantes y punzantes, era absurdo que después tuvieran que comer solo con cuchara ("Per quello che si poteva mangiare col cucchiaio, per il resto c'erano le mani. Nessun oggetto pericoloso: pantaloni senza cinta, scarpe senza lacci, ma quando lavoravano…", Piraino, inédito: 8).

Otro tema que aflora en ambas obras es la presencia constante de pensamientos de muerte, como si la reclusión en el psiquiátrico fuera una especie de larga agonía de la que solo se puede escapar muriendo. Celestini empieza su narración delante de un biombo donde letras rojas proclaman "Io sono morto quest'anno" y Piraino cierra su monólogo con la descripción del funeral de Lia Traverso, después del cual la narradora lee del cuaderno de Lia estas frases descorazonadoras: "Tante cose al mondo sono sgradevoli, ma quelle che sono più vicine a noi le possiamo ripulire. Se la tua persona e la tua cameretta saranno in ordine ti daranno soddisfazione". Recordemos que Lia Traverso entró voluntariamente en el manicomio, de hecho dejó escrito "mi sono dovuta chiudere perché fuori non ho saputo trovare il mio posto" (Traverso, 1996: 9). Esperaba que en el manicomio le enseñaran a vivir ("purtroppo non so ancora vivere", 1996: 106), pero la institución psiquiátrica que nació para liberar a la sociedad de la presencia de pobres, locos y forasteros nunca supo cómo propiciar que estos pudieran en cambio integrarse en el tejido social. La salida de Lia fue una muerte inexplicable, tanto que quien la conocía dijo que "fu un miracolo che lei stessa si procurò".

Hacia el final del espectáculo, el juego de luces distintas que acompañaba el transformarse de la narradora en Lia y de

Lia en narradora desaparece y, paulatinamente, las dos luces al igual que el discurso se funden para acompañar el funeral de Lia, una joven mujer que revive gracias a que otra mujer todavía más joven decidió rescatar su historia y su escritura.

4. CONCLUSIONES

El teatro y la literatura italianos han tratado más de una vez el largo y complejo proceso de desinstitucionalización de los centros psiquiátricos en Italia, permitiendo que las huellas de esta transformación se instalaran en la memoria histórica e individual. En este tipo de producción destaca la labor del *Teatro di Narrazione*, que ha abordado el tema desde distintas perspectivas. Dentro de este coro, Celestini y Piraino sobresalen por la solidez y originalidad de sus propuestas que, partiendo de historias vinculadas al manicomio romano de Santa Maria della Pietà, recorren caminos distintos. El primero, aparentando contar una historia individual, llega a ofrecer un fresco en el que se superponen los recuerdos de una multitud de personas por lo que la entera institución del manicomio cobra vida para mostrar su crueldad y su sinrazón. La segunda se centra en narrar la historia de una única persona, Lia Traverso, una persona que escribió que, al ingresar en el Santa Maria della Pietà desde otro manicomio más pequeño, se sentía un títere que había cambiado de teatro y tenía que aprender a actuar en una plaza distinta ("Mi sento burattino che ha cambiato teatrino e deve imparare a recitare in altro campo", 2016: 96); la narraturgia de Piraino permite que la vida, el dolor y la escritura de Lia Traverso surjan y actúen en el escenario, para comunicarnos a través de este ejemplo paradigmático lo difícil que es vivir cuando los que tendrían que curarnos no ofrecen ninguna solución, solo una espera extenuante que parece tener como única salida la muerte:

> E' abbastanza difficile vivere nell'isola dei matti. Perché è una vita che non risolve niente, è un semplice vivere da internati. Adesso è ancora presto, è buio fuori, aspetto. Ma cosa debbo aspettare? Aspetto. Ma forse a furia di aspettare MORIRÒ (Piraino, inédito: 10)[30].

No es casual, por tanto, que ambas obras desemboquen en un funeral y que este represente el evento más alegre que los protagonistas viven en escena[31].

REFERENCIAS BIBLIOGRÁFICAS

BELLO, ELEONORA (2019). *Memorie del manicomio: la rappresentazione del disturbo mentale e dell'istituzione psichiatrica nella letteratura italiana contemporanea*. Tesis Doctoral Victoria University of Wellington. Disponible en línea: https://openaccess.wgtn.ac.nz/articles/thesis/Memories_of_the_Manicomio_Representations_of_Mental_Illness_and_Psychiatric_Institutions_in_Contemporary_Italian_Writing/17136245 [08/06/2024].

CAVAZZONI, ERMANNO (1990). "Le «autobiografie mentali» negli ospedali psichiatrici emiliani". *Materiali di lavoro. Rivista di studi storici* 1/2 (monográfico *I luoghi della scrittura autobiografica*), 61-71.

CELESTINI, ASCANIO (2006). *La pecora nera. Elogio funebre del manicomio elettrico*. Torino: Einaudi.

---

[30] También en este caso se trata de un puzzle de frases de Lia, que condensa algunas de las ideas que se repiten en la escritura de la mujer: "E' abbastanza difficile vivere nell'isola dei matti" (1996: 100); "Aspetto. Ma forse a furia di aspettare MORIRÒ" (90) ;"Adesso è ancora presto, è buio fuori, aspetto. Ma cosa debbo aspettare?" (75), etc.

[31] Una grabación de esta intervención puede verse en https://canal.uned.es/video/66f5181d86ba611ad20aac28 [25/09/2024].

_____ (2010). *La oveja negra. Elogio fúnebre del manicomio eléctrico*, trad. de Luis García Araus. Madrid: Quatenus.

_____ (2011). *La pecora nera, un film di Ascanio Celestini*. DVD (versión cinematográfica) + Libro. Milano: Feltrinelli.

_____ (2012). *La pecora nera*. DVD (versión teatral). Milano: La Repubblica – L'Espresso.

CELESTINI, ASCANIO Y SACCHETTINI, RODOLFO (eds.) (2006). *Storie da legare*. Firenze: Edizioni della Meridiana.

CUPPONE, Roberto (2018). "*Stultifera navis*. Teatro e «follia» in Italia negli ultimi quarant'anni". En *Diversità sulla scena*, A. de Martino *et alii* (eds.), 81-102. Torino: Accademia University Press.

DE MIGUEL Y CANUTO, JUAN CARLOS (2014). "Teatro y antipsiquiatría en Italia: el caso de Marco Cavallo (1973)". En *Teatro de excepción. Experiencias escénicas no institucionales en la Europa de los siglos XX y XXI*. Número monográfico de *Quaderns de Filologia. Estudis Literaris* XIX, 65-83. Disponible en línea:https://ojs.uv.es/index.php/qdfed/issue/view/395/showToc [08/07/2024].

FERRARO PETTIGNANO, ESTEFANÍA (2024). "Prácticas artísticas en instituciones para la salud/salud mental de jóvenes y adultas/os. Una experiencia situada: sistematización de una creación artística grupal". *Acotaciones* 52 (enero-junio), 311-340. DOI: 10.32621/ACOTACIONES.2024.52.12 [14/07/2024].

GUCCINI, GERARDO (2007). "Los caminos del *Teatro Narrazione* entre escritura oralizante y oralidad-que-se-convierte-en-texto". *Signa* 16, 125-150. DOI: https://doi.org/10.5944/signa.vol16.2007.6155 [09/06/2024].

IARIA, ANTONIO, LOSAVIO, TOMMASO Y MARTELLI, POMPEO (coords.) (2003). *L'ospedale Santa Maria della Pietà di Roma*, 3 vols. Roma: Presid. Provincia di Roma / Azienda San. Loc.

Roma e Min. Beni e Attività Culturali / Centro Studi e Ricerche S. Maria della Pietà.

MILLETT, KATE (2019). *Viaje al manicomio*. Barcelona: Seix Barral (*The Loony-Bin Trip*, 1990).

PIRAINO, CARLOTTA (2004-2005). *I quaderni di Lia*. Trabajo fin de carrera inédito. Roma: Università degli Studi Roma Tre.

_____ (inédito). *I quaderni di Lia*, acto único.

PASQUALICCHIO, NICOLA (2006). "Ascanio Celestini" (entrevista). En *L'attore solista nel teatro italiano*, N. Pasqualicchio (ed.), 157-164. Roma: Bulzoni.

PONTE DI PINO, OLIVIERO (2020). "Teatro della persona, teatri delle persone. Note sul teatro sociale e di comunità". En *La malattia che cura il teatro. Esperienza e teoria nel rapporto tra scena e società*, A. Porcheddu y C. Carponi (eds.), 91-113. Roma: Dino Audino.

PORCHEDDU, ANDREA (2016). "Ascanio Celestini, voces amargas de los márgenes del mundo". *Zibaldone. Estudios italianos* 4/1, 136-141. Disponible en línea: https://turia.uv.es//index.php/zibaldone/article/view/7917/7516 [04/07/2024].

PUPPA, PAOLO (2011). "Una felice mono-tonia: Ascanio Celestini". *Belfagor* 66/5 (30 de septiembre), 613-624. Disponible en línea: https://www.jstor.org/stable/26154442[04/07/2024].

ROMERA CASTILLO, JOSÉ, ed. (2016). *El teatro como documento artístico, histórico y cultural en los inicios del siglo XXI*. Madrid: Verbum. Puede verse una grabación en https://canal.uned.es/serial/index/id/4695 [10/07/2024].

SANFILIPPO, MARINA (2017). "La traduzione di testi di teatro di narrazione: Luis García Araus traduttore di Ascanio Celestini". En *Italiano e dintorni*, G. Caprara y G. Marangon Bacciolo (eds.), 327-342. Frankfurt am Main: Peter Lang.

TRAVERSO, LIA (1996). *D'ogni dove chiusi si sta male*. Tivoli: Sensibili alle Foglie.

WINTERSON, JEANETTE (2011). *Why Be Happy When You Could Be Normal?* London: Jonathan Cape.

PRESENTACIÓN DE LIBROS

ACTAS DEL XXXII SEMINARIO DEL SELITEN@T

ROMERA CASTILLO, JOSÉ (ED.), *TEATRO, ECOLOGIA Y GASTRONOMÍA EN LAS DOS PRIMERAS DÉCADAS DEL SIGLO XXI*. MADRID: VERBUM, 2023.

PARTICIPAN:

José Romera Castillo (editor del volumen).

Maria Angelica Giordano Paredes (SELITEN@T / UNED): "Ecología y teatro".

Carmen López López (SELITEN@T / UNED): "Gastronomía y teatro".

José Romera (Director del SELITEN@T, editor del volumen y coordinador de la presentación).- Como es costumbre en nuestros Seminarios en este, sobre *Teatro y Medicina en el primer cuarto del siglo XXI*, se presentaron tres volúmenes relacionados con el quehacer teatral en nuestro siglo. Además de dos volúmenes de actas de la Asociación Internacional de Teatro del siglo XXI, en primer lugar, el día 23 de septiembre de 2024, se realizó la presentación del volumen que contiene las actas del XXII Seminario internacional de nuestro Centro de investigación de Semiótica Literaria, Teatral y Nuevas Tecnologías (el SELITEN@T), celebrado en la sede de la UNED, en Madrid, del 23 al 25 de junio de 2023. La presentación, dividida en dos partes, corrió a cargo de dos profesoras de la UNED y de nuestro equipo de investigación (M.ª. Angelica Giordano y Carmen M.ª López), a quienes agradezco sus reseñas.

TEATRO Y ECOLOGÍA

Maria Angelica Giordano Paredes (SELITEN@T / UNED).- Iniciamos la presentación del volumen, editado por José Romera Castillo, *Teatro, ecología y gastronomía en las dos primeras décadas del siglo XXI*, publicado en Madrid, por la editorial Verbum, a finales de 2023, con las ayudas del Departamento de Literatura Española y Teoría de la Literatura de la UNED, así como del legado del profesor Romera, donde se recogen los resultados del trigésimo segundo Seminario internacional del Centro de Investigación de Semiótica Literaria y Teatral -el SELITEN@T, en el siglo de las siglas-, celebrado en Madrid, en la sede de la UNED, del 28 al 39 de junio de 2023, con el patrocinio de diversas entidades, dirigido, como siempre, desde 1991, por el profesor Romera.

No me voy a referir a la trayectoria del Centro y a los anteriores Seminarios internacionales, porque ya lo ha hecho el mencionado profesor, sino que me centraré, en el mencionado volumen, estructurado del modo siguiente. Además del extenso prólogo de José Romera, su contenido está dividido en dos grandes partes: la dedicada, a la ecología, de la que me ocuparé a continuación y la centrada en la gastronomía, de la que versará la presentación de la colega Carmen López López.

Inicialmente, como advertí, a manera de pórtico, aparece el documentado y muy pertinente ensayo del director del encuentro, el prof. José Romera, "*Natura et mensa* en la escena española actual" (págs. 9-70), donde se expone, como él mismo se ha referido, tanto a la trayectoria del centro como a las aportaciones de este seminario, que conviene a los interesados en ambas parcelas consultar y tener en cuenta.

Pasemos ya, sin más demora, a la presentación de la primera parte, sobre *Teatro y ecología* (págs. 73-360). En este apartado figuran 17 artículos de gran interés, por lo que, a continuación, siguiendo el orden de aparición en la publicación, haré un breve resumen de cada uno de ellos, pertenecientes tanto a dramaturgo/as como a investigadore/as de diversa procedencia.

Se inicia esta parte con la intervención de Gracia Morales (dramaturga y profesora de la universidad de Granada), "De la ceguera individual a la conciencia colectiva: estrategias para una dramaturgia del deterioro medioambiental" (págs. 73-87), donde se expone un acercamiento a algunas estrategias discursivas para generar una dramaturgia que aborde, de forma responsable, la temática del deterioro medioambiental. En una primera parte, se centra en la experiencia del proyecto *Planeta Vulnerable*, en el que participó como autora, diagnosticando las dificultades que enfrentamos y las diversas soluciones que se propusieron. Posteriormente, reflexiona sobre dos piezas de su autoría en las que ha desarrollado específicamente esta temática: *Lavinia* (2019) y *El vuelo de los estorninos*" (2023). Si en la primera, primaba una visión más pesimista, a partir de unos personajes pasivos, que no asumen su realidad, en la segunda, gracias a la conciencia colectiva, se llega a una mirada más esperanzada sobre el futuro.

A continuación, Julio Fernández Peláez (dramaturgo), "El teatro frente a la crisis social" (págs. 89-106), trata la crisis climática y la pérdida de biodiversidad que se está produciendo a lo largo y ancho del planeta y que está generando todo tipo de discursos en el conjunto de las artes, incluidas las escénicas. En un primer momento, plantea la interrogante sobre la posibilidad de empezar a hablar de una incipiente tendencia con unos rasgos determinados y en el caso de que existiera, como podría derivar en los años venideros hacia una estética de lo ecosocial, capaz de trascender a la clásica separación de los géneros y que apuntaría a un nexo común de fondo íntimamente relacionado con el momento crítico que vivimos. Posteriormente, reflexiona sobre el llamado teatro ambientalista, el cual incluye manifestaciones en las que lo importante es la conexión del ser humano con la naturaleza.

El planteamiento de Pedro Herrero Navamuel (dramaturgo), "El teatro como reflejo de lo común" (págs. 107-121), es sobre un futuro desolador en términos medioambientales y, través de su obra *Éxodo*, presenta una visión distópica de todo ello. Un tratado de deshumanización y desarraigo vital que comenzó cuando se decidió desatender lo próximo, lo humano, y dejar nuestras vidas en manos de otros. Expone, por lo tanto, la necesidad de fortalecer los lazos sociales y culturales a través del teatro y las artes, el arraigo a la tierra y la formación de la conciencia, como tabla de salvación ante la constante degradación medioambiental.

Nieves Rodríguez Rodríguez (dramaturga), "Cuidar la tierra o la palabra como alimento. Algunas intuiciones para un teatro de la memoria" (págs. 123-133), ahonda en las intuiciones de un teatro de la memoria desde la perspectiva de un teatro ecológico asentado en los conceptos de tierra y alimento. Al hacerlo, la palabra se presenta como territorio de interrogación ética para la memoria colectiva. En primer lugar, indaga sobre la pérdida de la tierra en un contexto bélico a través de *Por toda la hermosura –cartografía textual para un jueves–*en la que se propone no nombrar el lugar de procedencia de los personajes, ni el no-lugar en el que se encuentran en el transcurso de la acción. En segundo lugar, analiza la necesidad de hacer memoria colectiva sobre los asuntos públicos y defender la tierra como aquello único que nos permite construirnos y llegar a ser, mediante *A veces veo voces (palabra quemada)*.

En esta misma línea desoladora, pero cono intención didáctica, el dramaturgo Sebastián Moreno, en su estudio titulado "Teatro ecologista: entre el didactismo y el lamento" (págs. 135-149), se refiere al teatro como denuncia. Por ello, si la intención del teatro ecologista es dar solución a determinadas cuestiones estaríamos hablando de un género eminentemente dramático; pero si, en cambio, las respuestas a los dilemas y problemas ecológicos son tan hondas como se advierten, encontramos un teatro que solo puede ocuparse ya de la fragilidad y la finitud. Un teatro que se transforma en rapsodia, lamento o elegía. En su obra *Nana de la desaparición,* plantea la extinción de los orangutanes en la selva de Borneo a través de una triple desaparición causada, en parte, por la desforestación de la selva.

Martín B. Fons Sastre (profesor de la Universidad Loyola Andalucía), en el estudio, "Ecología, interpretación escénica y ciencias cognitivas: nuevas perspectivas de estudio" (págs. 151-168), se centra en el análisis del trabajo del intérprete escénico desde la innovadora perspectiva que nos aporta la ecología cognitiva del comportamiento que tiene como base las tesis poscognitivistas. Las aportaciones neurocientíficas en conexión con las tesis ecológicas abogan por una nueva orientación del entrenamiento y la técnica actoral, abriendo interesantes horizontes para el estudio de su creatividad. Desde la perspectiva ecológica, todo aprendizaje no obedece únicamente al determinismo genético sino en mayor medida a la integración con el exterior, al aumento de la interacción con el medio que nos rodea. La plasticidad sináptica del cerebro del hombre resulta un mecanismo fundamental de adaptación al medio.

A continuación, la dramaturga Itziar Pascual Ortiz, aborda la ecología desde una perspectiva infantil y juvenil relacionada con el ecofeminismo, "¿Es posible una escritura teatral ecofeminista para la infancia y la juventud?" (págs. 169-180). Se pregunta si la dramaturgia contemporánea y la literatura infantil y juvenil pueden ser un campo fértil para el debate, la reflexión y la crítica frente al inmovilismo institucional ante las crisis medioambientales; y si el ecofeminismo puede encontrar un ámbito de aplicación práctica y de diálogo con las generaciones más jóvenes, considerando que tanto los niños como los jóvenes no solo son testigos de la devaluación planetaria y sus primeras víctimas, son además, fuerzas esenciales del cambio. Espera, por lo tanto, que esta dramaturgia para la infancia dotada de una intención y una elección ecofeminista sea capaz de atesorar menos víctimas e ídolos, y más oportunidades de esperanza, sostenibilidad y resistencia.

Para Luis Fernando de Julián (dramaturgo), las imágenes impactantes tienen el poder de anular la explicación y generan un impacto visual directo en el espectador. Así lo plantea en "El rostro de la destrucción como punto de partida. Dramaturgia y fotografía ecológica" (págs. 181-192), un trabajo sobre la dramaturgia del siglo XXI y la ecología que explora la relación entre tomar fotografías de desastres ecológicos como punto de partida para escribir obras teatrales. Es por eso que en la dramaturgia del siglo XXI, el teatro utiliza las fotografías de desastres ecológicos como punto de partida para explorar la complejidad de la problemática ecológica, generando conciencia y promoviendo un compromiso más profundo con la protección y preservación del medio ambiente. El teatro se convierte en un medio poderoso para capturar la atención del público y generar un impacto visual y emocional que impulsa el cambio positivo en relación con la ecología.

No podía faltar la reflexión del profesor José Romera Castillo (Academia de las Artes Escénicas de España/UNED/

SELITEN@T) sobre "Teatro y ecología: el proyecto Planeta Vulnerable" (págs. 193-212), en cuyo trabajo se estudian las cuatro ediciones que ha tenido el proyecto Planeta vulnerable - teatro ecológico del siglo XXI-, relacionadas con lo teatral, tanto en textos como en lecturas dramatizadas, impulsado por la Asociación Cultural Lanzambiental, con la colaboración del Nuevo Teatro Fronterizo y el asesoramiento dramatúrgico de su promotor, José Sanchis Sinisterra, dentro de lo que él llama las dramaturgias inducidas. Una iniciativa que parte de la creencia de que el teatro, a través de sus textos y puestas en escena, se constituye en una varilla más de concienciación en los ciudadanos de la necesidad de la conservación de la naturaleza y del medio ambiente.

De "Pequeños actos para salvar el mundo" (págs. 213-228) nos habla el pedagogo y dramaturgo Enrique Torres Infantes, quien hace un análisis de la cuestión a partir de dos libros, *Planeta Vulnerable. Teatro ecológico del siglo XXI* (2019) que trata la contaminación química y *La escena de Anaximandro. Encuentros de Teatro y Ciencia* (2021) sobre biodiversidad. Ambos son el resultado de dos proyectos sobre Teatro, Ciencia y Ecología, impulsados por José Sanchis Sinisterra. El escrito hace un seguimiento que parte de la investigación inicial hasta la escritura, abordando los encuentros con científicos y ecologistas, materiales documentales y testimonios reales que aportaron forma y contenido a las obras. De la misma manera, el artículo trata diferentes momentos de una experiencia individual, en un contexto de creación colectiva, a través de sus obras *Silencios que matan* y *El jardín de Beagle*.

La comunicación de Ziqi Jiang (Universidad Carlos III de Madrid), "Dos distopías ecológicas en el nuevo teatro fronterizo: *Éxodo*, de Pedro Herrero Navamuel y *Cuentos para futuros moribundos*, de Carlos Molinero" (págs. 229-244), analiza dos piezas estrenadas durante la primera edición de la iniciativa Planeta Vulnerable del Nuevo Teatro Fronterizo (2017). Con este estudio, se busca aumentar la visibilidad de las distopías ecológicas españolas actuales. Se puede observar que ambas obras comparten tres similitudes generales: la pertenencia al paradigma de las dramaturgias inducidas, el enfoque en los aspectos éticos del problema de la devastación medioambiental y la abundancia de referencias intertextuales. Estos rasgos favorecen una escritura distópica verdaderamente pertinente que evita la ideologización y la banalización.

En la misma línea, "Son d'Aldea: teatro comunitario, ecología y sostenibilidad" (págs. 245-264), del dramaturgo Manuel Vieites, es el resultado de una experiencia y la reflexión teorética y metodológica que provoca en torno a las potencialidades de la Animación Teatral, y en ella de la creación teatral, cuya finalidad es mostrar algunas líneas de acción que pueden contribuir a imaginar un modelo de desarrollo que asuma y promueva principios que informan documentos trascendentales como la Agenda 2030, tan olvidada en la acción de gobierno, sin excepciones. En un momento en que pueblos, aldeas, comarcas o provincias enteras incorporan a su denominación el adjetivo "vaciada/o", parece razonable considerar causas y efectos, que remiten a formas múltiples de pérdida, y proponer alternativas plausibles y viables.

Pilar Jódar Peinado (Gobierno de Cantabria/Academia de las Artes Escénicas de España), en su estudio titulado "Apocalipsis, tragedia y sarcasmo en tres obras actuales sobre la destrucción medioambiental por el ser humano (*A veces veo voces*, *Blanco sobre blanco* y *Le es fácil flotar*) (págs. 265-287), retoma lo dicho anteriormente por otros dramaturgos sobre el colapso medioambiental; y sostiene que tanto el teatro como el ambiente cultural de principios del siglo XXI se están interesando por los efectos de la devastación humana sobre el medioambiente. Desde un punto de vista de la ecocrítica analiza los tres textos teatrales en cuestión: *A veces veo voces* (palabra quemada), de Mar Gómez Glez y Nieves Rodríguez Rodríguez, *Blanco sobre blanco*, de Luis Fernando de Julián y *Le es fácil flotar*, de Eva Redondo. Las tres obras se suceden en un contexto apocalíptico porque presentan un mundo devastado y asolado por lo que parece haber sido una plaga o enfermedad: el ser humano.

En "Ecosistemas disfuncionales en el teatro de Diana M. de Paco Serrano" (págs. 289-307), Helen Freear-Papio (College of the Holy Cross (Estados Unidos)/Directora de Estreno), investiga los ecosistemas teatrales disfuncionales de Diana M. de Paco Serrano. Especifica que en *Obsession Street* (2011), por ejemplo, existe un caos lingüístico engendrado por un lenguaje opaco que impide la existencia de verdadera comunicación entre los habitantes de la calle homónima, mientras que en *PCP* (2010) la autora crea un ecosistema falso, un mundo de telerrealidad simulado e inventado por gente malintencionada. Cada ecosistema revela la incomunicación y la violencia inquietantes presentes en la vida moderna.

La profesora Maria Angelica Giordano Paredes (UNED/SELITEN@T) hace un análisis del equilibrio medioambiental representado a través del teatro educativo italiano en "Ecología y símbolo en el teatro educativo de Miriam Dubini: del relato a la escena" (págs. 309-325). Este trabajo se enfoca en el interés de la dramaturga Miriam Dubini por preservar el ambiente y transmitir el equilibrio que hay entre la naturaleza y los seres humanos, respetando además los objetivos para el desarrollo sostenible de la agenda 2030. Se analiza, por lo tanto, una de sus obras más representativa, *Il viaggio di Salma e Timo*, un gato, humanizado, que refleja la esperanza para la humanidad mediante la conjunción entre especies sensibles a su entorno natural. Un gato que representa la antítesis de la guerra y la esperanza de salvación del medioambiente.

En el siguiente trabajo, "*Ecocidio petrolero en tres noches para cinco perros*, de Gustavo Ütt" (págs. 327-244), José Leonardo Ontiveros (Universidad Internacional de la Rioja), analiza la obra *Tres noches para cinco perros* del citado autor. Pieza que cuestiona y denuncia el daño al ecosistema producido por la explosión de la plataforma petrolera Deepwater Horizon operada por la British Petroleum. Esta obra se inscribe dentro de lo que denomina teatro documental ya que el autor llevó a cabo una completa indagación sobre el caso Deepwater, entrevistando a trabajadores de la plataforma y revisando los informes de los organismos que llevaron a cabo la investigación. Se evidencia la importancia de detenernos no solo en la realidad planteada por la obra, que es comunicacional, público y notorio, sino también en la metáfora que el autor nos deja en su pieza.

Por último, Sergio Camacho Fernández (investigador distinguido Universidad de Santiago de Compostela), en su estudio titulado "*Ópera en teatros de bambú*: la sostenibilidad de las artes escénicas tradicionales dentro de los ecosistemas culturales" (págs. 345-360), analiza el entorno cultural de la ópera cantonesa como estudio de caso, investigando la implantación de los teatros de bambú como modelo sostenible dentro de su ecosistema cultural, con el objetivo de establecer líneas de acción que consoliden la vigencia, viabilidad y pertinencia de las prácticas escénicas tradicionales en el contexto contemporáneo, abogando por la protección de los ecosistemas culturales para asegurar su sostenibilidad.

En conclusión, *Teatro y ecología*, forma parte del volumen *Teatro, ecología y gastronomía*, coordinado por José Romera Castillo, director del Centro de Investigación de Semiótica Literaria, Teatral y Nuevas Tecnologías. Cada una de las aportaciones son el resultado de la creatividad y la puesta en escena de piezas teatrales e investigaciones relacionadas con la problemática medioambiental en las que prevalece una visión pesimista y catastrófica del futuro del planeta, dejándose entrever algunos matices más esperanzadores. Una vez el Centro de Investigación, bajo la dirección del profesor Romera, se convierte en referente para el estudio sobre el teatro del siglo XXI[1].

TEATRO Y GASTRONOMÍA

Carmen María López López (SELITEN@T / UNED).- La segunda parte del libro, *Teatro ecología y gastronomía en las primeras décadas del siglo XXI,* que estamos presentando, se dedica a las relaciones entre teatro y gastronomía, un nudo de gran interés en la escena teatral de las dos primeras décadas del siglo XXI. La novedad del enfoque radica precisamente en abordar este vínculo en textos teatrales de la presente centuria, cuyo estudio pormenorizado todavía no había sido objeto de atención por parte de la crítica. Pero el propósito del libro lo olvida la fructífera trayectoria de que ha gozado en la historia del arte teatral. En el estudio "*Natura et mensa* en la escena española actual" (págs. 9-69), que inaugura el volumen, es, en cierto modo, pórtico y caudal adonde irán a desembocar las sucesivas propuestas, el editor del volumen y director del Seminario, José Romera Castillo (UNED / SELITEN@T) sitúa esta relación desde coordenadas clásicas, ya presente en las representaciones

[1] Una grabación de la presentación puede verse en https://canal.uned.es/video/66f2918167cc6fe47e0b2532 [23/09/2024].

griegas y romanas, en las que la presencia de lo gastronómico es seña de realismo para una caracterización de los personajes. El profesor Romera subraya así el hilo de continuidad que existe entre lo teatral y lo gastronómico. Traza un inteligente recorrido diacrónico por algunos hitos de nuestra historia del teatro español. Desde Grecia, en Atenas, donde las representaciones teatrales se interrumpían para comer, como en el caso de *La Orestíada* de Esquilo, alcanzando una duración de nueve horas. O en *Pluto*, de Aristófanes, donde los ruegos a los dioses se entrelazaban con pan, vino, aceite y carne, para elevar así la queja por la injusta repartición de la riqueza. No conviene olvidar tampoco el influjo de la comida en las bacanales de los romanos, donde lo gastronómico es vinculaba a los mimos y al baile. De igual modo, la Edad Media constituye una etapa central de la historia teatral en la que la comida ha estado presente. Recuérdese que los cuentos se cerraban con el célebre adagio: "fueron felices y comieron perdices", de manera que el final feliz se asociaba a la exaltación de lo gastronómico.

Como bien puntualiza Romera Castillo en su detallado estudio, si bien en las etapas que hemos mencionado la comida ya se vislumbraba como elemento central de las obras teatrales, fue en el Siglo de Oro cuando alcanzó mayor relieve. La literatura áurea situar las acciones de comer y beber como eje de su trama simbólica. Baste recorrer las referencias a la comida en el teatro de Miguel de Cervantes. Estas prácticas se asociaban a menudo al pecado de la gula, tan común entre los reyes, nobles y clérigos, a menudo reprobable y digno de ser castigado. En el polo opuesto, la ausencia de comida, la carestía y el hambre era común entre los personajes de baja condición social o baja estofa. Piénsese en la longeva tradición de la novela picaresca y sus personajes hambrientos, así como las pillerías de estos pobres diablos hambrientes para conseguir comer. En el teatro áureo se valoraba especialmente lo que de visual y representativo tenía lo gastronómico, es decir, su condición de banquete, su carácter opíparo, más que el disfrute del acto mismo de comer. Revisado el teatro del Siglo de Oro como jalón importante del lazo entre lo gastronómico y lo teatral, Romera Castillo salta temporalmente hasta realidades teatrales más recientes. Cita la obra del cocine británico Arnold Wesker, *La cocina* (*The Kitchen*), de 1957, ambientada en el restaurante Marango's de Londres, en 1953, durante un día de trabajo, durante los servicios de comida y cena. Lo destacable de la obra es que en ella no prevalece la trama argumental, sino el retrato de la vida de los personajes en su fluir diario. La obra, que ofrece una descarnada metáfora de un mundo deshumanizado, fue estrenada en España en el montaje de Miguel Narros en el teatro Goya de Madrid en septiembre de 1973.

Recorre Romera Castillo otros hitos de lo gastronómico, como el llamada *Teatro Caníbal*, cuya sexta entrega ha publicado recientemente la editorial malagueña Carena. El resultado estético es el *Teatro Caníbal completo*, de Francisco Morales Lomas (2023), variante de teatro del absurdo, cercano al teatro de lo pobre, donde se insertan formas modernas del canibalismo y en el que la comida adquiere una incidencia especial. A su vez, distintos espectáculos han situado la gastronomía como punto central. Es el caso de la puesta en escena llevada a cabo en el teatro El Pavón Kamikaze de Madrid, en marzo de 2017, que montó Nacho Aldeguer a partir de *El amante*, de Harold Pinter. Este montaje se inicia con una fiesta en la que los anfitriones ofrecen cerveza. El resultado estético es un espectáculo cooperativo en el que el público forma parte de la celebración. También la compañía italiana *Teatro delle Artiette* desde el año 2000 llevó a escena en España y distintos países de Europa el espectáculo *¿Teatro para comer?* (*Teatro de la mangiare?*), cuyo escenario es una gran mesa, como si se tratara de un restaurante, en el que se invita en cada sesión a los espectadores a compartir con los actores un menú cocinado y servido por los mismos actores. De esta propuesta escénica dará cuenta Pérez-Rasilla en el estudio que en este volumen dedica a lo gastronómico. Otro espectáculo relacionado con el mundo de la comida es el de la compañía *Chefs*, que ofrece una comida para la familia en el marco de la gastronomía. Por el espectáculo rondan cocineros para crear una receta novedosa que mantenga las estrellas y el buen prestigio de su restaurante. Cabe citar asimismo el espectáculo El chef, cuya puesta en escena se llevó a cabo en los Teatros del Canal, el 29 de septiembre de 2018 bajo la dirección de David Caiña. La interpretación de Gorka Mínguez ofrece un *masterclass* de cocina, en la que los elementos cómicos, las ilusiones y las penas se trenzan mediante referentes gastronómicos.

A la luz de estas propuestas escénicas, puede hablarse de una pujante corriente del gastroteatro en la escena teatral actual. Pero en este marco, además de las comidas, la presencia de las cenas ha sido motor de la creación en el teatro. Romera Castillo trae a colación el auto sacramental de Calderón de la Barca, *La cena del rey Baltasar*, las cenas macabras de *El burlador de Sevilla y el convidado de piedra* de Tirso de Molina y sus reverberaciones en el *Don Juan Tenorio* de Zorrilla, hasta nuestros días, donde la cena ostenta un lugar central en las dramaturgias más recientes. Baste citar *La cena de los generales* de J. L. Alonso de Santos, a la que Lagos Gismero dedicará un pormenorizado estudio este libro, o *La última cena* de Ignacio de Amestoy, en cuyo análisis se detiene el propio dramaturgo en este volumen.

Vistas algunas de las principales modulaciones de lo gastronómico, de la comida y la bebida en el panorama teatral español, desde sus orígenes hasta nuestros días, incorpora Romera Castillo obras donde la dimensión gastronómica introduce el humor. Es el caso del espectáculo del director argentino Daniel Veronese, *Cena con amigos*, de Donald Margulies, cuya puesta en escena en distintos escenarios españoles le valió el premio Pulitzer 2000. La comedia, el amor y la amistad entre dos matrimonios dan cabida a la gastronomía en el centro de la trama. Otra comedia digna de mención es *La cena*, escrita y dirigida por Eli Navarro, en la madrileña Sala Nueve Norte, en julio de 2016. Pero la vertiente cómica de lo gastronómico se tiñe a veces de matices de crítica política. Así sucede, como bien muestra Romera Castillo, en *La cena*, del dramaturgo francés Jean Claudi Brisville, estrenada en el Teatro de Bellas Artes de Madrid, el 16 de septiembre de 2004, bajo la dirección de Josep María Flotats. La escenificación de una mesa con exquisitas viandas es metáforas de la maquinación del poder y los hilos que en torno a él se urden sobre todo en un plano político. Como se deduce de este marco presentativo, el lazo entre teatro y gastronomía alcanza gran potencial en montajes escénicos en las dos primeras décadas del siglo XXI.

Una vez presentado el marco de estudio abarcador estudio de Romera Castillo, la segunda parte del volumen, *Teatro y gastronomía* (págs. 361-507), incorpora ocho contribuciones de gran significación en el panorama teatral del presente. Abre este eje la aportación de Eduardo Pérez-Rasilla (Universidad Carlos III de Madrid), "Servir la escena: notas sobre gastronomía y teatro en la escena española última" (págs. 363-386), en la que se lleva a cabo un análisis de la relación entre comida y teatro en los últimos treinta años. Su perspectiva es evolutiva, y así va deteniéndose en el significado social y simbólico de la comida desde los orígenes del teatro. Su sentido de la convivencia, la celebración, la enfermedad y la muerte. Pero si bien pudiera pensarse que Pérez-Rasilla se detiene únicamente en una dimensión histórica del análisis del texto dramática, el autor completa el marco de lo gastronómico en el teatro analizando su presencia constante en el texto espectacular, es decir, en el marco de lo performativo y su relación con el público. Piénsese en experiencias performáticas llevadas a escena donde la comida ocupa un lugar central (mediante su preparación, degustación o como invitación ritual del público). Pérez-Rasilla eleva así el elemento gastronómico a categoría de valor dramático y simbólico en el teatro contemporáneo, sobre todo si atisbamos las dimensiones de lo gastronómico que en su estudio deslinda: "práctica de la cocina en la escena"; "manipulación y uso de la comisa sin un proceso de preparación culinaria en escena" y "sin presencia material de la comida en escena" (pág. 363). Como corpus para sistematizar estos dominios categóricos sirven las obras teatrales de Carolina África, Rodrigo García, Denise Despeyroux, Lucía Carballal o Angélica Liddell. El vínculo entre lo teatral y lo gastronómico deviene así exploración inagotable desde perspectivas éticas y estéticas, desde el marco del texto dramático y de su traslación a la escena.

En cierta medida, el estudio de Pérez-Rasilla ofrece claves analíticas para el estudio de lo gastronómico en el teatro desde un enfoque transversal, que las siguientes propuestas irán desarrollando en puntos de interés en obras y dramaturgos más concretos. En "Para empezar, unos pimientos fritos: sobre *La última cena*" (págs. 287-400), el dramaturgo Ignacio Amestoy analiza su obra *La última cena*, enmarcada la España de la crisis económico y de fuertes cambios políticos como el conflicto vasco. La obra entrelaza así ejes como la violencia la guerra y la posterior reconciliación, que alcanzará gran fuerza poética gracias al banquete simbólico con el que culmina la obra. Este banquete es símbolo de sacrificio y purificación, de modo que el desencadenante gastronómico será central en esta pieza en la que reverberan ecos de la tragedia clásica. ¿Qué tipo de banquete presenta Amestoy? Un final de redención impulsado por el abrazo; un final profético al estilo de Ingmar Bergman en *El séptimo sello* y la *Orestíada* de Esquilo; un final en el que el alimento es don sagrado de los dioses, como si Baco sirviera vino para expiar su culpa (la del conflicto del terrorismo vasco) sirviendo el vino contra la discordia, hacia la paz y la reconciliación. La comida actúa entonces como purgadora de la culpa. Exonera al ser humano de la carga trágica. *La última cena* de Ignacio Amestoy plantea así problemas relativos a la forma de lo teatral: la aclimatación de un lenguaje dramático en el que reverberen ecos de la tragedia y al mismo tiempo se adapte a las necesidades verbales del teatro de hoy; la delineación del dibujo de los personajes en su dimensión ética (*ethos*), poniendo de relieve la conciencia. Pero también presenta desafíos al contenido de lo teatral: la resignificación de la visión trágica del mundo y el arraigo de ese lugar trágico en el marco de la cosmovisión contemporánea. Muchos son los desafíos que Amestoy vuelca sobre esta obra y resuelve en el equilibrio de opuestos (fondo y forma, guerra y paz, culpa y redención o perdón).

Javier de Dios (Dramaturgo) presenta en el volumen el estudio, "*Comida para peces* (2005) y *Praga* (2013): violencia laboral y reconstrucción íntima a través de rituales gastronómicos" (págs. 401-416). La comida y la bebida devienen en estas obras aspecto nuclear, que irá pautando el carácter de los personajes y sus relaciones. En *Comida para peces*, la celebración navideña en la oficina destapa toda una trama de violencia y relaciones laborales marcadas por la toxicidad en un entorno de acoso. En Praga, una cena íntima será el catalizador que ponga a prueba las relaciones entre los tres protagonistas, que deberán reponerse emocionalmente por la vía del amor y la amistad. Aunque no se incluye en el título, el estudio hace alusión a *Una canción italiana*, obra que sitúa la comida, la bebida y la celebración en sentido irónico. Lo gastronómico incorpora aquí elementos rituales, simbólicos y celebrativos; hilvana las etapas vitales de los personajes y sus transformaciones, sirve de algún modo como elemento estructurador, de inicio y cierre. El ritual gastronómico se presenta con peculiaridades propias en cada una de estas obras: con los matices irónicos del vino en *Comida para peces* y la cena en *Praga*, o la celebración de los dos cumpleaños del protagonista en *Una canción italiana*, que enmarcan el desarrollo de la trama. Recurrir a la comida y a la bebida permite al dramaturgo situar a los personajes en un marco de relaciones, en vínculo con su entorno, para denunciar a su vez la violencia laboral, las fallas del sistema, la toxicidad o el acoso. Esta vertiente crítica dota de una significación especial a las obras en este estudio analizadas.

En la misma línea de análisis de la obra de Amestoy, el banquete se presenta como motivo principal en el estudio de Miguel Ángel Muro (Universidad de La Rioja), "La cena macabra en la versión de *El burlador de Sevilla y Convidado de piedra* de Xavier Albertí / CNTC (2022)" (págs. 417-433). Como se desprende del título, el estudio analiza el mito de Don Juan y el convidado de piedra en la versión escénica de Xavier Albertí con la Compañía Nacional de Teatro Clásico y vista por Miguel Ángel Muro el 5 de noviembre de 2022 en el Teatro de la Comedia de Madrid. En esta obra el motivo del banquete se distancia de las connotaciones realistas que habían sido propias en las obras precedentes, como las analizadas por Pérez-Rasilla en su artículo, o en la pieza de Amestoy. Adquiere así connotaciones sobrenaturales que lo aproximan a una cena macabra, escenario desencadenante del destino divino y anticipatoria del horror ante la muerte y condena eterna de Don Juan. Sin embargo, el matiz que introduce Xavier Albertí malogra el resultado escénico que se deriva del montaje. En el estudio crítico se valora el desacierto de la puesta en escena que va, en cierta medida, contra el texto o en detrimento de ambos por una lectura de la obra que afecta gravemente al convidado de piedra y las dos cenas. Para Miguel Ángel Muro se trata de "cenas fallidas", lastradas por la actitud racional de director que desvirtúa la dimensión de irrealidad y simbolismo que pediría la escenografía, con los colores simbólicos a menudo anunciadores de la muerte en el teatro simbolista. Sin embargo, Albertí no se sirve del simbolismo del color y su potencial efecto en el teatro. El azur es un color frío que remite a la muerte y nada más. Se critica de este modo la visión racional de este montaje en detrimento de los elementos evocadores, irreales y simbólicos que hubiesen creado una atmósfera de conexión con el más allá.

A continuación, Manuel Lagos Gismero (ICCMU – UCM / Academia de las Artes Escénicas de España) brinda un estudio sobre lo gastronómico en Alonso de Santos, concretamente en su producción más reciente ("Alonso de Santos en el siglo XXI: cocinas, generales y jamones", págs. 435-545). Para ello traza un recorrido por obras más tempranas, como *Dígaselo con Valium*, hasta obras de publicación más reciente, en la que la gastronomía funciona como motor de la acción, reflejo de las pasiones o detonante del conflicto entre los personajes. La habilidad de Alonso de Santos radica en su pericia para integrar la gastronomía como elemento intrínseco de la trama, como eje vertebral del conflicto dramático, lo que le permite situarla como nudo de las injusticias y conflictos sociales (*Nuestra cocina*) o de diferentes tensiones ideológicas (*La cena de los generales*, *Los jamones de Stalin*). Todo ello se adereza con el humor como clave expresiva en la poética de Alonso de Santos. Con su dramaturgia perdura la tradición el sainete lírico y de la zarzuela, mediante el uso de la canción como elemento distanciador y válvula de escape a la tensión argumental. Lagos Gismero se detiene en el estudio de la gastronomía cotidiana o de celebración realista en *Nuestra cocina*, *La cena de los generales* y *Los jamones de Stalin*, si bien lo gastronómico se extiende en su obra con otros matices, como en el caso de los banquetes alegóricos en *El combate entre Don Carnal y Doña Cuaresma*. Esto permite al dramaturgo modular sus obras teatrales mediante el mundo de la comida que confiere un significado singular a las tres piezas aquí analizadas.

El estudio de Béatrice Bottin (Université de Pau et des Pays de l'Adour, Francia), titulado "*Las carnicerías* francesas de Rodrigo García" (págs. 455-472) aborda la producción dramática de Rodrigo García desde las coordenadas de lo gastronómico como elemento central. Desde *Notas de cocina* hasta *Hamlet Kebab*, la comida adquiere un lugar protagónico en sus montajes; se eleva a categoría de signo escénico que impregna tanto el escenario como el cuerpo de los actores. El teatro-carnicería de Rodrigo García es crítico. Ahonda así en el inconformismo sobre el que se sustenta el universo dramático, rompiendo código teatrales y dramatúrgicos habituales y ofreciendo una estética de lo feo en la sociedad actual. De este modo, el valor semiótico de la comida en el teatro de Rodrigo García permite, según subraya Bottin, analizar otros temas de calado social, como la muerte. Desde Notas de cocina, la alimentación trasciende al marco de los montajes. Tanto el texto como el escenario están presididos de alimentos (vino, leche, carne, verduras, pan y miel) en sus formas más diversas (el consumo, el modo de ingerirla, etc.). Según analiza Bottin, la comisa es signo y elemento estético, escénico, visual y textual. Contribuye a dotar a la estética de la obra de su particular sello, incorporando lo feo, lo abyecto o lo desagradable para desencadenar el caos. Rodrigo García no exime al espectador de contemplar excesos, vómitos, retos, desperdicios, excrementos o escenas de bulimia. Por esta vía se produce la ruptura de las convenciones, en un teatro donde lo gastronómico dista de ser un elemento decorativo o puramente estético para elevarse a valor ético o social.

A continuación, Mario de la Torre Espinosa (Universidad de Granada) centra su mirada en "La comida en dos espectáculos autoficcionales argentinos: *200 golpes de jamón serrano* de Marina Otero y *Los amigos* de Vivi Tellas" (págs. 473-487). Lo gastronómico en estos espectáculos argentinos alcanza un matiz celebrativo, que impulsa la participación del público como parte activa de la representación. De la Torre Espinosa analiza las obras citadas desde las coordenadas teóricas de la autoficción. Es esta una forma de desestabilizar las fronteras entre lo real y lo ficticio en el marco escénico. Estrategias como la metalepsis, la *mise en abyme*, la ruptura de la cuarta pared o la inserción de elementos participativos desdibujan la lábil fronera entre lo ficcional y lo real, entre los actores y los espectadores. En este marco, la comida es detonante de lo performativo como vuelta de tuerca a lo representado en escena, al tiempo que desdibuja los límites entre ficción y realidad. Como subraya De la Torre, frente al espectador tradicional, la poética performativa por la que optan estos dramaturgos convierte al espectador en parte activa del espectáculo. Tanto Otero como Tellas en sus obras invitan a comer y a beber al público, enfatizando así la ruptura convencional de los planos escénicos. Todo ello crea una serie de efectos en el público y estrategias en el espectador que De la Torre Espinosa analiza a la luz de la presencia de lo gastronómico.

Cierra el volumen la contribución de Carlos García Ruiz (Universidad El Bosque, Bogotá, Colombia), "*Tratado de culinaria para mujeres tristes*: un recetario atípico entre la narración, el teatro y la mujer" (págs. 489-507). Se aproxima así a esta obra de Héctor Abad Faciolince en la adaptación teatral de Johan Velandia. Uno de los núcleos de mayor significación que aborda García Ruiz es el proceso de adaptación del texto original, es decir, su formulación dramática. Al indagar estos procesos traductológicos, estima García Ruiz que lo gastronómico opera como metáfora de gran potencial interpretativo, para entender con mayor profundidad claves sociales y políticas. En su artículo analiza la historia y las circunstancias que permitieron trasladar el texto a la escena, entre otros, fuentes dramáticas como el conflicto y la violencia, central en Colombia; los monólogos de las mujeres que surgen en la cocina, entre recetas; los elementos cómicos de *Tratado de culinaria*, que sin ser sensu stricto comedia, acoge la comicidad para agilizar el montaje conectar con el público, con recursos como la parodia, la construcción de personajes cómicos o la ironía. En síntesis, García Ruiz trata de las concomitancias entre el texto y su montaje, sus puntos de unión y distancias para dar cuenta del complejo proceso adaptativo que subyace en él.

En síntesis, *Teatro, ecología y gastronomía* ofrece un rico tapiz en torno a las conexiones que lo teatral, lo ecológico y lo gastronómico han trazado en las dos últimas décadas de nuestro siglo. El volumen, coordinado por José Romera Castillo, director del Centro de Investigación de Semiótica Literaria, Teatral y

Nuevas Tecnologías -una tesela más de las 25 publicaciones del centro sobre la dramaturgia actual-, se sitúa como un punto de referencia importante para el estudio del teatro en el siglo XXI, aportando una mirada novedosa sobre el teatro y sus puestas en escena en el panorama reciente[2].

[2] Una grabación de esta presentación puede verse en https://canal.uned.es/video/66f292acf289df9f430d5a22 [23/09/2024].

ACTAS DE DOS CONGRESOS DE LA AITS21

JESÚS PERIS LLORCA (ED.): *MIGRACIONES EN EL TEATRO DEL SIGLO XXI*. MÜNSTER: LIT VERLAG, 2023.

BEATRICE BOTTIN (ED.): *LAS ARTES ESCÉNICAS COMO PATRIMONIO DEL ÁMBITO HISPÁNICO. SIGLO XXI*. BERLÍN: PETER LANG, 2023.

Participan:
José Romera Castillo (Presidente de honor de la AITS21).
Ana Contreras Elvira (Presidenta de la AITS21).
Jesús Peris Llorca (Universitat de València).
Beatrice Bottin (Université de Pau et des Pays de l'Adour)

José Romera (Coordinador de la presentación).- El día 24 de septiembre de 2024, dentro del programa del XXXIII Seminario internacional del Centro de Investigación de Semiótica Literaria, Teatral y Nuevas Tecnologías (SELITEN@T) se llevó a cabo la presentación de los dos volúmenes de actas de los congresos internacionales de la Asociación Internacional de Teatro del siglo XXI -de la que me honro en ser su presidente de honor-, celebrados en la universidad de Valencia y en la de Pau et Pays de l'Adour, por sus respectivos editores: Jesús Peris Llorca y Beatrice Bottin, con una introducción de la actual presidenta de la AITS21, Ana Contreras, a quienes como director del Seminario agradezco sus intervenciones.

Ana Contreras Elvira (Presidenta de la AITS21 / RESAD).- Iniciamos la presentación de dos estupendos volúmenes que recogen los resultados de los dos últimos Congresos de la Asociación Internacional de Teatro del Siglo XXI (AITS21). Se trata de:

- *Migraciones en el teatro del Siglo XXI*, editado por Jesús Peris Llorca, y publicado por la editorial LIT Ibéricas, en 2023, que recoge los resultados del III Congreso de la AITS21, celebrado en la Facultad de Filología, Traducción y Comunicación de la Universitat de València del 15 al 17 de abril de 2019, organizado por Nel Diago entre otros, y que versó sobre "Migraciones, desplazamientos y tránsitos en el teatro del siglo XXI".
- *Las artes escénicas como patrimonio del ámbito hispánico. Siglo XXI*, publicado en Peter Lang, en 2023, y editado por Beatrice Bottin, en 2023, a su vez directora del IV Congreso Internacional de la AITS21, celebrado en la Université de Pau et des Pays de l'Audour, y que versó sobre "Historia, patrimonio e identidad(es) en el teatro del siglo XXI. En homenaje al profesor José Romera Castillo (presidente de honor de AITS21) y en reconocimiento a la labor del SELITEN@T en su 30 aniversario, los días 12 al 14 de octubre de 2022.

La Asociación Internacional de Teatro Siglo 21, como consta en nuestra web (www.aits21.org), se ha creado para permitir una colaboración entre los miembros de la misma en el estudio y la difusión de las culturas teatrales hispánicas e iberoamericanas del siglo XXI, y entre sus principales objetivos se encuentra el de aunar lo académico y lo creativo. Por lo tanto, pueden formar parte de la Asociación todas las personas que dediquen la totalidad o una parte de su labor a la investigación escénica en el campo del Teatro del siglo XXI, es decir, que la asociación no sólo acoge a personas dedicadas a la investigación y la docencia, sino también a la interpretación, dramaturgia, escenografía, dirección y resto de profesiones artísticas, siempre que estén implicadas en la investigación sobre el teatro del siglo XXI.

La génesis de la asociación se remonta al Congreso internacional sobre *Teatro del siglo XXI*, celebrado del 27 al 29 de noviembre de 2013 en la Universidade de Vigo y organizado por el grupo de investigación "Estudios literarios y culturales", y en concreto por Manuel Ángel Candelas, Cristina Ferradás y Mónica Molanes. En él algunas personas, encabezadas por el profesor José Romera Castillo, propusieron crear una asociación internacional con el fin de estudiar el teatro peninsular y latinoamericano en el siglo XXI, y que estuviera formada por creadoras/es, investigadoras/es, docentes, y amantes del teatro en general.

Posteriormente se llevaron a cabo una serie de reuniones entre 2014 y 2015 – en el Centro Dramático Nacional organizada por Eduardo Pérez Rasilla, por videoconferencia unos meses después, en la UNED, organizada por José Romera Castillo- en las que se nombró una comisión gestora, se estableció la sede en la Universidad de Vigo y se decidió la celebración de un congreso internacional cada tres años, decidiéndose que el próximo congreso, organizado por Isabelle Reck, se celebraría en la Université de Strasbourg.

Efectivamente, el II Congreso de la AITS21 se celebró en Estrasburgo del 15 al 18 de marzo de 2016. Durante el mismo, tuvo lugar la asamblea general, coordinada por José Romera Castillo en la que se aprobaron los estatutos de la asociación que deberán presentarse al Ministerio del Interior de España, se establecieron las cuotas y se constituyó la primera Junta Directiva de la AITS21: Presidente: José Romera Castillo (Academia de las Artes Escénicas de España / SELITEN@T / UNED); Vicepresidentas: Isabelle Reck (Université de Strasbourg, Francia) y Gabriela Cordone (Université de Lausanne, Suiza); Secretaría-

Tesorería: Mónica Molanes Rial (Universidade de Vigo) y Vocales: Cerstin Bauer Funke (Westfalische Wilhelms-Universität, Alemania), Ana Contreras Elvira (Real Escuela Superior de Arte Dramático de Madrid), Manuel Vicente Diago Moncholí –Nel Diago– (Universitat de València), Eduardo Pérez-Rasilla Bayo (Universidad Carlos III) y Simone Trecca (Università degli Studi Roma Tre, Italia).

Tras este congreso se presentó la documentación pertinente al Ministerio del Interior de España y, una vez aprobada oficialmente, se inicia una rica trayectoria tanto en sí misma como patrocinando otras actividades organizadas por los miembros, como los seminarios anuales del SELITEN@T, las Jornadas de Teatro y feminismos de la RESAD o las actividades del grupo Herencias de la Università degli Studi Roma Tre, lideradas por Simone Trecca, entre otras, así como numerosas publicaciones. Posteriormente han tenido lugar los mencionados congresos de Valencia y Pau (bajo la presidencia de José Romera Castillo y Eduardo Pérez-Rasilla) cuyos resultados presentamos ahora.

Aprovecho esta oportunidad para anunciar que el próximo V Congreso Internacional de la AITS21, auspiciado por la actual Junta Directiva -formada por el Presidente de honor: José Romera Castillo (Academia de las Artes Escénicas de España / Director del SELITEN@T / UNED). Presidenta: Ana Contreras Elvira (RESAD, Madrid). Vicepresidentas: Beatrice Bottin (Université de Pau et des Pays de l'Audour) y Guadalupe Soria Tomás (Universidad Carlos III de Madrid); Secretario-Tesorero: Álvaro Caboalles (Universidad Autónoma de Madrid). Vocales: Marcelo José Islas (Universidad de Playa Ancha, Valparaíso, Chile), Eszter Katona (Universidad de Szeged, Hungría), Francesca Leonetti (Università degli Studi Roma Tre, Italia), Marie Rosier (Université de Lausanne, Suiza), Hugo Salcedo Larios

(Universidad Iberoamericana, México)- tendrá lugar del 12 al 14 de febrero de 2025 en la Real Escuela Superior de Arte Dramático de Madrid coincidiendo con las XII Jornadas de *Teatro y Feminismos Resad*. Este V Congreso llevará por título "La investigación-creación: heurísticas y hermenéuticas feministas" y será organizado por el Grupo de Investigación de Feminismos y Estudios de Género de la RESAD formado por Alicia Blas Brunel, Pepe Bornás, Ana Contreras Elvira, José Cruz, Sol Garre, Ana Isabel Llena, Domingo Ortega, Itziar Pascual.

Para finalizar quiero dar las gracias a nuestro anfitrión, el profesor Romera Castillo, presidente de honor de la AITS21, por su incansable labor al frente del SELITEN@T y sobre todo de la AITS21, pues qué duda cabe de que sin su tesón y aliento la asociación difícilmente existiría; e invito a todas las personas asistentes o lectoras de estas letras a asociarse a través de nuestra web a la Asociación Internacional de Teatro del Siglo XXI (https://aits21.org/) junto al resto del centenar de socios y socias de variada procedencia internacional, y a participar en nuestro próximo y flamante V congreso[1].

Jesús Peris Llorca, ed. (2023). *Migraciones en el teatro del Siglo XXI*. Münster: LIT Verlag.

Jesús Peris Llorca (Universitat de València).- El volumen *Migraciones en el teatro del siglo XXI* se publicó en Münster en la colección LIT Ibéricas de la editorial LIT Verlag en 2023. Para su publicación contamos con la inestimable ayuda de la Asociación Internacional de Teatro del siglo XXI y recoge una selección de artículos nacidos de una selección de propuestas

[1] Una grabación de la presentación puede verse en https://canal.uned.es/video/66f3e32c0f6e569aa9055144 [24/09/2024].

presentadas al III Congreso Internacional de la Asociación Internacional de Teatro del Siglo XXI (AITS), "Migraciones, desplazamientos y tránsitos en el teatro en el Siglo XXI", celebrado en la Facultat de Filologia, Traducció i Comunicació de la Universitat de València del 15 al 17 de abril de 2019, gracias a la financiación de varias entidades y bajo la dirección de Nel Diago, ilustre profesor de la Universitat de València, uno de los impulsores históricos de los estudios teatrales y de crítica teatral en el Departamento de Filología Española y de la práctica escénica en la Universitat de València, miembro de la asociación. En este congreso fue elegido presidente de honor de la AITS21 el profesor José Romera Castillo.

Los veintiséis estudios reunidos en el volumen y pertenecientes tanto a creadores/as como a investigadores e investigadoras de diversa procedencia reflexionan sobre la representación de las migraciones y las personas migrantes en el teatro del siglo XXI, sobre todo en el español y latinoamericano, pero también con interesantes acercamientos que se ocupan de obras y montajes en otros países europeos. El teatro, fiesta y ritual civil, lugar de condensación autorreferente de vivencias sociales, de gestos y máscaras, ha dado visibilidad a los espacios fuera del espacio, a los cuerpos invisibles despojados de su identidad de las personas migrantes forzadas; ha llevado a la escena los lugares de tránsito indefinido; ha prestado los cuerpos de los actores y actrices para que los otros cuerpos fueran visibles en el corazón de la máquina. Pero el acercamiento no es solo temático, sino mucho más profundo y estructural. Los desplazamientos hibridan y el hecho teatral se mueve entonces entre lenguas, entre culturas, entre géneros, entre conceptos diferentes de lo que el mismo hecho teatral es. El teatro sobre migrantes migra a su vez, se hibrida él también y rompe entonces categorías y fronteras.

De todo ello pretende ocuparse este libro estructurado en siete partes desde perspectivas y lugares diversos.

La primera parte, titulada "La representación de las personas migrantes en el teatro español" (págs. 15-80), recoge seis artículos que se ocupan de la escena teatral española y su contexto, a un tiempo punto de llegada y punto de partida. En "La experiencia de la otredad en *Un idioma propio,* de Minke Wang" (págs. 17-28), Eduardo Pérez-Rasilla (Universidad Carlos III de Madrid) aborda la utilización de la disociación entre el texto y las acciones como un modo de representar la extranjeridad lingüística en *Un idioma propio*, obra del dramaturgo nacido en Wenzhou (China) y residente en España desde los diez años. En "La emigración *millenial* en la obra de Víctor Sánchez Rodríguez" (págs. 29-36), Jesús Peris Llorca -autor de esta presentación- hila diversos viajes en la obra del joven dramaturgo valenciano, caracterizado por su voluntad de diagnóstico generacional, en los que España será punto de partida y lugar de imposible retorno para los desplazados por el mercado de trabajo neoliberal. Veronica Orazzi (Università degli Studi di Torino) en "De Tánger a España: *Catorce kilómetros*, monólogo para voz femenina de José Manuel Mora" (págs. 37-44), examina en esta obra la condensación de la experiencia de la vulnerabilidad extrema de las mujeres migrantes desde el norte de África. José Vicente Peiró (UNED) traza en "La trilogía de las migraciones en el proyecto Escena Erasmus" (págs. 45-58) la trayectoria del proyecto Escena Erasmus de la Universitat de València y su relación doble con las personas en tránsito, ya que los actores y actrices son estudiantes Erasmus y abordaron en esta trilogía la conflictiva relación que Europa tiene con sus fronteras y con las personas migrantes que la habitan. Guadalupe Soria Tomás (Universidad Carlos III de Madrid), por su parte, en "Recursos cómicos y migración en el teatro español actual" (págs. 59-70), a partir fundamentalmente de las reflexiones de Alfonso Sastre y Henri Bergson, muestra las posibilidades de la comicidad en la representación del encuentro con el migrante para lograr el extrañamiento del espectador español. Por último, y en el otro lado de la poética aristotélica, "La estética de la violencia en *Tentación*, tragedia contemporánea de Carles Batllc" (págs. 71-79), de Carole Nabet Egger (Université de Strasbourg), presenta un ejemplo de representación de "la complejidad de las relaciones humanas en un contexto de inmigración y de mestizaje cultural" mediante una suerte de actualización de los códigos de la tragedia clásica.

La segunda parte, "Angelica Liddell y sus versiones del enfrentamiento con la alteridad" (págs. 81-134), recoge cuatro trabajos que han coincidido en el abordaje desde diferentes perspectivas de la obra de la dramaturga y actriz catalana. Se abre con "El ritual de la provocación: desplazamientos y mestizaje en *Génesis 6, 6-7*, de Angélica Liddell" (págs. 83-99), en el que la crítica valenciana Inma Garín lee esta obra como un ejemplo acabado del "ritual de la provocación" característico de Liddell, hermético y plástico, ante todo. Los otros tres artículos atienden a la obra en que Liddell visibiliza y tematiza los cuerpos de las personas migrantes, es decir, *Y los peces salieron a combatir contra los hombres*, de 2003. Adeline Chainais (Université Paul-Valery Montpellier 3) en "*Y los peces salieron a combatir contra los hombres*, o cómo Angélica Liddell sale al escenario para combatir la banalización de la tragedia migratoria" (págs. 101-113) lee esta obra en lo que tiene de explicitación simbólica –y física– del encuentro de los españoles, de España, con ese otro que provoca el bloqueo (o la represión) del propio pasado migratorio. "Este monólogo sobre la injusticia constituye todo lo contrario a un titular de prensa, por cuanto concreta el horror en un escenario y pone en manos del arte el grito del ahogado", afirma Ana Prieto Nadal (SELITEN@T / UNED) en "*Y los peces salieron a combatir contra los hombres*, de Angélica Liddell, o cómo transmutar la información en horror" (págs. 115-124). Por último, Ibtissam Ouadi Chouchane pone en relación la obra de Liddell con otras dos con las que comparte temática e imaginario en "El drama de la inmigración en tres obras/cuadros: *El sueño tuerto* de Némer Salamún (2015), *Y los peces salieron a combatir* (2003) de Angélica Liddell, *La Travesía* de Josep Maria Miró (2015)" (págs. 125-134).

La tercera parte, "Migraciones en el teatro alemán y europeo" (págs. 135-194), se ocupa de repasar algunas propuestas teatrales del resto de Europa y agrupa cuatro artículos. En el primero de ellos "'Ich bin der Geist meines Großvaters': Europa en el teatro de Falk Richter" (págs. 137-150) Ana R. Calero Valera (Universitat de València) aborda una propuesta teatral, la del dramaturgo de Hamburgo, que dialoga a diversos niveles con algunas de las propuestas planteadas en la primera parte del volumen. En "La violencia implícita en la relación de alteridad dentro de *Die Schutzbefohlenen* de Elfriede Jelinek" (págs. 151-165), Juanjo Monsell (también de la Universitat de València) se ocupa de la manera en la que Jelinek construye en esta obra la relación de exterioridad absoluta entre la masa de refugiados y la sociedad receptora. Más optimista –al menos en el plano discursivo y conceptual– se muestra Enrique Herreras (Universitat de València) en "¿Xenofobia o aporofobia? Una reflexión sobre la inmigración a partir de *Las suplicantes* (Esquilo) y *Una noche justo antes de los bosques* (Koltès)" (págs. 167-179), donde traza las continuidades entre ambas obras en el enfrentamiento de sociedades democráticas con sujetos demandantes de asilo y ello le lleva a consideraciones hermenéuticas de carácter ético. Por último “El teatro en español en Berlín: del tránsito a la construcción de identidades fronterizas” (págs. 181-193). de Carole Viñals (Université de Lille), se ocupa de los grupos de teatro berlineses formados por actores y actrices procedentes de España y de América Latina, como La Cueva, Rotonda Teatro o el hispanoalemán Tallercito.

La cuarta parte, “Migrantes y fronteras en América Latina” (págs. 195-260), agrupa cinco artículos y rastrea la presencia del motivo de la frontera y las personas migrantes en diversas dramaturgias latinoamericanas. Gonzalo Toledo Albornoz (Université Panthéon Sorbonne – Paris 1) en “La cuestión de la inmigración en el teatro chileno contemporáneo” (págs. 197-205) hace un repaso a algunas representaciones del migrante y la migración en el teatro chileno de las primeras dos décadas del siglo. Antonio César Morón (Universidad de Granada) en “Migraciones durante la administración Trump y su reflejo en el teatro hispano de Nueva York. *Hidden in Mount Eden* y *Busca-la-vida* de Pablo García Gámez” (págs. 207-216) ejemplifica con este autor venezolano residente en Nueva York la reacción del teatro hispano al discurso xenófobo asentado en el poder durante la presidencia de Donald Trump. De la frontera se ocupan los otros tres artículos. “Explorando la migración fronteriza en *El cazador de gringos* de Daniel Serrano Moreno” (págs. 217-227), de Lourdes Betanzos (Auburn University), ilumina a partir de esta obra la lógica fronteriza y la dialéctica entre los Estados Unidos y México. Por último, los dos artículos que cierran esta parte trazan panorama e inventario de figuraciones dramáticas de la frontera. “El migrante/personaje teatral en tres textos de dramaturgas mexicanas” (págs. 229-241), de Enrique Mijares (Universidad Juárez de Durango), parte de las representaciones de los personajes de la frontera en obras de Mabel Garza, Paulina Herrera y Susana Báez, mientras que "Los dramas de los ilegales a través de sus personajes en la Dramaturgia del Norte" (págs. 243-260), de Armando Partida Tayzan (Universidad Nacional Autónoma de México), hace un exhaustivo repaso del motivo del migrante ilegal en el teatro de los estados del Norte mexicano.

La quinta parte, "Autoficciones en la frontera" (págs. 261-282), reúne dos artículos sobre dos propuestas dramáticas que tienen en común la puesta en escena de elementos de la biografía del director o de los actores. En primer lugar, Ana Alma García (Universidad Complutense de Madrid) en "Caminos del yo: la autoficción dramática como lugar de encuentro de 'ese otro que no soy yo'. *Kassandra* de Sergio Blanco" (págs. 263-274) reflexiona sobre el recorrido teórico del concepto de "autoficción" y su aplicación al lenguaje teatral. En segundo lugar, Evelyn Biecher y Jaidy A. Díaz Barrios en "La frontera: Escenarios y teatralidades liminales. *Millones de seres viviendo juntos en soledad*" (págs. 275-282) describen el proceso de configuración de este montaje de Pitouch Company (2018), que se proponía explorar el "florecimiento de teatralidades en los escenarios entre lo teatral de la vida y las performatividades del teatro, que desvelan la actual condición humana".

La sexta parte, "Textos en la frontera" (págs. 283-318), recoge otros tres textos que esta vez tienen en común el carácter fronterizo de su objeto de estudio y de su propia reflexión. Así, "Violencia y poder en *La paz perpetua*, de Juan Mayorga" (págs. 285-293), de Betlem Pallardó (Universitat de València), se sitúa en el límite con la reflexión filosófica para leer en esta obra la "resignificación perversa de los discursos" por parte del poder. Por su parte "La marginalidad de la extranjera desde el teatro de Bergamín y Triana: lo cubano y lo andaluz bajo el prisma de la exiliada" (págs. 295-309), de Mariángeles Rodríguez Alonso (Universidad de Salamanca), se ocupa de diversos tránsitos: el original de Medea, y el de su figura a estas dos versiones del siglo XX. Por último, Dominique Serena Antignano (Università degli Studi di Napoli 'L'Orientale') en "Zonas liminales del formato teatral breve contemporáneo" (pág. 311-318) lee en estas prácticas teatrales una "metáfora [...] de la cultura posmoderna".

Y por último, en la séptima parte, que casi funciona como apéndice, "Dramaturgas escriben sobre sus obras" (págs. 319-344), dos escritoras dramáticas reflexionan sobre su escritura y su propia representación de la figura del migrante. La madrileña Juana Escabias (Universidad Complutense de Madrid) en "Estructura e intencionalidad discursiva en la obra dramática *Babel*" (págs. 321-328), compara su proceso creativo y su conciencia artística con la recepción crítica tomando como ejemplo esta obra. Por su parte, la italoargentina Gabriella Bianco (Red Internacional de Mujeres Filósofas – UNESCO), en "Del destino y de la muerte, un fugitivo del siglo XX: Walter Benjamin" (págs. 329-344) reflexiona sobre la relevancia de la figura de Walter Benjamin como intelectual en tránsito, víctima migrante de la violencia política del siglo XX.

Para concluir, fue todo un reto acometer la edición de este volumen que, pese a algunos contratiempos surgidos en el proceso, una pandemia entre ellos, resultó extremadamente estimulante y, finalmente, también gratificante. Por una parte, permitió reunir en un volumen voces y perspectivas diversas que iluminan un aspecto importante del teatro del siglo XXI. Por otra parte, se situó él mismo en la frontera, y recordó lo que el teatro y las artes escénicas tienen de fuerza revulsiva, su capacidad de interpelar a las sociedades y, en este caso, de hacer subir al escenario la representación de los cuerpos en tránsito, de los recluidos en el patio de atrás de Europa y de otros países. Coordinar este libro me permitió sentir de nuevo muy vivamente por qué me dedico a la docencia de los textos teatrales y, más aún, por qué me gusta el teatro. Estoy seguro de que la lectura del volumen producirá la misma sensación en sus lectores y lectoras, tanto académicos como aficionados al teatro o miembros de la escena teatral. La Asociación Internacional de Teatro del Siglo XXI (AITS21) es sin duda espacio y agente para hacer posible estas publicaciones y los encuentros que fueron su punto de partida[2].

Beatrice Bottin, ed. (2023). ***Las artes escénicas como patrimonio del ámbito hispánico. Siglo XXI*****, dedicado al Profesor José Romera Castillo. Berlín: Peter Lang.**

Beatrice Bottin (Université de Pau et des Pays de l'Adour).- El volumen *Las artes escénicas como patrimonio del ámbito hispánico. Siglo XXI*, dedicado al Profesor José Romera Castillo, se publicó en Berlín en la colección "Estudios hispánicos en el contexto global" de la editorial Peter Lang, a finales de 2023. Este volumen nace de un proyecto de investigación financiado por el Laboratorio ITEM- Identités, Territoires, Expressions, Mobilités UR 3002 de la Universidad de Pau et des Pays de l'Adour (UPPA), la Asociación Internacional de Teatro del Siglo XXI (AITS21) y el Conseil Régional de Nouvelle Aquitaine y recoge una selección de artículos del IV Congreso Internacional de la Asociación Internacional de Teatro Siglo XXI (AITS21), "Historia, Patrimonio e Identidad(es) en el Teatro del Siglo XXI", en homenaje al profesor José Romera Castillo (presidente de honor de AITS21) y en reconocimiento a la labor del SELITEN@T

[2] Una grabación de la presentación puede verse en https://canal.uned.es/video/66f3e3b931efeb95ea0e2122 [24/09/2024].

en su 30 aniversario, que se celebró del 12 al 14 de octubre de 2022, en la Universidad de Pau et des Pays de l'Adour (Francia), gracias a la financiación de varias entidades.

Los veinticuatro estudios reunidos en el volumen y pertenecientes tanto a creadores/as como a investigadore/as de diversa procedencia analizan las distintas facetas de la creación hispánica actual, la formación actoral, la arquitectura y los espacios, el alcance historiográfico de las obras y de los espectáculos, así como su evolución y su difusión. Proponen nuevas líneas de investigación acerca de las artes escénicas del siglo XXI en España e Hispanoamérica que constituyen un patrimonio proteiforme y universal. Se estructura de la siguiente manera: tras un prólogo que tuve el honor de redactar, el libro se divide en tres partes. Retomaré aquí las grandes líneas de la introducción.

La primera parte, titulada "El patrimonio artístico y cultural a través de las Artes escénicas" (págs. 19-126), se compone de siete artículos de los que haré un breve resumen. Se inicia con el texto de Guadalupe Soria Tomás (profesora titular de la Universidad Carlos III de Madrid), "De actrices y maestras: Investigaciones sobre la formación escénica en el siglo XXI" (págs. 21-38), que se centra en la enseñanza actoral y el trabajo de las actrices a través de los archivos y estudios dedicados a rescatar el papel fundamental y memorial desempeñado por las artistas femeninas en la escena española actual. En el siguiente capítulo, "Cuando la arquitectura deviene escenografía: La puesta en escena de teatro clásico en espacios urbanos monumentales de la ciudad de Valparaíso" (págs. 39-52), Marcelo José Islas (profesor asociado de la Universidad de Playa Ancha de Valparaíso, Chile y director teatral) analiza el poder del arte escénico capaz de convertir la ciudad en un escenario de historia, unión y comunión a través de los montajes de *Lazos de sangre* y *El Lazarillo de Tormes*. Isusko Vivas Ziarrusta (profesor titular de la Universidad del País Vasco UPV/EHU) lleva a cabo una reflexión similar y hace hincapié en la teatralización de los espacios, la teatralidad de los imaginarios y las representaciones arquitectónicas antrópicas en el paisaje urbano, cuya configuración lo transforma en un "gran teatro del mundo", en "Del teatro del mundo al teatro de la calle y del lugar. Ámbito patrimonial y esfera-escena pública que configura el paisaje (urbano)" (págs. 53-70). El teatro, así como la danza contemporánea se nutren y se construyen en escenarios al aire libre y contribuyen a patrimonializar los pajares al intervenir en ellos. Bárbara Díaz (profesora del Conservatorio de Danza de Castellón y creadora) y José Ignacio Lorente (profesor e investigador de la Universidad del País Vasco UPV/EHU) presentan en "Máquinas de caminar. cine, danza y espacio urbano contemporáneo" (págs. 71-83), un proyecto performativo destinado a investigar el lugar del cuerpo y su labor coreográfica en el espacio urbano, con el fin de explorar las arquitecturas claustrales. María Navarro Durán (doctoranda de la Universitat de València) estudia la función del cuerpo en las obras de Sol Picó y Carmen Werner en relación con la danza-teatro de Pina Bausch y la estética post-dramática definida por Hanz Lehmann en el capítulo "Tanztheater: el legado de Pina Bausch en la danza contemporánea española" (págs. 85-95). Enrico di Pastena (catedrático de Literatura española en la Universidad de Pisa, Italia) demuestra, en "El Pau Casals de Música para Hitler, entre la historia y la creación teatral" (págs. 97-112), que la música se convierte en protagonista de las obras al abordar la ficcionalización de la historia y el papel de la música de Bach en *Música para Hitler* de Yolanda García Serrano y Juan Carlos Rubio. Para terminar, en el estudio "La huella de la historia en el teatro contemporáneo: el caso de *Reina Juana* de

Ernesto Caballero" (págs. 113-126), Amy Bernardi (doctora en Lenguas y Literaturas extranjeras por la Universidad degli Studi Roma Tre, Italia) reflexiona sobre el valor de los archivos digitales y estudia la recepción contemporánea de la Reina Juana, un personaje histórico controvertido y fascinante, no solo en la obra de Ernesto Caballero sino también en los distintos campos artísticos.

La segunda parte, "El teatro de la memoria, escenas y escenarios" (págs. 127-254), en la que figuran diez artículos, se abre con un estudio de Émilie Lumière (profesora titular de la Universidad de Toulouse Jean Jaurès), "Enfoque biográfico y coralidad. Mujeres republicanas en el teatro de la memoria español" (págs. 129-141), que devuelve un lugar de honor a la representación de las mujeres republicanas en *Las raíces cortadas* de Jerónimo López Mozo, *Victoria viene a cenar* de Olga Mínguez Pastor, *Yo maté a mi hija: la verdadera historia del asesinato de Hildegart Rodríguez* y *Solo son mujeres* de Carmen Domingo y *Cautivas* de Juana Escabias. Martín Fons Sastre (profesor del Grado de Ares escénicas de la Universidad de Loyola Andalucía, Sevilla) también analiza las consecuencias de la guerra civil, que se han escenificado en las obras del teatro de las Islas Baleares y más particularmente, en las obras *Mar de Fons* y *Llum trencada* de la compañía Iguana Teatre y *Antígones 2077* de Aina de Cos, en el capítulo siguiente, "Dramaturgias de la memoria y la posmemoria en la escena balear actual" (págs. 142-155). Jesús Peris Llorca (profesor de la Universitat de València) explora en "Repetir Durruti. La memoria como genealogía de las luchas del presente en el teatro político de Carla Chillida y Atirohecho" (págs. 157-167), otro aspecto del teatro de la memoria que se observa en las propuestas escénicas más políticas de la compañía valenciana A tiro Hecho, dirigida por Carla Chillida. No se dejan de lado los abusos políticos y judiciales que encuentran un eco especial en el artículo "La memoria de los abusos político-jurídico-policiales en *Sisiforen* paperak" (págs. 169-180), de Marina Ruiz Cano (profesora agregada en la Universidad de Le Mans, Francia), se analiza la obra vasca *Sisiforen paperak* de Harkaitz Cano. Ni que decir tiene que la memoria es un tema omnipresente en las creaciones hispanoamericanas. Gonzalo Toledo Albornoz (doctorando de la Universidad de Estrasburgo) propone problematizar el concepto de "Teatro del Norte" en las "Dramaturgias del desierto y malestar en la frontera: conceptos, temáticas y autores en el teatro del norte de México" (págs. 181-192), abordando el malestar y la resistencia que han generado las problemáticas fronterizas entre México y los Estados Unidos dando lugar a una nueva estética para representar las fronteras tanto geopolíticas como teatrales. Hugo Salcedo Larios (académico en la Universidad Iberoamericana ciudad de México y dramaturgo) cuestiona la desconstrucción de la identidad patriarcal, la violencia, la corrupción y la necesidad de establecer un espacio dramático de equidad y tolerancia en el capítulo "Memoria y otredad como estrategias de (des)colocación identitaria en dos piezas jóvenes del teatro mexicano" (págs. 193-201): *Lo contrario al amor* y *La caída. Un templo sobre mis ruinas* de Fernando Leal Galaviz. La huella de la memoria también se expresa en la danza como lo demuestra Dulcinea Santiago Rattagan (investigadora del Instituto de Artes del Espectáculo de la Universidad de Buenos Aires) en su estudio "Danza, memoria y empatía kinestésica en las primeras obras de El Descueve" (págs. 203-213), apoyándose en la "práctica kinestésica" para destacar cómo se expresa la memoria corporal. Los tres capítulos siguientes, "¿Cómo traducir la memoria? Traducción húngara de varias piezas españolas del teatro de la memoria" (págs. 214-228), "Teatro post-testimonial y traducción: hacia una versión italiana de *186 escalones* de Rubén Buren" (págs. 229-240) y "´Vamos a ver qué nos dice el tiempo´": Josefina Manresa y la poesía de la memoria en *Los días de la nieve* de Alberto Conejero" (págs. 241-254), ofrecen una reflexión sobre las problemáticas de la traducción y la difusión del patrimonio teatral español. Eszter Katona (profesora titular habilitada de la Universidad de Szeged, Hungría), quien tradujo del español al húngaro ocho piezas del teatro de la memoria, destaca las dificultades a la hora de ponerlas en escena para un público que no posee los conocimientos relativos a este periodo de la historia de España. Carlota Paratore (profesora de la Universidad degli Studi Roma Tre, Italia) se enfrentó a problemas similares al traducir del español al italiano la obra posttestimonial de Rubén Buren, *186 escalones*. Además, tuvo que encontrar soluciones para abordar la complejidad del registro coloquial. Francesca Leonetti (profesora titular de la Universidad degli Studi Roma Tre, Italia) analiza el proceso de traducción y los criterios adoptados para restituir las peculiaridades semánticas y estéticas en la edición italiana de la pieza de Alberto Conejero, *Los días de la nieve*, sobre la memoria histórica colectiva.

La tercera parte, "Escenarios e identidades patrimoniales" (págs. 255-358), reúne siete artículos que versan sobre las identidades patrimoniales representadas en los escenarios. Se abre con un estudio de Eduardo Pérez-Rasilla (profesor titular de la Universidad Carlos III de Madrid), "Del yo al nosotros: La búsqueda de lo común en los espectáculos de La Tristura" (págs. 257-269), sobre los espectáculos montados por la compañía La Tristura, cuyo proceso creativo se caracteriza por la búsqueda de una composición textual colectiva y de una representación de un "nosotros" hecho posible gracias a los materiales híbridos utilizados en los montajes. En el capítulo siguiente, "La música en los campos como patrimonio identitario: la memoria y sus manipulaciones en *Cuarteto para el fin del tiempo* de Antonio Tabares" (págs. 271-287), Simone Trecca (catedrático de Literatura española de la Universidad degli Studi Roma Tre, Italia) analiza la intertextualidad, la interdiscursividad, así como la música que propician la creación de *Cuarteto para el fin del tiempo* de Antonio Tabares, que considera como "un ejemplo de teatro concentracionario" capaz de abordar uno de los más dolorosos periodos de la historia bajo el prisma de distintos lenguajes poéticos. Ni que decir tiene que la poesía y el horror caracterizan las creaciones de Angélica Liddell que José Corrales Díaz-Pavón (Doctor de la Universidad de Castilla la Mancha) presenta en su estudio, "Una romántica del siglo XXI: Angélica Liddell" (págs. 289-301), a la dramaturga como una de las figuras románticas del patrimonio de la escena contemporánea a pesar de sus famosas y reconocidas influencias barrocas, con el fin de denunciar los abusos e injusticias de la sociedad contemporánea. A continuación, en el texto "Prostitución femenina y masculina en el teatro español del siglo XXI" (págs. 303-314), Raquel García-Pascual (profesora titular de la UNED / SELITEN@T) aborda la escenificación de la prostitución tanto femenina como masculina, unas identidades maltratadas y excluidas que algunos creadores, Emiliano Pastor Steinmayer, Juan Mayorga, Angélica Liddell, etc. convierten en protagonistas de sus obras planteando así las cuestiones de géneros y roles. La representación del macho dominante encuentra otra resonancia en el capítulo "La masculinidad tóxica en algunas piezas de Juana Escabias" (págs. 315-329), de Cerstin Bauer-Funke (catedrática de Filología románica de la Universidad de Münster, Alemania), que se detiene en la obra, *El sucesor*, en la que aparece un claro ejemplo del paradigma del personaje masculino machista. El volumen no podía prescindir de estudios relativos a la presencia de la identidad LGBTIQ+ en los escenarios y se cierra con dos capítulos dedicados al tema. En el primero, "Diversidad sexual y autoficción en la escena española contemporánea" (págs. 331-344), Mario de la Torre-Espinosa (profesor titular de la Universidad de Granada) comprueba que la escena española actual es cada vez más representativa de la diversidad sexual reflejada en obras de autoficción que muestran la violencia y las vejaciones sufridas por los colectivos en busca de la empatía del público. Gracias a las artes escénicas, o más bien al Arte en general, las mal llamadas "minorías" encuentran en las tablas un espacio de expresión y una posibilidad de compartir inquietudes y pensamientos. En el segundo, Gabriela Cordone (docente-investigadora de la Universidad de Lausanne, Suiza) llega a una conclusión similar, en su artículo "El imaginario lésbico en escena: tránsitos por la historia y la memoria" (págs. 345-358), que se centra en "el imaginario lésbico" en *Levante* de Carmen Losa y *Mi pantera criminal* de Mag de Santo, destacando el papel de los estereotipos de género, de la memoria y cómo han ido evolucionando.

Para concluir, como ya he indicado al principio, fue un honor editar este volumen que cuenta con las magníficas aportaciones de especialistas europeos/as e hispanoamericanos/as y que rinden un homenaje a la labor excelente del profesor José Romera Castillo, cofundador de la AITS21, y del prestigioso SELITEN@T, que dirige desde 1991. Este volumen responde a los objetivos establecidos en los estatutos de la Asociación Internacional de Teatro Siglo XXI. Se dirige a los estudiosos de las artes escénicas y al público interesado por el ámbito. No pretende ser un estudio exhaustivo de una época, sino que propone un análisis de los niveles de implicación de los/las artistas en el proceso de patrimonialización de las artes escénicas en el ámbito hispánico en las dos primeras décadas del siglo XXI. Se trata de explorar la complejidad y las dimensiones de los espacios y de las artes de lo efímero, de las palabras y de los movimientos, cuyas huellas, tanto materiales como escénicas, contribuyen a la construcción del patrimonio polifacético de las Artes del espectáculo[3].

---

[3] Una grabación de la presentación puede verse en https://canal.uned.es/video/66f3e4337a0f57b7ac0f3222.[24/09/2024].

PUBLICACIONES DEL CENTRO DE INVESTIGACIÓN DE SEMIÓTICA LITERARIA, TEATRAL Y NUEVAS TECNOLOGÍAS

DIRECTOR: J.R.C

Departamento de Literatura Española y Teoría de la Literatura (UNED)
jromera@flog.uned.es

Una mayor información sobre las actividades del Centro puede verse en su página web: http://www.uned.es/centro-investigacion-SELITEN@T.

I. ACTAS DE CONGRESOS

1. José Romera Castillo *et alii*, eds. (1992). *Ch. S. Peirce y la literatura. Signa 1*. Que puede leerse en https://revistas.uned.es/index.php/signa/issue/view/1567/483.
2. José Romera Castillo *et alii*, eds. (1993). *Escritura autobiográfica*. Madrid: Visor Libros.
3. José Romera Castillo *et alii*, eds. (1994). *Semiótica(s). Homenaje a Greimas*. Madrid: Visor Libros.
4. José Romera Castillo *et alii*, eds. (1995). *Bajtín y la literatura*. Madrid: Visor Libros
5. José Romera Castillo *et alii*, eds. (1996). *La novela histórica a finales del siglo* XX. Madrid: Visor Libros.
6. José Romera Castillo *et alii*, eds. (1997). *Literatura y multimedia*. Madrid: Visor Libros.
7. José Romera Castillo y Francisco Gutiérrez Carbajo, eds. (1998). *Biografías literarias (1975-1997)*. Madrid: Visor Libros.
8. José Romera Castillo y Francisco Gutiérrez Carbajo, eds. (1999). *Teatro histórico (1975-1998): textos y representaciones*. Madrid: Visor Libros.

9. José Romera Castillo y Francisco Gutiérrez Carbajo, eds. (2000). *Poesía histórica y (auto)biográfica (1975-1999)*. Madrid: Visor Libros.

10. José Romera Castillo y Francisco Gutiérrez Carbajo, eds. (2001). *El cuento en la década de los noventa*. Madrid: Visor Libros.

11. José Romera Castillo, ed. (2002). *Del teatro al cine y la televisión en la segunda mitad del siglo XX*. Madrid: Visor Libros.

12. José Romera Castillo, ed. (2003). *Teatro y memoria en la segunda mitad del siglo XX*. Madrid: Visor Libros.

13. José Romera Castillo, ed. (2004). *Teatro, prensa y nuevas tecnologías (1990-2003)*. Madrid: Visor Libros.

14. José Romera Castillo, ed. (2005). *Dramaturgias femeninas en la segunda mitad del siglo XX: espacio y tiempo*. Madrid: Visor Libros.

15. José Romera Castillo, ed. (2006). *Tendencias escénicas al inicio del siglo XXI*. Madrid: Visor Libros.

16. José Romera Castillo, ed. (2007). *Análisis de espectáculos teatrales (2000-2006)*. Madrid: Visor Libros.

17. José Romera Castillo, ed. (2008). *Teatro, novela y cine en los inicios del siglo XXI*. Madrid: Visor Libros.

18. José Romera Castillo, ed. (2009). *El personaje teatral: la mujer en las dramaturgias masculinas en los inicios del siglo XXI*. Madrid: Visor Libros.

19. José Romera Castillo, ed. (2010). *El teatro de humor en los inicios del siglo XXI*. Madrid: Visor Libros.

20. José Romera Castillo, ed. (2011). *El teatro breve en los inicios del siglo XXI*. Madrid: Visor Libros.

21. José Romera Castillo, ed. (2012). *Erotismo y teatro en la primera década del siglo XXI*. Madrid: Visor Libros.

22. José Romera Castillo, ed. (2013). *Teatro e Internet en la primera década del siglo XXI*. Madrid: Verbum.

23. José Romera Castillo, ed. (2014). *Creadores jóvenes en el ámbito teatral (20+13=33)*. Madrid: Verbum.

24. José Romera Castillo, ed. (2016). *Teatro y música en los inicios del siglo XXI*. Madrid: Verbum.

25. José Romera Castillo, ed. (2017). *El teatro como documento artístico, histórico y cultural en los inicios del siglo XXI*. Madrid: Verbum.

26. José Romera Castillo, ed. (2017). *Teatro y marginalismos por sexo, raza e ideología en los inicios del siglo XXI*. Madrid: Verbum.

27. Urszula Aszyk, José Romera Castillo *et alii*, eds. (2017). *Teatro como espejo del teatro*. Madrid: Verbum.

28. Guillermo Laín Corona y Rocío Santiago Nogales, eds. (2018). *Cartografía literaria en homenaje al profesor José Romera Castillo*. Madrid: Visor Libros.

29. Guillermo Laín Corona y Rocío Santiago Nogales, eds. (2019). *Cartografía teatral en homenaje al profesor José Romera Castillo*. Madrid: Visor Libros.

30. Guillermo Laín Corona y Rocío Santiago Nogales, eds. (2019). *Teatro, (auto)biografía y autoficción (2000-2018) en homenaje al profesor José Romera Castillo*. Madrid: Visor Libros.

31. José Romera Castillo, ed. (2019). *Teatro y filosofía en los inicios del siglo XXI*. Madrid: Verbum.

32. José Romera Castillo, ed. (2021). *Teatro y deportes en los inicios del siglo XXI*. Madrid: Verbum.

33. Rocío Santiago Nogales y Mario de la Torre-Espinosa, eds. (2022). *Teatro y poesía en los inicios del siglo XXI. En reconocimiento a la labor del profesor José Romera Castillo*. Madrid: Verbum.

34. José Romera Castillo, ed. (2023). *Teatro, ciencias y ciencia ficción en las dos primeras décadas del siglo XXI*. Madrid: Verbum.

35. José Romera Castillo, ed. (2023). *Teatro, ecología y gastronomía en las dos primeras décadas del siglo XXI*. Madrid: Verbum.

36. José Romera Castillo, ed. (2024). *Teatro y medicina en el primer cuarto del siglo XXI*. Madrid: Verbum.

II. REVISTA SIGNA

Asimismo, el Centro de Investigación edita, anualmente, bajo la dirección de José Romera Castillo y Guillermo Laín Corona (desde el n. 31), *Signa. Revista de la Asociación Española de Semiótica*. Hasta el momento han aparecido los siguientes números: 1 (1992), 2 (1993), 3 (1994), 4 (1995), 5 (1996), 6 (1997), 7 (1998), 8 (1999), 9 (2000), 10 (2001), 11 (2002), 12 (2003), 13 (2004), 14 (2005), 15 (2006), 16 (2007), 17 (2008), 18 (2009), 19 (2010), 20 (2011), 21 (2012), 22 (2013), 23 (2014), 24 (2015), 25 (2016), 26 (2017), 27 (2018), 28 (2019), 29 (2020), 30 (2021), 31 (2022), 32 (2023), 33 (2024), 34 (2025), 35 (2026, e,p.). La revista, altamente indexada, se edita en la UNED en formato impreso, electrónico y en CD:

http://dialnet.unirioja.es/servlet/revista?codigo=1349

http://www.cervantesvirtual.com/portales/signa/

http://e-spacio.uned.es/revistasuned/index.php/signa/issue/archive

https://www2.uned.es/centro-investigacion-SELITEN@T/publisigna.html.

JOSÉ ROMERA CASTILLO (ED.)

Teatro y deportes en los inicios del siglo XXI

I.S.B.N.: 978-84-1337-559-5

La cadena de estudios del Centro de Investigación de Semiótica Literaria, Teatral y Nuevas Tecnologías, dirigido por el Dr. José Romera Castillo, sobre estos ámbitos artísticos es ya muy numerosa. Este volumen, *Teatro y deportes en los inicios del siglo XXI*, patrocinado por varias entidades (Academia de las Artes Escénicas de España, Asociación Internacional de Teatro del siglo XXI, Asociación Española de Semiótica, Instituto del Teatro de Madrid, además de la UNED), se centra en el estudio de las relaciones de estas dos áreas tan importantes en la cultura universal. En el volumen se presentan, en primer lugar, unos panoramas muy completos sobre la presencia de los deportes en las dramaturgias actuales, para examinar, a continuación, diferentes prácticas escénicas sobre diversos deportes (fútbol, fútbol femenino, natación, atletismo, ajedrez y boxeo). Una actividad, la de los deportes, de la que se sirve el teatro para examinar y profundizar en la función que diferentes manifestaciones deportivas tienen en la sociedad de hoy, con el fin de hacernos reflexionar al respecto. Un volumen muy novedoso en los estudios teatrales actuales.